Dimitrij N. Filippovych/Matthias Uhl (Hrsg.)
Vor dem Abgrund

Schriftenreihe
der Vierteljahrshefte für Zeitgeschichte
Sondernummer

Im Auftrag des Instituts für Zeitgeschichte

Herausgegeben von

Karl Dietrich Bracher, Hans-Peter Schwarz, Horst Möller

R. Oldenbourg Verlag München 2005

Vor dem Abgrund

Die Streitkräfte der USA und UdSSR sowie ihrer deutschen Bündnispartner in der Kubakrise

Herausgegeben von

Dimitrij N. Filippovych und Matthias Uhl

R. Oldenbourg Verlag München 2005

Bibliografische Information Der Deutschen Bibliothek

Die Deutsche Bibliothek verzeichnet diese Publikation in der Deutschen Nationalbibliografie; detaillierte bibliografische Daten sind im Internet über <http://dnb.ddb.de> abrufbar.

© 2005 Oldenbourg Wissenschaftsverlag GmbH, München
Rosenheimer Straße 145, D-81671 München
Internet: http://www.oldenbourg-verlag.de

Das Werk einschließlich aller Abbildungen ist urheberrechtlich geschützt. Jede Verwertung außerhalb der Grenzen des Urheberrechtsgesetzes ist ohne Zustimmung des Verlages unzulässig und strafbar. Dies gilt insbesondere für Vervielfältigungen, Übersetzungen, Mikroverfilmungen und die Einspeicherung und Bearbeitung in elektronischen Systemen.

Gedruckt auf säurefreiem, alterungsbeständigem Papier (chlorfrei gebleicht).
Gesamtherstellung: R. Oldenbourg Graphische Betriebe Druckerei GmbH, München

ISBN 3-486-57604-6

Inhaltsverzeichnis

Dimitrij N. Filippovych/Matthias Uhl
Einleitung VII

Gerhard Wettig
Der Stillstand im Ringen um Berlin: Ein Motiv Chruschtschows
für die Stationierung der Raketen auf Kuba? 1

Harald Biermann
Die Streitkräfte der USA während der Kubakrise 11

Michail G. Ljoschin
Die Streitkräfte der UdSSR zwischen Berlin- und Kubakrise:
Wandlungen strategischer Prinzipien und Einsatzmuster? 27

Dimitrij N. Filippovych/Wladimir I. Ivkin
Die strategischen Raketentruppen der UdSSR und ihre Beteiligung
an der Operation „Anadyr" (1962) 39

Bruno Thoß
„Bedingt abwehrbereit". Auftrag und Rolle der Bundeswehr als
NATO-Mitglied während der Kubakrise. 65

Sigurd Hess
„Eine klare und gegenwärtige Gefahr" oder „Bedingte Abwehrbereitschaft" am Beispiel des 3. Schnellbootgeschwaders während
der Kubakrise 1962 85

Matthias Uhl
„Jederzeit gefechtsbereit" – Die NVA während der Kubakrise 99

Hermann-J. Rupieper
Auswirkungen der Berlin- und Kubakrise auf die Strategie
der UdSSR und der USA in der weiteren Blockkonfrontation. 121

Verzeichnis der Dokumente 133

Dokumente 135

Anhang
Abkürzungsverzeichnis 243
Quellen- und Literaturverzeichnis 251
Personenregister 261
Die Autoren 265

Dimitrij N. Filippovych/Matthias Uhl

Einleitung

Als am 22. Oktober 1962 US-Präsident John F. Kennedy die Öffentlichkeit über den Bau sowjetischer Raketenbasen auf Kuba informierte und eine Seeblockade der Insel ankündigte, hielt die Welt den Atem an. Viele fürchteten den Ausbruch des Dritten Weltkrieges, als am 23. Oktober die UdSSR für ihre Streitkräfte „Volle Gefechtsbereitschaft" sowie für die des Warschauer Vertrages „Erhöhte Gefechtsbereitschaft" anwies und einen Tag später das Strategic Air Command erstmals in der Geschichte der Vereinigten Staaten auf den Alarmzustand „DefCon 2" ging. Vier Tage später war die Krise bereits vorbei. Die sowjetischen Schiffe, die noch Kurs auf Kuba hatten, stoppten zunächst und drehten dann Richtung UdSSR ab. Der sowjetische Premier Nikita S. Chruschtschow zog seine Raketen von der Zuckerrohrinsel zurück, während Kennedy ihm insgeheim zusicherte, die amerikanischen Raketenstellungen in der Türkei zu beseitigen[1].

Den Zeitgenossen galt Kennedy als eindeutiger Sieger im Machtpoker mit Chruschtschow. Die historische Forschung hat dieses Bild jedoch fast völlig verändert. Mittlerweile wird der US-Präsident in der Krise als „schwach", „unentschlossen" und sogar „ängstlich" beschrieben. Mit der Bestandsgarantie für die sozialistische Republik Kuba und dem Abzug der Jupiter-Raketen aus der Türkei habe er einen hohen politischen Preis für die Entfernung der sowjetischen Raketen von der Zuckerrohrinsel gezahlt. Der damals als konfus eingeschätzte sowjetische Partei- und Staatschef Chruschtschow habe nach neueren Forschungen nicht nur seine damalige Position erfolgreich verteidigt, sondern unterstützte während der Krise aus taktischen Gründen sogar den US-Präsidenten, da er seinen Sturz durch Hardliner des US-Militärs fürchtete[2].

Die Kubakrise gilt trotz ihrer Kürze als einer der wichtigsten Höhe- und Wendepunkte des Kalten Krieges. Damals trafen die Bestrebungen der Sowjetunion um Verbesserung ihrer unterlegenen strategischen Position und um die Stärkung ihres Einflusses im karibischen Raum auf entschiedenen amerikanischen Widerstand. Das Aufeinanderprallen der beiden Super-

---

[1] Vgl. Juchler, Hybris, S. 81–86; Greiner, Kuba-Krise, S. 63–172.
[2] Vgl. Biermann, Kuba-Krise, S. 672–673.

mächte führte zu einer Krise, die die Welt an den Abgrund der nuklearen Vernichtung brachte[3]. Die Entscheidung zwischen Krieg und Frieden lag damals nicht nur in den Händen von Chruschtschow und Kennedy sowie ihrer Geheimdienste[4].

Die Militärs der beiden Supermächte spielten ebenfalls eine Schlüsselrolle bei der Beilegung des Konflikts. Bisher fanden vor allem die Interessenabsichten und Handlungsspielräume der Politiker und Nachrichtendienste während der Kubakrise breite Beachtung in der Geschichtswissenschaft, wobei die Rolle der Militärs im Konflikt von der Forschung zumeist vernachlässigt wurde. Gerade den unterschiedlichen sicherheitspolitischen Perspektiven der Kubakrise und ihren Folgewirkungen widmete sich deshalb im Oktober 2002 eine Fachtagung der Berliner Abteilung des Instituts für Zeitgeschichte. Im Mittelpunkt des vorliegenden Bandes, der acht auf der Konferenz in Berlin gehaltene Beiträge enthält, stehen deshalb die Streitkräfte von UdSSR und USA sowie ihrer jeweiligen deutschen Bündnispartner. Das Buch rekonstruiert, indem es sich vor allem den militärischen Aspekten der Kubakrise widmet, nicht nur die Dramatik der zurückliegenden Ereignisse, sondern legt zugleich neue Forschungsergebnisse vor.

In seinem einführenden Beitrag steckt *Gerhard Wettig* zunächst den außenpolitischen Rahmen für die Entstehung der Kubakrise ab. Dabei verweist er auf den engen Zusammenhang zwischen Berlin- und Kubakrise. Demnach diente die sowjetische Raketenstationierung auf Kuba weniger dem Schutz Castros und der kubanischen Revolution. Vielmehr sei die Aufstellung sowjetischer Nuklearwaffen in unmittelbarer Reichweite amerikanischer Großstädte der untaugliche Versuch Chruschtschows gewesen, die amerikanische „Eskalationsdominanz" zu durchbrechen und neuen Verhandlungsdruck in der Berlin-Frage aufzubauen.

Im folgenden wendet sich *Harald Biermann* dem amerikanischen Krisengeschehen zu. In seinem Beitrag analysiert er vor allem das Verhältnis zwischen Politikern und Militärs während der Auseinandersetzung um die sowjetische Raketenstationierung auf der Zuckerrohrinsel. *Biermann* belegt eindeutig, daß Kennedy bis zum Herbst 1962 geradezu „obsessiv" dem Gedanken anhing, das sozialistische Regime Castros auf Kuba zu beseitigen. Als die Kubakrise jedoch am 16. Oktober 1962 nach der Entdeckung der auf der Insel befindlichen sowjetischen Offensivwaffen offen ausbrach, rückte der US-Präsident von seiner bisherigen Konfrontationsstrategie ab. Dem von seinen Militärs immer wieder geforderten Angriff gegen die auf Kuba befindlichen Raketen verweigerte er seine Zustimmung. *Biermann* sieht hierfür zwei Gründe: Zum einen die „nukleare Angst" Kennedys, der

---

[3] Vgl. Fursenko/Naftali, One Hell, S. IX.; Timmermann, Die Krise, S. 10ff.
[4] Vgl. Fursenko/Naftali, Der Scali-Feklisov-Kanal, S. 76–85; Krukinov, Neizvestnoe o razjazke Karibskogi krizisa, S. 33–38.

keinen Atomkrieg wollte, und zum anderen fürchtete der US-Präsident mögliche sowjetischen Druck auf West-Berlin. Die geteilte Stadt betrachtete er als Achillesferse des westlichen Militärbündnisses. Damit blieb für ihn, trotz der eindeutigen nuklearen Übermacht der USA, nur der Weg zu einer Verhandlungslösung. Begünstigt wurde diese durch den sowjetischen Partei- und Staatschef. Chruschtschow befürchtete auf dem Höhepunkt der Krise offenbar einen Putsch des US-Militärs gegen Kennedy. Der sowjetische Partei- und Staatschef habe mit seinem Angebot des gegenseitigen Abzugs der Raketen aus Kuba und der Türkei beim US-Präsidenten offene Türen eingerannt und damit in erheblicher Weise zur friedlichen Beilegung des Konflikts beigetragen. Für den ängstlich und scheinbar überfordert agierenden Kennedy ergab sich damit die Möglichkeit, der von seinen Militärs geforderten bewaffneten Auseinandersetzung mit der Sowjetunion zu entgehen.

Während sich *Biermann* für seinen faktenreichen Beitrag auf neu freigegebene US-Quellen stützen konnte, bleibt in Rußland die Archivsituation weiterhin schwierig. Selbst für russische Militärhistoriker ist der Zugang zu bestimmten Regierungsarchiven, wie dem Präsidentenarchiv oder dem Zentralarchiv des russischen Verteidigungsministeriums, weiterhin außerordentlich restriktiv. Da sie für ihre Untersuchungen jedoch zugänglichere Archive, wie das der Strategischen Raketentruppen der Russischen Föderation, nutzten und zum Teil auf interne Studien militärhistorischer Forschungseinrichtungen Rußlands zurückgreifen konnten, legen die beiden nachfolgenden russischen Autoren dennoch detaillierte und umfassende Analysen der Aktivitäten des sowjetischen Militärs während der Kubakrise vor.

Zunächst analysiert *Oberst Michail G. Ljoschin* vom Institut für Militärgeschichte in Moskau den Wandel der strategischen Einsatzprinzipien der Streitkräfte der UdSSR zwischen Berlin- und Kubakrise. Er stützt sich dabei ausführlich auf zeitgenössische Werke hochrangiger sowjetischer Militärs zum Thema der „Kriegskunst". Dabei zeigt er in seinem Beitrag deutlich auf, daß in der Sowjetunion die Entwicklung der Militärtheorie mit der politischen Wirklichkeit nicht Schritt hielt. Gleichzeitig weist *Ljoschin* darauf hin, daß unter der Generalität in der zweiten Hälfte der fünfziger Jahre Uneinigkeit über die strategische Ausrichtung der sowjetischen Streitkräfte herrschte. Am Beispiel der Strategischen Raketentruppen belegt der Autor, daß es letztlich die Entscheidung von Staats- und Parteichef Chruschtschow war, dieser Teilstreitkraft die Hauptrolle in einem künftigen Krieg zuzuweisen. Dieser Schritt der politischen Führung der UdSSR veränderte die bisherige sowjetische Militärdoktrin grundlegend.

Das frühere Prinzip, daß sich der Kriegserfolg aus Teilsiegen an verschiedenen Fronten zusammensetzte, wurde durch Folgendes ersetzt: „Der Sieg ist das Ergebnis der einaktigen Anwendung des ganzen Potentials eines

Staates, das vor dem Krieg geschaffen wurde".[5] Auf dieser Grundlage entwickelte die Führung der sowjetischen Streitkräfte Ende der fünfziger Jahre die Theorie des unbegrenzten Kernwaffenkrieges. Ihr zufolge existierte während eines Atomkrieges nur die Alternative: entweder Angriff oder Niederlage. Da letztere Option ausschied, galt in der Sowjetunion die strategische Kernwaffenoffensive als einzig mögliches militärisches Mittel zur Zerschlagung des Gegners.

Abschließend legt *Ljoschin* dar, daß es gerade die Erfahrungen der Kubakrise waren, welche die Militärs und Politiker in der Sowjetunion zwangen, die Frage der bis dahin für möglich gehaltenen Führbarkeit von Atomkriegen neu zu überdenken. Die Krise hatte gezeigt, daß sowohl die USA als auch die UdSSR über genügend Nuklearwaffen verfügten, um die andere Seite vernichtend zu schlagen. Gleichzeitig konnten die Streitkräfte beider Staaten jedoch nicht den Schutz des eigenen Landes vor Vergeltungsschlägen garantieren. Deshalb wurde der Konflikt um Kuba durch einen beiderseitigen Kompromiß gelöst. Die wichtigste Lehre der Kubakrise sieht der Autor darin, daß die Nuklearmächte gezwungen waren, Wege der Kriegsverhinderung sowie der Nichtweiterverbreitung und Reduzierung von Kernwaffen zu suchen.

Kapitän zur See Dimitrij N. Filippovych von der Militäruniversität Moskau und *Oberst Wladimir I. Ivkin* beschreiben nachfolgend auf der Grundlage von erstmals freigegebenen Akten der Strategischen Raketentruppen der Russischen Föderation die Stationierung der sowjetischen Atomwaffen auf Kuba. Im Rahmen der Operation „Anadyr", so der Deckname der Raketenstationierung, seien allein durch die Strategischen Raketentruppen der UdSSR 24 Startrampen, 36 Atomraketen des Typs R-12 (Reichweite 2000 Kilometer), 60 Atomsprengköpfe, 8000 Mann Bedienungsmannschaften, 1695 Fahrzeuge und tausende Tonnen anderes Material auf die Insel verschifft worden. Zum Schutz dieser Atomstreitmacht war die Stationierung von weiteren 34 000 sowjetischen Soldaten samt Flugabwehrraketen, Küstenverteidigungsraketen und taktischen Nuklearwaffen erforderlich. Der Transport dieser Streitmacht über mehr als 10 000 Kilometer war ein logistischer Kraftakt, der vor allem deshalb gelang, weil die fünf Teilstreitkräfte und zahlreiche sowjetische Ministerien und Behörden trotz strengster Geheimhaltung gut miteinander kooperierten. Die strengen Sicherheitsmaßstäbe von „Anadyr" verdeutlichen *Filippovych* und *Ivkin* auch durch ein weiteres Faktum. Alle an der Operation beteiligten Mannschaften und Offiziere überprüfte das KGB auf ihren „politisch-moralischen Zustand". Allein von den 8000 Mann der Raketentruppen mußten daraufhin wegen politischer Unzuverlässigkeit mehr als 1000 Soldaten und 500 Offiziere ausgetauscht werden.

---

[5] Kozlov/Smirnov/Baz/Sidorov, O sovetskoj voennoj nauke, S. 65.

Abschließend weisen die Autoren darauf hin, daß auf dem Höhepunkt der Krise die Gruppe der sowjetischen Streitkräfte auf Kuba in der Lage war, „Schläge mit allen 24 Startanlagen" zu führen. Die Flugdaten für die Einsatzziele der Raketen waren exakt vermessen und berechnet. Als sogenannte „Gefechtspakete" befanden sie sich bei den Abschußstellungen der einzelnen Raketenregimenter. Sogar die Atomsprengköpfe wurden „mit dem Ziel der Verringerung der Zeit zur Vorbereitung der ersten Salve [...] in der Nacht vom 26. zum 27. 10. 62 [...] über eine Entfernung von 500 km aus dem Gruppenlager zu den Feldstellungen transportiert"[6]. Die gerade noch rechtzeitige politische Beilegung des Konflikts habe einen Abschußbefehl aus Moskau jedoch nicht notwendig gemacht. Auch *Filippovych* und *Ivkin* kommen am Ende ihres Beitrages zum Schluß, daß die politische und militärische Führung der Sowjetunion nicht nur militärstrategische Lehren aus der Kubakrise zog, sondern auch eine entscheidende militärpolitische Lektion gelernt hatte: Atomkriege sind weder führ- noch gewinnbar und müssen deshalb durch Entspannungspolitik verhindert werden.

Eine bewaffnete Auseinandersetzung zwischen den USA und der UdSSR wäre nicht nur auf die Karibik beschränkt gewesen, sondern hätte vor allem auch auf deutschem Boden stattgefunden. Dies belegen die nachfolgenden Beiträge von *Bruno Thoß*, *Sigurd Hess* und *Matthias Uhl*.

Daß Anfang der sechziger Jahre der Einsatz von Atomwaffen zur Erlangung der eigenen Kriegsziele nicht nur von der sowjetischen Seite erwogen wurde, sondern durchaus auch Zustimmung bei der politischen und militärischen Führung der Bundeswehr fand, zeigt *Thoß* in seinem Beitrag, der auf der Grundlage erstmals freigegebener Bestände der Bundeswehr im Bundesarchiv-Militärarchiv entstanden ist. Bei NATO und Bundeswehr galten Atomwaffen im möglichen militärischen Konflikt mit dem Warschauer Pakt als Allheilmittel, das ohne besondere Nebenwirkungen eingesetzt werden konnte. Gleichzeitig macht der Autor deutlich, daß die Bundeswehr während der Kubakrise maximale Zurückhaltung üben mußte. Es wurde weder Alarm ausgelöst, noch wurden zusätzliche Reservisten einberufen. Ob diese die Schlagkraft der Bundeswehr gesteigert hätten, bezweifelt *Thoß*. Fehlendes Personal, Lücken in der Infrastruktur und Logistik, mangelhafter Kernwaffenschutz sowie die ungenügende Koordination von militärischer und ziviler Verteidigung machten die Bundeswehr, wie *Der Spiegel* im Oktober 1962 bereits treffend bemerkte, nur „bedingt abwehrbereit". Eine Einschätzung, die durch die Dokumente aus Freiburg bestätigt wird.

---

[6] Archiv Raketnych vojsk strategičeskogo naznačenija – Archiv der Strategischen Raketenstreitkräfte (künftig: Archiv RVSN), fond 10, opis' 857346, delo 1, Bl. 207, Bericht des Kommandeurs der 51. Raketendivision an den Oberkommandierenden der Strategischen Raketenstreitkräfte, 18. 12. 1962. Hier wird belegt, daß im Gegensatz zu früheren Forschungsmeinungen eben doch auf dem Höhepunkt der Kubakrise Atomsprengköpfe zu ihren Einsatzträgern geschafft worden sind. Siehe hierzu z.B. Kramer, Erkenntnisse, S. 161f.

Abschließend diskutiert der Autor die Frage, ob die Militärs damals die tatsächlichen Auswirkungen des Einsatzes von Kernwaffen unterschätzten. Dabei bestätigt er, daß bis zur Berlin- und Kubakrise NATO und Warschauer Pakt den globalen Atomkrieg als legitime Maßnahme zur Fortsetzung der Politik mit anderen Mitteln betrachteten. Erst mit der Strategie der *flexible response*, so *Thoß*, wurde dieses Paradigma durchbrochen.

Der nachfolgende Aufsatz von *Hess*, der neben Archivdokumenten aus Freiburg auch auf den persönlichen Erinnerungen des Autors beruht, unterstreicht nochmals die Thesen von *Thoß* zur Bundeswehr während der Kubakrise. Der Autor legt dar, daß auch bei der Bundesmarine eine interne Einschätzung im Herbst 1962 zu dem Schluß kam, „die Einsatzbereitschaft der deutschen Flotte entsprach nicht den Erfordernissen"[7]. Auch hier sorgten fehlendes Personal, schlechte Ausbildung und mangelndes Material dafür, daß nur 60 Prozent der Schiffe einsatzbereit waren. *Hess* macht am Beispiel der Bundesmarine erneut deutlich, daß die Bundesrepublik während der Kubakrise keinerlei Alarmmaßnahmen durchführte und zum großen Teil an der Konfrontation vorbeilebte. Lediglich einzelne Kommandeure trafen eigenständig und ohne Befehl von oben Maßnahmen zur Erhöhung der Gefechtsbereitschaft, die sich jedoch auf die Einsatzbereitschaft nur minimal auswirkten. Der Kubakriseneinsatz des 3. Schnellbootgeschwaders, dem der Autor im Herbst 1962 angehörte, endete wie der Konflikt in der Karibik: statt „scharfe Schüsse" abzugeben, wurden die ablaufenden sowjetischen Schiffe fotografiert.

Daß im Gegensatz zur Bundeswehr die DDR für den Fall der bewaffneten Konfrontation beträchtliche Vorbereitungen getroffen hatte, zeigt der Beitrag von *Uhl*. Seit dem 11. September 1962 befanden sich die 500000 Mann der Gruppe der sowjetischen Streitkräfte in Deutschland in erhöhter Gefechtsbereitschaft. Am 23. Oktober 1962 wurde schließlich auch für die NVA Alarm befohlen. Gleichzeitig verhängte der Nationale Verteidigungsrat der DDR auf Weisung aus Moskau für die Streitkräfte eine Urlaubssperre und ordnete die Aufschiebung der bevorstehenden Entlassungen sowie die volle Mobilmachungsbereitschaft an. Wenige Stunden nach Ausgabe des Befehls befanden sich sowohl die Angriffs- wie auch die Defensivverbände der Nationalen Volksarmee in erhöhter Gefechtsbereitschaft. Damit waren die ostdeutschen Streitkräfte, so der damalige Verteidigungsminister Hoffmann, bereit, „jederzeit die von der Partei und Regierung gestellten Aufgaben zu erfüllen"[8]. Zugleich macht der Autor deutlich, daß während

---

[7] Bundesarchiv, Abteilung Militärarchiv Freiburg/Br. (künftig: BA-MA), BW 2/2460, Kapitel V.1: Zusammenfassendes Urteil über die Einsatzbereitschaft des Bereichs Kommando der Flotte, Zustandsbericht der Bundeswehr Nr. 2/62.
[8] BA-MA, DVW-1/8754, Bl. 19, Rede Hoffmanns vor dem Nationalen Verteidigungsrat, 23. 11. 1962.

der gesamten Kubakrise der Nationale Verteidigungsrat der DDR bzw. dessen Vorsitzender Walter Ulbricht keine einzige Entscheidung traf, die nicht zuvor von Moskau aus angewiesen worden war. Auch nachdem die Krise ihren Höhepunkt bereits lange überschritten hatte, war die Militärführung der DDR nicht in der Lage, selbst in nachrangigen Bereichen eigenständige Beschlüsse fassen zu können. Die Kubakrise verdeutlichte, wie später andere Konfliktsituationen, daß der Nationale Verteidigungsrat als höchstes sicherheitspolitisches Gremium der DDR und die SED-Führung in Momenten höchster Anspannung der internationalen Lage bei bündnisinternen Entscheidungen keine Rolle spielten.

Abschließend versucht der Beitrag, mögliche Szenarien einer bewaffneten Auseinandersetzung in Zentraleuropa aufzuzeigen. Hierfür greift der Aufsatz auf Übungsunterlagen von NVA und GSSD zurück. Diese belegen nochmals, daß die sowjetische Militärführung einen Kernwaffenkrieg nicht nur als führbar, sondern auch als gewinnbar betrachtete. Einem möglichen Atomwaffenschlag der Amerikaner in Europa gedachte man, durch einen zumindest zeitgleichen Raketen-Antwortschlag zu entgehen. Damit wollten die Militärführer des Warschauer Paktes zugleich günstige Voraussetzungen für eine weitreichende strategische Offensive schaffen, die nach ihren Vorstellungen mit der vollständigen Vernichtung des Gegners auf seinem Territorium geendet hätte. Die katastrophalen Auswirkungen des Einsatzes von mehr als 2200 Kernwaffen auf dem „westeuropäischen Kriegsschauplatz" ließen die Planer in den Stäben jedoch unberücksichtigt. Auch die horrenden Verluste unter der Zivilbevölkerung und der Zusammenbruch der Infrastruktur fanden in die Kriegsspiele keinen Eingang. In den Augen vieler Militärs galten bis zur Kubakrise Kernwaffen lediglich als eine Art stark verbesserte Artillerie. Auf dem Höhepunkt von Berlin- und Kubakrise sah zumindest die Militärführung des Warschauer Vertrages in einem Atomkrieg in Mitteleuropa das entscheidende Mittel zur Vernichtung des vermeintlichen Gegners. Daß er dennoch nicht geführt wurde, lag am Willen der politischen Führung eine nukleare Katastrophe zu verhindern, die über alle ideologischen Grenzen hinweg auch das Ende der eigenen Existenz bedeutet hätte.

In seinem Schlußbeitrag widmet sich *Hermann-Josef Rupieper* den Auswirkungen der Kubakrise auf die weitere Blockkonfrontation. Er betrachtet die Eskalation im Herbst 1962 als heilsamen Schock für die Supermächte, die danach zum „Katalysator der Entspannungspolitik" wurde. Gleichzeitig tritt er dafür ein, dem Problem der chinesisch-sowjetischen Rivalität mehr Gewicht beizumessen. Dieses hätte ab Anfang der 60er Jahre vor allem die Außen- und Sicherheitspolitik der UdSSR bestimmt. Die für den Kalten Krieg unerläßliche globale Perspektive zeige, daß nach der Kubakrise gerade an der Peripherie zwischen den USA und der Sowjetunion zahlreiche „Ersatzkonflikte" tobten. Daß diese nicht erneut zur globalen Krise führten, sei im wesentlichen den Lehren zu verdanken, die die Supermächte aus der Auseinandersetzung um die Zuckerrohrinsel zogen.

Abgeschlossen wird der Band durch eine Dokumentation besonders wichtiger und bislang unveröffentlichter amerikanischer, sowjetischer sowie west- und ostdeutscher Militärakten zur Kubakrise. Diese Dokumente unterstreichen nochmals eindrucksvoll die von den einzelnen Autoren herausgearbeiteten Forschungsthesen. Von besonderem Interesse dürften dabei vor allem die Schriftstücke der Strategischen Raketentruppen der UdSSR und des Führungsstabes der Bundeswehr sein, deren erstmalige Freigabe für eine wissenschaftliche Nutzung im Rahmen der Arbeit an diesem Band erreicht werden konnte.

***

Die Literaturhinweise in den Fußnoten sind einheitlich in Kurzform (Autor, Kurztitel, Seitenzahl) gehalten und können vollständig aus dem Gesamt-Literaturverzeichnis am Ende des Buches erschlossen werden. Einschübe bzw. Auslassungen in Zitaten sind durch eckige Klammern kenntlich gemacht worden. Die Zeichensetzung und Rechtschreibung in den Dokumenten wurde immer dann stillschweigend korrigiert, wenn durch falschen Gebrauch der Inhalt des Textes verzerrt wurde. Im Interesse einer leichteren Lesbarkeit werden im Text russische Namen und Begriffe entsprechend der Duden-Transkription geschrieben, wie dies auch in der Publizistik üblich ist. In den Fußnoten hingegen wird die exaktere wissenschaftliche Transliteration verwendet.

Dem Archiv der Strategischen Raketentruppen der Russischen Föderation, dem Bundesarchiv, Abteilung Militärarchiv Freiburg/Br. und dem National Security Archive gilt der Dank der Herausgeber für die Bereitschaft, unbürokratisch der Veröffentlichung der vorliegenden Dokumente zuzustimmen. Die gemeinsame Kommission zur Erforschung der jüngeren Geschichte der deutsch-sowjetischen Beziehungen unterstützte die Konferenz, die zur Entstehung des vorliegenden Bandes führte. Für die Mitwirkung an der Gestaltung des Bandes danken die Herausgeber besonders Frau Ruth Wunnicke und Frau Anne Hirschfelder. Frau Fiona Gutsch und Frau Jana Peleshkowa sei für ihre Hilfe bei Übersetzungen und der Erstellung der Registerteile gedankt.

Gerhard Wettig

Der Stillstand im Ringen um Berlin:
Ein Motiv Chruschtschows für die
Stationierung der Raketen auf Kuba?

Zur Vorgeschichte

Im November 1958 hatte Chruschtschow die Westmächte ultimativ aufgefordert, sich nicht länger dem Abschluß eines Friedensvertrags zu entziehen, der die Situation in Deutschland und Berlin regele. Nach mehr als dreizehn Jahren nach Kriegsende sei es endlich an der Zeit, durch Liquidierung des Besatzungsregimes normale Verhältnisse zu schaffen. Darunter verstand die sowjetische Führung nicht nur eine Anerkennung und Konsolidierung der Zweistaatlichkeit, das heißt des nicht durch Wahlen legitimierten DDR-Regimes, sondern auch einen Abzug der westlichen Schutzmächte aus West-Berlin, das in eine entmilitarisierte „Freie Stadt" von östlichen Gnaden umgewandelt werden sollte. Andernfalls werde die UdSSR die geforderte Statusveränderung einseitig vornehmen, indem sie den Friedensvertrag separat mit der DDR abschließe. Damit solle die militärische Präsenz der drei westlichen Staaten in der Stadt die Grundlage verlieren und die Kontrolle der Zugangswege an die DDR als souveränen Staat übergehen. Die ostdeutsche Regierung würde darüber uneingeschränkt verfügen können und mithin dazu befähigt sein, eine weitere Anwesenheit der Westmächte in West-Berlin unmöglich zu machen und der Stadt das ins Auge gefaßte Freistadt-Statut aufzuzwingen. Der Kremlchef fügte die Drohung hinzu, wenn die Westmächte das nicht akzeptieren und Schritte gegen die DDR unternehmen würden, werde die Sowjetunion das als Aggression betrachten und ihrer Pflicht zur Verteidigung des ostdeutschen Verbündeten nachkommen.

Chruschtschow war freilich trotz dieser verbalen Bekundung nicht bereit, mit dem angedrohten Separatvertrag ernstzumachen und damit das Risiko eines Krieges zwischen Ost und West einzugehen. Als sich die westlichen Regierungen entgegen seiner Erwartung dem Ultimatum nicht beugten, ließ er dieses stillschweigend fallen und setzte seine Hoffnung darauf, daß er bei weiterem Verhandeln mit Hilfe von Angeboten kosmetischer Zugeständnisse zum Ziel gelangen werde. Als der Erfolg ausblieb, scheint er im Herbst 1960 den Schluß gezogen zu haben, der westliche Widerstand sei dem aus wirtschaftlichen Erwägungen verfolgten sowjetischen Kurs der Streitkräfteverringerung zuzuschreiben. Er hatte bis dahin allein auf die Nuklear- und Raketenrüstung gesetzt, weil er den konventionellen Kapazitäten wenig Bedeutung für das Kräfteverhältnis beigemessen hatte. Anfang 1961 leitete er Schritte des militärischen Ausbaus auch in diesem Bereich ein, an denen die Verbündeten im Warschauer Pakt beteiligt wurden.

In den Wiener Gesprächen mit Kennedy Anfang Juni 1961 erneuerte Chruschtschow das Ultimatum: Wenn der Westen nicht bis Jahresende zum Abschluß des Friedensvertrags bereit sei, werde er der DDR die Kontrolle über die Zugangswege West-Berlins überantworten. Der amerikanische Präsident verfügte daraufhin weitreichende Mobilisierungs- und Rüstungsmaßnahmen, um den Kreml vor einseitigem Vorgehen zu warnen, und erklärte die Entschlossenheit der USA, auf drei wesentlichen Erfordernissen *(essentials)* unbedingt zu bestehen: auf der westlichen Präsenz in West-Berlin, auf dem Zugang dorthin und auf der Lebensfähigkeit der Stadt. Die Bewegungsfreiheit zwischen West- und Ost-Berlin gehörte nicht zu den Tatbeständen, die Kennedy unter allen Umständen verteidigen wollte. Der sowjetische Führer faßte zu dieser zuvor erkennbaren Haltung den Entschluß, West-Berlin durch Sperrung der Sektorengrenze von seiner Umgebung völlig zu isolieren, und hielt zugleich an der Absicht fest, den Friedensvertrag Ende des Jahres separat mit der DDR abzuschließen, wenn die Westmächte ihre Beteiligung dann immer noch verweigern würden. Wenig später, im Frühherbst 1961, wurde er freilich wieder wankend. Er rückte von dem Ultimatum ab, nachdem auf Kennedys Initiative hin Berlin-Gespräche mit den Amerikanern begonnen hatten, die auf eine Einigung hoffen ließen. Wenn er damit wirklich gerechnet haben sollte, dann saß er einer Illusion auf. Die sowjetische Seite zeigte sich in keiner wesentlichen Frage kompromißbereit, und die USA hielten an ihren *essentials* fest. Im Frühjahr 1962 war deutlich, daß nicht einmal von einer Annäherung die Rede sein konnte[1].

Seit Anfang 1961 hatte das Verhältnis der USA zu Kuba einen Höhepunkt der Spannung erreicht. Fidel Castro hatte einen scharf antiamerikanischen Kurs eingeschlagen, ein Bekenntnis zum Kommunismus abgelegt und sich auf die Seite der UdSSR gestellt, die damit einen politischen Stützpunkt in unmittelbarer Nähe zu den Vereinigten Staaten erhielt. In Washington wurde das als unerträgliche Herausforderung angesehen. Im April landeten bewaffnete Einheiten von Exil-Kubanern in der Schweinebucht, um dem Regime auf der Karibikinsel ein Ende zu machen. Das vom Geheimdienst

---

[1] Die Darstellung der vorstehenden Absätze beruht auf meiner noch nicht veröffentlichten Monographie über die sowjetische Politik in der Berlin-Krise von 1958 bis 1963.

CIA schlecht vorbereitete und unterstützte Unternehmen geriet zur Katastrophe, die das Ansehen des neuen Präsidenten innen- und außenpolitisch schwer beschädigte. Seitdem sann Kennedy darauf, die Scharte durch eine diesmal besser durchgeführte, groß angelegte Invasion auszuwetzen und den als persönlichen Feind betrachteten „Maximo Lider" Kubas auszuschalten.

Chruschtschow suchte den neuen Verbündeten durch umfangreiche Ausbildungs- und Waffenhilfe gegen die amerikanische Gefahr zu wappnen. Gleichwohl erschien Kuba keineswegs sicher. Zugleich war das Verhältnis zwischen Moskau und Havanna nicht frei von Spannungen. Der Kreml fürchtete den revolutionären Eifer Fidel Castros und Che Guevaras. Ihre Absicht, durch Aktionen in Lateinamerika und anderswo kommunistische Umwälzungen herbeizuführen, drohten die UdSSR in unabsehbare Konflikte zu verwickeln. Vor diesem Hintergrund entschloß sich Chruschtschow Ende Mai 1962, auf Kuba nukleare Offensivraketen zu stationieren. Castro versprach sich davon einen besseren Schutz als bisher und stimmte zu. Daraufhin wurde der militärische Plan in Moskau ausgearbeitet. Die darauf aufbauende, ab Juli eingeleitete Operation „Anadyr" beruhte auf der Hoffnung, es werde gelingen, die Raketen unbemerkt auf die Karibikinsel zu bringen und dort aufzustellen. Anschließend könne man die USA mit der vollendeten Tatsache konfrontieren. Daran könnten sie dann nichts mehr ändern, denn sie würden sich vor einem Krieg hüten, in dem sie massiver Vernichtung durch die auf Kuba neu dislozierten Kernwaffensysteme ausgesetzt sein würden[2].

Motivierte der Stillstand in Berlin Chruschtschow zur Raketenstationierung auf Kuba?

Der Kreml hielt ab Herbst 1961 unbeirrbar an dem Standpunkt fest, die gestellten Berlin-Forderungen müßten von den Westmächten ohne Abstriche erfüllt werden, obwohl inzwischen klar war, daß die UdSSR nicht, wie bis dahin propagandistisch behauptet worden war, im militärischen Kräfteverhältnis vorn lag, sondern sich erheblich im Rückstand befand. Die amerikanische Regierung gab am 21. Oktober 1961 durch den stellvertretenden Verteidigungsminister Gilpatric bekannt, daß die USA sogar nach einem mit allen Kernwaffensystemen geführten sowjetischen Überraschungsangriff noch in der Lage sein würden, die UdSSR vernichtend zu treffen. Die amerikanische Zweitschlagsfähigkeit sei größer als das, was der anderen Seite maximal als Erstschlagskapazität zur Verfügung stehe[3]. Angesichts einer so

---
[2] Vgl. Fursenko/Naftali, One Hell, S. 145–183.
[3] Angabe nach Biermann, Kuba-Krise, S. 638.

starken global-strategischen Überlegenheit der Vereinigten Staaten, die zudem der Führung in Washington bewußt war, hatte Chruschtschow keine Aussicht, die geforderte politische Kapitulation des Westens in Berlin durchzusetzen. Darüber war er sich völlig im klaren. Im ZK-Präsidium erklärte er Anfang Januar 1962, er glaube nicht mehr an eine rasche Regelung. Das sei aber auch nicht länger dringlich. Die Schließung der Sektorengrenze habe die Situation völlig verändert. Statt der eigenen Seite sei nun der Westen dort im Nachteil. Das bislang noch unbefriedigende Kräfteverhältnis würde aber die UdSSR zu Zugeständnissen nötigen, wenn man jetzt schon zu einem Abkommen gelangen wolle. Da sei es besser, Berlin zum Schaden des Westens als Konfliktherd beizubehalten, bis man später alles bekommen könne. Dem stimmten seine Führungskollegen gerne zu[4].

Damals lag der Gedanke an die Stationierung sowjetischer Raketen auf Kuba noch außerhalb jeder Vorstellung. Als dann aber im Mai davon die Rede war, konnte sie geeignet erscheinen, einen Weg zur raschen Überwindung des Stillstands in Berlin zu eröffnen. Wenn die Operation „Anadyr" erfolgreich durchgeführt war, entstand ein radikal gewandeltes global-strategisches Kräfteverhältnis: Ein großer Vorrat sowjetischer Mittelstreckenraketen, mit denen bis dahin die USA nicht erreicht werden konnten, verstärkte dann die gegen diese gerichteten Kapazitäten und verschaffte damit der UdSSR gegenüber dem amerikanischen Gegner eine gleichwertige Machtposition[5]. Vor diesem Hintergrund mag Chruschtschow in der Stationierung nuklearer Angriffsraketen auf Kuba eine Gelegenheit gesehen haben, das militärische Kräfteverhältnis zu korrigieren, um in Berlin zum Ziel zu gelangen.

Nach Ansicht Harald Biermanns ging es dem Kremlchef wesentlich darum, die global-strategische Unterlegenheit seines Landes zu beseitigen[6]. Als Beweis werden neben dem Plausibilitätsargument Gespräche amerikanischer Persönlichkeiten mit Dobrynin angeführt, in denen sich dieser besorgt über die Möglichkeit eines nuklearen Enthauptungsschlages der USA gegen die UdSSR äußerte. Besonderes Gewicht legt Biermann darauf, daß der Botschafter dabei einmal ausdrücklich die Frage bejahte, ob die sowjetische Seite denn wirklich an einen solchen Plan glaube[7]. Den Akteuren in Washington fiel es angesichts der fordernden Haltung des Kremls in der Berlin-Frage schwer, die Bekundung solcher Ängste für bare Münze zu nehmen. Sie glaubten vielmehr, daß es Chruschtschow stets nur darum gehe,

---

[4] Vgl. Fursenko, Kak byla, S. 86f.
[5] Vgl. Wenger, Peril, S. 273–304.
[6] Vgl. Biermann, Kuba-Krise, S. 638–641.
[7] Als Quellen nennt Biermann in diesem Zusammenhang Dobrynin, In Confidence, S. 71–95; Memorandum of Conversation [Thompson – Dobrynin], 6. 4. 1962, S. 403f.; Charles Bohlen an McGeorge Bundy [über Gespräch mit Dobrynin], 7. 5. 1962, S. 432; Editorial Note [über Gespräch Rusk – Dobrynin, 12. 6. 1962], S. 460–462.

seine Ziele in Berlin durchzusetzen[8]. Wenn man von dieser Einschätzung ausgeht, erscheint klar, daß es dem sowjetischen Führer bei angestrebter Veränderung der global-strategischen Kräfterelation darum gehen mußte, den Berlin-Konflikt in seinem Sinne zu lösen.

Von außen her gefällte Urteile über innersowjetische Entscheidungszusammenhänge sind stets mit einem hohen Fehlerrisiko behaftet[9]. Wie sich in der Krise um Kuba zeigte, lag beispielsweise Kennedy völlig falsch mit seiner Erwartung, Chruschtschow wolle die Konfrontation in der Karibik zur Attacke gegen West-Berlin nutzen. Was Chruschtschows Motiv bei der Entscheidung für die Stationierung der Raketen auf Kuba anbelangt, so sehen Personen, die Einblick in die Beschlußfassung hatten, keinen Zusammenhang mit dem – aus sowjetischer Sicht unbefriedigenden – Stand der Berlin-Gespräche mit den USA. Armeegeneral Gribkow, der die Transport- und Stationierungsplanung ausarbeitete und dabei Kontakt zu maßgeblichen politischen Stellen hatte, hält den Willen des Kremlführers für ausschlaggebend, Kuba vor der drohenden amerikanischen Invasion zu bewahren, und weist darauf hin, daß der Kreml auf die abschreckende Wirkung der Raketendislozierung gesetzt habe. Wenn die USA die Insel zu erobern suchten, konnte die UdSSR dies nicht verhindern. Wenn sie aber von dort einen massiven nuklearen Gegenschlag auf wichtige Zentren ihres Landes zu befürchten hatten, so sei die Überlegung des sowjetischen Parteichefs gewesen, würden sie keinen Angriff mehr auf die Insel wagen. Nur nebenher erwähnt Gribkow, daß Raketen auf Kuba zudem ein Gegengewicht zu den amerikanischen Offensivkapazitäten gegen die UdSSR schufen[10].

Nach der Erinnerung von Chruschtschows Sohn war ebenfalls die Sorge um das Regime in Havanna entscheidend. Besonders betont wird dabei der Prestigegesichtspunkt. Mit Castro hätte die Sowjetunion nicht nur einen sozialistischen Gefährten, sondern auch die politische Glaubwürdigkeit verloren. Sie hätte vor aller Welt als Macht dagestanden, die einen Schützling nicht zu retten vermochte[11]. Mit den Raketen auf Kuba habe sein Vater den USA mit etwas „Außerordentlichem" klar machen wollen, daß es ihnen im Fall eines Angriffs auf die Insel schlecht ergehen werde. Dabei habe er

---

[8] Vgl. Biermann, Kuba-Krise, S. 643, 653f.
[9] Vgl. ebenda, S. 639. Dort wird die Detonation des 50-Megatonnen-Sprengkörpers in der UdSSR am 30. 10. 1961 auf Gilpatrics Erklärung zurückgeführt. In Wirklichkeit hatte Chruščev die Vorbereitungen am 10. 7. 1961 angeordnet – in der Hoffnung, die USA mit dieser Demonstration scheinbarer Nuklearüberlegenheit zur Annahme seiner Berlin-Forderungen veranlassen zu können, siehe: Zubok/Vodop'janova, Cholodnaja vojna, S. 269, unter Hinweis auf Sakharov, Facets, S. 602f.; Chruščev, Sergej, Roždenie, S. 395f.; Ausführungen des – auf der Sitzung mit Chruščev am 10. 7. 1961 anwesenden – Nuklearwissenschaftlers Jurij Smirnov auf der internationalen Konferenz „Cholodnaja vojna i razrjadka 1945–1990" in Moskau am 27. 6. 2002.
[10] Vgl. Gribkow, Im Dienste, S. 246–248.
[11] Vgl. Der Spiegel, 12. 8. 2002, Nr. 33, S. Chruščev im Gespräch mit Spiegel-Redakteur Klaus Wiegrefe, S. 115f.

freilich nicht mit der psychologischen Unwägbarkeit gerechnet, daß die Amerikaner panikartig auf die Aussicht reagieren würden, nach den Russen und Europäern auch ihrerseits in großem Maßstab verwundbar zu werden[12]. Auch ein enger Mitarbeiter Chruschtschows, Oleg Trojanowskij, sieht das Motiv des Schutzes für Kuba als zentral an. Die Vorwürfe aus Peking, der Kreml zeige sich gegenüber den Westmächten schwach und nachgiebig, hätten dabei verstärkend gewirkt. Es sei aber nicht ausgeschlossen, daß es dem sowjetischen Führer auch um die Korrektur des militärischen Kräfteverhältnisses ging. Trojanowskij erinnert sich genau an eine Äußerung Andropows, die UdSSR könne nach Stationierung der Raketen auf Kuba „den weichen Unterbauch der Amerikaner ins Visier nehmen." Eine Verbindungslinie zur Berlin-Krise zieht freilich auch er nicht[13].

Die Berlin-Gespräche im Sommer 1962 und die Raketenstationierung auf Kuba

Im Sommer 1962 waren die amerikanisch-sowjetischen Gespräche über Berlin unverkennbar in eine Sackgasse geraten. Die sowjetische Seite begann mit Warnungen vor einem Ende ihres Zuwartens. Am 10. August erklärte Chruschtschow, er sei nur „noch eine gewisse Zeit bereit", den Dialog mit den USA fortzuführen, und fügte hinzu, „die Plattform dafür" werde „immer enger". Sie sei „bereits sehr eng geworden". Wenn die Geduld erschöpft sei, werde die UdSSR „den Friedensvertrag unterzeichnen und die militärische Verbindung [der Westmächte] mit West-Berlin unterbrechen", ohne jedoch eine Blockade gegen die Bevölkerung zu verhängen. Der Westen drohe zwar mit Krieg, doch fehle ihm die nötige Macht. Wenn er nach Verlust allen Verstandes trotzdem einen Krieg beginne, werde er „die [bösen] Früchte ernten"[14]. Am 12. September nannte eine TASS-Erklärung den Zeitpunkt, zu dem der Kreml den USA die Rechnung präsentieren wollte: nach den Kongreßwahlen im November. Bis dahin, so hieß es, falle es den Amerikanern schwer, über den deutschen Friedensvertrag zu verhandeln. Das wolle man berücksichtigen[15]. In den folgenden Wochen teilten Chruschtschow und Gromyko der Regierung in Washington ausdrücklich mit, daß sie dann einen „aktiven Dialog" einleiten wollten[16]. Es kann kein Zufall sein, daß ge-

[12] Vgl. Chruščev, Sergej, Raketnyj krizis. S. 61 f.
[13] Trojanowskij, Karibskij krizis, S. 170.
[14] Landes-Archiv Berlin, B Rep 002, Nr. 7993b, Bl. 627 f., Aufzeichnung ohne Überschrift über Gespräch Chruščev – Kreisky mit handschriftlich vermerktem Datum „10. 8. 1962". Chruščev konnte mit Sicherheit annehmen, daß seine Ausführungen über Willy Brandt der amerikanischen Seite zur Kenntnis gebracht werden würden.
[15] Vgl. Pravda, 12. 9. 1962, Pokončit's politikoj provokacii. Zajavlenie TASS.
[16] Vgl. N. S. Chruščev an J. F. Kennedy (Auszug der Ausführungen zu Friedensvertrag und West-Berlin), o.D. [28. 9. 1962], in: Foreign Relations of the United States (FRUS),

nau zu diesem Zeitpunkt der Raketenaufbau auf Kuba abgeschlossen werden sollte.

Auch weitere Hinweise deuten auf die Absicht hin, das bis dahin veränderte militärische Kräfteverhältnis zur Erzwingung einer Berlin- und Deutschland-Regelung in sowjetischem Sinne zu nutzen. Das könnte erklären, wieso Gromyko nach einem Gespräch, in dem Rusk das originäre Recht auf Präsenz- und Zugang vehement verteidigt und dabei zuletzt eine bis dahin unerhörte Schärfe an den Tag gelegt hatte[17], intern die Ansicht kundgab, man bewege sich auf eine Einigung zu, die West-Berlin einen anderen Status zuweisen und eine den Erfordernissen der DDR-Souveränität voll entsprechende Zugangsbehörde etablieren werde[18]. Die Zuversicht Chruschtschows und eingeweihter Spitzenfunktionäre übertrug sich auf die nachgeordneten Chargen. Ein Angehöriger des Außenministeriums, der an der Vorbereitung der Deutschland-Politik maßgeblich mitwirkte, äußerte in einer Ausarbeitung für die vorgeordnete Instanz, die westlichen Regierungen sähen sich trotz gegenteiliger Ermahnungen aus Bonn immer mehr dazu genötigt, „mit der realen Situation in Berlin zu rechnen." Der Vier-Mächte-Status bestehe faktisch schon nicht mehr[19].

Die Stellungnahme, mit der die sowjetische Führung Ende September nach der Sommerpause das Gespräch mit den Amerikanern wiederaufnahm, ist ein bezeichnendes Zeugnis ihrer Zuversicht. Chruschtschow appellierte an Kennedy, seinen Rüstungskontroll-Vorschlägen zuzustimmen, und erklärte, auch er müsse doch erkennen, daß West-Berlin die wechselseitigen Beziehungen „fiebrig" mache, solange dort keine „vernünftige Lösung" erreicht sei. Das Problem lasse sich nicht anders als durch Unterzeichnung des Friedensvertrages lösen. Er wiederholte das – von den Westmächten seit langem als unannehmbar verworfene – Angebot eines Scheinzugeständnisses, demzufolge für kurze Zeit ein symbolisches Truppenkontingent in West-Berlin stationiert werden könnte, und beschuldigte alle, die es ablehnten, vorsätzlicher Spannungserzeugung[20]. Wie sich voraussehen ließ, ende-

---

1961–1963, XV, S. 338; Telegram From the Embassy in the Soviet Union to the Department of State [Gespräch Chruščev – Botschafter Kohler], 16. 10. 1962; ebenda., S. 359–361; Memorandum of Conversation [Kennedy – Gromyko], 18. 10. 1962; ebenda., S. 371.

17 Vgl. Memorandum of Conversation, 18. 10. 1962; ebenda., S. 376–387.

18 Vgl. Archiv vnešnej politiki Rossijskoj Federacii – Archiv der Außenpolitik der Russischen Föderation, Moskau (künftig: AVPRF), fond 0742, opis' 7, papka 51, delo 4 (im folgenden: 0742/7/51/4), Bl. 48–62, Zapis' besedy s tov. Ul'brichtom 23 oktjabrja 1962 goda. Iz dnevnika A. A. Gromyko.

19 AVPRF, 0757/7/57/21, Bl. 58, I. Kuz'mycev, O pozicii pravitel'stva i politiceskich partij FRG po mirnomu uregulirovaniju i voprosu o Zapdanom Berline (Anlage zum Schreiben von A. Smirnov an I.I. Il'ičev, 29. 9. 1962).

20 Vgl. N. S. Chruščev an J. F. Kennedy (Auszug der Ausführungen zu Friedensvertrag und West-Berlin), o.D. [28. 9. 1962], in: FRUS, 1961–1963, XV, S. 337f. Vgl. den vollständigen Text des Schreibens in: FRUS, 1961–1963, VI, Kennedy-Khrushchev Exchanges, Washington 1996, S. 152–161.

ten auf dieser Basis Unterredungen Gromykos mit dem Außenminister und dem Präsidenten der USA in offenem Streit[21]. Trotzdem bekundete der Chefdiplomat der UdSSR gegenüber Ulbricht Optimismus. Es seien positive Teilresultate erzielt worden, und Kennedy sei zur Statusänderung für West-Berlin bereit. Im übrigen habe der Westen noch nicht alle Zugeständnisse auf den Tisch gelegt[22]. Im Blick auf die damalige amerikanische Haltung erscheint diese Zuversicht nicht berechtigt. Ging der sowjetische Außenminister bei seiner Äußerung davon aus, die positive Erwartung werde sich schon noch erfüllen, wenn erst einmal die Raketenstationierung auf Kuba abgeschlossen sei? Im Kreml wurde ein Zusammenhang zwischen dem Konflikt um Berlin und der Operation „Anadyr" durchaus gesehen. Als Kennedy am 22. Oktober die Karten auf den Tisch gelegt und den Rückzug der Raketen gefordert hatte, rief Chruschtschow die Mitglieder des sowjetischen Parteipräsidiums zur Beratung über die „Kuba- und Berlin-Frage" zusammen[23].

Fazit

Das Werk von Aleksandr Fursenko und Timothy Naftali, bei dessen Abfassung in erheblichem Umfang sonst nicht zugängliche sowjetische Archivquellen zur Verfügung standen, läßt verschiedene Beweggründe erkennen. Zur Sorge um die Sicherheit des verbündeten Kuba vor amerikanischer Bedrohung kam die Erwägung, daß man Castro durch eine stärkere Position vor Ort besser vor chinesischen Einflüssen bewahren und auf sowjetischem Kurs halten könne. Von Berlin ist nur insofern die Rede, als sich Chruschtschow mißachtet fühlte durch die Art, wie die amerikanische Führung in dieser Frage – ebenso wie in den Verhandlungen über einen Kernwaffenversuchsstop – mit seinen Wünschen und Forderungen umging. So empfand er Kennedys Weigerung, dem Verlangen nach Abzug aus West-Berlin zu entsprechen, als Aufkündigung früher gezollten Respekts. Das bedurfte, wie der Darstellung zu entnehmen ist, der Abhilfe. Den USA sollte durch harte Fakten klar gemacht werden, daß sie so mit der Sowjetunion nicht umspringen konnten. Wesentlich dieses psychologische Bedürfnis habe zu dem Stationierungsbeschluß geführt[24]. Der Stillstand der Geсprä-

---

[21] Vgl. Memorandum of Conversation [Rusk – Gromyko], 18. 10. 1962, in FRUS, 1961–1963, XV, S. 376–387; Memorandum of Conversation [Kennedy – Gromyko], 18. 10. 1962, in: ebenda, S. 370–376.
[22] Vgl. AVPRF, 0742/7/51/4, Bl. 48–62, Zapis' besedy s tov. Ul'brichtom 23 oktjabrja 1962 goda. Iz dnevnika A. A. Gromyko.
[23] Vgl. Fursenko, Kak byla, S. 89.
[24] Siehe die Darstellung der Vorgeschichte zum Stationierungsbeschluß, in: Fursenko/Naftali, One Hell, S. 149–172 (insbesondere S. 170 f.).

che über Berlin hat demnach die Entscheidung nur insoweit mitbestimmt, als er neben anderen Tatbeständen als Indiz einer Grundhaltung der USA wahrgenommen wurde, die Chruschtschow als inakzeptabel empfand. Die emotionale Gemütsart des sowjetischen Führers, dem ein kühles, alle Folgen abwägendes Kalkulieren fremd war, läßt diese Interpretation plausibel erscheinen.

Auch wenn es keine stringenten Beweise gibt, so wird die These doch durch Analogien zusätzlich gestützt. Auch in anderen Fällen war Chruschtschow überempfindlich besorgt, die Amerikaner könnten ihm und der UdSSR die gebührende Achtung versagen. Bei seiner Abreise in den USA Anfang September 1959 hegte er die abwegige Befürchtung, die Gastgeber könnten es darauf abgesehen haben, ihn vor der Weltöffentlichkeit zu erniedrigen. Groß war daher seine Erleichterung, als er bei der Ankunft in Washington mit allen Ehren empfangen wurde. Das war für ihn eine lange ersehnte Anerkennung der Gleichrangigkeit[25]. Es leuchtet ein, daß eine solche Gemütslage dazu disponieren konnte, die Zurückweisung zentraler Forderungen als persönlichen Affront aufzufassen, der eine grundlegende Veränderung der umgangsbestimmenden Fakten erforderte. Eine solche Situationswahrnehmung läßt – ebenso wie die terminierten Warnungen im Berlin-Dialog mit den Amerikanern – vermuten, daß er nach erfolgreichem Abschluß der Raketenstationierung auf Kuba in Berlin aufgetrumpft hätte[26].

Auch der kühne Entschluß, Raketen auf Kuba zu stationieren, paßt zum Persönlichkeitsbild. Chruschtschow schlug Mikojans wohlbegründete Warnung in den Wind, die Aktion könne nicht gutgehen, weil sie in einer von den USA genauestens überwachten Region durchgeführt werden müsse und daher nicht unentdeckt bleiben könne. Bei vielen seiner außenpolitischen Entscheidungen ist festzustellen, daß er hochwahrscheinliche Risiken ignorierte. Auch das Berlin-Ultimatum vom November 1958 war ein Vabanquespiel, das nur gelingen konnte, wenn eine von vornherein problematische Voraussetzung zutraf. Schon damals hatte sich gezeigt, daß die Rechnung nicht aufging: Die Vereinigten Staaten beugten sich der Androhung nicht – mit der Folge, daß der Kremlchef ratlos dastand. Dieses Vorgehen, das damals die Dauerkrise um Berlin ausgelöst hatte, wiederholte sich 1962 in der Kuba-Politik und führte zu einer weiteren, noch heftigeren Krise, in der sich Chruschtschow dann zum Verzicht auf sein Stationierungsvorhaben veranlaßt sah.

---

[25] Vgl. Grinevskij, Tysjača, S. 39–41.
[26] Sein – gegen den Rat eines Mitarbeiters erfolgter – Verzicht darauf, die Krise um Kuba durch Aktionen gegen West-Berlin zu verschärfen, spricht nicht dagegen, handelte es sich hier doch um das Bemühen, in einer unmittelbar als kriegsträchtig empfundenen Situation nicht noch Öl ins Feuer zu gießen.

Harald Biermann

Die Streitkräfte der USA während der Kubakrise

„We've been had!"[1], rief Admiral George Anderson, als er am Morgen des 28. Oktobers von der Beilegung der akuten Phase der Kubakrise erfuhr, und General Curtis LeMay erklärte den Ausgang der Krise kurz und knapp zur „greatest defeat in our history"[2]. Während die Zivilisten in der Mannschaft um John F. Kennedy jubilierten, daß der Abzug der sowjetischen Raketen von Kuba ohne eine direkte militärische Konfrontation mit der UdSSR bewerkstelligt werden konnte, beurteilten weite Teile des hohen Offizierskorps die Ergebnisse der „Dreizehn Tage" äußerst kritisch[3].

Diese eklatanten Bewertungsunterschiede werfen eine Reihe von weiterführenden Fragen auf, welche die Rolle der amerikanischen Streitkräfte während der Kubakrise erhellen können. Wo lagen die Gründe für diese sehr unterschiedlichen Sichtweisen? Wie schauten Zivilisten und Militärs auf die Auseinandersetzung mit der Sowjetunion? Die großen Unterschiede lassen zudem vermuten, daß auch während der Krise voneinander abweichende Auffassungen existierten. Gab es eventuell Konfrontationen zwischen ziviler Führung und militärischen Befehlsempfängern oder vielleicht sogar Eigenmächtigkeiten der Militärs? Und schlußendlich: Welche Rolle spielten die US-Streitkräfte in der friedlichen Beilegung der Kubakrise im Herbst 1962?

I.

Am 20. Januar 1961 wurde John F. Kennedy zum 35. Präsidenten der Vereinigten Staaten von Amerika vereidigt. Sein gesamter Wahlkampf hatte unter dem Leitmotiv einer intensivierten Auseinandersetzung mit dem weltpolitischen Gegner gestanden[4]. Immer wieder hob er hervor, daß er in der Lage sein werde, den Kalten Krieg mit der Sowjetunion entschlossener und effek-

---

[1] Zitiert nach Beschloss, Crisis Years, S. 544.
[2] Zitiert nach Freedman, Kennedy's Wars, S. 219.
[3] Die Beratungen der ‚Joint Chiefs of Staff' (JCS) während der Krise sind dokumentiert in: Department of Defense, Bl. 24f. (siehe Dokument Nr. 1).
[4] Vgl. zu dieser Einschätzung Biermann, Kennedy, S. 54–62.

tiver zu führen als sein Vorgänger. Während seiner Antrittsrede auf den Stufen des Kapitols verkündete Kennedy: „In the long history of the world, only a few generations have been granted the role of defending freedom in its hour of maximum danger. I do not shrink from this responsibility – I welcome it."[5] Aus der Sicht des neuen Präsidenten standen die Vereinigten Staaten vor ganz grundsätzlichen Entscheidungen. Es ging für ihn um nicht weniger als um das Überleben der ‚Freien Welt'. Überall auf dem Globus sah er den Kommunismus auf dem Vormarsch[6].

Das Schicksal Kubas war einer der zentralen Belege für seine weitreichende These. Bereits während des Wahlkampfes hatte er immer wieder die Anklage erhoben, daß die Eisenhower-Regierung den ‚Verlust' des Inselstaates in der Karibik zu verantworten habe[7]. Dies sei „the most glaring failure of American foreign policy today"[8]. Folgerichtig war Kennedy gewillt, Kuba dem Kommunismus zu entreißen. Nur acht Tage nach dem Amtsantritt sprach McGeorge Bundy[9], Kennedys Sicherheitsberater, vom „agreed national goal of overthrowing the Castro regime"[10]. Wie diese Aufgabe gelöst werden sollte, darüber bestanden in der Regierung allerdings große Meinungsverschiedenheiten. Kennedy sprach sich rasch gegen eine „fullfledged ‚invasion'"[11] aus und plädierte für eine kleinere Landung ausschließlich kubanischer Kräfte. Er hoffte, so die amerikanische Beteiligung kaschieren zu können. Über viele Zwischenschritte und Kompromisse innerhalb der Regierung kam es dann Mitte April 1961 zum „Perfect Failure"[12] in der Schweinebucht.

In Kennedys Verhalten schienen schon damals einige Faktoren auf, die 18 Monate später während der Kubakrise erneut zum Vorschein kommen sollten. Auf dem Höhepunkt des Landungsversuchs am 18. und 19. April 1961 weigerte sich zum Beispiel der von Geheimdienst und Militärs bedrängte Präsident, der Aktion durch eine offene Intervention der US-Streitkräfte zum Erfolg zu verhelfen[13]. Seine Risikoeinschätzung war immens hoch, er befürchtete bei einem aktiven und offenen Eingreifen der Vereinigten Staaten eine sofortige Reaktion der UdSSR gegen Berlin[14]. Er zog mit-

---

[5] Public Papers. Kennedy. 1961, S. 2–3.
[6] Vgl. dazu Gaddis, Now Know, S. 184.
[7] Siehe Beck, Necessary Lies.
[8] So John F. Kennedy während einer Wahlkampfrede am 6. Oktober 1960 in Cincinnati, in: Freedom of Communications, Part I, S. 510.
[9] Zu Bundy siehe die Doppelbiographie von Bird, Color.
[10] Bundy, Memorandum of Discussion, 28. 1. 1961, in: Foreign Relations of the United States (FRUS), 1961–1963, X, S. 61.
[11] Memorandum of Meeting with the President, 8. 2. 1961, in: Ebenda, S. 90.
[12] So der schlagende Titel des Buches von Higgins, Perfect Failure. Zu der gesamten Aktion siehe weiterhin Meyer/Szuc, Cuban Invasion; Wyden, Bay of Pigs.
[13] Zu den Abläufen innerhalb der Regierung siehe Operation Zapata, S. 21–34.
[14] Vgl. Beschloss, Crisis Years, S. 120ff.

hin die sich abzeichnende Niederlage einer eventuellen Konfrontation mit der Sowjetunion vor.

Aus diesem Fehlschlag, welcher den Präsidenten auch persönlich getroffen und ihn an den Rand eines Nervenzusammenbruchs getrieben hatte[15], zog John F. Kennedy eine Reihe von Lehren, welche die Formulierung der amerikanischen Außenpolitik in den kommenden Jahren nachhaltig beeinflussen sollten: „The first lesson", so Kennedys Hagiograph Arthur Schlesinger, „was never to rely on the experts."[16] Der Präsident gedachte also, seinen und den Einfluß seiner engsten Vertrauten in der Außenpolitik nochmals zu steigern, obwohl bei näherer Betrachtung relativ leicht zu erkennen gewesen wäre, daß die eigentlichen Fachleute zum Beispiel im State Department am Entscheidungsprozeß nicht beteiligt gewesen waren[17]. Das Mißtrauen des Präsidenten gegenüber den Dienststellen außerhalb des Weißen Hauses wuchs und wuchs – nicht ohne Grund ist Kennedys Regierungsstil aus der Rückschau einmal als „guerrilla government"[18] bezeichnet worden. „Ironically," so Barry Rubin in seiner Studie zur außenpolitischen Entscheidungsfindung in den USA, „the debacle made Kennedy suspect the military and CIA while depending more on his own staff, which had been just as enthusiastic about the invasion."[19]

Kennedys Mißtrauen gegenüber den hohen Militärs wurde von den Offizieren aller vier Teilstreitkräfte erwidert. Obwohl der Präsident im Begriff war, das größte Aufrüstungsprogramm der Vereinigten Staaten in Friedenszeiten erfolgreich durch den Kongreß zu bringen[20], waren die Ressentiments der Generäle gegenüber dem jungen Amtsinhaber durchaus erkennbar. Zum einen bestand zwischen der Generalität und der Mannschaft um den neuen Präsidenten eine generationelle Kluft. Schon wenige Wochen nach der Amtseinführung hatte die Gattin Walt Rostows, des Stellvertreters McGeorge Bundys, diesen Umstand auf den Punkt gebracht: „You're an odd lot. You're not politicians or intellectuals. You're the junior officers of the Second World War come to responsibility."[21] Zum anderen widersprach Kennedys gesamter Modus operandi, sich möglichst lange alle Optionen offenzuhalten, den tradierten Grundsätzen von eindeutigem Befehl und Ge-

---

15 Vgl. dazu Reeves, Kennedy, S. 95. Die völlig zerrüttete Lage im Weißen Haus am 18. April 1961 beschreibt Admiral Arleigh A. Burke in einem Gespräch mit Commander Wilhide, in: White, Kennedys and Cuba, S. 33.
16 Schlesinger, Jr., Thousand Days, S. 268.
17 Siehe Campbell, Foreign Affairs, S. 53; Ambrose, Globalism, S. 276.
18 Fairlie, Kennedy, S. 197.
19 Rubin, Secrets, S. 111. Siehe dazu auch die Einschätzungen von Maxwell D. Taylor, Swords, S. 189.
20 Den besten Überblick gibt Ball, Politics. Siehe weiterhin die Rede Robert McNamaras vor dem „Economic Club of New York" am 18. 11. 1963, in: Trachtenberg, Development, S. 594–601.
21 Zitiert nach Rostow, Diffusion of Power, S. 215.

horsam.[22] Hinzu kam, daß Kennedys Verteidigungsminister, Robert McNamara[23], mit Hochmut und daraus resultierender Entscheidungsfreudigkeit daran ging, die Arbeitsweise des ‚Pentagon' zu revolutionieren[24]. Mit ihm waren zudem die ‚Whiz Kids' aus den zivilen Denkfabriken – allen voran aus der Rand Corporation – in das Herzstück des amerikanischen Militärestablishments eingezogen[25]. Die Generalität fürchtete um die Hoheit auf ihrem ureigensten Territorium.

Doch abgesehen von all diesen gewichtigen Gründen hatte sich in den Streitkräften rasch eine Sichtweise eingebürgert, die in erster Linie auf Kennedys – von den Militärs so interpretierte – Schwächlichkeit gegenüber dem weltpolitischen Gegner abhob. Nach den Erfahrungen rund um das Fiasko in der Schweinebucht sowie nach dem freiwilligen Eingeständnis der strategischen Parität gegenüber Nikita Chruschtschow während des Wiener Gipfels Anfang Juni 1961 glaubten viele Befehlshaber in den amerikanischen Streitkräften daran, daß Kennedy ein schwächlicher Präsident sei[26]. Ein Eindruck, der übrigens nicht nur in militärischen Kreisen vorherrschte. Beispielsweise notierte der britische Premier, Harold Macmillan, nachdem er den niedergeschlagenen Kennedy unmittelbar nach dessen Begegnung mit Chruschtschow erlebt hatte, in seinem Tagebuch: „[F]eel in my bones that President Kennedy is going to fail to produce any real leadership. The American press and public are beginning to feel the same. In a few weeks they may turn to us. We must be ready. Otherwise we may drift into disaster over Berlin – a terrible diplomatic defeat or (out of sheer incompetence) a nuclear war."[27]

Es waren in erster Linie Kennedys stark ausgeprägte Furcht vor Nuklearwaffen sowie seine feste Überzeugung, daß das Abschreckungsgebäude inhärent vollkommen instabil sei, welche bei den Militärs auf große Ablehnung trafen. Der Präsident sah das eindrucksvolle amerikanische Atomwaffenarsenal in letzter Konsequenz lediglich als Mittel an, um einen Nuklearwaffeneinsatz der Sowjetunion abzuschrecken[28]. Er maß der strategischen Überlegenheit der Vereinigten Staaten, die während seiner Präsidentschaft auf 17 zu 1 angewachsen war[29], ansonsten keine weitreichendere Bedeutung bei. Anfang August 1962 brachte Verteidigungsminister McNamara während einer Sitzung zum allgemein befürchteten erneuten Aufflammen der

---

[22] Zu John F. Kennedys Einstellungen im politisch-taktischen Bereich siehe Freedman, Kennedy's Wars, S. 5–9.
[23] Zu McNamara siehe Shapley, Promise.
[24] Vgl. zum Beispiel Hitch, Decision-Making; Enthoven/Smith, How Much.
[25] Siehe dazu Kaplan, Wizards, S. 274 ff.
[26] Zur Reaktion der Joint Chiefs of Staff siehe Beschloss, Crisis Years, S. 202.
[27] Zitiert nach Horne, Macmillan, S. 310.
[28] Zu diesen Grundhaltungen Kennedys vgl. Biermann, Kennedy; Nash, Bear any Burden?, S. 120–140.
[29] Vgl. Garthoff, Intelligence, S. 27–34.

Berlin-Krise den Unterschied zwischen den Sichtweisen Kennedys und der hohen Militärs auf den Punkt: „And there is still a lingering attachment to the old philosophy that if you simply threaten to use nuclear weapons, then the Soviets will be deterred from any military action or political aggression."[30] Aus der Sicht der Militärs – vor allem der Luftwaffe und des ‚Strategic Air Command' – vergab der Präsident mit seiner äußerst kritischen und zudem extrem vorsichtigen Einstellung gegenüber Nuklearwaffen ein wertvolles Instrument, das ihrer Einschätzung nach für die weltweite Auseinandersetzung mit der Sowjetunion von größter Bedeutung war.

Auch der Teilerfolg der USA in der Berlin-Krise des Jahres 1961 hatte die Gemüter der amerikanischen Offiziere nicht beruhigt. Und selbst als Roswell Gilpatric am 21. Oktober 1961 ein unmißverständliches Signal der Stärke gen Moskau gesandt hatte – der Stellvertretende Verteidigungsminister hatte unzweideutig erklärt, daß die Vereinigten Staaten im atomaren Rüstungswettlauf weit, nahezu uneinholbar weit, vor der Sowjetunion rangierten[31] –, verstummte die Kritik der Militärs nicht.

Ein weiterer Quell permanenter Auseinandersetzungen mit den Repräsentanten der Streitkräfte waren die oberflächlichen Ideen Kennedys über „Special Forces" und die Bekämpfung von sogenannten ‚nationalen Befreiungskriegen'[32], in denen er zumindest perspektivisch die größte Gefahr für die Vereinigten Staaten ausmachte. „The hybrid word (counterinsurgency) became a passkey to the inner councils of government, to the trust of the President. If a high official expressed skepticism about the significance or the newness ascribed to this style of warfare, it was said, he risked shortening his tenure in office. McNamara, (Maxwell) Taylor, and Rostow became early converts, and their White House standing soared. Rusk never converted."[33] Neben dem Präsidenten war Robert Kennedy[34] der größte Bewunderer dieser Form der Kriegführung. Der Justizminister ließ es sich zum Beispiel nicht nehmen, an einem Wochenende seinen zahlreichen Gästen auf dem Familiensitz in Hyannis Port eine Übung von ‚Green Berets' zu präsentieren, die er ausschließlich zu diesem Zweck hatte einfliegen lassen.[35] Noch aus der Rückschau des Jahres 1969 wird die Begeisterung erkennbar, die damals in Washington weite Kreise der politischen Entscheidungsträger erfaßt hatte: „One must not underestimate", so ein enger Mitarbeiter McNamaras, „the massive feeling of relief at being freed of the incubus of

---

30 McNamara am 9. 8. 1962, in: Naftali, Presidential Recordings. Kennedy, I, S. 330. Der Präsident antwortete unverzüglich mit einem zustimmenden „Yeah." Ebenda.
31 Vgl. Address by Roswell L. Gilpatric before the Business Council at Homestead, Hot Springs, Virginia 21. 10. 1961. Veröffentlichung des Department of Defense, No. 1173–61. Zum Hintergrund siehe Bundy, Danger, S. 381 f.
32 Siehe zum Beispiel Krepinevich, Army, S. 27–33; Cable, Conflict, S. 191 f.
33 Kalb/Abel, Roots, S. 124.
34 Zum Bruder des Präsidenten vgl. Schlesinger Jr., Robert Kennedy.
35 Siehe dazu Wofford, Kennedys, S. 386.

massive retaliation, limited war was viewed with euphoria. The Green Berets was violence on a human scale. Kennedy activism was also a factor. We must do more than the inactive Administration we succeeded."[36]

Der Justizminister war auch die treibende Kraft in der Regierung, welche die seit November 1961 eingesetzte „Operation Mongoose" immer wieder voranpeitsche[37]. Eines der Mitglieder der „Special Group (Augmented)", die alle Aktivitäten gegen Kuba koordinierte, unterstrich aus der Rückschau, daß „toppling Castro [...] something of an obsession"[38] für den Präsidenten und seinen Bruder geworden sei. Nach einem Plan des Cheforganisatoren der „Operation Mongoose", General Edward Lansdale[39], sollte die Aktion im Oktober 1962 in einer Reihe von Maßnahmen gegen den Inselstaat kulminieren. Beide Kennedys ließen gegenüber den zivilen Mitgliedern der Regierung sowie gegenüber den Militärs nicht den geringsten Zweifel, daß die Entfernung Castros und damit – wie es damals hieß – die Befreiung Kubas eines der zentralen Ziele der Vereinigten Staaten war[40]. Konsequenterweise richteten sowohl der Geheimdienst als auch die Streitkräfte ihre Planungen danach aus.

Doch es blieb nicht bei Strategiepapieren. Während die „Operation Mongoose" ihre Aktivitäten auf der Insel im Laufe des Spätsommers 1962 intensivierte, begann die US-Marine mit einem umfangreichen Aufmarsch. Am 1. Oktober 1962 erging ein Befehl an den Oberkommandierenden der Navy im Atlantik, Admiral Robert Dennison, unverzüglich mit den Vorbereitungen für eine Blockade Kubas zu beginnen. Gleichzeitig liefen die Vorarbeiten für eines der größten Manöver der US-Streitkräfte in der Karibik, PHIBRIGLEX–62, auf Hochtouren. Ziel der Übung war es, durch eine amphibische Landung eine Karibikinsel von ihrem Diktator zu befreien. Der imaginäre Gewaltherrscher hatte auch einen Namen: Er hieß Ortsac – Castro rückwärts buchstabiert[41].

---

[36] Adam Yarmolinsky in O. Thorsons „Memorandum to the members of the group evaluating W. P. Bundy's Outline" vom 9. 12. 1969, in: John F. Kennedy Library, Adam Yarmolinsky Papers, Box 46.

[37] Zur „Operation Mongoose" siehe die umfangreiche Dokumentation in Chang/Kornbluh, Cuban Missile Crisis, S. 20–47. Weiterhin Paterson, Fixation, S. 123–155. Daß es ausgerechnet der Justizminister war, der die verdeckten Aktionen gegen Kuba forcierte, beunruhigte McGeorge Bundy. Am 20. 8. 1962 merkte er während einer Sitzung zu den amerikanischen Geheimdienstaktivitäten an, daß „an embarrassment for Bobby" werden könne, „if it became known the Attorney General was running dirty tricks in favor of the counterinsurgency committee, which is essentially an overseas enterprise." Naftali, Presidential Recordings. Kennedy, I, S. 488.

[38] Johnson/McAllister, Right Hand, S. 343.

[39] Siehe Currey, Lansdale.

[40] Das Vorgehen gegen Kuba beinhaltete auch Attentatsversuche gegen Castro. Vgl. dazu Alleged Assassination Plots, S. 71–176.

[41] Zu den gesamten militärischen Vorbereitungen siehe in erster Linie Hershberg, Missiles of October, S. 237–280.

Alle Zeichen standen auf Sturm. Das amerikanische Militär erwartete eine Aktion gegen Kuba. Für ein solches Vorgehen sprachen sowohl die erklärte Regierungspolitik als auch der Stand der militärischen Vorbereitungen. Man wartete auf den Befehl zum Losschlagen. Doch aus Sicht des Weißen Hauses stellte sich die Lage völlig anders dar. Wie im April 1961 schreckte der Präsident vor einer offenen Aktion gegen den Inselstaat zurück. Zu groß schienen ihm die Eskalationsgefahren. Für den Fall eines amerikanischen Schlages gegen Kuba rechnete er fest mit einer sowjetischen Gegenaktion in Berlin. Obwohl Kennedy darauf brannte, den Spuk Castros in der westlichen Hemisphäre endlich zu beenden, sah er im Grunde keine reale Chance für ein solches Vorgehen[42]. Charakteristischerweise erklärte der Präsident zum Beispiel während einer Sitzung mit führenden Kongreßmitgliedern Anfang September 1962: „[E]ven though no one would desire more to see Castro thrown out of there; but throwing Castro out of there is a major military operation"[43], die sofort eine militärische Reaktion der Sowjetunion heraufbeschwören werde. Die sowjetische Restabschreckung, die sich in letzter Konsequenz auf ein äußerst schwaches Nuklearpotential stützte, hatte erneut funktioniert, obwohl der Kreml bisher kein eindeutiges Signal der völligen Beistandsverpflichtung gegenüber Kuba ausgesandt hatte[44].

II.

Die Entdeckung der sowjetischen Raketen auf Kuba am 14. Oktober 1962 stürzte den Präsidenten in eine tiefe Sinnkrise. Hatte er nicht alles getan, um eine direkte Konfrontation zwischen den USA und der UdSSR zu vermeiden? Warum waren seine eindeutigen Warnungen aus dem Vormonat nicht beachtet worden? Glaubte Chruschtschow tatsächlich daran, daß er als Führer der ‚Freien Welt' eine solche Herausforderung ohne Gegenwehr hinnehmen würde? Kam die Stationierung der Raketen nicht einer der von ihm so gefürchteten Fehlkalkulationen gleich, die – so war er sich gewiß –

---

[42] Der wohl beste Kenner der militärischen Vorbereitungen vor dem Ausbruch der Krise kommt zu dem Schluß, daß „the Kennedy Administration was not on the verge of imminent military action against Cuba." Hershberg, New Evidence, S. 272. Aus der Rückschau konstatiert Verteidigungsminister McNamara: „[I]f I had been a Cuban leader I think I might have expected a U. S. invasion." Zitiert nach: Allyn/Blight/Welch, Back, S. 7.
[43] Kennedy am 4. 9. 1962, in: Naftali/Zelikow, Presidential Recordings. Kennedy, II, S. 71.
[44] Vgl. zur Abschreckung von aggressiven Vorstößen gegen Dritte vor allem Huth, Deterrence. Der Bruder des Präsidenten hatte ebenfalls am 4. 9. 1962 während interner Beratungen zum Kuba-Problem, die der Sitzung John F. Kennedys mit den Spitzen des Kongresses zeitlich vorangingen, darauf hingewiesen, daß es jetzt an der Zeit sei, aktiv gegen Kuba vorzugehen, da die UdSSR noch nicht vollständig verpflichtet sei, Kuba unter allen Umständen beizustehen. Falls jedoch ein offizieller Vertrag geschlossen werde oder die Sowjetunion Raketen auf die Insel entsenden werde, dann werde aus jedem amerikanischen Angriff automatisch „a world war". Naftali/Zelikow, Presidential Recordings. Kennedy, II, S. 25.

auch den Ausbruch des Ersten Weltkrieges heraufbeschworen hatten? Jenseits aller offenen Fragen war ihm eines jedoch klar: Er mußte handeln – zumal sich der Präsident im Ringen mit der Sowjetunion noch immer in der weltpolitischen Defensive wähnte[45].

Kennedys gesamter Krisenkurs war geprägt durch äußerste Vorsicht[46]. Nachdem er den ersten Schock überwunden hatte, plädierte er nachdrücklich immer wieder für das Vorgehen, das aus seiner Sicht der Dinge das geringste inhärente Eskalationspotential aufwies. Ferner unternahm er unter wissentlicher Umgehung eines Großteils seiner Berater alles, um über diplomatische Geheimkanäle zu einer friedlichen Beilegung der Krise zu gelangen. Zur Beendigung der Krise schreckte er auch nicht vor einem Kuhhandel zurück, der den Abzug der unter dem Oberbefehl der NATO stehenden Raketen in der Türkei gegen die Rückverschiffung der auf Kuba befindlichen ballistischen Flugkörper der Sowjetunion tauschte[47]. Angesichts seiner enorm hohen Risikoeinschätzung sowie in Anbetracht seiner Sichtweise Chruschtschows und der Sowjetunion allgemein war der Präsident fest davon überzeugt, daß zu seinem Kurs keine Alternative bestanden habe[48]. Doch sowohl einige Mitglieder in seinem engsten Beratergremium, dem „ExComm"[49], als auch die Spitzen der US-Streitkräfte sahen deutlich Möglichkeiten für einen anderen Kurs. So blieben die hohen Militärs während der gesamten Krise bei ihrem bereits am Nachmittag des 16. Oktober 1962 eingeschlagenen Kurs: „The Joint Chiefs of Staff were consistent and united in recommending the use of overwhelming military power against the Soviet and Cuban military on the island."[50] Denn sie waren gewiß, daß die Sowjetunion wegen Kuba nicht einen allgemeinen Krieg mit den Vereinigten Staaten riskieren würden[51].

---

[45] Vgl. Bundy, Danger, S. 418.
[46] Siehe dazu Biermann, Kuba-Krise, S. 637–673.
[47] Zu den Raketen in der Türkei siehe Nash, Missiles.
[48] Der Präsident bewertete während der Krise die Chancen für einen Krieg zwischen den USA und der UdSSR „somewhere between one out of three and even". Zitiert nach Sorensen, Kennedy, S. 705.
[49] Unter den zivilen Mitgliedern des „ExComm" sprachen sich in erster Linie Dean Acheson, Douglas Dillon und Paul Nitze für ein militärisches Vorgehen gegen die Insel aus. Vgl. dazu Blight/Welch, On the Brink, S. 138–170. Aus der Rückschau charakterisierte Douglas Dillon, Kennedys Finanzminister, das Krisenverhalten seines Kollegen McNamara: „You know, Bob McNamara, in particular, had that kind of feeling all through his career – the feeling that nuclear war was just around the corner." Ebenda S. 170.
[50] Smith, View, S. 127. Vgl. auch Hilsman, Missile Crisis, S. 103. Der Autor, damals hoher Mitarbeiter im State Department, beschreibt den fortgesetzten Widerstand der JCS gegen den als schwächlich eingeschätzten Blockade-Kurs. Der Vorsitzende der JCS, General Maxwell Taylor, betonte in der Anfangsphase der Krise, daß eine Invasion vielleicht nicht notwendig sei. Vgl. dazu Department of Defense, Transcripts of Meetings, Bl. 4 (siehe Dokument Nr. 1).
[51] Vgl. Smith, View, S. 130. Siehe zu dieser Einschätzung auch das „SNIE 11-18-62. Soviet Reactions to Certain U.S. Courses of Action on Cuba" vom 19. 10. 1962, in: McAuliffe, CIA Documents, S. 197–202.

Ohne in kontrafaktische Spekulationen zu verfallen, belegen diese unterschiedlichen Schwerpunktsetzungen zum einen, daß durchaus Wahlmöglichkeiten bestanden haben, und zum anderen werfen sie ein Schlaglicht auf die fundamental unterschiedlichen Einschätzungen des Kalten Krieges. Den besten Einblick bieten die geheim angefertigten Tonbandmitschnitte des Treffens von Präsident Kennedy mit den obersten Militärs der Vereinigten Staaten, den Joint Chiefs of Staff, am 19. Oktober 1962[52]. Der unmittelbar zuvor berufene Vorsitzende des Gremiums, General Maxwell Taylor[53], seit April 1961 enger militärischer Berater des Präsidenten und als einziger hoher Offizier wohlgelitten im Dunstkreis des ‚Oval Office‘, berichtete dem Oberbefehlshaber, daß die Vertreter aller Teilstreitkräfte in einem ersten Schritt für einen Überraschungsangriff auf die Raketenbasen und sonstige offensive Installationen plädierten. Zweitens müsse über den Angriffszielen auf Kuba weiterhin aufgeklärt werden und drittens müsse um die Insel eine Blockade gelegt werden, die den sowjetischen Nachschub daran hindere, nach Kuba zu gelangen. Der Präsident – längst festgelegt auf den Blockadekurs[54] – erläuterte seine Haltung und unterstrich, daß „our problem is not merely Cuba but it is also Berlin"[55]. Wenn es nur um Kuba ginge, dann sei die Antwort einfach, doch die mit nahezu an Sicherheit grenzender Wahrscheinlichkeit eintretenden sowjetischen Gegenmaßnahmen in Berlin hielten ihn davon ab, militärisch gegen die Raketen auf Kuba vorzugehen. Wenn Berlin nämlich überrannt werde, dann bleibe ihm nur eine Option: „to fire nuclear weapons"[56].

General Taylor widersprach dieser Analyse umgehend. Er betonte, daß „our strength in Berlin, our strength anyplace in the world, is the credibility of our response under certain conditions. And if we don't respond here in Cuba, we think the credibility is sacrificed."[57] Und General LeMay fügte hinzu, daß die Sowjetunion überhaupt nicht gegen Berlin schlagen werde,

---

[52] Siehe dazu May/Zelikow, Kennedy Tapes, S. 173–188. Die Entscheidungen der JCS während der Kuba-Krise sind dokumentiert in der „Chronology of JCS Decisions Concerning the Cuban Crisis", die am 21. 12. 1962 von der „Historical Division" der JCS vorgelegt wurde. Ein Teilabdruck des 132-seitigen Dokuments findet sich in Gribkov/Smith, Anadyr, S. 205–227.
[53] Siehe Taylor, John, Maxwell Taylor.
[54] Vgl. Cohn, Kennedy's Decision, S. 219–235.
[55] May/Zelikow, Kennedy Tapes, S. 176.
[56] Ebenda. In seinen Besprechungen mit John F. Kennedy während der Konfrontation und im Anschluß an die Krise unterstrich sein Vorgänger im Amt, Dwight D. Eisenhower, immer wieder, daß die amerikanische Außenpolitik nicht von Vorahnungen etwaiger Gegenreaktionen der Sowjetunion gegen Berlin gelähmt werden dürfe. Mehrfach beschwor er seinen Nachfolger, in dessen Krisenverhalten eine Gleichsetzung von Kuba und Berlin zu unterlassen. Vgl. dazu die Mitschriften der Telefongespräche am 22. und 28. 10. 1962, in: Zelikow/May, Presidential Recordings. Kennedy, III, S. 11–15, 519–523; John McCones „Memorandum of Conversation" des Treffens am 17. 11. 1962 sowie den Zusatz vom 19. 11. 1962, in: FRUS, 1961–1963, XI, S. 478–480.
[57] May/Zelikow, Kennedy Tapes, S. 177.

weil somit klar sei, daß die USA kämpfen würden. Im Gegenteil, ein Angriff gegen Kuba verbessere nachhaltig die amerikanische Position in der westlichen Enklave. Daß der Stabschef der Luftwaffe ein Freund klarer Worte war, belegte seine Einschätzung zu dem vom Präsidenten propagierten Blockadekurs. „This is almost as bad as the appeasement at Munich."[58] Kennedy versuchte nochmals, seine Einschätzung zu rechtfertigen. Für ihn war es undenkbar, daß Chruschtschow einen amerikanischen Militärschlag gegen Kuba ohne Reaktion hinnehmen würde. Dies sei doch die Lehre aus der gesamten Geschichte der Ost-West-Konfrontation. „Well," fuhr ihm LeMay in die Parade, „history has been, I think, the other way, Mr. President. Where we have taken a strong stand they have backed off."[59]

Diese Diskussion beleuchtet schlaglichtartig die unterschiedlichen Bewertungen innerhalb des amerikanischen Regierungsapparates. Der Präsident setzte auf Eskalationsvermeidung[60], während die ‚Joint Chiefs of Staff' genau auf das Gegenteil zielten. Nachdem Kennedy das Treffen verlassen hatte, brachte General David Shoup, Stabschef der U.S. Marines, die Sichtweise seiner Kollegen auf den Punkt: „Escalation, that's it"[61]. Doch dafür war der Präsident nicht zu haben[62].

Gleichwohl verwarf John F. Kennedy in seiner Rede am 22. Oktober 1962, mit der er die amerikanische Nation und auch die Weltöffentlichkeit über die Lage auf Kuba unterrichtete, die von seiner Regierung stets mit großem Nachdruck propagierte „flexible response" und erhöhte damit zumindest den nominellen Druck auf Moskau. Denn jeder Raketenstart von Kuba werde von den Vereinigten Staaten als Beginn eines allgemeinen Krieges bewertet, der von den USA unverzüglich mit voller Vergeltung gegen das Territorium der UdSSR beantwortet werde[63]. Dies war – mit den Worten Philip Nashs – nichts anderes als „massive retaliation redux"[64]. Daß Kennedy in einer angespannten Krisensituation die von ihm bevorzugte Strategie ohne großes Federlesen opferte, ist aus der Rückschau ein klares Indiz für die mangelnde Bedeutung der „flexible response"[65]. Insgesamt

---

[58] Ebenda S. 178.
[59] Ebenda S. 179. Bereits tags zuvor hatte General LeMay während der Beratungen der JCS angesichts des von ihm als schwächlich charakterisierten Krisenverhaltens der USA lakonisch gefragt: „Are we really going to do anything except talk?" Zitiert nach Department of Defense, Transcripts of Meetings, Bl. 9 (siehe Dokument Nr. 1).
[60] Vgl. dazu die Einschätzung von Trachtenberg, History, S. 252. „The fear of escalation thus went a long way toward neutralizing whatever advantages might have accrued to the United States by virtue of its ‚strategic superiority' – at least from the point of view of the American government."
[61] May/Zelikow, Kennedy Tapes, S. 188.
[62] Vgl. Bundy, Danger, S. 457. Aus der Rückschau konstatiert der Sicherheitsberater Kennedys für die erste Krisenwoche: „We did not fully understand the strength of our own hand."
[63] Vgl. Public Papers. Kennedy. 1961, S. 806–809.
[64] Nash, Bear any Burden, S. 132.
[65] Vgl. Gavin, Myth, S. 847–875. Der Autor diagnostiziert eine generelle Bedeutungslosigkeit der „flexible response" in der amerikanischen Strategie während der 1960er Jahre in Europa.

kann festgehalten werden, daß während der Kubakrise die Prinzipien und Handlungsanleitungen der „flexible response" keinen Einfluß auf das amerikanische Verhalten genommen haben[66].

Wie weit die Sorgen Kennedys gingen, belegt die Art und Weise, in der die Blockade um Kuba organisiert wurde. Auch hier operierte der Präsident mit größter Vorsicht, ja Angst[67]. Sowohl aus Besorgnis vor einem Zwischenfall auf hoher See als auch aus Furcht vor Eigenmächtigkeiten der US-Marine wurde der Ablauf der Aktionen direkt aus dem Weißen Haus koordiniert[68]. Diese Einmischung in die militärische Befehlskette wurde von der Marineleitung vollständig abgelehnt und mündete in die sagenumwobene Konfrontation zwischen Verteidigungsminister McNamara und Admiral Anderson[69]. Die Militärs verstanden die Welt nicht mehr: Von den 44 Schiffen, welche die Blockadelinie überfuhren, wurden lediglich zwei durch die Marine untersucht[70]. Die Blockade war – mit den Worten David Detzers – „little more than a symbolic gesture"[71].

Zwei Maßnahmen im Krisenverhalten der Vereinigten Staaten waren jedoch weit davon entfernt, im Bereich ausschließlich symbolischer Gesten angesiedelt zu sein. Parallel zum Beginn der Blockade am 24. Oktober wurde erstmals in der Geschichte der Vereinigten Staaten der Alarmzustand des ‚Strategic Air Command' auf ‚DefCon 2' angehoben[72]. Die Dramatik dieses Schrittes wurde noch unterstrichen durch die dem „ExComm" völlig

---

Er unterstreicht, daß die Deutsche Frage und die damit verbundenen Probleme im Bereich des „nuclear sharing" den eigentlichen Ausschlag für die „flexible response" gegeben hätten, während es in Europa eben nicht zur propagierten konventionellen Aufrüstung gekommen sei. Mit dieser Bewertung, die sicher Aufmerksamkeit verdient, betont er zum einen jedoch die Deutsche Frage zu stark und zum anderen verkennt er, daß die gesamte Außenpolitik unter Präsident Kennedy von einem symmetrischen Ansatz geprägt war, der eben auch ein wesentliches Charakteristikum der „flexible response" darstellte. Vgl. dazu grundsätzlich Gaddis, Strategies, S. 198–236.

66 Vgl. Betts, Nuclear Blackmail, S. 118. Zu den falschen Lehren, die ohne Kenntnis der Geheimabsprachen aus der Kuba-Krise gezogen wurden, vgl. Scott/Smith, Lessons.
67 Siehe zum Beispiel Kennedy, Thirteen Days, S. 67–70. In vielen Detailfragen sind diese Erinnerungen – um es freundlich auszudrücken – nicht sehr zuverlässig.
68 Vgl. Allison/Zelikow, Essence, S. 230–236. Siehe beispielsweise auch die Mitschrift des Telephongesprächs zwischen John F. Kennedy und Roswell Gilpatric am 23. 10. 1962, in: Zelikow/May, Presidential Recordings. Kennedy, III, S. 148–150.
69 Für die Konfrontation McNamaras mit Admiral Anderson existieren mehrere Überlieferungen. Siehe zum Beispiel Blight/Welch, On the Brink, S. 63–64. Der Verteidigungsminister bestand darauf, daß die Durchführung der Blockade lediglich ein „communications exercise, not a military operation" (ebenda S. 63) darstelle. Nach hartem Widerstand lenkte die Marineführung ein.
70 So ein resümierendes Memorandum nach Abschluß der Krise von Malcolm Kilduff an McGeorge Bundy, ohne Datum, in: John F. Kennedy Library, National Security Files, Cuba, Box 36a–37. Unter den Militärs kursierten nach der Beilegung der Krise zudem Gerüchte, daß selbst nach der Entdeckung von militärischer Ausrüstung während einer Durchsuchung auf hoher See durch US-Soldaten das betreffende Schiff nicht an der Weiterfahrt nach Kuba gehindert worden war. Vgl. dazu Trachtenberg, History, S. 252.
71 Detzer, Brink, S. 134.
72 Vgl. Sagan, Nuclear Alerts, S. 99–139.

unbekannte Tatsache, daß der Oberkommandierende der Einheit, General Thomas Power, den Befehl zur Erhöhung des Alarmzustandes offen über den Äther gab[73]. In seinen Erinnerungen erklärte der General unumwunden, daß „it was most important for them", er meinte damit die Kremlführung, „to know of SAC's readiness"[74].

Auch das aggressive Vorgehen der U.S. Navy gegen sowjetische U-Boote abseits der Blockadelinie – mehrere Unterwasserschiffe der ‚Roten Flotte' wurden zum Auftauchen gezwungen, ein U-Boot wurde durch den Abwurf von Trainingswasserbomben derart beschädigt, daß es an der Meeresoberfläche in den Hafen zurücklaufen mußte – blieb seinerzeit dem „ExComm" verborgen[75]. Doch in Moskau wurden beide Aktionen mit größter Aufmerksamkeit registriert. Sie hinterließen bei Chruschtschow Eindruck[76]. Hinzu kam, daß die amerikanischen Streitkräfte im Süden der USA eine riesige Armada zusammenzogen[77]. Der Kreml war über diese militärischen Vorbereitungen für eine Invasion auf Kuba gut unterrichtet. Und nicht nur das: Fehlerhafte Geheimdienstinformationen, die sich in letzter Konsequenz auf Bargespräche amerikanischer Journalisten stützten, jedoch der Führung in Moskau als Nachrichten aus dem engsten Zirkel um Kennedy präsentiert wurden, deuteten darauf, daß die Vereinigten Staaten im Begriff waren, gegen Kuba loszuschlagen[78]. Chruschtschow wollte einen Kriegsausbruch unter allen Umständen vermeiden und entschied am 25. Oktober, Kennedy eine diplomatische Lösung der Krise zu unterbreiten: „‚Give us a pledge not to invade Cuba, and we will remove the missiles.'"[79]

---

[73] Der Text des Befehls ist abgedruckt, in: Sagan, Limits, S. 68–69.
[74] Power, Design, S. 22. Weiterhin Garthoff, Reflections, S. 61 f.
[75] Vgl. Reeves, Kennedy, S. 406. Am Vormittag des 24. 10. 1962 berichtete der Verteidigungsminister im „ExComm" über das geplante Vorgehen der US-Marine gegen sowjetische U-Boote, das den Abwurf von Trainingswasserbomben einschließe. May/Zelikow, Kennedy Tapes, S. 354 f. Das aggressive Vorgehen der US-Marine gegen sowjetische U-Boote beleuchten zum Beispiel CINCLANT cable to JCS, Summary of Soviet Submarine Activities in Western Atlantic to 271700Z, 27. 10. 1962 sowie Deck Log Book [Excerpts] for the U.S.S. Beale, DD 471 (siehe Dokument Nr. 2 und Nr. 3).
[76] Vgl. Kagan, Origins, S. 529. Grundlegend zum sowjetischen Krisenverhalten Fursenko/Naftali, One Hell, S. 258. Die Autoren beschreiben die Aufregung in Moskau, als die Nachricht von der Anhebung des Alarmzustandes des „SAC" eintraf. Bereits im Sommer 1962 hatte der sowjetische Botschafter Anatolij Dobrynin in einem Gespräch mit Außenminister Rusk darauf hingewiesen, daß die Führung der UdSSR sehr beunruhigt sei durch verschiedentliche Aussagen amerikanischer Generale. Zudem nannte er explizit den Alarmzustand des „SAC" als Quelle der sowjetischen Sorge. Siehe dazu die „Editorial Note", die ein Treffen zwischen beiden Politikern am 12. 7. 1962 dokumentiert, in: FRUS, 1961–1963, V, S. 460–462.
[77] Zu den militärischen Vorbereitungen siehe John McCones „Memorandum for the File" am 24. 10. 1962, in: McAuliffe, CIA Documents, S. 297–298; „Cuba Fact Sheet" vom 27. 10. 1962, das Präsident Kennedy einen Überblick über die militärischen Vorbereitungen der US-Streitkräfte gab, in: Chang/Kornbluh, Cuban Missile Crisis, S. 200–203.
[78] Zu den sowjetischen Fehlurteilen während der Krise siehe Lebow/Stein, Cold War, S. 72–81.
[79] Zitiert nach Fursenko/Naftali, One Hell, S. 259.

Gleichwohl gedachte der Kremlchef dieses Angebot noch ein wenig hinauszuzögern, da er deutliche Anzeichen für Bewegung auch auf amerikanischer Seite ausgemacht hatte. Doch diese Zuversicht verflog schnell, als am folgenden Tag erneut Geheimdienstberichte aus Washington eintrafen, die scheinbar belegten, daß die USA in nur zwei Tagen zum Angriff gegen Kuba blasen würden. Durch einen langen, persönlich gehaltenen Brief versuchte Chruschtschow die Lage zu entspannen[80]. Auch die amerikanischen Militärs glaubten daran, daß zumindest ein Schlag aus der Luft unmittelbar bevorstehe, denn die Blockade hatte – wie vielfach befürchtet – nichts gegen die bereits auf Kuba befindlichen Raketen ausgerichtet[81].

Auf dem Höhepunkt der Krise am 27. Oktober verdichteten sich eine Reihe von Handlungssträngen – sowohl auf diplomatischer als auch auf militärischer Ebene: Chruschtschow erhöhte seine Forderungen und brachte öffentlich den Tausch der Raketen auf Kuba und in der Türkei ins Spiel[82], über der Karibikinsel wurden eine U-2 abgeschossen und tieffliegende Aufklärungsflugzeuge mit Flak beharkt[83], durch einen Navigationsfehler verirrte sich eine U-2 auf einer Routinemission in den sowjetischen Luftraum[84] und Castro versuchte mit todesverachtender Entschlossenheit, auf einen aggressiveren Kurs der UdSSR hinzuwirken[85]. Alles in allem rückte die „uncontrollability"[86] der Gesamtsituation – so Marc Trachtenberg – in das Zentrum der Überlegungen der obersten Entscheidungsträger. Für Kennedy und Chruschtschow schien es nun dringend geboten, rasch zu einer Beilegung der Krise zu gelangen. Während der Kremlchef erneut daran glaubte, daß eine amerikanische Invasion unmittelbar bevorstehe, sah sich der Mann im Weißen Haus kaum noch in der Lage, alle Fäden in der Hand zu halten. Große Teile des „ExComm" drängten auf eine Verschärfung der amerikanischen Gangart[87].

Hinter den Kulissen entfaltete sich hektische Aktivität. Chruschtschow lenkte intern ein, noch bevor das verdeckte Angebot Kennedys zum Raketentausch in Moskau eingetroffen war[88]. Wie schon am 25. Oktober glaubte der Kremlchef wiederum, starke Anzeichen dafür zu erkennen, daß Ken-

---

80 Der Brief Chruščevs vom 26. 10. 1962 ist abgedruckt, in: Pope, Soviet Views, S. 37–49.
81 Vgl. dazu Kennedy, Thirteen Days, S. 83. Der Bruder des Präsidenten faßt die Stimmung am 26. 10. 1962 folgendermaßen zusammen: „Both hawks' and doves' sensed that our combination of limited force and diplomatic efforts had been unsuccessful."
82 Die Nachricht, die über Radio Moskau verbreitet wurde, ist abgedruckt, in: Pope, Soviet Views, S. 49–56.
83 Siehe dazu Blight/Welch, On the Brink, S. 338–340.
84 Vgl. Sagan, Limits, S. 135–138.
85 Siehe zum Beispiel Brenner, Thirteen Months, S. 187–217; Juchler, Hybris, S. 79–100. Zur generellen Rolle Kubas siehe Blight/Allyn/Welch, Cuba.
86 So Marc Trachtenberg in einem Diskussionsbeitrag während einer der zahlreichen Konferenzen zur Aufarbeitung der Kuba-Krise, in: Blight/Allyn/Welch, Cuba, S. 109.
87 Siehe dazu May/Zelikow, Kennedy Tapes, S. 492–518, 520–604, 610–628.
88 Siehe dazu Fursenko/Naftali, One Hell, S. 284.

nedy kurz vor seiner Entmachtung stehe. Chruschtschows gesamtes Krisenverhalten war geprägt durch seine Furcht, eine Junta aus Generalität und hohen Wirtschaftskreisen könne durch einen Putsch den Präsidenten aus seinem Amt entfernen, um die Macht in den Vereinigten Staaten zu übernehmen[89]. Dies waren beileibe keine positiven Aussichten für die Sowjetunion, zumal die Führung der KPdSU davon ausging, daß diese ‚reaktionären Kräfte' angesichts der eklatanten Überlegenheit der USA im Nuklearbereich einen weitaus aggressiveren Kurs in der weltweiten Auseinandersetzung steuern würden als der augenblickliche Amtsinhaber. Chruschtschow mußte mit Kennedy handelseinig werden, auch – so jedenfalls seine weitreichende Interpretation der Dinge – um die Zukunft der Sowjetunion als Weltmacht sicherzustellen.

Die Risikoeinschätzung des Kremlherrn wurde durch das Telegramm Anatoli Dobrynins, das seine Unterredung mit Robert Kennedy am Abend des 27. Oktober wiedergab, nochmals erhöht. Denn der Bruder des Präsidenten hatte – ohne zu wissen, daß er damit tiefe Ängste der Sowjetführung heraufbeschwor – von „many unreasonable heads among the generals, and not only among the generals, who are ‚itching for a fight'"[90] gesprochen. Um jegliche Zeitverzögerung vollkommen auszuschließen, wählte Chruschtschow zur Beilegung der Krise erneut den Weg über Radio Moskau. Am 28. Oktober, um 9.00 Uhr Ortszeit in Washington, traf seine Meldung ein, daß die Raketen unverzüglich in die UdSSR zurückverlegt würden[91]. Die akute Phase der Kubakrise war beendet[92].

III.

Welche Rolle hatten nun die US-Streitkräfte während der Krise gespielt? Die Antworten fallen für die diversen Akteure sehr unterschiedlich aus. Auf der höchsten Ebene, bei Kennedy und Chruschtschow, waren enorme Unterschiede zu verzeichnen. Zugespitzt formuliert: Aus der Sicht des amerikanischen Präsidenten spielten die Streitkräfte jenseits des Aufbaus einer Drohkulisse kaum eine Rolle. Kennedy war durch seine nukleare Angst sowie durch seine Befürchtungen hinsichtlich eines nahezu automatischen ‚Aufstiegs zum Äußersten' beinahe handlungsunfähig. Eine Eskalation des

---

[89] Vgl. zu dieser generellen Einschätzung Chruščevs Zubok/Pleshakov, Kremlin's Cold War, S. 243.
[90] Der Text des Telegramms Dobrynins ist abgedruckt, in: New Evidence on the Cuban Missile Crisis, in: Cold War International History Project, Bulletin 5 (1995), S. 79. In seinen Erinnerungen unterstrich der Kremlchef unter direkter Bezugnahme auf die Aussagen Robert Kennedys gegenüber Anatolij Dobrynin die drohende Gefahr eines Putsches in den USA. Chruschtschow erinnert sich, S. 497–499. Vgl. auch Freedman, Kennedy's Wars, S. 217.
[91] Die Nachricht Chruščevs ist abgedruckt, in: Pope, Soviet Views, S. 58–65.
[92] Zum Hintergrund siehe Biermann, Kuba-Krise, S. 666f.

Krisenkurses der USA war jedenfalls mit diesem Präsidenten nicht zu erwarten. Diese Einschätzung teilte wohl auch Chruschtschow, der jedoch durch zwei Faktoren vom Erfolg seiner gesamten Aktion abgehalten worden war. Zum einen spielte die strategische Überlegenheit der Vereinigten Staaten für sein Krisenverhalten eine zentrale Rolle und zum anderen befürchtete der Kremlherr an verschiedenen Wegesmarken, daß ein Putsch oder zumindest eine Entmachtung Kennedys in Washington unmittelbar bevorstehe. Obwohl er an der Entscheidungskraft des jungen Präsidenten nachhaltig zweifelte, meinte er, die Möglichkeit einer militärischen Eskalation durch die Vereinigten Staaten nicht ignorieren zu können, zumal die USA aus Sicht des Kremls regional und global eindeutig überlegen waren. Die Streitkräfte der Vereinigten Staaten waren somit für den Mann in Moskau der wichtigste Orientierungspunkt während der gesamten Krise.

Die eingangs zitierten Unmutsäußerungen hoher Offiziere in Washington unmittelbar nach Beilegung der Krise entsprangen der Einsicht, daß die USA aus ihrer Perspektive eine große Chance verspielt hatten, um Castro und mit ihm die Sowjetunion ein für alle Mal aus der westlichen Hemisphäre zu verdrängen. Sie hatten auch während der Krise an diesem von Präsident Kennedy unmißverständlich formulierten Ziel festgehalten, derweil sich der Mann im Weißen Haus unter dem Druck der Ereignisse frühzeitig von seinem Wunschprojekt verabschiedet hatte[93].

Alles in allem muß aus der Rückschau festgehalten werden, daß die Art und Weise, wie US-Generalität einerseits und Chruschtschow andererseits zeitgenössisch auf den Kalten Krieg und den atomaren Rüstungswettlauf schauten, deutlich näher beieinander lagen als an den Sichtweisen Kennedys[94]. Die friedliche Beilegung der Kubakrise war eben nicht – mit den Worten Dean Achesons – „plain dumb luck"[95] zuzuschreiben, sondern einer großen Flexibilität, ja Nachgiebigkeit des amerikanischen Präsidenten und einer vollkommen abseits der historischen Realität liegenden Furcht des Generalsekretärs der KPdSU vor einem Putsch in den Vereinigten Staaten von Amerika.

---

[93] Zu dieser Differenzierung in den Zielsetzungen siehe Smith, View, S. 130f.
[94] Zu Chruščevs Haltung siehe Zubok/Harrison, Education, S. 141–168.
[95] Acheson, Achesons's Version, S. 187.

Michail G. Ljoschin

Die Streitkräfte der UdSSR zwischen Berlin- und Kubakrise: Wandlungen strategischer Prinzipien und Einsatzmuster?

(1955–1965)

In den ersten Jahren nach dem Ende des Zweiten Weltkrieges entwickelten sich die Streitkräfte der UdSSR sowie die sowjetische Kriegskunst unter den Bedingungen der Umstellung des Landes und der Armee auf den Frieden, des Vorhandenseins eines qualitativ neuen Kräfteverhältnisses auf der internationalen Bühne, der Herausbildung einer neuen bipolaren Weltordnung sowie der Verschärfung des Kampfes zwischen den früheren Verbündeten der Anti-Hitler-Koalition auf allen Gebieten des wirtschaftlichen und gesellschaftlichen Lebens. Innerhalb kurzer Zeit nahm diese Auseinandersetzung eine besondere Form an – „den Kalten Krieg" – mit dem gefährlichen Balancieren am Rande „des heißen Krieges". Die harten politischen, wirtschaftlichen, ideologischen und insbesondere die militärischen Konfrontationen waren ein Nährboden für ständige Konflikte und gefährliche Krisen. Gleichzeitig existierten jedoch auch starke eindämmende Faktoren, die den Politikern nicht die Möglichkeit gaben, ins Extrem zu verfallen. Sie zwangen die politischen und militärischen Führungen der Sowjetunion und USA dazu, die für beide Seiten außerordentlich gefährlichen Folgen einer direkten kriegerischen Auseinandersetzung in ihr Kalkül zu ziehen, Kompromisse einzugehen und nach Umwegen für die Erreichung ihrer militärpolitischen Ziele zu suchen[1].

Die Außenpolitik der UdSSR und der USA hatte Anfang der sechziger Jahre Offensivcharakter. Beide Seiten strebten mit allen zu Gebote stehenden Mitteln danach, ihre eigenen politischen, ökonomischen und militärischen Positionen zu festigen. Die Sowjetunion war einer der Staaten, deren Wirtschaft während des Zweiten Weltkrieges erhebliche Zerstörungen und Verluste erlitten hatte. Deshalb konzentrierte sich die militärpolitische Führung der UdSSR in der Nachkriegszeit in erster Linie darauf, die Volkswirt-

---

[1] Vgl. Zolotarev/Saksonov/Tjuškevič, Voennaja istorija Rossii, S. 592 f.

schaft so schnell wie möglich wiederherzustellen, die territoriale Integrität des Staates mit seinen ausgedehnten Grenzen zu sichern und die neu gewonnenen Positionen in den Ländern Osteuropas zu festigen[2]. Dabei wurde auch die Aufgabe einer tiefgreifenden Umstrukturierung der Streitkräfte des Landes bei gleichzeitiger Erhaltung einer hohen Stufe der Gefechtsbereitschaft sowie ihres Gefechtswertes gestellt. Dies bedeutete nicht nur eine einfache Truppenreduzierung in Armee und Flotte, sondern gleichzeitig die Verstärkung ihres technischen Ausrüstungsstandes, die Reorganisation der inneren Strukturen einschließlich der militärischen Führungsorgane und eine ganze Reihe weiterer Maßnahmen[3].

Anfang 1948 wurden die sowjetischen Streitkräfte, die im Mai 1945 eine zahlenmäßige Stärke von 11 365 000 Mann gehabt hatten, bis auf das Niveau des Jahres 1939 reduziert. Das heißt, 8,5 Millionen Soldaten (33 Jahrgänge des Mannschafts- und Unteroffiziersbestands sowie ein gewisser Teil der Offiziere) wurden aus dem aktiven Wehrdienst entlassen[4]. Gleichzeitig wies die sowjetische Führung die Auflösung militärpolitischer und militärstrategischer Führungsorgane der Kriegszeit, darunter des Staatlichen Verteidigungskomitees und des Hauptquartier des Kommandos des Obersten Befehlshabers sowie vieler Verbände, Einheiten, Flottenstützpunkte und militärische Lehreinrichtungen an. Die sowjetischen Truppen zogen sich vom Territorium Nordnorwegens, der Tschechoslowakei, Dänemarks, Chinas, Irans, Bulgariens und Koreas zurück. Parallel erfolgte die volle Mechanisierung und Motorisierung der Streitkräfte. In den sieben bis acht Jahren nach dem Krieg wurden die Truppen mit modernen Typen von Militärtechnik neu ausgerüstet. Die Fliegerkräfte, zum Beispiel, erhielten strahlgetriebene Flugzeuge, die Landstreitkräfte neue gepanzerte Fahrzeuge und Artillerie[5].

Anfang der 50er Jahre wurde die sowjetische Militärstrategie auf den neuen Gegner – die USA und die europäischen NATO-Ländern umorientiert. Der nuklearen Überlegenheit der USA stellte die Sowjetunion zunächst eine Überlegenheit an konventioneller Bewaffnung entgegen. Obwohl der erste sowjetische Atombombentest bereits 1949 erfolgte, gelangten die Kernwaffen erst wesentlich später massenweise zur Truppe. Die Luftstreitkräfte bekamen ihre ersten einsatzfähigen Atombomben im Jahre 1954, die Landstreitkräfte und die Seekriegsflotte erhielten nukleare Gefechtsköpfe erst Ende der fünfziger Jahre, die Truppen der Luftverteidigung

---

[2] Vgl. Volokitina, Stalin i smena strategičeskogo kursa Kremlja, S. 14–21; Lel'čuk/Pivovar, Polsevoennaja konversija, S. 10–50; Bystrova, Voenno-promyšlennyj kompleks SSSR, S. 22–25.
[3] Vgl. Babakov, Vooružennye Sily SSSR, S. 28–33; Sovetskie vooružennye sily, S. 388–394.
[4] Vgl. 50 let Vooružennych Sil SSSR, S. 474; Vooružennye sily i voennoe iskusstvo posle Vtoroj mirovoj vojny, S. 73.
[5] Vgl. Pavlovskij, Suchoputnye vojska SSSR, S. 205–210; Simonov, Voenno-promyšlennyj kompleks SSSR, S. 236 ff.

sogar noch später[6]. Die ersten experimentalen ballistischen Fernkampfraketen R–1 und R–2 wurden zwischen 1948 und 1954 entwickelt, die Testphase der Mittelstreckenrakete Reichweite R–5 schloß 1955 ab. Am 21. August 1957 startete vom in der kasachischen Steppe gelegenen Testgelände Bajkonur erstmals erfolgreich der Prototyp einer ballistischen Rakete mit interkontinentaler Reichweite[7].

Ab Mitte der fünfziger Jahre traten damit die sowjetischen Streitkräfte in eine neue Etappe ihrer Entwicklung ein. Dieser Abschnitt war, bedingt durch die massenweise Einführung von Raketenkernwaffen und anderen neuesten Arten von Bewaffnung und Militärtechnik, geprägt von grundlegenden qualitativen Veränderungen der Streitkräfte. Die technische Umrüstung der sowjetischen Armee erforderte bedeutende Wandlungen in der Ausbildung des Personalbestands, in der Struktur sowie in den Ansichten zu den Formen und Methoden der Führung von Kampfhandlungen. Sie mußten den Bedingungen des Einsatzes von Kernwaffen zur Lösung operativer und taktischer Aufgaben auf dem Gefechtsfeld angepaßt werden[8].

Mit der Gründung der Warschauer Vertragsorganisation im Mai 1955, der Bildung der Vereinten Streitkräfte der Länder des Warschauer Vertrages mit dem Vereinten Oberkommando an ihrer Spitze und dem Übergang zum System einer koalierten Militärplanung entwickelte sich die militärpolitische Konfrontation zwischen der UdSSR und der USA zu einer Konfrontation zwischen den Militärblöcken von NATO und Warschauer Pakt. Dementsprechend entwarf die Sowjetunion als unbestrittene Führungsmacht des Warschauer Vertrages erste Prinzipien einer koalierten Strategie für das Kernwaffenzeitalter[9].

Der nächste Entwicklungsabschnitt in der Geschichte der sowjetischen Streitkräfte umfaßte den Zeitraum zwischen 1961 und 1970. Diese Etappe war durch die direkte und indirekte Verwicklung der UdSSR und anderer Staaten des Warschauer Vertrages in die lokalen militärischen Konflikte im Nahen Osten, in Südostasien und anderen Teilen der Welt gekennzeichnet[10]. Auf militärtechnischem Gebiet kennzeichnete diese Phase die Schaffung und vorrangige Entwicklung strategischer Kernwaffenstreitkräfte. In erster Linie baute hierzu die Sowjetunion die strategischen Raketentruppen aus. Während dieses Zeitabschnittes wurde auch eine neue sowjetische Militärstrategie – die Strategie des allgemeinen Raketenkernwaffenkrieges – aus-

---

[6] Vgl. Strategičeskoe jadernoe vooruženie Rossii, S. 3–6; Pervov, Zenitnoe raketnoe protivovozdušnoj oborony strany, S. 104 f.; Sovetskaja voennaja mošč', S. 150–161.
[7] Vgl. Chronika osnovnych sobytij istorii RVSN, S. 34 ff.; Karpenko/Utkin/Popov, Otečestvennye strategičeskie raketnye kompleksy, S. 100–105.
[8] Vgl. Panow, Geschichte der Kriegskunst, S. 505 ff.
[9] Vgl. Istorija voennoj strategii Rossii, S. 383; Gretschko, Die Streitkräfte des Sowjetstaates, S. 98–101; Gribkow, Der Warschauer Pakt, S. 34 ff.
[10] Siehe hierzu an neuerer russischer Literatur: Rossija (SSSR) v lokal'nych vojnach; Rossija i SSSR v vojnach XX veka.

gearbeitet. Gleichzeitig veränderten sich die Ansichten über die Bedingungen, den Charakter, den Verlauf und den Ausgang von bewaffneten Auseinandersetzungen radikal[11].

Der Aufbau der 1959 gegründeten strategischen Raketentruppen führte zu scharfen Diskussionen über die Priorität der verschiedenen Teilstreitkräfte und ihre Rolle in einem künftigen Krieg. Zahlreiche sowjetische Heerführer und Militärtheoretiker, darunter viele Befehlshaber der Militärbezirke, vertraten weiterhin die Auffassung, daß auch unter den Bedingungen eines Kernwaffenkrieges die Landstreitkräfte die wichtigste Hauptteilstreitkraft bleiben würden, da man einen Krieg in Europa nur nach der Besetzung des gegnerischen Territoriums beenden könnte. Staats- und Parteichef Nikita S. Chruschtschow und die Leitung des sowjetischen Generalstabs waren hingegen der Ansicht, daß gerade bei der Lösung der strategischen Aufgaben in einem künftigen Krieg die Raketentruppen die Hauptrolle spielen würden. Chruschtschow und die Leitung des Verteidigungsministeriums um Marschall Rodion Ja. Malinowski konnten sich letztlich gegen die konservativen Militärs in den Streitkräften durchsetzen und erhoben ihre strategischen Ansichten zur offiziellen Militärdoktrin der UdSSR. Als Folge dieser Entwicklung wurde die sowjetische Armee mit zahlreichen Raketenmustern ausgestattet, die vor allem als Kernwaffeneinsatzmittel Verwendung fanden[12].

Zeitgleich diskutierte die politische und militärische Führung der UdSSR auch über die Rolle und die Perspektiven der weiteren Entwicklung der Seestreitkräfte. Bis 1956 forderte die Leitung der Seekriegsflotte mit Marinechef Admiral Nikolaj G. Kusnezow an der Spitze den Aufbau einer starken Artillerie-Überwasserflotte. Das von ihm vorgeschlagene Flottenbauprogramm wurde jedoch von der politischen Führung unter Chruschtschow abgelehnt, die im Bau befindlichen Schlachtschiffe und Kreuzer abgewrackt, die Projektierung von Flugzeugträgern gestoppt. Die sowjetische Regierung orientierte sich im Gegensatz zu Admiral Kusnezow auf eine moderne und ausgewogene Hochseeflotte, deren wichtigste Kampfmittel Atomraketen-U-Boote, raketentragende Seefliegerkräfte, Raketen- und Artillerie- sowie U-Jagd-Schiffe sein sollten. Seit Anfang der sechziger Jahre wurden deshalb die Kernwaffenkräfte der Flotte als eine der wichtigsten Komponenten der nuklearen Triade der Sowjetarmee angesehen[13].

---

[11] Vgl. Sovetskie vooružennye sily, S. 464–472; Voenno-techničeskij progress, S. 263–268.
[12] Vgl. Voenačal'niki RVSN, S. 8 ff.; Raketnye Vojska Strategičeskogo Naznačenija, S. 56 f.; Kokošin, Armija i politika, S. 139–142; Garthoff, Soviet Strategy in the Nuclear Age, S. 224–226.
[13] Vgl. Rossijskij gosudarstvennyj archiv ėkonomiki – Russisches Staatsarchiv für Wirtschaft, fond 4372, opis' 79, delo 856, Bl. 58, Schreiben von Gorškov und Chruničev an den Ministerrat der UdSSR, 7. 1. 1961; Gorškov, Morskaja mošč', S. 290–295.

Mit der Einführung der Raketenkernwaffen vollzog sich eine revolutionäre Entwicklung in den sowjetischen Streitkräften, die zu einer völligen Veränderung des bisherigen Kriegsbildes führte. Das bisher geltende Verhältnis zwischen Strategie, operativer Kunst und Taktik wandelte sich grundlegend, wobei die traditionellen Wechselbeziehungen zwischen den genannten Bestandteilen der Kriegskunst jedoch erhalten blieben. Daraus resultierend, gewannen neue militärtheoretische Gesetzmäßigkeiten an Bedeutung, die früher nicht bekannt waren:

Erstens, wuchs die Rolle der Strategie. Sie erhielt im Zusammenhang mit der Bildung der strategischen Raketentruppen die Möglichkeit, unmittelbar auf den Verlauf eines Krieges einzuwirken und entscheidende Ergebnisse zu erzielen. Es entstand die hohe Wahrscheinlichkeit, daß die Endziele eines Krieges durch den Einsatz der strategischen Kampfmittel erreicht werden konnten. In diesem Fall sollte die operative Kunst den strategischen Erfolg ausweiten und die Taktik sollte die Ergebnisse, die von der operativen Kunst erreicht wurden, realisieren[14].

Zweitens, veränderten sich die bisherigen Zeitparameter der strategischen Handlungen der Streitkräfte. Es wurden die Voraussetzungen dafür geschaffen, die anvisierten Kriegsziele in einer Operation und sogar mit einem Schlag zu erreichen. Dementsprechend traten tiefe Veränderungen in den Vorstellungen über den Krieg als mehr oder wenig dauernde Periode der Fortsetzung der Politik mit gewaltsamen Mitteln ein. Es zeichnete sich die Tendenz zur Umwandlung des Krieges in einen Momentakt ab.

Drittens, gewannen die strategischen Operationen gegenüber dem Zweiten Weltkrieg an räumlicher Ausdehnung. Die Wirkungsgrenzen der Kampfmittel umfaßten jetzt alle Kontinente, Meere und Ozeane. Die Grenze zwischen der Front und dem Hinterland wurde endgültig aufgehoben: „Angriffsobjekte im modernen Krieg werden die strategischen Mittel für einen Kernwaffenangriff des Gegners, seine Wirtschaft, das System der staatlichen Verwaltung und militärischen Führung und selbstverständlich auch die Truppengruppierungen und die Seestreitkräfte auf den Kriegsschauplätzen sein. Dabei befinden sich die Hauptobjekte außerhalb der Kriegsschauplätze, sie liegen in der Tiefe des feindlichen Territoriums. Für die Bekämpfung der strategischen Mittel, die Desorganisation des feindlichen Hinterlandes und die Vernichtung der Hauptgruppierungen der Truppen auf den Landkriegsschauplätzen sind schlagkräftige strategische Mittel – strategische Raketentruppen, die strategische Luftwaffe und Raketen-U-Boote – vorgesehen."[15]

Damit stand die sowjetische Militärstrategie ebenso wie die Militärstrategie der USA in direkter Abhängigkeit des Einsatzes von strategischen Kern-

---

[14] Vgl. Raketnyj ščit otečestva, S. 52 ff.; 50 let Vooružennych Sil SSSR, S. 522 ff.
[15] Sokolovskij, Voennaja strategija, S. 369.

waffen. Im Rahmen der einheitlichen Militärstrategie der UdSSR formierten sich dabei zunächst zwei Richtungen:
– die Strategie der tiefen Raketenkernwaffenschläge in Verbindung mit Handlungen aller Teilstreitkräfte zur gleichzeitigen Bekämpfung und Vernichtung des ökonomischen Potentials und der Streitkräfte des Gegners auf der ganzen Tiefe seines Territoriums mit dem Ziel, den Krieg in kürzester Zeit zu beenden;
– die Strategie des Krieges mit dem Einsatz konventioneller Kampfmittel, der aufeinanderfolgenden Bekämpfung und Vernichtung der Streitkräfte sowie der Hauptelemente des ökonomischen Potentials des Gegners und dem Erringen des Sieges sowohl im schnellen, als auch im langwierigen Kampf[16].

Im Januar 1960 erhob Chruschtschow schließlich auf der IV. Tagung des Obersten Sowjets der UdSSR die Strategie des allumfassenden Raketenkernwaffenkrieges öffentlich zur neuen Militärstrategie der UdSSR. Dies zeigt, daß der strategische Einsatz von ausschließlich konventionellen Kräften Anfang der sechziger Jahre nicht als reale Option angesehen wurde. Zu stark hatten Raketen und Kernwaffen die Einsatzmöglichkeiten der Streitkräfte geändert. Ihre atomare Feuerkraft erreichte eine neue Dimension, die es ermöglichte: „das Land oder die Länder, die uns überfallen [...], buchstäblich dem Erdboden gleich[zu]machen[17]".

Die aus der wissenschaftlich-technischen Revolution in den Streitkräften hervorgegangenen neuen Vorstellungen über das Wesen und den Inhalt der Militärstrategie des Kernwaffenzeitalters waren in der Sowjetunion schon Anfang der 50er Jahre entwickelt worden[18]. Jedoch bestimmten sie erst ab dem Anfang der 60er Jahre als wesentlicher Bestandteil und führender Bereich die sowjetische Kriegskunst. Die neue Militärstrategie beinhaltete vor allem die Theorie und Praxis der Vorbereitung des Landes und der Streit-

---

[16] Vgl. Central'nyj archiv Ministerstva oborony Rossijskoj Federacii – Zentralarchiv des Verteidigungsministeriums der Russischen Föderation (künftig: CAMO), Sonderkollektion, Akte 158, Bl. 328–337, Material über die Entwicklung der Kriegskunst unter den Bedingungen der Führung eines Raketenkernwaffenkrieges – Schreiben von Generaloberst Petr I. Ivašutin (Chef GRU) an Marschall Matvej V. Zacharov (Leiter der Akademie des Generalstabes), 28. 8. 1964; Istorija voennoj strategii Rossii, S. 396–399.
[17] Pravda, 15. 1. 1960, Nr. 15: Die Abrüstung – der Weg des Friedens zur Sicherung der Freundschaft zwischen den Völkern, Rede Chruščevs auf der IV. Tagung des Obersten Sowjets der UdSSR, 14. 1. 1960.
[18] Vgl. Rossijskij gosudarstvennyj archiv social'no-političeskoj istorii – Russisches Staatsarchiv für soziale und politische Geschichte (künftig: RGASPI), fond17, opis' 164, delo 682 (im folgenden: 17/164/682), Bl. 60–64, Schreiben von Vasilevskij und Sokolovskij an Stalin, 21. 1. 1953; RGASPI, 17/164/697, Bl. 13–17, Erläuterung zur Dislokation von Flugplätzen für Fernbomber, 10. 1. 1953. Insgesamt sollten für die strategischen Bomber Tu-95 und M-4 im sowjetischen Machtbereich zwischen 1953 und 1955 elf Einsatzflughäfen gebaut werden, um von der Sowjetunion aus London, Madrid, New York, Washington, Chicago, Guam, Pearl Harbor und andere Ziele in den USA angreifen zu können. Siehe hierzu auch: Bystrova, Voenno-promyšlennyj kompleks, S. 85–91.

kräfte auf den Krieg, die Planung und Führung des Krieges und strategischer Operationen. Ihre wichtigsten Aufgaben waren: das Studium der Kräfte, Mittel und Kampfarten des wahrscheinlichen Gegners, seiner wirtschaftlichen und gesellschaftlichen Möglichkeiten sowie die Untersuchung des Charakters und der Methoden eines Kernwaffenkrieges. Ferner sollten die für die Lösung der strategischen Aufgaben notwendigen eigenen militärischen Kräfte und Mittel ermittelt werden, wobei die vorgegebenen politischen Ziele, die wirtschaftlichen Möglichkeiten des Staates sowie die Besonderheiten der Kriegsschauplätze zu beachten waren. Die Zusammensetzung der Streitkräfte sowie die weitere Entwicklung ihrer Bewaffnung fielen ebenfalls in das Aufgabengebiet der Militärstrategie, wie sie auch die politischen und militärischen Ziele der Feldzüge und strategischen Operationen bestimmte und die hierfür notwendigen Kernwaffenziele auswählte. Sie hatte zudem das strategische Zusammenwirken zwischen den Kernwaffeneinsatzmitteln, den Teilstreitkräften und den strategischen Gruppierungen auf den verschiedenen Kriegsschauplätzen zu organisieren.

Einen wichtigen Beitrag zur Herausbildung und Entwicklung der neuen militärstrategischen Ansichten leisteten der Generalstab, die Hauptstäbe der Teilstreitkräfte, die Militärakademien und die wissenschaftlichen Forschungsorganisationen des Verteidigungsministeriums. Entscheidende Bedeutung besaß dabei die Erarbeitung neuer Vorschriften zur Organisation und Führung der strategischen Operationen. Leider entwickelte sich unter den Bedingungen nach dem Zweiten Weltkrieg die Praxis der Strategie sehr viel schneller als die Theorie. Die entsprechenden Vorschriften zur Organisation und Führung der Operationen mit strategischem Charakter, die der Generalstab 1948, 1952 und 1955 ausgearbeitet hatte, wurden deshalb von der Partei- und Staatsführung nie bestätigt. Der erste offizielle Leitfaden zur Strategie im Kernwaffenzeitalter war das 1961 vom sowjetischen Verteidigungsministerium veröffentlichte Werk *Die Operationen der Streitkräfte der UdSSR*[19].

Die aus der neuen Strategie resultierenden fundamentalen Probleme wurden in ständigen Übungen analysiert sowie in zahlreichen akademischen Lehrbüchern, Monographien, Dissertationen und Aufsätzen theoretisch ausgearbeitet und untersucht. Bereits 1953 spiegelte sich das ganze Spektrum der neuen strategischen Fragen in dem Buch *Der Charakter des modernen Krieges und seine Probleme* wider, das mehrere Lehrkräfte der Militärakademie des Generalstabs geschrieben hatten. 1959 erfolgte schließlich die Veröffentlichung des Bandes *Der moderne Krieg und die Militärwissenschaft*. Ein wichtiger Beitrag für die Entwicklung und Umsetzung der Strategie des Kernwaffenkrieges war 1960/1961 das Erscheinen des fundamentalen Werks *Der moderne Krieg*, das ebenfalls im Generalstab entstan-

---

[19] Vgl. Kokošin, Armija i politika, S. 137–146.

den war. Zur echten Sensation entwickelte sich jedoch das Buch *Militärstrategie*, das 1962 von einem Autorenkollektiv unter Leitung vom Marschall Wasilij D. Sokolowskij herausgegeben und in zahlreiche Sprachen übersetzt wurde. Gerade in den zwei letztgenannten Werken legten Spitzenmilitärs der Sowjetunion zum ersten Mal konzentriert das Wesen der neuen Militärstrategie der UdSSR und ihre Methoden für die Führung eines Kernwaffenkrieges dar[20].

In den 50er–60er Jahren des 20. Jahrhunderts revidierte die sowjetische Militärwissenschaft praktisch fast alle wichtigen Prinzipien ihrer gültigen Strategie. In allen vorangegangenen Kriegen ließ sich der militärische Erfolg nicht anders erringen, als durch die Massierung der Kräfte und Mittel an den wichtigsten Frontabschnitten, um eine Überlegenheit über den Gegner in den entscheidenden Richtungen zu erreichen. Unter den Bedingungen eines Kernwaffenkrieges, so die sowjetischen Militärtheoretiker um Marschall Sokolowskij, verlor dieses Prinzip nicht nur seine Bedeutung, sondern wurde auch gefährlich, da starke Truppenkonzentrationen jetzt verlockende Ziele für die Atomwaffen des Gegners darstellten. Unter diesen veränderten Bedingungen erhielt unter anderem das Manöver mit den Kernwaffen- und Feuerschlägen sowie die richtige Bestimmung der Reihenfolge der Bekämpfung der Ziele entscheidende Bedeutung[21].

Das frühere Prinzip der Aufsparung von Kräften und Mitteln revidiert der sowjetische Generalstab ebenfalls. Im Unterschied zu den früheren Ansichten, die eine schrittweise Verstärkung der Anstrengungen im Rahmen einer Operation voraussetzten, wurde jetzt die neue Forderung der notwendigen Konzentrierung aller Kräfte und Mittel am Anfang des Krieges theoretisch begründet. Nach Meinung der Militärtheoretiker kamen den ersten Atomschlägen und den ersten Operationen eines Krieges entscheidende Bedeutung zu. Im Zusammenhang damit veränderte sich auch die Einschätzung des Prinzips des Teilsieges. Der alte Grundsatz, daß der Enderfolg im Krieg aus den Teilsiegen an den verschiedenen Fronten und auf den verschiedenen Gebieten des bewaffneten Kampfes besteht, wurde durch folgenden ersetzt: Der Sieg ist das Ergebnis der einaktigen Anwendung des ganzen Potentials eines Staates, das vor dem Krieg geschaffen wurde[22].

Die neuen radikalen Ansichten blieben bis Mitte der 60er Jahre unverändert. Dann wurden die Kompromißstandpunkte ausgearbeitet, die organisch sowohl die neuen, als auch die traditionell klassischen Prinzipien der Strategie in sich vereinigten. Anfang der 60er Jahre wurde die Theorie des unbegrenzten Kernwaffenkrieges weiter ausgebaut. Obwohl verschiedene

---

[20] Vgl. Istorija voennoj strategii Rossii, S. 399–401; 50 let Vooružennych Sil SSSR, S. 520f.; Babkov, Vooružennye sily SSSR; S. 91–92; Zaloga, The Kremlins nuclear sword, S. 78–79.
[21] Vgl. Sokolovskij, Voennaja strategija, S. 19–22.
[22] Vgl. Kozlov/Smirnov/Baz/Sidorov, O sovetskoj voennoj nauke, S. 65–66.

Militärs einzelne Gedanken über die radikale Veränderung des Charakters des Krieges auch bereits früher geäußert hatten, waren sie bis zum Anfang der 60er Jahre nicht zu einem einheitlichen System zusammengefaßt worden. Der Entwicklungsprozeß einer neuen Fassung der Theorie des Kernwaffenkrieges begann 1960 mit dem Vortrag von Generalstabschef Marschall Sokolowskij an der Akademie des Generalstabs. Dieser Vortrag war auf der Grundlage umfassender theoretischer Forschungen des Generalstabs und der Hauptstäbe der Teilstreitkräfte ausgearbeitet worden. Er enthielt einerseits eine scharfe Kritik an den Hauptprinzipien der alten Strategie, andererseits neue Ideen über den Charakter und die Methoden der Kriegsführung und die Operationen, den strategischen und operativen Einsatz der Streitkräfte sowie die Organisation der rückwärtigen Sicherstellung der Kampfhandlungen[23].

Die wesentlichen Gedanken dieses Vortrages wurden später im schon oben erwähnten Buch *Militärstrategie* sowie in den anderen militärtheoretischen Werken weiterentwickelt. Wichtigste Art der Kampfhandlungen, so die Autoren dieser Arbeiten, seien die Raketenkernwaffenschläge der kriegführenden Seiten. Dabei lehnten sie faktisch die Notwendigkeit der frühzeitigen Entfaltung der Streitkräfte ab und betrachteten die Zerschlagung des wirtschaftlichen Potentials des Gegners als das wichtigste Objekt der militärischen Operationen[24]. Noch heute besitzen viele Ansichten und Ideen dieser Werke ihre Gültigkeit. Natürlich traf nicht alles so ein, wie es die Autoren vorausgesagt hatten. So prognostizierten sie zum Beispiel fehlerhaft die Perspektiven der weiteren Entwicklung der militärpolitischen Lage und die der konventionellen Waffen. Auch ist ihrer wahllosen Verneinung aller Prinzipien der klassischen Kriegskunst nicht zuzustimmen. Erst später wurde die Einschätzung des Kernwaffenkrieges viel objektiver.

In der ersten Hälfte der 60er Jahre revidierte der sowjetische Generalstab im Zusammenhang mit der veränderten Einschätzung des Charakters eines künftigen Krieges auch seine Ansichten zu den Formen und Methoden der Führung von strategischen Handlungen der Streitkräfte der UdSSR. In der bisherigen Theorie der strategischen Kriegsführung hatten die Landstreitkräfte die Hauptrolle gespielt, dies entsprach jedoch nicht mehr den Forderungen eines Raketenkernwaffenkrieges. Unter den neuen Bedingungen waren die Wirtschaft, die staatliche Verwaltung, die strategischen Kernwaffenmittel und die Streitkräfte der kriegsführenden Seiten auf jedem Punkt der Erde verwundbar und konnten in kurzer Zeit nicht nur auf der gesamten Tiefe des Kriegsschauplatzes, sondern auch in seinem rückwärtigen Gebiet vernichtet werden. Die führende Rolle bei Gefechtshandlungen in einem Krieg ging damit jetzt auf die strategischen Raketentruppen, die stra-

---

[23] Vgl. Istorija voennoj strategii Rossii, S. 399–401.
[24] Vgl. Sokolowskij, Voennaja strategija, S. 378–382.

tegischen Fernfliegerkräfte sowie die kernkraftgetriebenen Raketen-U-Boote über[25].

Unter diesen Bedingungen war die Notwendigkeit der Unterteilung der strategischen Handlungen in strategische Offensive und strategische Verteidigung gegenstandslos geworden. Die Möglichkeit der strategischen Verteidigung war nur im Operativ- oder Armeemaßstab zulässig. Die sowjetischen Militärtheoretiker äußerten sich eindeutig dahingehend, daß es im Kernwaffenkrieg nur die Alternative gebe: entweder angreifen, oder eine Niederlage erleiden[26]. Aus diesem Grund kam damals folgenden Hauptarten der strategischen Kampfhandlungen eine Schlüsselrolle zu: den Operationen der Strategischen Raketentruppen, den Operationen zum Schutz des Landes und der eigenen Truppengruppierungen vor den Kernwaffenschlägen des Gegners, den strategischen Angriffsoperationen auf den kontinentalen Kriegsschauplätzen und den Kriegshandlungen auf den Seeschauplätzen[27].

Die Raketenoperationen hatten das Ziel, die strategischen Kernwaffenkräfte und die wichtigsten Objekte des kriegswirtschaftlichen Potentials des Gegners zu vernichten, das System der staatlichen und militärischen Verwaltung zu stören und die Hauptgruppierungen der gegnerischen Truppen zu zerschlagen. Die hierfür vorgesehenen strategischen Handlungen erfolgten in Form von Raketenkernwaffen-Antwortschlägen der strategischen Raketentruppen sowie von Luftoperationen der Fernfliegerkräfte[28].

Von besonderer Bedeutung waren die strategischen Maßnahmen zum Schutz des eigenen Territoriums und der eigenen Truppengruppierungen vor den Kernwaffenschlägen des Gegners. Das dafür entwickelte System sollte die Abwehr der Kernwaffenschläge des Gegners gegen die wichtigsten politischen und wirtschaftlichen Zentren, Truppengruppierungen und anderen wichtigen Objekte sicherstellen. Unter den dafür notwendigen Handlungen verstand der sowjetische Generalstab vor allem die Luftverteidigungsoperationen der Truppen der Luftverteidigung des Landes (PVO), die

---

[25] Vgl. CAMO, Sonderkollektion, Akte 158, Bl. 337–340, Material über die Entwicklung der Kriegskunst unter den Bedingungen der Führung eines Raketenkernwaffenkrieges – Schreiben von Generaloberst Petr I. Ivašutin (Chef GRU) an Marschall Matvej V. Zacharov (Leiter der Akademie des Generalstabes), 28. 8. 1964; Voenno-techničeskij progress, S. 239–244, 314–318; Zolotarev/Saksonov/Tjuškevič, Voennaja istorija Rossii, S. 619.

[26] Vgl. Kozlov/Smirnov/Baz/Sidorov, O sovetskoj voennoj nauke, S. 249; Sokolovskij, Voennaja strategija, S. 388 f.

[27] Vgl. CAMO, Sonderkollektion, Akte 158, Bl. 333, 337–344, Material über die Entwicklung der Kriegskunst unter den Bedingungen der Führung eines Raketenkernwaffenkrieges – Schreiben von Generaloberst Petr I. Ivašutin (Chef GRU) an Marschall Matvej V. Zacharov (Leiter der Akademie des Generalstabes), 28. 8. 1964.

[28] Vgl. Raketnye Vojska Strategičeskogo Naznačenija, S. 95 f.; Babkov, Vooružennye sily SSSR; S. 93–94.

bei ihren Einsätzen auch von den strategischen Raketentruppen unterstützt werden sollten[29].

Die strategische Offensive auf den kontinentalen Kriegsschauplätzen sollte der völligen Zerschlagung der Gruppierungen des Gegners, der Einnahme der strategisch wichtigsten gegnerischen Objekte und Gebiete sowie der Besetzung seines Territoriums dienen. Im Rahmen der dazu erforderlichen Gefechtshandlungen war den Landstreitkräften eine Schlüsselrolle zugedacht[30]. Die Seeoperationen auf den maritimen Kriegsschauplätzen verfolgten das Ziel, die gegnerischen Flottengruppierungen zu zerschlagen, die Seeverbindungen des Gegners zu stören und die eigenen Seewege zu schützen[31].

Das Verhältnis der strategischen Kernwaffenkräfte der UdSSR und der USA vor dem Beginn sowie auf dem Höhepunkt der Kuba-Krise zeigt folgende Tabelle[32]:

	1. Juni 1962			22. Oktober 1962		
	UdSSR	USA	Kräfteverhältnis	UdSSR	USA	Kräfteverhältnis
Startrampen für interkontinentale und Mittelstreckenraketen						
Startrampen für interkontinentale Raketen	30	69	1:2,3	48	151	1:3,1
Startrampen für Mittelstreckenraketen	479	105	4,6:1	543	105	5,2:1
Davon Startrampen für die Bekämpfung von Zielen auf dem Territorium der USA (bzw. der UdSSR)	0	105	absolute Überlegenheit der USA	24	105	1:4,4
Strategische Fliegerkräfte						
Strategische Bombenflugzeuge	200	630	1:3,6	208	645	1:2,9
Fernbomber	632	880	1:1,4	645	845	1:1,3
Davon Bombenflugzeuge für die Bekämpfung von Zielen auf dem Territorium der USA (bzw. der UdSSR)	63	bis zu 300	1:4,7	63	bis zu 300	1:4,7

---

[29] Vgl. CAMO, Sonderkollektion, Akte 158, Bl. 347–361, Material über die Entwicklung der Kriegskunst unter den Bedingungen der Führung eines Raketenkernwaffenkrieges – Schreiben von Generaloberst Petr I. Ivašutin (Chef GRU) an Marschall Matvej V. Zacharov (Leiter der Akademie des Generalstabes), 28. 8. 1964; Evteev, Iz istorii sozdanija zenitno-raketnogo ščita Rossii, S. 54–80.
[30] Vgl. Pavlovskij, Suchoputnye vojska SSSR, S. 212.
[31] Vgl. Gorškov, Morskaja mošč', S. 361–380.
[32] Vgl. Gribkov, Ispoved' lejtenanta, S. 382.

	1. Juni 1962			22. Oktober 1962		
	UdSSR	USA	Kräfte-verhältnis	UdSSR	USA	Kräfte-verhältnis
Raketenstartanlagen auf U-Booten						
Insgesamt	31	80	1:2,6	31	80	1:2,6
Davon Raketenstartanlagen auf U-Booten zur Bekämpfung von Zielen auf dem Territorium der USA (bzw. der UdSSR)	15	80	1:5,3	15	80	1:5,3
Insgesamt zur Verfügung stehende Trägermittel für die Bekämpfung von Zielen auf dem Territorium der USA (bzw. der UdSSR)	308	1184	1:3,8	358	1281	1:3,6

Die Analyse der Entwicklung der Streitkräfte der UdSSR sowie der sowjetischen Kriegskunst zwischen dem Ende der 50er und dem Anfang der 60er Jahre zeigt, daß sie in erster Linie unter Einfluß der massenhaften Einführung von Raketenkernwaffen standen. Dabei hatte die Kubakrise keinen direkten Einfluß auf diese Entwicklung. Trotzdem ergaben sich aus dieser Konfrontation der Supermächte wichtige militärpolitische Konsequenzen. Sowohl die politische und militärische Führung der UdSSR als auch die der USA kamen zu dem Schluß, daß das vorhandene riesige Kernwaffenpotential zwar die Möglichkeit der Vernichtung des gegnerischen Staates gebe, aber gleichzeitig nicht den Schutz des eigenen Landes garantieren könne. Aus diesem Grund lehnten beide Seiten einen Krieg als Mittel der Beilegung des Konflikts ab. Zweitens, zeigte die Kubakrise, daß in eine Auseinandersetzung mit solchen Ausmaßen nicht nur die jeweiligen Konfliktparteien, sondern auch unbeteiligte Staaten hineingezogen werden. Drittens, konnte der Konflikt mit friedlichen Mitteln beigelegt werden, weil beide Seiten Bereitschaft zu einem Kompromiß zeigten. Viertens, und das war möglicherweise die wichtigste Lehre der Krise, zwang sie die Führung der Nuklearmächte, nach Wegen der Kriegsverhinderung, der Nichtweiterverbreitung und Reduzierung von Kernwaffen zu suchen[33].

---

[33] Vgl. Rossija (SSSR) v lokal'nych vojnach, S. 168f.; Strategičeskaja operacija „Anadyr'", S. 54; U kraja jadernoj bezdny, S. 160–171; Fursenko, Karibskij krizis, S. 62–65.

Dimitrij N. Filippovych/Wladimir I. Ivkin

Die strategischen Raketentruppen der UdSSR und ihre Beteiligung an der Operation „Anadyr" (1962)

Der Kalte Krieg war zwischen dem Ende der 40er und dem Anfang der 60er Jahre vor allem durch den Kampf der beiden Supermächte UdSSR und USA um Einflußsphären gekennzeichnet. Die ständige Androhung des Einsatzes von Atomwaffen durch die eine wie auch durch die andere Seite begleitete diese Auseinandersetzung. Die Anlässe für derartige Drohungen konnten verschieden sein. Im Oktober 1962 stellten die Nachrichtendienste der USA die Stationierung sowjetischer Mittelstreckenraketen auf Kuba fest, die in der Lage waren, Kernwaffenschläge gegen das Territorium der USA durchzuführen. US-Präsident John F. Kennedy gab daraufhin den Befehl, die strategischen Streitkräfte der Vereinigten Staaten in den Alarmzustand zu versetzen. Analoge Maßnahmen traf die sowjetischen Seite.

Die Geschehnisse rund um die Insel Kuba tragen in verschiedenen Staaten unterschiedliche Bezeichnungen. In der UdSSR bzw. Rußland hießen und heißen sie „Karibische Krise", in den USA „Raketenkrise" und auf Kuba „Oktoberkrise". Die Karibische Krise ist in den letzten Jahren von in- und ausländischen Wissenschaftlern bereits breit untersucht worden, wobei das Hauptaugenmerk der Studien vor allem auf den außenpolitischen Aspekten der Krise lag[1]. Der Versuch die militärischen Aspekte der Karibischen Krise genauer herauszuarbeiten, ist bis jetzt jedoch nur sehr bedingt unternommen worden. Fragen der Planung, Vorbereitung und Durchführung der in ihren Ausmaßen bisher einmaligen Operation zur interkontinentalen Umgruppierung umfangreicher Streitkräfte, die den Decknamen „Anadyr" erhielt, sind bisher nur unzureichend beantwortet. Hauptziel der Operation war die geheime Verlegung, Stationierung und Herstellung der Einsatzbereitschaft einer aus fünf Raketenregimentern bestehenden Raketendivision, deren Bewaffnung in den Mittelstreckenraketen R-12 und R-14 bestand.

Der umfassende Maßstab von „Anadyr" wird u. a. dadurch gekennzeichnet, daß an der Vorbereitung und Durchführung das Verteidigungsministe-

---

[1] Vgl. Fursenko, Karibskij krizis, S. 60–111; ders./Naftali, Adskaja igra; Chruščev, Nikita, Vospominanija (II), S. 496–538; Chruščev, Sergej, Krizisy i rakety (II), S. 170–404; Krikunov, Neizvestnoe o razvjazke Karibskogo krizisa, S. 33–38.

rium, das Ministerium der Seeflotte, das Außenministerium, das Außenhandelsministerium, das Verkehrsministerium und andere sowjetische Behörden beteiligt waren. Bei den Streitkräften waren der Generalstab, die Haupt- und Zentralverwaltungen des Verteidigungsministeriums, die Hauptstäbe der fünf Teilstreitkräfte, die Stäbe der Waffengattungen und Spezialtruppen sowie die Leitungen der Militärbezirke Leningrad, Pribaltikum, Kiew, Belorußland, Odessa und Transkaukasus in die Operation eingebunden. Innerhalb von drei Monaten transportierten die sowjetische Marine und Handelsflotte über 42 000 Soldaten und 230 000 Tonnen Ausrüstung über eine Strecke von mehr als 10 000 km nach Kuba. Hierfür liefen 86 Schiffe insgesamt 183 mal die Insel an. Allein der Transport der Truppen von ihren Stationierungsorten zu den Verladehäfen erforderte mehr als 21 000 Eisenbahnwaggons[2].

Die militärischen Planungen für „Anadyr" und ihre Umsetzung

Im Rahmen der Operation „Anadyr" sind besonders die Handlungen des eingesetzten Verbands der strategischen Raketenstreitkräfte der UdSSR von Interesse. Sind sie doch in der Militärgeschichte das einzige Beispiel für die geheime Verlegung und Stationierung einer mit Mittelstreckenraketen ausgerüsteten Raketendivision in nicht vorbereitete Stationierungsräume und der Herstellung ihrer Einsatzbereitschaft in kürzester Zeit.

Die Details der Ausarbeitung der erforderlichen Planungsdokumente für die Verlegung und Stationierung der sowjetischen Truppen auf Kuba und zur Durchführung der Operation „Anadyr" sind u. a. in den Memoiren des damaligen Chefs der operativen Verwaltung der Operativen Hauptverwaltung im Generalstab der Sowjetarmee, Armeegeneral Anatolij I. Gribkow, sehr gut beschrieben[3]. Die Umsetzung der ausgearbeiteten Operationspläne durch die sowjetischen Streitkräfte ist hingegen immer noch weitgehend unbekannt.

Am 13. Juni 1962 erhielten die Oberkommandierenden der einzelnen Teilstreitkräfte eine Direktive des Verteidigungsministeriums der UdSSR zugestellt, in der die Zusammensetzung der an der Aktion zu beteiligenden Streitkräfte festgelegt war. Gleichfalls enthielt sie die erforderlichen Anweisungen zur Aufstellung der notwendigen Einheiten, ihrer Komplettierung mit Mannschaften, Bewaffnung und Material sowie Instruktionen zur Wahrung strengster Geheimhaltung. Festgelegt waren auch die Zusammenset-

---

[2] Vgl. Rossija (SSSR) v lokal'nych vojnach, S. 159; U kraja jadernoj bezdny, S. 57–62, 359f.; Bakaev, Kogda na suše nespokojno, S. 77.
[3] Vgl. Gribkov, Ispoved' lejtenanta; ders., Razrabotka zamysla, S. 26–37; ders., Im Dienste, S. 243–283.

zung und Vorbereitung der nach Kuba zu entsendenden Rekognoszierungsgruppen.

Entsprechend der genannten Direktive erarbeitete der Hauptstab der strategischen Raketentruppen bis zum 15. Juni 1962 einen eigenen Plan zur Umsetzung der für „Anadyr" erforderlichen Maßnahmen. Der vorgelegte Entschluß des Stabschefs der Raketentruppen sah folgende Schritte vor:

1. Die Aufstellungen eines Kommandos für die zu bildende Gruppe der sowjetischen Streitkräfte auf Kuba (GSWK) auf Basis der im ukrainischen Winniza stationierten 43. Raketenarmee.
2. Die Formierung der aus fünf Regimentern neu aufzustellenden 51. Raketendivision, wobei die 43. Raketendivision der 43. Raketenarmee die Masse der dafür erforderlichen Truppen und Ausrüstungen stellen sollte.
3. Die Ausarbeitung der Einsatzdokumente für die Rekognoszierungsgruppen der strategischen Raketentruppen, die Festlegung ihrer Zusammensetzung und die Organisation der Einweisung des entsprechenden Personalbestands.
4. Die Ausfertigung der Zeitpläne für die Vorbereitung der für die Operation erforderlichen Truppen, Bewaffnung und Ausrüstung.
5. Fragen der allgemeinen materiell-technischen Sicherstellung der Operation.
6. Die Durchführung von Maßnahmen der partei-politischen Arbeit mit dem Personalbestand. Auch die Kontrolle der Umsetzung der Anweisungen und die eventuelle Unterstützung der Einheiten wurde im Beschluß des Stabschefs der Raketentruppen berücksichtig[4].

Am 3. Juli 1962 übermittelte der Hauptstab der strategischen Raketentruppen diese Anweisungen unter dem Vorwand der Anordnung einer Truppenübung an den Befehlshaber der 43. Raketenarmee. Der Befehl legte auch die für den Abtransport der für die „Übung" vorgesehenen Reserven an materiellen Mitteln fest. Mitgeführt werden sollten u. a.: 1,75 Auffüllungen an Raketentreibstoff für die mit R-12 Raketen ausgerüsteten Regimenter, 1,5 Auffüllungen für die mit der R-14 bewaffneten Regimenter, 60 Tagesrationen an Lebensmitteln (davon 25 Tagessätze – Verbrauchsreserve, 35 Tagessätze – Notrationen), Vorräte an Bekleidung und Ausrüstung sowie medizinisches Gerät, aber auch chemische Schutzausrüstung und umfangreiche Mittel für die materiell-technische Sicherstellung. Gleichzeitig mit dem Befehl wurde die Lieferung von 24 R-14 Raketen aus den Fertigungswerken des Staatskomitees für Bewaffnung angewiesen, da die 43. Raketenarmee in dieser Waffenkategorie einen erheblichen Fehlbestand hatte[5].

---

4 Vgl. Operacija „Anadyr'", S. 59–63; Esin, Učastie RVSN v operacii „Anadyr'", S. 56f.
5 Vgl. Buckij, Rabota glavnogo štaba RVSN, S. 13f.; Ivkin/Dolonin, Operacija „Anadyr'": kak ěto bylo.

Der Hauptstab der Raketentruppen erarbeitete gleichfalls die notwendigen Instruktionen für die Auswahl der Stationierungsräume der mit der R-12 und R-14 bewaffneten Raketenregimenter. Vom 25. bis zum 28. Juni 1962 wurden dann die Angehörigen der Rekognoszierungsgruppen der Division und der fünf Regimenter einer speziellen Schulung unterzogen. Die viertägige Schulung, die jeweils zehn Unterrichtsstunden umfaßte, fand aus Geheimhaltungsgründen im Sitzungssaal des Militärrats der strategischen Raketentruppen statt. Hier erläuterte der 1. Stellvertretende Chef der Raketentruppen, Generaloberst Wladimir F. Tolubko, den Anwesenden die Aufgaben, die sie auf Kuba als Vorauskommando zu erfüllen hatten: Dazu gehörten die Auswahl der Stationierungs- und Unterbringungsräume für die Raketenregimenter und deren spezieller Technik einschließlich der Atomsprengköpfe, die Festlegung des Umfangs der hier noch durchzuführenden Bauarbeiten und Tarnmaßnahmen, die Erkundung der für das Ausladen der Raketen vorgesehenen Häfen, Transportrouten usw[6].

Am 4. Juli 1962 unterzeichneten schließlich der Chef des Generalstabs Marschall Matwej W. Sacharow und der Leiter seiner Operativen Hauptverwaltung Generaloberst Semjon P. Iwanow den Gesamtplan für die Operation „Anadyr", den Verteidigungsminister Marschall Rodion Ja. Malinowski noch am gleichen Tag bestätigte[7]. Der Operationsplan enthielt folgende Bestandteile:

1. Den Plan zur Vorbereitung und Durchführung der Operation „Anadyr". Hierin waren die Struktur der Gruppe der sowjetischen Streitkräfte auf Kuba, die Organisation ihrer Verlegung auf die Insel (zuerst sollten die Einheiten der strategischen Raketentruppen verschifft werden), die Stationierungsgebiete der Gruppe auf Kuba sowie die Maßnahmen zur Herstellung ihrer Gefechtsbereitschaft festgelegt. Ebenfalls regelte dieser Abschnitt alle Fragen der materiell-technischen Sicherstellung und Versorgung der Gruppe. Ein Sonderabschnitt widmete sich den Fragen der parteipolitischen Arbeit.
2. Die Instruktionen für die Durchführung von Maßnahmen zur operativen Geheimhaltung, zusammen ausgearbeitet mit Vertretern des KGB und des Außenministeriums, die dem Plan als gesonderte Anlage beigefügt worden waren.
3. Den Zeitplan für die Beladung und das Auslaufen der Schiffe, ausgefertigt vom Ministerium der Seeflotte der UdSSR. Diese Anweisung legte die Verladehäfen für die einzelnen Teilstreitkräfte und Spezialtruppen fest (strategische Raketentruppen – Sewastopol, Baltijsk, Nikolajew; Landstreitkräfte – Kronstadt, Liepaja; Luftverteidigung – Feodosia, Nikolajew; Luftstreitkräfte – Sewpromorsk, Poti, Sewastopol, Baltijsk; Rück-

---

[6] Vgl. Operacija „Anadyr", S. 63–64; Burlov, Raketnye vojska, S. 76.
[7] Vgl. U kraja jadernoj bezdny, S. 55.

wärtige Dienste – Sewastopol, Liepaja, Feodosia; Atomwaffen – Sewerodwinsk) und bestimmte die Termine für die Truppenverladungen und das Auslaufen der Transporte.
4. Die Instruktionen für die nach Kuba fliegenden Rekognoszierungsgruppen.
5. Die Weisungen für die Kapitäne der Transportschiffe und die Leiter der Militärtransporte, in denen ihre Aufgaben beim Seetransport fixiert waren.
6. Die Instruktionen für die Operativgruppen in den Verladehäfen. Hierin war der Ablauf der Vorbereitung, Verladung und Abfahrt der Transporte genau festgelegt.
7. Versiegelte Umschläge für die Kapitäne der Transportschiffe, die an einem bestimmten Punkt nach dem Auslaufen geöffnet werden sollten, und in denen der jeweilige Bestimmungsort des Transports angegeben war. Einen versiegelten Umschlag mit entsprechenden Instruktionen erhielten auch die militärischen Transportleiter auf den Schiffen[8].

Entsprechend diesen Befehlen erhielten die Oberbefehlshaber der einzelnen Teilstreitkräfte aus Geheimhaltungsgründen jeweils gesonderte Direktiven und Anweisungen, die nur Informationen über den Einsatz der ihnen unterstehenden Verbände und Einheiten enthielten[9].

Zur Verlegung nach Kuba sah der Operationsplan folgende Truppen vor:
- Von den strategischen Raketentruppen:
- Die Führung der 43. Raketenarmee, die zusätzliche Abteilungen für Land-, Luft-, Luftverteidigung- und Seestreitkräfte erhielt und das Gros des Stabs der Gruppe der sowjetischen Streitkräfte auf Kuba stellen sollte.
- Die 51. Raketendivision mit fünf Regimentern, die insgesamt über 40 Startrampen verfügten: davon 24 für 40 R-12 Raketen und 16 für 24 R-14 Raketen. Ihre Aufgabe bestand in der Eindämmung der USA, wobei man sich von den auf der Insel stationierten Raketen eine Erhöhung der Bedrohung und „eine nachdrückliche Absicht ihres Einsatzes" versprach. Hierfür war vorgesehen, drei Regimenter im Westteil und zwei Regimenter im Zentralteil Kubas zu stationieren.
- Von den Truppen der Heimatluftverteidigung:
- Zwei Fla-Raketen-Divisionen mit jeweils drei Regimentern, die über insgesamt 144 Abschußeinrichtungen für 576 Fla–Raketen des Typs S–75

[8] Vgl. Rossija (SSSR) v lokal'nych vojnach, S. 159.
[9] Vgl. Central'nyj archiv Ministerstva oborony Rossijskoj Federacii – Zentralarchiv des Verteidigungsministeriums der Russischen Föderation, fond 16, opis' 3753, delo 1, Bl. 21 f., Direktive des Verteidigungsministers der UdSSR Nr. 79602 an die Landstreitkräfte; ebenda, Bl. 23 f., Direktive des Verteidigungsministers der UdSSR Nr. 79603 an die Heimatluftverteidigung (PVO), 13. 7. 1962; ebenda, Bl. 25–28, Direktive des Verteidigungsministers der UdSSR Nr. 79604 an die Seestreitkräfte, 13. 7. 1962; ebenda, Bl. 29 ff., Direktive des Verteidigungsministers der UdSSR Nr. 79605 an die Luftstreitkräfte, 13. 7. 1962.

(NATO-Code SA-2) verfügten. Ihre Aufgabe war die Luftdeckung der Gruppe und die Verstärkung der kubanischen Luftverteidigung. Zwei funktechnische Bataillone sollten ferner im Zusammenwirken mit den funktechnischen Truppen der Kubanischen Revolutionsstreitkräfte ein radargestütztes Frühwarn- und Feuerleitsystem bilden.

- Von den Luftstreitkräften:
- Zwei selbständige Luftwaffen-Ingenieurregimenter, die mit 16 Startrampen für insgesamt 80 Flügelgeschosse des Typs FKR-1 (NATO-Code SSC-2A Salish) ausgerüstet waren. Das Waffensystem war in der Lage, einen nuklearen Gefechtskopf mit einer Sprengkraft von 12 kt über eine Reichweite von bis zu 80 Kilometern zu befördern. Die Flugkörperregimenter sollten durch den Einsatz ihrer atomaren Gefechtsfeldwaffen jegliche amerikanische Landungsversuche auf Kuba abwehren sowie im Konfliktfall auch den US-Stützpunkt Guantanamo ausschalten.
- Ein selbständiges Jagdfliegerregiment mit 40 Mig-21, ein selbständiges Hubschrauberregiment mit 33 Mi-4 sowie eine Bomberstaffel mit neun Il-28, die Atombombenangriffe auf amerikanische Truppenkonzentrationen an der US-Küste und auf Seeanlandungsräume fliegen sollten.
- Von den Landstreitkräften:
- Die Landstreitkräfte stellten vier selbständige motorisierte Schützenregimenter, die durch ein zusätzliches Panzerbataillon verstärkt worden waren. Drei von ihnen verfügten darüber hinaus jeweils über eine Abteilung mit zwei Abschußrampen für die taktischen Atomraketen des Typs „Luna" (NATO-Code FROG). Ihre Aufgabe: Der Schutz der Stellungen der 51. Raketendivision und des Kommandos der Gruppe sowie Unterstützung der Kubaner bei der Abwehr von See- und Luftlandungen des Gegners oder konterrevolutionärer Gruppen[10].
- Von den Seestreitkräften:
- Die Seestreitkräfte sollten zum Schutz Kubas von See her die Kreuzer „Michajl Kutusow" und „Swerdlow", vier Zerstörer, 18 Raketenschnellboote, sieben Diesel-U-Boote mit Raketen- und vier Diesel-U-Boote mit Torpedobewaffnung einsetzen. Jedoch erging später lediglich an die vier Torpedo-U-Boote der Befehl zum Auslaufen, während die Raketenschnellboote per Schiff nach Kuba geschafft wurden. Auf Kuba stationierten die Seestreitkräfte zusätzlich zur Abwehr von Seelandungen ein Küstenraketenregiment mit acht Abschußrampen für 18 konventionelle Sopka-Flugkörper (NATO-Code SSC-2B Samlet) sowie ein Torpedo- und Minen-Flugzeuggeschwader, das über 33 Il-28T verfügte[11].

[10] Vgl. Burlov, Raketnye vojska, S. 74–77; U kraja jadernoj bezdny, S. 353–359; Čertok, Rakety i ljudi, S. 42 f. Eine genaue Aufstellung der Einheiten der GSWK und ihrer Gefechtsaufgaben ist zu finden in: Schreiben von Malinovskij und Zacharov an den Kommandierenden der GSWK, 8. 9. 1962, in: Garthoff, New Evidence, S. 259–261.
[11] Vgl. Agafonov, Učastie podvodnych lodok, S. 94 ff.; Kuzivanov, Kompleks „Sopka",

– Zu den rückwärtigen Diensten der GSWK zählten eine Feldbäckerei, drei Feldlazarette mit je 200 Betten[12], eine sanitär-antiepidemiologische Gruppe, Kompanien zur Betreuung der Umladeplätze und sieben Lager (2 Lebensmittel-, 2 Benzin-, 2 Treibstofflager für die Seestreitkräfte und ein Bekleidungs- und Ausrüstungslager).
– Außerdem gehörten zum Bestand der GSWK ein Nachrichtenregiment, Pionierbataillone und Bataillone technischer Truppen sowie selbständige Truppenteile und Einheiten der Gefechts- und technischen Sicherstellung[13].

Um die gestellten Aufgaben zur atomaren Bekämpfung des Gegners erfüllen zu können, verfügte die Gruppe der sowjetischen Streitkräfte auf Kuba über folgende Kernwaffen: 36 Atomsprengköpfe des Typs 49 mit einer Sprengkraft von 650 kt für die R-12, 24 Atomsprengköpfe des Typs 404G mit einer Sprengkraft von 1,65 Mt für die R-14, 12 nukleare Gefechtsköpfe des Typs 901 mit einer Sprengkraft von 12 kt für die taktische Rakete „Luna", 80 nukleare Gefechtsköpfe mit einer Sprengkraft von 12 kt für die Flügelrakete FKR-1, 6 Atombomben des Typs 407N mit einer Sprengkraft von 10–12 kt und etwa ein Dutzend nukleare Torpedos für die Il-28 T des Torpedo- und Minen-Flugzeuggeschwaders[14].

In Anbetracht dessen, daß der Kern der Gruppe der sowjetischen Streitkräfte auf Kuba durch die strategischen Raketentruppen gestellt wurde, war vorgesehen, die Führung der GSWK auf der Basis des Kommandos der 43. Raketenarmee zu bilden. Ihr Befehlshaber, Generalleutnant der Luftwaffe Pawel B. Dankjewitsch, sollte zum Chef der GSWK ernannt werden. In den Bestand des Kommandos der GSWK waren neben den bereits existierenden Abteilungen der Raketenarmee auch folgende neu zu bildende aufzunehmen: Marine-, Luftverteidigungs-, Landstreitkräfte- und Luftstreitkräfteabteilung. Mit Hilfe des Kommandierenden der Gruppe der sowjetischen Streitkräfte auf Kuba sollten dann auch die Mitglieder des Militärrats der GSWK, der Stabschef, dessen Stellvertreter für die Teilstreitkräfte sowie der Stellvertreter für Gefechtsausbildung und ein Hauptingenieur der Gruppe benannt werden. Insgesamt verfügte der Stab der GSWK über 133 Mann und seine Organisation bestand aus folgenden operativen Verwaltungen und Abteilungen: Aufklärung, Ballistik, Topographie/Geo-

---

S. 109–113; Pichoja, Počemu Chruščev, S. 49. Der ursprüngliche Operationsplan für die sowjetische Marine im Rahmen der Operation „Anadyr'" ist zu finden in: Schreiben von Zacharov und Fokin an Chruščev, 18. 9. 1962, veröffentlicht auf: http://www.gwu.edu/~nsarchiv/NSAEBB/NSAEBB75/index2.htm.

12 Daß ein längerer Aufenthalt der Truppen auf Kuba geplant war, wird u. a. dadurch belegt, daß zum Stellenplan des Feldlazaretts der Raketendivision auch eine aus vier Spezialisten bestehende gynäkologische Abteilung gehörte.
13 Vgl. U kraja jadernoj bezdny, S. 50.
14 Vgl. Beloborodov, Jaderno-tehničeskie obespečenie, S. 48 f.; Esin, Učastie RVSN v operacii „Anadyr'", S. 56; Pichoja, Počemu Chruščev, S. 50.

däsie, Komplettierung/Registrierung, 6. und 8. Abteilung. Die Aufstellung des Stabs begann Mitte Juni 1962, und bis zum 4. Juli stand er zur Verlegung nach Kuba bereit[15].

Anfang Juli 1962 wurde die Führung der Gruppe der sowjetischen Streitkräfte auf Kuba (Kommandierender der GSWK – Generalleutnant Pawel B. Dankjewitsch, Stellv. Kommandierender für Luftverteidigung – Generalleutnant Stepan N. Gretschko, für Luftstreitkräfte – Generaloberst Viktor I. Dawidkow, für Seestreitkräfte – Vizeadmiral Georgi S. Abaschwili, für Gefechtsausbildung – Generalmajor Leonid S. Garbus) von Winniza nach Moskau befohlen, um dort den ausgearbeiteten Gesamtplan für „Anadyr" detailliert zu besprechen. Augenscheinlich traten beim Studium der Operationsunterlagen eine ganze Reihe von Fragen auf, die sich vor allem auf die Möglichkeiten einer langfristigen Tarnung der Anwesenheit der sowjetischen Raketen auf Kuba bezogen. Dabei brachte vor allem der Chef der sowjetischen Militärberater auf Kuba, Generalmajor der Panzertruppen Alexej A. Dementjew, seine kritische Haltung zum Ausdruck. Da der Plan jedoch bereits bestätigt war, wurden seine Einwände vom Generalstab ebenso abgelehnt wie von Verteidigungsminister Malinowski[16].

Am 7. Juli 1962 traf der Verteidigungsminister zusammen mit der Führung der GSWK gegen 11.00 Uhr im Kreml ein. Hier fand ein Treffen mit dem sowjetischen Staats- und Parteichef Nikita S. Chruschtschow statt. In dessen Ergebnis erfuhr der Operationsplan für „Anadyr" erste Änderungen. Der bisherige Transportplan wurde dahingehend geändert, daß zunächst die Truppen der Luftverteidigung nach Kuba verlegt werden sollten, danach die Einheiten der Luftwaffe, dann die Land- und Seestreitkräfte und erst zuletzt die Raketentruppen. Dadurch erhoffte sich vor allem Chruschtschow eine bessere Geheimhaltung der Operation, was in der Endkonsequenz auch bis zu einem gewissen Teil gelang, da die amerikanische Aufklärung lange Zeit annahm, die sowjetischen Transporte dienten zur Verstärkung des Militärpotentials der kubanischen Streitkräfte. Die Planung der Operation war damit innerhalb kürzester Zeit abgeschlossen worden und wartete nun auf ihre Umsetzung. Es zeigte sich jedoch bald, daß im weiteren Gang der Ereignisse erhebliche Korrekturen an der Einsatzplanung für „Anadyr" vorgenommen werden mußten[17].

Im Verlauf des oben erwähnten Treffens von Chruschtschow mit der Führung der GSWK stellte sich auch die Frage des Kommandierenden der

---

[15] Vgl. Ivkin/Dolonin, Operacija „Anadyr'": kak ėto bylo; U kraja jadernoj bezdny, S. 50.
[16] Vgl. Garbuz, Zamestitel' komandujuščego GSWK, S. 80ff.
[17] Vgl. Archiv Raketnych vojsk strategičeskogo naznačenija – Archiv der Strategischen Raketenstreitkräfte (künftig: Archiv RVSN), fond 94, opis' 677, delo 1 (im folgenden: 94/677/1), Bl. 61ff., Bericht von Generalmajor Stacenko zu einigen Fragen der operativen und taktischen Tarnung der Handlungen der 51. Raketendivision auf Kuba, 18. 12. 1962 (siehe Dokument Nr. 5); U kraja jadernoj bezdny, S. 196f.

Die strategischen Raketentruppen der UdSSR

Struktur der Gruppe der sowjetischen Streitkräfte auf Kuba, Oktober 1962

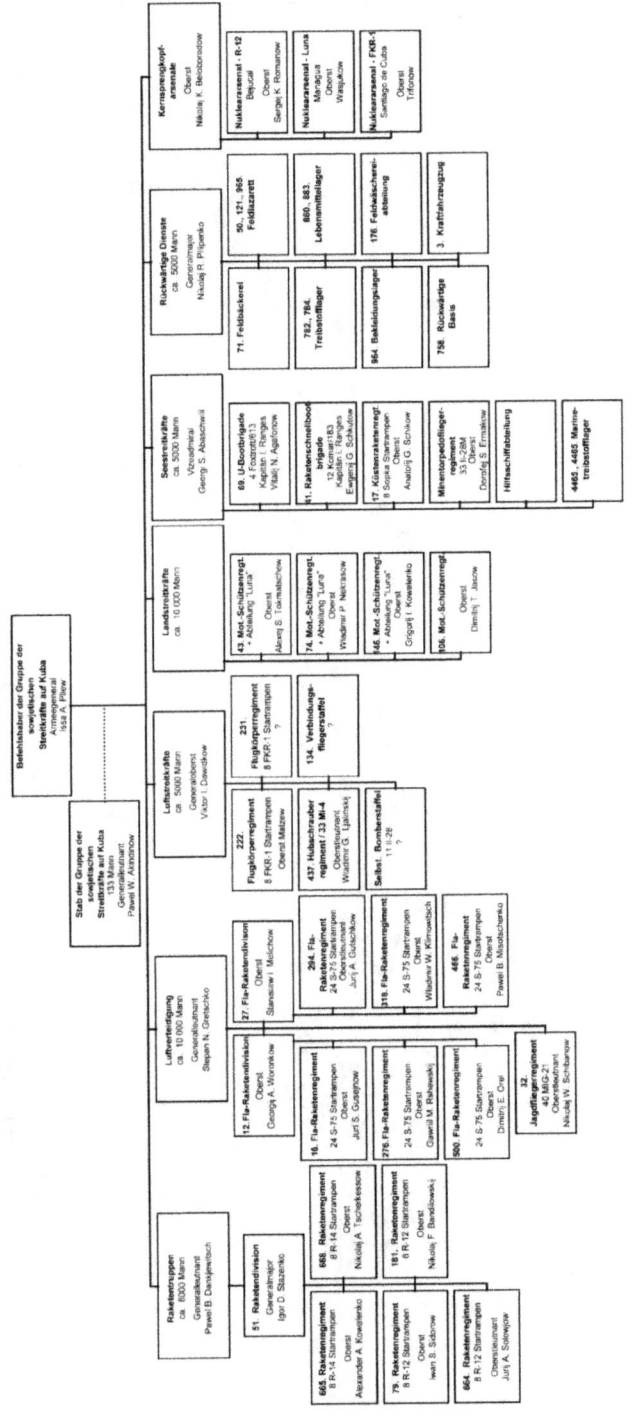

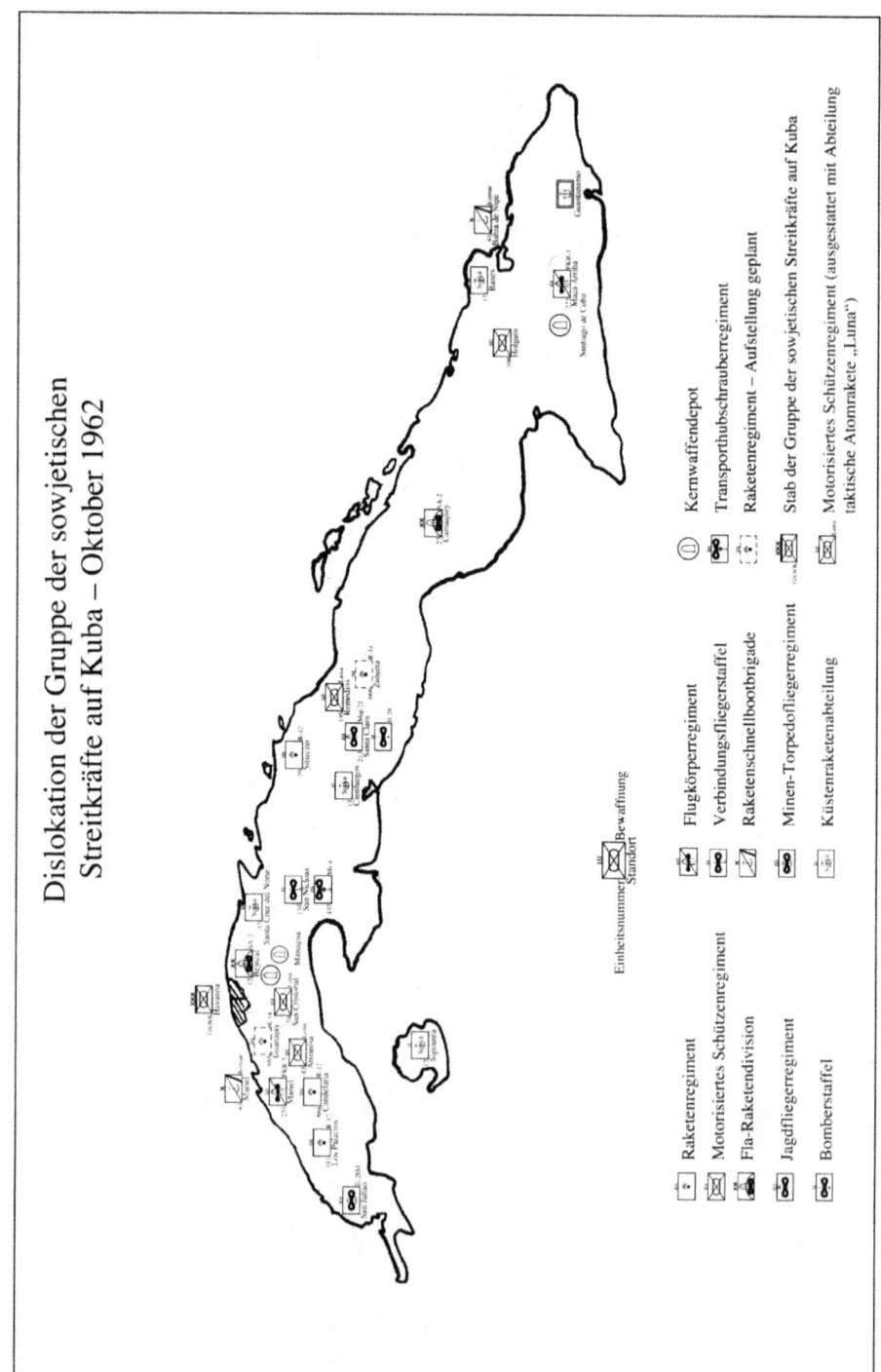

Gruppe neu. Am Ende der Sitzung bat der sowjetische Partei- und Staatschef General Dankjewitsch darum, etwas über sich zu erzählen[18]. Nachdem der General seine Rede beendet hatte, sagte Chruschtschow völlig unerwartet: „Wir werden noch einmal darüber nachdenken. Seien sie bitte nicht beleidigt." Worauf Dankjewitsch ziemlich verstört antwortete: „Ich fühle mich nicht beleidigt, ich verstehe." Offensichtlich hatten den Oberkommandierenden der sowjetischen Streitkräfte das junge Alter und die noch kurze Dauer seiner Tätigkeit als Befehlshaber einer Raketenarmee verwirrt. Jedenfalls, so bemerkte später Armeegeneral Anatolij I. Gribkow, wurde noch während der Beratung der 58jährige Befehlshaber des Nordkaukasischen Militärbezirkes, Armeegeneral Issa A. Pliew, nach Moskau befohlen[19].

Nachdem Armeegeneral Pliew in der sowjetischen Haupstadt eingetroffen war, wurde die abschließende Zusammensetzung des Kommandos der Gruppe der sowjetischen Streitkräfte auf Kuba bestätigt: Kommandierender – Armeegeneral Issa A. Pliew (Befehlshaber der Truppen des Militärbezirkes Nordkaukasus), 1. Stellv. und Stellv. für die strategischen Raketentruppen – Generalleutnant Pawel B. Dankjewitsch (Befehlshaber der 43. Raketenarmee), Mitglied des Militärrats und Leiter der politischen Verwaltung – Generalmajor Pawel M. Petrenko (Mitglied des Militärrats der 43. Raketenarmee), Stabschef – Generalleutnant Pawel W. Akindinow (Stabschef der 43. Raketenarmee), Stellv. für die Seestreitkräfte – Vizeadmiral Georgi S. Abaschwili (Stellv. des Befehlshabers der Baltischen Flotte), Stellv. für die Landstreitkräfte – Generalmajor Jakowlew (Abteilungsleiter im Generalstab), Stellv. und Chef der sowjetischen Militärberater auf Kuba – Generalmajor Alexej A. Dementjew (Chefmilitärberater auf Kuba), Stellv. für Gefechtsausbildung – Generalmajor Leonid S. Garbus (Stellv. für Gefechtsausbildung der 43. Raketenarmee), Stellv. und Hauptingenieur – Generalmajor Viktor A. Slisnew (Stellv. und Hauptingenieur der 43. Raketenarmee), Stellv. für Rückwärtige Dienste – Generalmajor Nikolai P. Pilipenko (Stellv. für Rückwärtigen Dienste der 43. Raketenarmee), Chef Nachrichten – Generalmajor Ewgeni S. Asaturow (Chef Nachrichten 43. Raketenarmee), Chef Pionierwesen – Oberst Alexej K. Wachtin (Chef Pionierwesen 43. Raketenarmee)[20].

---

[18] Zum damaligen Zeitpunkt war Generalleutnant Dankevič gerade einmal 44 Jahre alt. Er hatte am sowjetisch-finnischen Krieg und am Großen Vaterländischen Krieg teilgenommen. Nach dem Krieg kommandierte er zunächst ein Geschwader, dann ein Fliegerregiment, eine Division und schließlich ein Korps. Mit 38 Jahren wurde er zum Befehlshaber einer Luftarmee ernannt. Ab 1961 kommandierte er die 43. Raketenarmee, von 1963–1967 stellv. Oberbefehlshaber der strategischen Raketentruppen. Vgl. Voennyj ènciklopedičeskij slovar' RVSN, S. 142.
[19] Vgl. U kraja jadernoj bezdny, S. 62; Gribkov, Karibskij krizis (II), S. 35.
[20] Vgl. Rossija (SSSR) v lokal'nych vojnach, S. 159f.; Zakirov, Strategičeskaja operacija.

Am 10. Juli 1962 flogen schließlich das Kommando der GSWK und die Vorauskommandos des Rekognoszierungsteams nach Kuba ab. Die strategische Umgruppierung im Rahmen der Operation „Anadyr" hatte begonnen.[21]

Die Strategischen Raketentruppen und „Anadyr"

Im Mai 1962 verfügten die strategischen Raketentruppen der UdSSR über 19 Divisionen und ein selbständiges Regiment, die mit Raketen vom Typ R-12 ausgerüstet waren. Dieses Fernlenkgeschoß mit einer Reichweite von 2000 km wurde zum Großteil noch aus ungedeckten Bodenstellungen gestartet. Jede Division gliederte sich in vier bis fünf Raketenregimenter, denen wiederum jeweils zwei Raketenabteilungen unterstanden. Diese verfügten über zwei Startbatterien, die in zwei Feuerzüge gegliedert waren. Jeder dieser Feuerzüge bestand aus einer Raketenstartrampe und den zum Abschuß des Flugkörpers notwendigen technischen Einrichtungen. Damit hatte ein Raketenregiment insgesamt acht Abschußrampen in seinem Bestand. Ferner besaß jedes Regiment eine sogenannte Raketentechnische Basis, die für Lagerung, Montage und Einsatz der Atomsprengköpfe verantwortlich war[22].

Vier weitere Divisionen stellten zu diesem Zeitpunkt Regimenter für die Mittelstreckenrakete R-14 auf, welche im April 1961 als neues Waffensystem in die Bewaffnung aufgenommen worden war. Die Reichweite dieser Rakete betrug 4500 km. Zur Gruppierung der Interkontinentalraketen gehörten im Mai 1962 15 Divisionen, zwei selbständige Brigaden und das Objekt „Angara". Von diesen befanden sich jedoch nur sieben Divisionen und eine Brigade im Zustand der Gefechtsbereitschaft. Die anderen Einheiten rüsteten auf das Raketensystem R-16 um und führten zu diesem Zweck umfangreiche Bauarbeiten aus[23].

Bereits mit der Gründung der Strategischen Raketentruppen im Dezember 1959 war ein zuverlässiges zentrales Gefechtsführungssystem eingeführt worden, das dem Obersten Befehlshaber den unmittelbaren Einsatz der einzelnen strategischen Waffen erlaubte. Dieses System verhinderte auch einen nichtsanktionierten Abschuß von Atomraketen[24].

Ursprünglich sollte die Entfaltung und Aufstellung der mit der R-12 ausgerüsteten Raketenregimenter in einer mobilen Variante erfolgen, Anfang

---

[21] Vgl. Ivkin/Dolonin, Operacija „Anadyr'": kak ėto bylo.
[22] Vgl. Chronika osnovnych sobytij istorii RVSN, S. 10–16; Pervov, Raketnoe oružie, S. 38; Pervoe raketnoe soedinenie, S. 128–129.
[23] Vgl. Raketnyj ščit otečestva, S. 54–57; Karpenko/Utkin/Popov, Otečestvennye strategičeskie raketnye kompleksy, S. 13–19; Voennaja strategija, S. 420.
[24] Vgl. Raketnye Vojska Strategičeskogo Naznačenija (1998), S. 24 f.

1958 wurde jedoch die Entscheidung zum Bau von stationären Startpositionen getroffen, weil so die Vorbereitungszeit zum Abschuß der Raketen gesenkt werden konnte. In den Stationierungsgebieten der Raketenabteilungen waren die stationären Objekte (Startanlagen, Raketen-, Atomsprengkopf- und Raketentreibstofflager) komplex untergebracht, in kleinen Geländeabschnitten, die über Betonwege, Nachrichten- und Pioniermittel sowie Anlagen zur Bewachung und Verteidigung verfügten. Nach der Inbesitznahme der stationären Objekte und der Aufnahme der Einheiten in den diensthabenden Gefechtsdienst der Raketentruppen, bestand ihre Aufgabe in der weiteren Vervollkommnung der technologischen Prozesse zur Startvorbereitung, die nach neuen Gefechtsplänen zu erfolgen hatten[25].

Die wichtigsten Maßnahmen zur Aufstellung der 51. Raketendivision und deren Vorbereitung auf die „Erfüllung einer wichtigen Regierungsaufgabe" begannen am 14. Juni 1962, als der Hauptstab der strategischen Raketentruppen mit einer entsprechenden Direktive die Komplettierung des Verbands angewiesen und den Maßnahmeplan für die Operation „Anadyr" übermittelt hatte. Der nur für den Zeitraum der Operation gebildete Verband stand unter dem Kommando von Generalmajor Igor D. Stazenko und wurde im wesentlichen auf Basis der in der ostukrainischen Stadt Romny stationierten 43. Raketendivision formiert. Die Regimenter und Raketentechnischen Basen (für die Atomsprengköpfe zuständige Einheiten) der neuen Division verfügten bereits über Erfahrungen im diensthabenden Gefechtsdienst und hatten bisher organisatorisch der 43. und der 50. Armee der Strategischen Raketentruppen unterstanden. Ab Mitte August 1962 stand der Verband zur Verlegung nach Kuba bereit. Das heißt, die Division war zu ihrer neuen Struktur übergegangen, vollständig ausgerüstet und komplettiert. Ihr Personalbestand betrug ca. 11 000 Mann und sie verfügte über einen Kampfsatz von 60 Atomraketen mittlerer Reichweite (36 R-12 und 24 R-14). Gleichzeitig erhielten die Regimenter und Abteilungen der Division aus Geheimhaltungsgründen neue Einheitsnummern[26].

Als besonders schwierig hatte sich die Auswahl des benötigten Personals erwiesen. Prinzipiell verfügten die vorgesehenen Einheiten über gut ausgebildete Mannschaften. Ein Großteil der Startrampenbedienungen hatte bereits an realen Raketenabschüssen teilgenommen und alle Besatzungen waren an Lehrgefechtsraketen in der notwendigen Startprozedur ausgebildet worden. Darüber hinaus hatte sich im September 1961 die Startabteilung von Major Wladimir S. Schirschow an der Übung „Rose" beteiligt, in deren Rahmen die Raketentruppen erstmals eine mit einem Kernsprengkopf aus-

---

[25] Vgl. Karpenko/Utkin/Popov, Otečestvennye strategičeskie raketnye kompleksy, S. 46–54; Pervov, Raketnoe oružie, S. 43–49.
[26] Vgl. Archiv RVSN, 94/7417/1, Bl. 115 f., Bericht der 43. Raketendivision über die parteipolitische Arbeit im Jahre 1962, o. Datum (siehe Dokument Nr. 7); Burlov, Raketnye vojska, S. 74 ff.; Jakovlev, Raketnye vojska strategičeskogo naznačenija v operacii „Anadyr", S. 7 f.

gestattete R-12 Rakete abschossen. Der nukleare Gefechtskopf war damals für die Abteilung durch die Raketentechnische Basis von Oberst Sergej K. Romanow vorbereitet worden[27].

Laut Anweisung des Hauptstabes sollte deshalb, um die Einsatzbereitschaft nicht zu gefährden, vor allem Personal aus der 43. Raketendivision für den neu aufzustellenden Verband übernommen werden. Gleichzeitig sah die Direktive jedoch zahlreiche Einschränkungen vor. Als wichtiges Ausschlußkriterium erwies sich die Gesundheit. Wer physisch geschwächt bzw. krank war oder sonstige medizinische Hilfe benötigte, wurde ebenso aus den Einheiten ausgesondert wie Personen, die zwischen 1961 und 1962 an Bauchtyphus, Paratyphus oder Ruhr erkrankt waren. Aber auch der Ausbildungsstand, die Familienverhältnisse und natürlich der „politisch-moralische Zustand" dienten als weitere Auswahlkriterien. Zudem mußte jeder Teilnehmer der Operation vom KGB überprüft und bestätigt werden. Diese Beschränkungen hatten zur Folge, daß letztlich mehr als 500 Offiziere sowie 1000 Soldaten und Unteroffiziere der 51. Raketendivision ausgetauscht und durch anderes Personal ersetzt werden mußten[28]. Dieser Transfer wirkte sich natürlich nachteilig auf die Einsatzbereitschaft aus. Beispielsweise kam ein Großteil der neuen Offiziere direkt von der Technischen Offiziershochschule der Raketentruppe in Wolsk, ohne je zuvor im Truppendienst gestanden zu haben, faktisch gerade noch rechtzeitig an Bord der auslaufenden Schiffe.

Derartige Veränderungen beeinflußten natürlich die Geschlossenheit der Handlungen der Startmannschaften aber auch der Sicherstellungseinheiten entsprechend negativ. Für eine umfassende Ausbildung des neuen Personals und die Wiederherstellung des Zusammenwirkens der Einheiten blieb jedoch keine ausreichende Zeit. Der ursprüngliche Plan hatte vorgesehen, die Aufstellung und Komplettierung der Division bis Ende Juli 1962 abzuschließen. Danach sollten die einzelnen Regimenter der Division bis zum 15. August ein 200stündiges Ausbildungsprogramm absolvieren, das vor allem taktische Spezialübungen der Startabteilungen und der ihnen unterstellten Abschußbatterien zum Inhalt hatte. Die Aufstellung der Division verzögerte sich jedoch durch die erwähnten Personalprobleme sowie auf Grund von Schwierigkeiten bei der Lieferung der geforderten technischen Ausstattung erheblich. Zahlreiche Einheiten waren lange Zeit nicht vollständig komplettiert und ein Teil der Mannschaften wurde immer wieder

---

[27] Vgl. Operacija „Anadyr'", S. 58; Voennyj ènciklopedičeskij slovar' RVSN, S. 335f.; Esin, Učastie RVSN v operacii „Anadyr'", S. 56f.
[28] Vgl. Archiv RVSN, 10/877346/1, Bl. 199ff., Bericht des Kommandeurs der 51. Raketendivision an den Oberkommandierenden der Strategischen Raketenstreitkräfte, 18. 12. 1962 (siehe Dokument Nr. 4); Archiv RVSN, 94/7417/1, Bl. 115f., Bericht der 43. Raketendivision über die parteipolitische Arbeit im Jahre 1962, o. Datum (siehe Dokument Nr. 7); Bukkij, Rabota glavnogo štaba RVSN, S. 14.

zum Empfang und der Herstellung der Einsatzbereitschaft der neuen Raketenbewaffnung, Technik und materiell-technischen Mittel abgezogen. Aus diesen Gründen sah sich die Führung der Raketendivision gezwungen, die taktischen Spezialübungen der Batterien ohne Ausrücken der Technik lediglich in den ständigen Stationierungsräumen durchzuführen. Die geplanten taktischen Spezialübungen der Abteilungen entfielen völlig. Ausbildungsveranstaltungen für die Spezialisten fanden nicht wie planmäßig festgelegt auf Divisionsebene statt, sondern wurden lediglich bei den Regimentern und Raketentechnischen Basen durchgeführt. Durch die Anstrengungen des Stabschefs der Division, Oberst I. S. Osadtschi, und der Regimentskommandeure gelang es schließlich, mehrere Komplexübungen sowie zwei Feldmanöver durchzuführen. Damit konnte die Geschlossenheit der Startmannschaften bei der Arbeit mit den Raketenkomplexen und technischen Mitteln zumindest teilweise wiederhergestellt werden[29].

Nachdem in den Einheiten die ersten Informationen zu den Schiffen eintrafen, die für den Transport der Division nach Kuba vorgesehen waren, erarbeiteten die ingenieurtechnischen Dienste der Division und der Regimenter mit der Hilfe von Schiffs- und Raketenmodellen Schemas zur Verladung der Technik an Bord der Transportschiffe. Dadurch konnte dann bei der tatsächlichen Beladung in den Häfen pro Schiff bis zu einem Tag eingespart werden.

Gleichzeitig bereitete man die Bewaffnung und Technik auf die bevorstehende Verlegung vor. Die überprüften Gefechtsraketen wurden auf Spezialwaggons verladen und bis zur Zusammenstellung der Eisenbahntransporte zu den Häfen bei den Verladestationen zwischengelagert. Auch die andere Ausrüstung und die Ausbildungstechnik wurden kontrolliert. Im Zuge der Überprüfungen stellte man bei zwei Lehrgefechtsraketen kleinere Mängel fest, die vor dem Abtransport behoben wurden. Die gesamte Ausrüstung, die in den Garnisonen zurückgelassen werden mußte, übergaben die Einheiten der Division an operative Gruppen des Hauptstabs der Raketentruppen. Alle Befehle und Anweisungen, die den Gefechtseinsatz der Raketentruppen betrafen, aber auch Dokumente zum diensthabenden Gefechtsdienst und den Führungsstrukturen der Raketenstreitkräfte durften nicht mit nach Kuba genommen werden und mußten vom Divisions- und den Regimentskommandeuren persönlich an die Leiter der operativen Gruppen übergeben werden[30].

Während sich die Division auf die Erfüllung der ihr gestellten Aufgaben vorbereitete, kontrollierte der Hauptstab der Raketentruppen ständig die Umsetzung der dafür geplanten Maßnahmen. Zwischen Juni und September 1962 rückten insgesamt 450mal Offiziere und Generale der einzelnen

---

[29] Vgl. Archiv RVSN, 94/667/1, Bl. 24–29; Operacija „Anadyr'", S. 62 ff.
[30] Vgl. Archiv RVSN, 94/667/1, Bl. 140–148, 169; Karlov, Rabota operativnoj gruppy, S. 54 ff.

Verwaltungen des Hauptstabs aus, um die Einheiten der Division und die Führung der Raketenarmee zu überprüfen oder vor Ort Hilfe zu leisten.

Ab Anfang August 1962 begann die Verlegung der Raketeneinheiten nach Kuba. Mangels ausreichenden Schiffsraums erfolgte der Transport in zwei Wellen. Zunächst verlegten die Führung der Division, die drei R-12 Regimenter, die für die Atomsprengköpfe verantwortlichen Raketentechnischen Basen sowie ein Nachrichten- und ein Pionierbataillon nach Kuba. In einer weiteren Transportwelle sollten dann die zwei R-14 Regimenter nebst den Raketentechnischen Basen folgen. In der Sowjetunion erfolgte der Transport zu den Verladehäfen per Bahn, dort wurden die Einheiten dann auf ihre Schiffe in Richtung Kuba verladen. Für den Bahntransport eines Raketenregiments samt Ausrüstung waren zwischen 17 bis 18 Eisenbahnzüge notwendig. Insgesamt mußten pro Regiment mehr als 11 000 Tonnen Ausrüstung nach Kuba geschafft werden. Die Masse an Material war deshalb so groß, weil die Einheiten der Raketentruppen auf der Insel mindestens für zwei Jahre autonom agieren sollten. Entsprechend den Stationierungsorten der Einheiten wurden folgende sechs Bahnstrecken für die Verlegung genutzt: Plunge-Sewastopol, Belokorowitsch-Nikolajew, Romny-Nikolajew, Gluchow-Nikolajew, Gluchow-Baltisk und Moskau-Nikolajew, wobei die Transporte die Eisenbahntruppen der Sowjetarmee durchführten. Die Verladung der Einheiten in den Häfen erfolgte, dank der an den Schiffsmodellen erarbeiteten Pläne, relativ rasch und nahm durchschnittlich lediglich einen Tag in Anspruch[31].

Als erste Einheit der Division lief am 10. August 1962 die 1018. Raketentechnische Basis des 79. Raketenregiments von Oberst Sidorov aus Sewastopol in Richtung Kuba aus. Der wichtigste Verladeort der Raketendivision war jedoch der Schwarzmeerhafen Nikolajew. Von hier aus liefen insgesamt 21 von 34 geplanten Schiffen aus, die 18 270 Tonnen Militärgüter, darunter 28 R-12 Raketen, 14 R-14 Raketen und 25 Abschußrampen sowie 5473 Soldaten und 962 Offiziere beförderten. Als besonders arbeitsintensiv erwies sich die Verladung der Raketen auf die Transportschiffe. Während die allgemein üblichen Instruktionen ihren Transport an Deck der Schiffe vorsahen, war dies im Rahmen von „Anadyr'" aus Geheimhaltungsgründen nicht möglich. Die Raketen mußten deshalb in den Frachträumen verstaut werden. Auf Grund ihrer Länge paßten sie jedoch nicht waagerecht durch die Frachtluken, weshalb Modellversuche ergeben hatten, daß ihre Verladung im schrägen Winkel erfolgen mußte. Diese komplizierte Prozedur nahm zunächst pro Rakete mehr als drei Stunden in Anspruch. Später gelang es, die dafür notwendige Zeit auf 30 Minuten zu senken. In den Frachträumen wurden die Raketen dann auf ihre Transportlafetten gelegt und für die Überfahrt fest verzurrt. Auf dem Oberdeck stellte man aus Gründen der

---

[31] Vgl. Operacija „Anadyr'", S. 64–69; Buckij, Rabota glavnogo štaba RVSN, S. 15.

Tarnung landwirtschaftliche Maschinen sowie andere zivile Fahrzeuge auf. Militärisches Gerät, das als zur Bewaffnung der Raketentruppen gehörig identifiziert werden konnte, verlud man in die seefahrtüblichen Container[32].

Die einzelnen Komponenten des Raketentreibstoffs waren in Eisenbahntankwagen gefüllt worden. Als besonders gefährlich erwiesen sich dabei die Spezialzisternen des Typs 8G11, die Wasserstoffperoxyd enthielten. Die höchstzulässige Transporttemperatur für dieses Produkt lag bei 35 Grad Celsius, weshalb während der Überfahrt nach Kuba die Temperatur des Wasserstoffperoxyds jede Stunde von einer Sondereinheit kontrolliert wurde. Für den Fall, daß er anfing sich zu zersetzen, sahen die Instruktionen vor, die Tankbehälter ins Meer zu werfen, um so eine Explosion oder ein Feuer an Bord zu verhindern. Auf jedem Schiff wurden ferner zur Abwehr von Luftangriffen und zur Selbstverteidigung zwei 23-mm Fla-Geschütze installiert, die man als Decksbuchten getarnt hatte[33].

Die Überfahrt nach Kuba dauerte je nach Lage des Auslaufhafens 15 bis 20 Tage. Während auf den Passagierschiffen gerade noch erträgliche Bedingungen herrschten, war der Transport auf den Frachtschiffen mit erheblichen Anstrengungen für die Mannschaften verbunden. In den Zwischendecks untergebracht, war aus Geheimhaltungsgründen die Zahl der Leute, die sich an Deck aufhalten konnten, begrenzt. Nachdem im Bereich der Bahamas amerikanische Überflüge begannen und die Transporte teilweise von US-Schiffen beobachtet wurden, verbot die Schiffsleitung den Gang an Deck völlig. Die Lüftungsluken auf den Zwischendecks wurden zusätzlich mit Matratzen verschlossen. Infolge der schlechten Ventilationsanlagen stieg deshalb dort die Temperatur rasch auf über 50 °C an. Essen wurde nur zweimal am Tag während der Dunkelheit ausgegeben. Als erstes Schiff der Raketentruppen lief am 9. September 1962 der Frachter „Omsk" mit Teilen des 79. Raketenregiments im Hafen von Casilda ein. An diesem Tag begann die Entfaltung der 53. Raketendivision auf Kuba, die bis zum 22. Oktober, als die USA eine Blockade über die Insel verhängten, andauerte[34].

In Anbetracht aller Schwierigkeiten und der Unvorhersehbarkeit der Ereignisse in Verbindung mit dem Eintreffen der Raketen auf Kuba, versetzte der Oberkommandierende der sowjetischen Streitkräfte am 11. September 1962 die Strategischen Raketentruppen in erhöhte Gefechtsbereitschaft. In

---

[32] Vgl. Jakovlev, Raketnye vojska strategičeskogo naznačenija v operacii „Anadyr"', S. 8f.; Chruščev, Sergej, Roždenie, S. 439f.; Ivkin/Dolonin, Operacija „Anadyr"': kak ėto bylo.
[33] Vgl. Sidorov, Vypolnjaja internacional'nyj dolg, S. 126; Burlov, Raketnye vojska, S. 78f.
[34] Vgl. Archiv RVSN, 10/877346/1, Bl. 203 ff., Bericht des Kommandeurs der 51. Raketendivision an den Oberkommandierenden der Strategischen Raketenstreitkräfte, 18. 12. 1962 (siehe Dokument Nr. 4); Operacija „Anadyr"', S. 68f.

diesem Alarmzustand befanden sich die Einheiten der wichtigsten sowjetischen Teilstreitkraft bis zum 21. November 1962[35].

Die Auswahl der insgesamt neun Stationierungsgebiete erforderte die sorgfältige Rekognoszierung von mehr als 150 Gebieten mit einer Fläche von 900 km^2, die sich vom Westen bis zum Osten der Insel über eine Entfernung von 650 km erstreckten. Ursprünglich beabsichtigte man, die Mannschaften der Raketentruppen in Erdhütten unterzubringen. Die gründliche Überprüfung des Bodens und des Klimas ergab jedoch, daß dieses Vorhaben, bedingt durch die hohen Niederschläge und Tropenbedingungen, nicht möglich war. In Verbindung damit mußten für die Unterbringung des Personals Zeltlager gebaut werden, die sich als eine der Hauptursachen für die Demaskierung der Raketenstreitkräfte auf Kuba erwiesen[36]. Als Entladehäfen hatten die Erkundungsteams Casilda, Mariel und Matanzas ausgewählt. Die Löschung der Raketen erfolgte wegen der strengen Geheimhaltung und Tarnung ausschließlich nachts, unter völliger Verdunkelung der Schiffe und Häfen. Der Transport der Raketen und der Startanlagen zu den Stationierungsorten erfolgte ebenfalls ausschließlich zwischen 00.00 und 05.00 Uhr. Die Marschrouten der Transportkolonnen wurden über ihre gesamte Länge von Kräften der kubanischen Armee und Militärpolizei gedeckt. Zur Sicherung und besseren Absperrung der Transportwege inszenierten die Kubaner Autounfälle und den Abtransport von „Verletzten", ferner täuschten sie „Übungen" von Einheiten der Revolutionsstreitkräfte vor. Eine bis anderthalb Stunden vor Beginn des eigentlichen Raketentransports fuhren zur Legung falscher Fährten auf einem Teil der Marschroute speziell zusammengestellte Kolonnen kubanischer Sattelschlepper und schwerer LKW. Der gesamte sowjetische Personalbestand der an der Vorbereitung und der Durchführung der nächtlichen Raketentransporte beteiligt war, trug kubanische Uniformen. Gespräche und Kommandos auf russisch waren kategorisch verboten. Alle Anweisungen erteilten die sowjetischen Offiziere in spanischen Wörtern und Phrasen, die sie zuvor erlernt hatten[37].

Der Seetransport der Atomsprengköpfe für die Raketen erfolgte durch Sondereinheiten der Truppen der Atomtechnischen Sicherstellung unter Oberst Nikolaj K. Beloborodow. Am 16. September 1962 um 15.00 Uhr lief

---

[35] Vgl. Rossijskij gosudarstvennyj archiv novejšej istorii – Russisches Staatsarchiv für Zeitgeschichte (künftig: RGANI), fond 5, opis' 30, delo 399 (im folgenden: 5/30/399), Bl. 190f., Schreiben von Zacharov an das ZK der KPdSU, 15. 9. 1962; Voennyj ènciklopedičeskij slovar' RVSN, S. 624.

[36] Vgl. Archiv RVSN, 10/877346/1, Bl. 194ff., Bericht des Kommandeurs der 51. Raketendivision an den Oberkommandierenden der Strategischen Raketenstreitkräfte, 18. 12. 1962 (siehe Dokument Nr. 4); Archiv RVSN, 94/677/1, Bl. 60–64, Bericht von Generalmajor Stacenko zu einigen Fragen der operativen und taktischen Tarnung der Handlungen der 51. Raketendivision auf Kuba, 18. 12. 1962 (siehe Dokument Nr. 6).

[37] Vgl. Archiv RVSN, 94/6771/1, Bl. 134ff., Aufzeichnung des Gesprächs zwischen dem Kommandeur der 51. Raketendivision Generalmajor I. D. Stacenko und A. I. Mikojan (in Havanna), 22. 11. 1962 (siehe Dokument Nr. 6); Burlov, Rekognoscirovka mestnosti, S. 26f.

aus dem Hafen von Sewromorsk das Dieselelektroschiff „Indigirka" aus, an dessen Bord sich insgesamt 36 Atomsprengköpfe für die R-12 Raketen sowie die gleiche Anzahl von Atomsprengköpfen für die FKR-1 auf Kuba befanden. Der Weg des Schiffs führte an den Färöern, Azoren und den Bahamainseln vorbei – während des gesamten Seeweges begegnete die „Indigirka" keinem anderen Schiff. Am 4. Oktober 1962 traf der Frachter im Hafen von Mariel ein und die Atomsprengköpfe wurden in den nachfolgenden drei Tagen von den Raketentechnischen Basen der R-12 Regimenter ebenfalls unter allerstrengster Geheimhaltung und Sicherheit entladen. Nach ihrer Überprüfung schaffte man die nuklearen Gefechtsköpfe, da die Lager in den Stationierungsräumen noch nicht einsatzbereit waren, zum zentralen Atomsprengkopfbunker der Gruppe, der sich im Westteil der Insel befand. Hierin kamen auch die Kernsprengköpfe für die Flügelrakete FKR–1. Am 23. Oktober 1962 lief schließlich die „Alexandrovsk" im Hafen von La-Isabela ein. An Bord des Schiffes befanden sich die 24 Sprengköpfe für die R–14 Raketen. Da diese Raketen auf Grund der Blockade jedoch nicht mehr rechtzeitig auf Kuba eintrafen, verblieben sie in den Laderäumen der „Alexandrovsk", bis sie am 1. November wieder in Richtung Sowjetunion auslief. Die ebenfalls an Bord vorhandenen 44 Kernsprengköpfe für die FKR-1 wurden hingegen unter strenger Geheimhaltung ausgeladen und zum zentralen Nukleardepot in Bejucal abtransportiert[38].

Insgesamt traf bis zur Verhängung der Blockade folgender Bestand der 51. Raketendivision auf Kuba ein:

Personal 7956 Mann –(1404 Offiziere, 6492 Soldaten und Unteroffiziere, 90 Zivilbeschäftigte); Raketen – 42 R-12 (darunter 6 Übungsraketen); Atomsprengköpfe – 60;

anderthalb Befüllungen mit den erforderlichen Treibstoffkomponenten; Fahrzeuge – 1695; Funkstationen – 72; Baumaterialien und Ausrüstungen – 9425 Tonnen; Nahrungsmittel, Munition und Uniformen – mehr als 1000 Tonnen[39].

Die 51. Raketendivision auf Kuba

Entsprechend dem Beschluß des Kommandos der Gruppe der sowjetischen Streitkräfte auf Kuba, hatte die Division die Herstellung der Gefechtsbereitschaft innerhalb des folgenden Zeitraums durchzuführen: Die R-12 Regimenter – bis zum 1. November 1962, die R-14 Regimenter – bis zum 1. Ja-

---

[38] Vgl. Beloborodov, Jaderno-techničeskie obespečenie strategičeskoj operacii „Anadyr'", S. 48f.; Operacija „Anadyr'", S. 128–133.
[39] Vgl. Archiv RVSN, 10/877346/1, Bl. 205, Bericht des Kommandeurs der 51. Raketendivision an den Oberkommandierenden der Strategischen Raketenstreitkräfte, 18. 12. 1962 (siehe Dokument Nr. 4).

nuar 1963. Entsprechend diesem Befehl erfolgten die dafür erforderlichen Arbeiten in den Stationierungsräumen Tag und Nacht. Die Überprüfung der Raketentechnik und Komplexübungen fanden allerdings nur in der Dunkelheit und unter Beachtung aller Tarnmaßnahmen statt. Nachdem die USA über die Insel Kuba eine Blockade verhängt hatten, wurden alle Arbeiten ausschließlich nachts durchgeführt. Zeitgleich mit den Pionierarbeiten zur Ausrüstung der Feldstellungen prüften die Startmannschaften die Bodenausrüstung und die Raketen auf ihre Funktionsfähigkeit[40].

Die Gefechtsführung der 51. Raketendivision durch den Generalstab der sowjetischen Streitkräfte erfolgte mittels zwei besonders gesicherter Funkverbindungen über eine besondere Nachrichtenabteilung beim Stab der GSWK. Diese wiederum übermittelte die eingegangenen Befehle per Funk, Fernschreib- oder Fernsprechleitung an die Führung der Division. Der Divisionsgefechtsstand gab seine Anweisungen dann per Richtfunk, Funk oder Telefon an die Regimenter weiter. Da letzteres aber unzuverlässig arbeitete, wurde am 20. Oktober 1962 ab 00.00 Uhr ein 24stündiges Arbeitsregime der Funknetze von Division und Regimentern in der Betriebsart „ständige Empfangsbereitschaft" festgelegt. Damit war die Gefechtsführung der Startmannschaften durch den Kommandopunkt der Division und die Kommandopunkte der Regimenter ab 20. Oktober 1962 sichergestellt[41].

Die Berechung der für die Raketen benötigten Flugdaten erfolgte durch die ballistische Abteilung beim Stab der Gruppe der sowjetischen Streitkräfte auf Kuba. Sie nahm zusammen mit der Abteilung für Informationssammlung und Datenvorbereitung beim Stab der 51. Raketendivision auch die Vermessung der Startplätze und die Berechung der Zieldaten vor. Als im September 1962 der Generalstab in Moskau per Funk die notwendigen Informationen zu den ausgewählten Zielobjekten in den USA an die Gruppe übermittelte, stellte sich nach der Dechiffrierung der Nachricht heraus, daß zwei der vorgesehenen Ziele nicht bekämpft werden konnten. Ein Ziel lag außerhalb der möglichen Schußentfernung, das andere nicht in der erforderlichen Schußrichtung. Das hatte zur Folge, daß alle Flug- und Zieldaten für die vorgesehenen zwei Salven der insgesamt 60 Raketen durch die Raketentruppen auf Kuba neu errechnet werden mußten. Mitte Oktober lagen dann bei der Raketendivision die als „Kampfpakete" bezeichneten Informationen mit den Ziel- und Flugaufgaben sowie den Gefechtsanweisungen für alle Raketen vor[42].

---

[40] Vgl. Jakovlev, Raketnye vojska strategičeskogo naznačenija v operacii „Anadyr'", S. 8f.; Polkovnikov, Startovyj divizon raketnogo polka, S. 153–157.
[41] Vgl. Archiv RVSN, 10/877346/1, Bl. 207 ff., Bericht des Kommandeurs der 51. Raketendivision an den Oberkommandierenden der Strategischen Raketenstreitkräfte, 18. 12. 1962 (siehe Dokument Nr. 4).
[42] Vgl. Oblizin, Ballističeskoe i geodezičeskoe obespečenie, S. 122 ff.; Ivkin/Dolonin, Operacija „Anadyr'": kak èto bylo.

Am 20. Oktober 1962 konnte schließlich der erste mit R-12 Raketen ausgestattete Truppenteil (79. Raketenregiment) seine vollständige Einsatzbereitschaft melden. Ständige Tropenstürme verzögerten dagegen die Beendigung der Bauarbeiten in den Stationierungsräumen der anderen Regimenter. Die weitere Herstellung der Einsatzbereitschaft vollzog sich bereits unter den Bedingungen der ständigen Verschärfung der internationalen Lage. Am 22. Oktober 1962 um 19.00 Uhr verhängte die Regierung der USA gegen Kuba eine „Seequarantäne". Schiffe, die sich der Insel auf eine Entfernung von weniger als 800 Seemeilen näherten, sollten von der US Marine nach Offensivwaffen durchsucht werden. Gleichzeitig verstärkten die USA ihre strategischen Offensivkräfte. Am 22. Oktober 1962 konnte das Strategische Oberkommando über folgenden Bestand an Interkontinentalraketen verfügen: 36 Startanlagen „Atlas", 54 Startanlagen „Titan" und 10 Startanlagen „Minuteman"[43].

Berücksichtigend, daß die Sowjetunion, was strategische Kernwaffenträger anbetraf, hinter den USA zurückstand, wurden während der Operation „Anadyr'" Maßnahmen zur Erhöhung der Gefechtsmöglichkeiten der strategischen Raketentruppen ergriffen. In der zweiten Jahreshälfte 1962 begann im Kampfbestand der Raketentruppen die aktive Einführung von Interkontinentalraketenkomplexen. Zwischen dem 1. Juni und dem 22. Oktober 1962 wurden insgesamt 18 Startanlagen für die Interkontinentalrakete P-16 in Gefechtsdienst übernommen. Außerdem ist zu berücksichtigen, daß während des Höhepunktes der Karibischen Krise (14.–28. Oktober 1962) bei den strategischen Raketentruppen 48 Raketen mit interkontinentaler Reichweite in ständiger Gefechtsbereitschaft waren[44]. Gleichzeitig verstärkte die sowjetische Militärführung auch die anderen Komponenten der strategischen Streitkräfte. Dies erlaubte es der UdSSR während des Konfliktes um Kuba – nach den Berechnungen von I. Kopylow – die amerikanische Überlegenheit bei Kernwaffenträgern um 2,6% zu senken[45].

Am 16. Oktober 1962 legte der US-Geheimdienst CIA dem amerikanischen Präsidenten die Ergebnisse der seit zwei Tagen erfolgten Luftaufklärung über dem westlichen Teils Kubas vor. Gleichzeitig versuchten Militärexperten, erste Schlußfolgerungen aus den Geheimdienstinformationen zu ziehen. Letztlich kam man auf Grund der analysierten Indizien zu dem Schluß, daß auf der Karibikinsel sowjetische Mittelstreckenraketen vorhanden seien. Weitere Luftaufklärung bestätigte diese Einschätzung. Der US-Präsident wurde von seinen Beratern vor die folgende Wahl gestellt: Entweder die Stationierungsgebiete der sowjetischen Raketen zu bombardieren, wofür vor allem Generalstabschef Maxwell Taylor eintrat, oder, wie der

---

[43] Vgl. Neufeld, The development, S. 237.
[44] Vgl. Operacija „Anadyr'", S. 80; Čertok, Rakety i ljudi, S. 48f.
[45] Vgl. Kopylov, Boevoj sostav, S. 23–25.

amerikanische Verteidigungsminister Robert McNamara vorschlug, durch eine Seeblockade die sowjetische Truppenkonzentrierung auf Kuba zu stoppen. Gleichzeitig trat er dafür ein, der Sowjetunion mit einem Kernwaffenschlag gegen ihr Territorium zu drohen, um sie so an den Verhandlungstisch zu zwingen. Am 22. Oktober 1962 begann entlang der sogenannten Walnußlinie die Seequarantäne Kubas. Für die USA lag damit der Anfang des von der amerikanischen Geschichtsschreibung als „Cuban Missile Crisis" bezeichneten Konflikts am 14. Oktober 1962. In der sowjetischen Historiographie hingegen beginnt die „Karibische Krise" mit dem 22. Oktober 1962[46].

Nach Verhängung der Seeblockade stoppte der sowjetische Generalstab die weitere Verlegung von Raketentruppen nach Kuba und rief die Seetransporte mit den zwei R-14 Regimentern zurück in die UdSSR. Die Operation „Anadyr'" wurde dennoch fortgesetzt, da die auf Kuba stationierten Raketenregimenter weiter vor der Aufgabe standen, so schnell wie möglich ihre Bereitschaft zum Kampfeinsatz herzustellen[47].

Weil sich die Konfrontation in der Karibik ständig weiter verschärfte, erklärte am 23. Oktober 1962 um 05.40 Uhr die Regierung der Republik Kuba den Kriegszustand. Für die kubanischen revolutionären Streitkräfte wurde volle Gefechtsbereitschaft angeordnet. Der Kommandierende der Gruppe der sowjetischen Streitkräfte befahl daraufhin, entsprechend der vom Generalstab erhaltenen Direktive, die GSWK in erhöhte Gefechtsbereitschaft zu versetzen. Daraufhin wurde am 23. Oktober um 08.00 Uhr für alle Einheiten der 51. Raketendivision erhöhte Gefechtsbereitschaft ausgelöst. Nach der Alarmierung übergab der Stab der Gruppe die Umschläge mit den Ziel- und Flugdaten für die einzelnen Raketen an den Gefechtsstand der Raketendivision. Wenig später händigten operative Gruppen die sogenannten „Kampfpakete" an die einzelnen Regimenter aus. Bis zum 25. Oktober hatten auch die beiden anderen R-12 Regimenter ihre Gefechtsbereitschaft hergestellt[48].

Seit dem 23. Oktober 1962 erfolgten über den Gefechtsstellungen der Division systematische Aufklärungsflüge der US-Luftwaffe in einer Höhe von 50–100 m. Die ständigen Überflüge der amerikanischen Flugzeuge über die Startpositionen bargen die Gefahr der Aufdeckung der Gefechtsordnung der Division. In der Absicht, die Einheiten möglichen Schlägen zu entziehen, traf am 24. Oktober die Führung der Division die Entscheidung, neue Feldstellungen auszuwählen, um eine Umgruppierung durchführen zu können. Am 26. Oktober 1962 trug der Kommandeur der Division diesen Ent-

---

[46] Vgl. Zolotarev/Saksonov/Tjuškevič, Voennaja istorija Rossii, S. 596 ff.; Pichoja, Počemu Chruščev, S. 54–62; Raketnye Vojska Strategičeskogo Naznačenija, S. 108 ff.
[47] Vgl. Počtarev/Jaremenko, Operacija „Anadyr'".
[48] Vgl. Ivkin/Dolonin, Operacija „Anadyr'": kak ėto bylo; Buckij, Rabota glavnogo štaba RVSN, S. 22.

schluß dem stellv. Kommandierenden der Gruppe der sowjetischen Streitkräfte auf Kuba und dem stellv. Chef des Hauptstabs der Raketentruppen vor. Erst der Beschluß der sowjetischen Regierung über den Abzug der Raketen von Kuba beendete die Vorbereitung und Durchführung der Truppenumgruppierung[49]. Gleichzeitig wurden mit dem Ziel der Verringerung der Vorbereitungszeit zur ersten Raketensalve in der Nacht vom 26. zum 27. Oktober 1962 auf Befehl des Kommandierenden der Gruppe der sowjetischen Streitkräfte auf Kuba, Armeegeneral Pliew, die für das Regiment von Oberst Sidorow vorgesehenen nuklearen Gefechtsköpfe aus dem zentralen Atomsprengkopflager in Bejucal über eine Entfernung von 500 km zu den Startstellungen des Truppenteils nach Sitiecito und Calabazar de Sagua transportiert[50]. Damit hatte die auf Kuba stationierte 51. Raketendivision 48 Tage nach Ankunft des ersten Schiffs ihre volle Gefechtsbereitschaft hergestellt. Am 27. Oktober 1962, auf dem Höhepunkt der Krise, war die Division bereit, mit allen 24 Startanlagen verheerende Atomschläge gegen Industrie- und Verwaltungszentren der Vereinigten Staaten zu führen. Zweieinhalb Stunden nach Empfang des Befehls aus Moskau wären die Raketen bereit zum Einsatz gewesen[51].

Am 23. Oktober 1962 begann zwischen Kennedy und Chruschtschow ein reger Briefwechsel, der durch hohe Dynamik und heftige Meinungsänderungen gekennzeichnet war. Letztere reichten von gegenseitigen Vorwürfen und Drohungen bis zu gemeinsamen Lösungsansätzen für die Krise. Das Ergebnis dieses Dialogs war eine am 28. Oktober 1962 erzielte vertrauliche Vereinbarung. Die USA erklärten, keine Invasion gegen Kuba durchzuführen und in naher Zukunft ihre Mittelstreckenraketen aus Italien und der Türkei abzuziehen. Dafür sollte die UdSSR ihre strategischen Offensivmittel aus Kuba zurückziehen.

Am 28. Oktober um 15.00 Uhr übergab der Kommandierende der GSWK dem Kommandeur der 51. Raketendivision eine Direktive des Generalstabs. In ihr wurde befohlen, die Startstellungen zu demontieren und die Division zurück in die Sowjetunion zu verlegen.

Noch am selben Tag begann der Abbau der Startanlagen[52]. Bis zum 31. Oktober 1962 waren sie vollständig demontiert. Am 1. November 1962 erhielt Divisionskommandeur Stazenko eine weitere Anweisung aus Mos-

---

[49] Vgl. Archiv RVSN, 10/877346/1, Bl. 210 ff., Bericht des Kommandeurs der 51. Raketendivision an den Oberkommandierenden der Strategischen Raketenstreitkräfte, 18. 12. 1962 (siehe Dokument Nr. 4).
[50] Vgl. Ebenda, Bl. 211; Siščenko, Raketnyj podchod, S. 140 f.
[51] Vgl. Jakovlev, Raketnye vojska strategičeskogo naznačenija v operacii „Anadyr'", S. 9 f.
[52] Vgl. Archiv RVSN, 10/877346/1, Bl. 210 ff., Bericht des Kommandeurs der 51. Raketendivision an den Oberkommandierenden der Strategischen Raketenstreitkräfte, 18. 12. 1962 (siehe Dokument Nr. 4). Siehe hierzu auch: Telegramm Nr. 76645 von Direktor (Malinovskij) an Pavlov (Pliev), 29. 10. 1962, veröffentlicht auf: http://www.watsoninstitute.org/Cuba/Cubafffiles/panel2/panel2.cfm.

kau, die den Abtransport der Raketen bis zum 10. November anordnete. Am 2. November wurden daraufhin alle Raketen zu den Verladehäfen Mariel und Casilda geschafft, bereits am 9. November 1962 verließen die letzten 8 Raketen mit der „Leninskij Komsomol" die Insel[53].

Am 1. November 1962 lief die „Alexandrowsk" mit den Atomsprengköpfen für die R-14 aus dem Hafen von La Isabela aus. Sie traf am 20. November 1962 in Seweromorsk ein. Die Verladung der restlichen Atomsprengköpfe nahm etwas mehr Zeit in Anspruch, da zunächst unklar war, ob noch taktische Gefechtsköpfe auf der Insel verbleiben sollten. Als am 1. Dezember 1962 die „Archangelsk" den Hafen von Mariel verließ, befanden sich an Bord des Schiffs die nuklearen Gefechtsköpfe für die R-12. Am 25. Dezember 1962 erreichte das Schiff den Heimathafen der Nordmeerflotte. Damit hatten sich die Nuklearsprengköpfe für die Raketen insgesamt 108 Tage außerhalb der Sowjetunion befunden, insgesamt 59 Tage waren sie auf Kuba gewesen. Die taktischen Atomwaffen lagerten, ohne daß die Amerikaner Kenntnis davon hatten, allerdings weiterhin auf der Insel. Sie wurden erst Ende Dezember mit dem Motorschiff „Atkarsk" in die UdSSR geschafft[54].

Die Rückkehr der Raketendivision erfolgte, wie auch schon der Antransport, in zwei Wellen. An der Verlegung waren 24 Schiffe beteiligt, darunter 4 Passagierschiffe. Mit diesen Schiffen wurde folgender Bestand an Mannschaften und Technik in die UdSSR abtransportiert: 1390 Offiziere, 5525 Soldaten, Unteroffiziere, 90 Zivilangestellte, 42 Raketen und 2041 Einheiten Technik. Gemäß einer Direktive des Verteidigungsministeriums der UdSSR vom 1. November 1962 wurden der GSWK folgende Einheiten aus dem Bestand der Division übergeben: die Kfz-Kompanie, die Feldinstandsetzungswerkstatt, das Pionier-Bataillon und die Feldbäckerei. Insgesamt blieben 14 Offiziere, 937 Soldaten und Unteroffiziere sowie 402 Kraftfahrzeuge und 18 Funkstellen auf Kuba zurück[55]. Nach ihrer Rückkehr in die UdSSR wurde die 51. Raketendivision aufgelöst. Das Personal der Divisions- und Regimentsführung übernahmen die 43. Raketendivision der 43. Raketenarmee aber auch die Divisionen der 50. Raketenarmee sowie die selbständigen Raketenkorps der strategischen Raketentruppen.

---

[53] Vgl. RGANI, 5/30/399, Bl. 217f., Schreiben von Malinovskij und Zacharov an das ZK der KPdSU, 17. 11. 1962; Archiv RVSN, 94/7417/1, Bl. 115f., Bericht der 43. Raketendivision über die parteipolitische Arbeit im Jahre 1962, o. Datum (siehe Dokument Nr. 7); U kraja jadernoj bezdny, S. 129–132.

[54] Vgl. RGANI, 5/30/399, Bl. 234, Schreiben von Malinovskij und Zacharov an das ZK der KPdSU, 22. 12. 1962; Operacija „Anadyr'", S. 81, 132 ff.; Šiščenko, Raketnyj podchod, S. 140f.

[55] Vgl. Archiv RVSN, 10/877346/1, Bl. 210ff., Bericht des Kommandeurs der 51. Raketendivision an den Oberkommandierenden der Strategischen Raketenstreitkräfte, 18. 12. 1962 (siehe Dokument Nr. 4); Buckij, Rabota glavnogo štaba RVSN, S. 18f.

Schlussbemerkungen

Die Entscheidung der politischen und militärischen Führung der Sowjetunion die 51. Raketendivision auf Kuba zu stationieren, war letztlich die logische Konsequenz der außenpolitischen Beziehungen zwischen den USA und der UdSSR nach dem Ende des Zweiten Weltkrieges, deren Grundlage die Drohung des Einsatzes von militärischen Mitteln war. Nach Auffassung der sowjetischen Führung sollten die Atomraketen auf Kuba und die Androhung ihres Einsatzes einen befürchteten Angriff der USA auf die Insel abwehren und gleichzeitig das für die Sowjetunion nachteilige strategische Kräfteverhältnis etwas zugunsten der UdSSR verändern. Schließlich verdoppelte sich durch die Raketenstationierung auf Kuba das gegen die USA einsetzbare Atomwaffenarsenal. Diese Ziele wurden zumindest teilweise erreicht.

Die Verlegung der Mittelstreckenraketen nach Kuba erfolgte unter allerstrengster Geheimhaltung. Es war geplant, daß Staats- und Parteichef Chruschtschow während eines Besuchs auf Kuba Ende November 1962 offiziell die Stationierung der Gruppe der sowjetischen Streitkräfte auf Kuba und die Aufstellung der Atomraketen bekanntgeben würde. Mit dieser Vorgehensweise sollte die Stationierung auf Kuba eine maximale Abschreckungswirkung haben. Als US-Präsident Kennedy jedoch am 14. Oktober 1962 letzte Sicherheit darüber hatte, daß die UdSSR insgeheim Atomraketen nach Kuba schaffte, entwickelten sich die Ereignisse für die sowjetische Führung völlig unerwartet in die entgegengesetzte Richtung. Es begann die Karibische Krise, die die Welt an den Abgrund eines Atomkrieges brachte. Deshalb zog die politische und militärische Führung der Sowjetunion nicht nur militärtechnische und militärstrategische Lehren aus der Krise, sie hatte zugleich eine entscheidende militärpolitische Lektion gelernt: Atomkriege sind nicht führ- und gewinnbar und müssen deshalb durch Entspannungs- und Abrüstungspolitik verhindert werden[56].

---

[56] Rossija (SSSR) v lokal'nych vojnach, S. 434 f.; Operacija „Anadyr'", S. 213.

Bruno Thoß

„Bedingt abwehrbereit".
Auftrag und Rolle der Bundeswehr als
NATO-Mitglied während der Kuba-Krise

Am Abend des 22. Oktober 1962, eine Woche nachdem die Aufstellung sowjetischer Mittelstreckenraketen auf Kuba einwandfrei aufgeklärt war, meldeten sich US-Botschafter Walter Dowling und ein CIA-Beamter im Palais Schaumburg. Sie informierten den Bundeskanzler über die Absicht ihres Präsidenten, über die Insel eine „Quarantäne" zu verhängen, um damit den Abbau dieser Stellungen zu erzwingen. Zudem überbrachten sie einen Brief Kennedys, der in der Sorge gipfelte: „Mich beschäftigt stark die mögliche Verbindung dieses geheimen und gefährlichen Vorgehens [der Sowjetunion] mit der Lage in Deutschland und Berlin"[1]. Adenauer wurde von der krisenhaften Zuspitzung der Lage einigermaßen überrascht, noch Anfang des Monats hatte der Sicherheitsberater des Präsidenten, McGeorge Bundy bei seinem Besuch in Cadenabbia kein Wort über Kuba verloren[2]. Der Kanzler stellte sich aber wie sein zunehmend engerer Partner in Paris[3] voll hinter die amerikanischen Maßnahmen, zeigte sich Kennedys Sondergesandten Dean Acheson gegenüber sogar noch entschlossener: es sei allerhöchste Zeit zu handeln; jetzt müsse man an eine sofortige Beseitigung der Raketen auf Kuba gehen, wenn nötig unter Waffeneinsatz. Und dies, obwohl Acheson warnte, daß man damit militärische Gegenreaktionen Chruschtschows provozieren könne, so insbesondere gegen Berlin![4] Selbst als Kennedy auf dem Höhepunkt der Krise im Falle einer unbefriedigenden Antwort Moskaus auf seine Forderung nach international kontrolliertem Abbau der Raketenbasen „die Lage wahrscheinlich in eine schrittweise an Intensität zuneh-

---

[1] Schwarz, Adenauer 1952–1967, S. 770.
[2] Vgl. zum Treffen Adenauer-Bundy, 2. 10. 1962, in: ebenda; Osterheld, Adenauer, S. 148.
[3] Vgl. zur Haltung de Gaulles Vaïsse, La grandeur, S. 152–154. Bezeichnend ist dabei die vom französischen Botschafter in den USA, Hervé Alphand überlieferte Reaktion des Generals auf die Einweisung durch Kennedys Sondergesandten Acheson, daß man zwar nicht konsultiert worden sei, sich in der Zeit der Gefahr aber voll hinter das Vorgehen der Vereinigten Staaten stelle: Alphand, Journal, S. 388.
[4] Vgl. Gespräch Adenauer-Acheson, 23. 10. 1962, in: Schwarz, Adenauer 1952–1967, S. 771 f.

mende militärische Phase eintreten" sah, blieb der Kanzler bei seiner Befürwortung einer Bombardierung und Invasion auf Kuba[5].

Schon beim ersten Besuch Dowlings hatten sich dabei für Adenauer eine Veröffentlichung des *SPIEGEL* über den Zustand der Bundeswehr unter dem Titel „Bedingt abwehrbereit"[6] mit den Nachrichten aus Washington über drohende Kriegsgefahr zu einer gemeinsamen Krise gebündelt. Auf Anruf erhielt sein Verteidigungsminister Franz Josef Strauß daher erneut, wie schon wenige Tage zuvor, volle Rückendeckung für ein strafrechtliches Vorgehen gegen das Nachrichtenmagazin wegen Landesverrats[7]. In der Sitzung des Bundesverteidigungsrats am 24. Oktober sollte der Kanzler freilich selbst nahe an dem inkriminierten Artikel argumentieren, wenn er sich entsetzt über den mangelhaften Bevölkerungsschutz im Falle eines Atomkrieges zeigte[8]. Ein interner Erfahrungsbericht aus dem deutschen Übungsstab bei der letzten NATO-Übung FALLEX 62 hatte im übrigen bereits Ende September die durchgespielte „Stay at home"-Politik als „Fehlschlag" bewertet, bei der die Zivilbevölkerung im Gefechtsgebiet zum Verbleiben an ihren Wohnorten veranlaßt werden sollte, da ihr dies nach Lage der Dinge den größtmöglichen Schutz garantieren würde. Demgegenüber mußte allein schon deswegen stets mit großen Fluchtbewegungen gerechnet werden, weil dafür in der Bundesrepublik weder Schutzräume in ausreichendem Maße vorhanden, noch die notwendigen „psychologischen Vorbereitungen" einer umfassenden und realistischen Aufklärung der Öffentlichkeit bereits im Frieden getroffen waren[9]. Das entsprach ganz den Einschätzungen in einer äußerst beunruhigten Öffentlichkeit, hatte als Erfahrung aus FALLEX 62 doch selbst die eher regierungsfreundliche *Deutsche Zeitung* im Falle eines nicht auszuschließenden atomaren Überraschungsangriffs ein „Chaos" befürchtet. Man habe den Bevölkerungsschutz zwar „auf dem Papier vorbildlich geregelt", mangelnde rechtliche Grundlagen und unzureichend ausgestattete Hilfsdienste hätten sich in der Übungspraxis jedoch einmal mehr als „völlig unzureichend" erwiesen[10].

Die Krisennachrichten jetzt im Oktober sorgten im Bundeskabinett jedoch nicht etwa für ein Zusammenrücken; man verlor sich vielmehr in einem wenig zweckdienlichen Konzert wechselseitiger Vorwürfe. Strauß

---

[5] Vgl. Brief Kennedys an Adenauer und Gespräch darüber mit US-Botschafter Dowling, 28. 10. 1962, in: Schwarz, Adenauer 1952–1967, S. 772 f.; Osterheld, Adenauer, S. 152.
[6] Vgl. Der Spiegel, 10. 10. 1962, Nr. 41, S. 32–53.
[7] Vgl. Darstellung der Telefonate zwischen Adenauer und Strauß, in: Köhler, Adenauer, S. 1157–1164; Schwarz, Adenauer, S. 778–781.
[8] Vgl. Tagebuch-Eintrag des Sonderministers Heinrich Krone, 24. 10. 1962, in: Schwarz, Adenauer, S. 782. Die Protokolle des Bundesverteidigungsrats selbst sind der Forschung bis auf weiteres nur nach Einzelherabstufungen zugänglich.
[9] Vgl. Bundesarchiv, Abteilung Militärarchiv Freiburg/Br. (künftig: BA-MA), BW 2/2613, G 3 Staffel A betr. Erfahrungsbericht an Chef des Stabes Staffel A FALLEX 62, 27. 9. 1962.
[10] Deutsche Zeitung mit Wirtschaftszeitung, 29./30. 9. 1962, Nr. 227.

nutzte die Gelegenheit, seinem Rivalen um eine mögliche Kanzlernachfolge, dem früheren Innen- und derzeitigen Außenminister Gerhard Schröder die Verantwortung für den völlig unzureichenden Zivilschutz zuzuschieben. Dabei übersah er geflissentlich, daß seit über einem Jahr sein Parteifreund Hermann Höcherl das Innenressort verwaltete, mithin die CSU wesentliche Mitverantwortung für die mangelnden Fortschritte auf den Gebieten der Zivilverteidigung trug[11]. Auch Adenauer rieb sich mit heftigen Vorhaltungen an seinem Außenminister, der entweder die Andeutungen seines US-Kollegen Dean Rusk über eine sich verschärfende Krise nicht ernst genug genommen oder seinen Kanzler – und dies sei schlicht „hinterhältig" – absichtlich nicht darüber informiert habe. Das Klima in einem Kabinett auf Zeit, denn die FDP hatte 1961 eine weitere Kanzlerschaft Adenauers von dessen Rücktritt zur Mitte der Legislaturperiode abhängig gemacht, wurde allgemein als „vergiftet" bewertet[12].

Doch nicht dieses Aufschaukeln einer inneren über die äußere Krise soll im Folgenden thematisiert werden. Zu fragen ist vielmehr nach den dahinter zum Vorschein kommenden Problemen westdeutscher Verteidigungsplanung unter Krisenbedingungen. Und da gilt es vor allem dreierlei festzuhalten:

1. die Gefahr einer möglichen Ausweitung der Krise über eine Gegenreaktion der Sowjetunion am empfindlichsten Punkt der Ost-West-Beziehungen in West-Berlin;
2. das ausdrückliche Einfordern einer harten militärischen Haltung der USA durch den Bundeskanzler trotz der öffentlich diskutierten Schwächen seiner immer noch im Aufbau befindlichen eigenen Streitkräfte;
3. und dies alles im Wissen um die noch wesentlich unfertigere Zivilverteidigung im Falle einer schnellen Eskalation eines europäisch ausgeweiteten Konflikts zum Atomkrieg.

In allen Washingtoner Krisenszenarien stand nämlich eine Sorge als ständige Begleiterin vor aller Augen: die Gefahr, daß die Sowjetunion die Krise von der Karibik auf andere Weltgegenden ausgreifen lassen konnte. Schon nach den ersten Hinweisen einer möglichen Raketenstationierung auf Kuba hatte Präsident Kennedy eine enge Verbindung zum anderen Druckpunkt im Ost-West-Konflikt in Berlin hergestellt. Die Gefahr einer Verknüpfung von Kubakrise und Berlinfrage sollte daher in Washington die Bedrohungsperzeptionen während des gesamten Konfliktverlaufs beeinflussen[13]. Einer der Teilnehmer an den Sitzungen des amerikanischen Krisenstabs, Kennedys persönlicher Vertrauter Theodore Sorensen, brachte es auf den Punkt: „West-Berlin stand für jeden von uns an erster Stelle", falls die Sowjetunion

---
[11] Vgl. Oppelland, Schröder, S. 508.
[12] Vgl. Tagebuch-Eintrag Krone, 23.10.1961, zit. nach Schwarz, Adenauer 1952–1967, S. 771.
[13] Vgl. Biermann, Kennedy, S. 161f.

die regionale Krise global ausweiten wollte[14]. Der deutschen Botschaft in Washington war deshalb schon bei der ersten Lageorientierung der westeuropäischen Verbündeten seitens des State Department die Möglichkeit einer solchen Krisenzuspitzung als „wahrscheinlich" mitgeteilt worden[15].

Die Westzonen der Stadt, davor hatte der Alliierte Oberbefehlshaber Dwight D. Eisenhower freilich bereits im Sommer 1945 gewarnt, als sich seine Regierung zu einer amerikanischen Mitbesetzung von Berlin entschlossen hatte, würden wegen ihrer geostrategischen Insellage im Konfliktfalle militärisch nicht zu verteidigen sein[16]. Und der General sollte später als Präsident mehrfach kritisch auf diese in seinen Augen militärisch problematische Entscheidung seines Vorgängers Truman zurückkommen[17]. Nur war Westberlin inzwischen mit Blick auf die Sicherheitszusagen an Westeuropa und das neue Bündnismitglied Bundesrepublik zum Prüfstein amerikanischer Glaubwürdigkeit geworden. Der Vorsitzende der US-Stabschefs, Admiral Arthur Radford, hatte jedoch schon Anfang 1956 ebenso unzweideutig klargemacht, daß man bei einer erneuten Blockade der Stadt nicht mehr auf eine Wiederholung des Luftbrückenerfolges hoffen durfte. Die verbesserten technischen Möglichkeiten der Sowjets, mit denen sich die elektronische Navigation von Flugzeugen stören ließ, hatten bereits in der Endphase der Berlinblockade von 1948/49 wachsende westliche Transportprobleme verursacht. Auf eine reine Luftversorgung der Stadt durfte man sich daher in Zukunft nicht mehr verlassen. Da West-Berlin mithin im Krisenfalle allianz- wie deutschlandpolitisch nicht einfach aufgebbar, militärisch indes nicht wirklich zu verteidigen war, begannen die amerikanischen Stabschefs ihre europäischen Verbündeten frühzeitig darauf einzustimmen, daß der Westen seine Notfallplanungen zunehmend auf die Alternative zu konzentrieren hatte, wie man bei einer neuerlichen Blockade die Landwege in die Westsektoren militärisch öffnen könnte[18].

Im Zuge der zweiten Berlinkrise wurde dazu im Frühjahr 1959 eine eigene Stabsorganisation der drei Westmächte unter dem Decknamen LIVE OAK in unmittelbarer Anlehnung an das NATO-Hauptquartier geschaffen. Sie stand unter dem Kommando des Oberbefehlshabers der US-Streitkräfte in Europa (USCINCEUR), der gleichzeitig Oberbefehlshaber der NATO (SACEUR) war. Ein britischer General hatte darin die Position des Stabschefs inne; der eigentlich ausführende Befehlshaber möglicher Öff-

---

[14] Sorensen, Kennedy, S. 650. Siehe auch Biermann, Kennedy, S. 180.
[15] Vgl. BA-MA, BW 2/2612, Bl. 231–233, Knappstein aus Washington, 23. 10. 1962.
[16] Zur Debatte um einen Abzug der US-Truppen aus Mitteldeutschland und eine amerikanische Mitbesetzung Berlins Henke, Besetzung, S. 714–728.
[17] Beispielhaft dafür: Krisensitzung im Weißen Haus, 11. 12. 1958, in: Foreign Relations of the United States (FRUS), 1958–1960, VIII, S. 173.
[18] Zu den amerikanisch-britischen Gesprächen in Washington, 30. 1.–2. 2. 1956, in: Gossel, Briten, S. 135; vgl. auch Public Record Office, London (künftig: PRO), DEFE 5/64, COS (56) 53, Bericht der britischen Verbindungsmission, 8. 2. 1956.

nungsversuche der Berlinzugänge würde nämlich der in Norddeutschland kommandierende Oberbefehlshaber der britischen Rheinarmee (BAOR) sein. Nach den bei LIVE OAK angestellten Planspielen sollten bei einer erneuten Blockade Berlins die dahinter steckenden sowjetischen Absichten zunächst lediglich durch westliche militärische Gegenmaßnahmen getestet werden. Festzuhalten bleibt dabei, daß nur Kontingente der Westmächte an derartigen Aktionen teilnehmen würden. Sie würden zwar zwangsläufig operativ in engem Konnex, nicht aber in der Zuständigkeit der NATO eingesetzt werden, da die Verteidigung West-Berlins ausdrücklich als Besatzungsaufgabe der drei Westmächte definiert war. Eine militärische Beteiligung der Deutschen war dabei zunächst weder in mitplanender, noch gar in durchführender Funktion vorgesehen[19].

Als Bonn indes Ende 1958 mehr westliche Härte gegen Chruschtschows Berlin-Ultimatum einforderte, machte US-Außenminister John Foster Dulles schon im Januar 1959 sehr drastisch klar, daß die Deutschen dann in letzter Konsequenz auch eine um Berlin eskalierende atomare Krisenausweitung mittragen müßten[20]. Denn in den LIVE OAK-Plänen wurden zwar Vorstöße von herkömmlich bewaffneten Verbänden entlang der blockierten Zugangsstraßen durchgespielt, die sich von Kompanie- über Bataillons- und Regiments- bis Divisionsstärke steigern sollten, um die ernste westliche Bereitschaft zu einer militärischen Öffnung des Zugangs manifest zu machen. Nur würden die Westmächte mangels hinreichender konventioneller Streitkräfte bei einer zu erwartenden Gegenwehr überlegener sowjetischer und/oder ostdeutscher Verbände schnell vor der Notwendigkeit zum Abbruch dieser Unternehmen oder zu ihrer atomaren Eskalation stehen[21]. Der Stand der NATO-Verteidigungspläne für Mitteleuropa ließ nämlich Anfang der sechziger Jahre noch nicht einmal eine Vorneverteidigung an der innerdeutschen Grenze, geschweige denn einen ernsthaften Vorstoß darüber hinaus zu[22], der wirklich geeignet gewesen wäre, die Zugangswege mit Bodentruppen allein wieder zu öffnen.

Seit der Krise um den Berliner Mauerbau wurden dann zwar schrittweise auch deutsche Offiziere zu LIVE OAK zugelassen, mehr als eine beratende Stimme ohne eigene Truppenanteile hatten die Deutschen indes auch weiterhin nicht[23]. Und daß der Kennedy-Administration, die für den Fall eines

---

[19] Vgl. Pedlow, Crisis Management, S. 88–90.
[20] Zu den Gesprächen Adenauer-Dulles, 7./8. 2. 1959, in: Adenauer, Erinnerungen 1955–1959, S. 476–481; Schwarz, Adenauer 1952–1967, S. 492–494; vgl. auch aus dem Tagebuch von US-Botschafter Bruce, in: Felken, Dulles, S. 50f.; Aufzeichnung des Gesprächs, 8. 2. 1959, FRUS, 1958–1960, VIII, S. 345–348.
[21] Beschreibung der LIVE OAK-Pläne, in: Pedlow, Crisis Management, S. 95–100; Maloney, Notfallplanung, S. 5–12.
[22] Zum Stand der Planungen für eine ‚forward defense' Anfang der sechziger Jahre allgemein, in: Thoß, Deterrence.
[23] Vgl. Pedlow, Crisis Management, S. 101. Siehe auch BA-MA, BW 2/20.373, Brief von Gene-

militärischen Konflikts in Europa das Risiko einer frühzeitigen nuklearen Eskalation zu verringern suchte, nicht an einem militärischen Anheizen der Lage in und um Berlin gelegen sein konnte, mußten Westdeutsche wie Westberliner spätestens während des Mauerbaus nachdrücklich erfahren[24]. Wenn demnach jetzt im Herbst 1962 die Kubakrise regional beherrschbar bleiben sollte, dann war aus Washingtoner Sicht alles zu vermeiden, was ihre Ausweitung auf Europa provozieren konnte. Schließlich ging man in der Risikoanalyse der CIA davon aus, daß es auch die Sowjetunion nicht auf einen bewußt herbeigeführten globalen Krieg ankommen lassen wollte[25]. Deshalb wurden zwar die US-Truppen weltweit in Alarmbereitschaft versetzt, dies aber gerade nicht auf die NATO ausgedehnt. In der Karibik lagen alle militärischen Vorteile in amerikanischen Händen; bei einer Krisenausweitung auf Europa mußten sich die Dinge dagegen schnell sehr viel komplizierter für den Westen gestalten.

Im übrigen war man sich in Washington auch durchaus nicht sicher, bis zu welchem Grade die NATO-Partner einen dann möglicherweise notwendigen militärischen Vorstoß nach Berlin mittragen würden[26]. Immerhin war dessen faktische Durchführung in die Hände des in Norddeutschland kommandierenden britischen Oberbefehlshabers der Rheinarmee gelegt, und dieser war sich nur zu bewußt, wie wenig seine eigene Regierung von den LIVE OAK-Plänen hielt. Unübersehbar war nämlich schon im Umfeld des Berliner Mauerbaus bei allen Planungen für eine militärische Öffnung der Berlinzugänge gewesen und sollte es auch in der Zukunft bleiben, daß die Briten jeder größeren konventionellen Aktion um Berlin die größten Vorbehalte entgegenbrachten, da damit immer die Gefahr einer eigenen oder gegnerischen Fehlkalkulation verbunden blieb, die dann über lokale Zwischenfälle um Berlin zu einem allgemeinen Krieg in Europa führen konnte. Bei der für den Einsatz von LIVE OAK-Verbänden verantwortlichen Rheinarmee waren daher erst nach dem Mauerbau die bisherigen Verzögerungen bei der Ausbildung und Ausrüstung entsprechender Kräfte aufgegeben worden, obwohl General Lauris Norstad als NATO-Oberbefehlshaber längst entsprechende Forderungen gestellt hatte[27]. In einer Sitzung des britischen Verteidigungsministers mit seinen Stabschefs während der Kubakrise einigte man sich in London freilich ganz auf der Linie bisheriger Vor-

---

ralinspekteur Friedrich Foertsch an den ersten deutschen Vorsitzenden des Military Committee der NATO, General Adolf Heusinger, 17. 7. 1961.

[24] Zu den kaum mehr als symbolischen militärischen Maßnahmen der USA im August 1961, in: Biermann, Kennedy, S. 137f.; Jordan, Norstad, S. 172–181.

[25] Eingehend begründet in der Einschätzung „Soviet Reactions to Certain Courses of Action on Cuba" (SNIE 11–18–62), in: McAuliffe, CIA Documents, S. 197–202.

[26] Zu den Zweifeln darüber in der US-Regierung bei Ausbruch der Kubakrise, in: Biermann, Kennedy, S. 177f.

[27] Vgl. PRO, DEFE 4/137, COS (61) 53, Sitzung der britischen Stabschefs, 15. 8. 1961; Gossel, Briten, S. 219.

behalte, daß man SACEUR als gleichzeitigen Verantwortlichen für LIVE OAK keine uneingeschränkte Ermächtigung zur militärischen Öffnung der Landwege nach Berlin geben wollte, da dies aus Londoner Sicht im Falle einer ernsthaften Krisenverschärfung bei den vorhandenen Streitkräften der Westmächte letztlich wirkungslos bleiben mußte[28]. Im übrigen ließ das Foreign Office Bonn wissen, daß man zwar eine Störung des Zugangs nach Berlin für „möglich" halte, dafür aber vorerst „noch keine Anzeichen erkennbar" seien[29].

Wohl nahm demgegenüber Präsident Kennedy aus einem der Krisenverschärfung vorangegangenen Gespräch mit dem sowjetischen Außenminister Andrej Gromyko den festen Eindruck mit, daß Moskau eine Eskalation der US-Maßnahmen in der Karibik mit einem Vorgehen gegen den westlichen Vorposten in Europa beantworten mochte[30]. Der Bundesregierung gegenüber zeigte man sich jedoch auch in Washington zurückhaltender, ob es tatsächlich so weit kommen würde[31]. Ob man damit den Deutschen gegenüber auch deshalb besondere Vorsicht walten ließ, weil man auf keinen Fall Gedankenspielen Vorschub leisten wollte, wie sie anscheinend im Umfeld des Regierenden Bürgermeisters von Berlin hinsichtlich eines Aufrufs zum Aufstand in der DDR angedacht waren[32], mag dahingestellt bleiben. Während der Kubakrise würde dann freilich der sowjetische Parteichef Nikita Chruschtschow ganz auf der Linie seiner nach dem Mauerbau eingenommenen deeskalierenden Haltung in der Berlinfrage den Vorschlag aus seinem Außenministerium scharf zurückweisen, das amerikanische Vorgehen in der Karibik durch Druckverstärkung auf Berlin zu kontern[33]. Davon hatte man jedoch im Westen keine Kenntnis. Doch auch im LIVE OAK-Stab[34] machte man während der Krise „keine Umgruppierungen oder Verstärkungen bei Satelliten-Streitkräften" aus, die konkreten Anlaß zur Sorge vor einer unmittelbar bevorstehenden sowjetischen Krisenausweitung auf Europa geboten hätten. Vor allem wurden seitens der westlichen Berlin-Kommandanten keine besonderen Vorkommnisse gemeldet. Deshalb wollten die USA unter gar keinen Umständen durch eigene Überreaktionen Anlaß zu einer Ausdehnung der Krise geben.

---

[28] Vgl. PRO, DEFE 32/7, COS 1546/29/10/62, Protokoll der Sitzung der britischen Stabschefs, 27. 10. 1962.
[29] BA-MA, BW 2/2612, Morgenmeldung des beim Führungsstab der Bundeswehr (Fü B) während der Kubakrise eingerichteten Offiziers vom Lagedienst (OvL), 31. 10. 1962.
[30] Vgl. Bewertung des Gesprächs vom 18. 10. 1962 durch den Präsidenten, in: Biermann, Kennedy, S. 183.
[31] Vgl. BA-MA, BW 4/469 (geh.), Bericht der Deutschen Botschaft Washington, 22. 10. 1962.
[32] Hinweise darauf bei Merseburger, Brandt, S. 436.
[33] Vgl. Zubok, Khrushchev, S. 26.
[34] Zu den Einschätzungen beim LIVE OAK-Stab, in: BA-MA, BW 2/2612, Fü B III/Offizier vom Lagedienst betr. Vorgänge am 28./29. 10. 1962.

NATO-Oberbefehlshaber Norstad konnte daher am 22. Oktober nur eine „Empfehlung" an die Kommandeure der ihm assignierten Truppen übersenden, während der Kubakrise wenigstens einige vorbereitende Maßnahmen einzuleiten wie: die verstärkte Ermittlung von Feindnachrichten, die durchgängige Besetzung von Führungszentralen, die erhöhte Sicherung militärischer Objekte gegen Sabotage sowie die Überprüfung von Alarmmaßnahmen, Logistik und Ausrüstung[35]. Die Westberliner Stadtkommandanten verstärkten daraufhin die Aufklärung nach Ostberlin hinein, die Überwachung der Sektorengrenzen sowie die Sicherung ihrer Hauptquartiere und Truppenunterkünfte. Die Berliner Schutz- und Bereitschaftspolizei wurde immerhin in erhöhte Alarmbereitschaft versetzt[36].

Im Militärischen Führungsrat der Bundeswehr (MFR) kritisierte man allerdings den dabei eingeschlagenen Weg eines direkten Fernschreibens von SACEUR an die Truppenkommandeure als „nicht sehr glücklich", hätte man es doch als zweckmäßiger angesehen, dazu über das BMVg zu gehen, denn schließlich wollte man in der Truppe keine Überreaktionen riskieren. Grundsätzlich schätzte man im übrigen die Möglichkeit einer „kriegerische[n] Auseinandersetzung [als] nicht wahrscheinlich" ein. Da die Bundeswehrführung jedoch davon auszugehen hatte, daß als wichtigstes NATO-Kontingent für die Verteidigung Mitteleuropas inzwischen die „7. US-Army ständig zu 85% einsatzbereit. Munition dort grösstenteils bei der Truppe" war, mußten nun auch in der Bundeswehr Maßnahmen zur Erhöhung des Bereitschaftsstandes eingeleitet werden[37]. Die von Norstad empfohlenen „military vigilance measures" stellte man seitens der Bundeswehrführung jedoch „vorläufig" noch zurück, da zum 24. Oktober, 10.00 Uhr eine Sitzung des Bundesverteidigungsrates einberufen war, auf der über ein Gesamtpaket deutscher Bereitschaftsmaßnahmen befunden werden sollte[38]. Minister Strauß waren dazu die in Military Vigilance eingeschlossenen Maßnahmen aufgelistet worden: Die Truppe war aus dem Ausland bzw. von Übungsplätzen an ihre Standorte zurückzuordern und hier „als Übung getarnt" einsatzbereit zu machen. Dazu mußten Spezialisten aus Abwesenheiten zurückgeholt bzw. einberufen und eine allgemeine Urlaubs- und Reisesperre verhängt werden. Im gesamten Luftverteidigungssystem waren die Einsatzbereitschaft zu erhöhen und dafür die Flugabwehr-Einheiten in Stel-

---

[35] Vgl. BA-MA, BW 2/20162, Bl. 9, Fernschreiben SACEUR an alle NATO-Kommandeure, 22. 10., eingegangen im BMVg am 23. 10. 1962 (siehe Dokument Nr. 8).
[36] BA-MA, BW 2/2044, Vorg. 12, Milit. Tagebuch des MFR: Lagebesprechung Fü B, 24. 10. 1962, 17.00 Uhr; sowie BA-MA, BW 2/2525, Bl. 167, Übersicht Fü B III über getroffene militärische Maßnahmen, 25. 10. 1962 (siehe Dokument Nr. 13).
[37] BA-MA, BW 2/2044, Bl. 1–3, Milit. Tagebuch des MFR: Lagebesprechung bei Fü B, 23. 10. 1962, 17.00 Uhr.
[38] Vgl. BA-MA, BW 2/2044, Bl. 4–8, Milit. Tagebuch des MFR: Lagebesprechung Chef Fü B, 23. 10. 1962, 18.00 Uhr; sowie BA-MA, BW 2/2044, Bl. 4–8, Lagebesprechung Fü B, 24. 10. 1962, 09.00 Uhr.

lung zu bringen. Für alle Verbände mußten die Räume für ihre Auflockerung im Gelände erkundet und vorbereitet sowie ihre Aufklärungskräfte für einen durch SACEUR auszulösenden Aufmarsch bereitgestellt werden. Einige dieser Maßnahmen hatten zur Voraussetzung, daß die Bundesregierung schon jetzt die gesetzlich vorgeschriebene „Feststellung" zum Vorliegen eines öffentlichen Notstandes nach dem Bundesleistungsgesetz traf. Dazu mußte wiederum vorher Military Vigilance durch den NATO-Rat ausgelöst sein. Eine Koppelung der militärischen mit den zivilen Maßnahmen zur Landesverteidigung war dagegen zum jetzigen Zeitpunkt noch nicht erforderlich. Beim Führungsstab der Bundeswehr (Fü B) ging man aber davon aus, daß im zuständigen Bundesministerium des Innern eine „parallele Planung" anlief[39]. Dazu hatte das dem Verteidigungsminister unterstehende Kommando Territoriale Verteidigung (KTV) schon im Vorgriff gemeldet, daß es selbst und seine sechs Wehrbereichskommandos als Kommandobehörden sowie einige Fernmelde- und Pionierverbände einsatzbereit seien. Die für eine Verstärkung der Landesverteidigung im Verteidigungsfalle erforderlichen Mob-Verbände (Sicherungs- und Grenadier-Bataillone) waren allerdings zunächst noch nicht verfügbar[40]. Ihre Geräteeinheiten würden erst im Falle eingeleiteter Mobilmachungsmaßnahmen personell aufgefüllt und damit einsatzfähig gemacht werden.

Im Führungsstab standen somit am 24. Oktober erst einmal alle weiteren Maßnahmen unter dem Vorbehalt der im Verteidigungsrat noch zu treffenden Entscheidungen. Lediglich eine knapp gefaßte allgemeine Information zur Lage an die Kommandeure konnte vorab abgefaßt werden. Darin war einerseits ganz im Sinne der SACEUR-Empfehlungen „ein Höchstmaß an Wachsamkeit" gefordert, da die „weltpolitische Lage […] im Augenblick noch unübersichtlich" sei. Deeskalierend war aber gleichzeitig vermerkt: „Der Spannungsherd kann möglicherweise örtlich begrenzt bleiben. Es ist kein Anlass zur Unruhe". Deshalb sollten die Kommandeure die angelaufenen vorbereitenden Maßnahmen zur Erhöhung des Bereitschaftsstandes innerhalb der Bundeswehr fortsetzen, dies aber ausdrücklich „nicht in der Öffentlichkeit bekannt werden" lassen[41]. Parallel dazu erging eine Weisung auf Einrichtung eines Führungszentrums bei Fü B unter Leitung eines Offiziers vom Lagedienst (OvL), verbunden mit einer ständigen Führungsbereitschaft bei allen militärischen Abteilungen im BMVg sowie bei KTV. Der Bereitschaftsdienst konnte allerdings, auch dies ein Indiz für die zurückhal-

---

[39] Vgl. BA-MA, BW 2/2612, Notiz für Herrn Minister (betr. Verteidigungsrat am 24. 10. 1962), 23. 10. 1962; sowie BA-MA, BW 2/2044, Bl. 10, Milit. Tagebuch des MFR: Lagebesprechung Fü B, 24. 10. 1962, 10.00 Uhr.
[40] Vgl. BA-MA, BW 2/2044, Vermerk Fü B III 5 an Leiter Fü B III betr. Einsatzbereitschaft TV, 23. 10. 1962.
[41] BA-MA, BW 2/2044, Fü B III 1: AIG 3315, Info an: DMV Washington und NMR Germany bei SHAPE, 24. 10. 1962 (siehe Dokument Nr. 10).

tende Gefahreneinschätzung der militärischen Führung, bei telefonischer Erreichbarkeit von den Wohnungen der betroffenen Diensthabenden aus geleistet werden[42]. Seinem Minister gab Generalinspekteur Friedrich Foertsch als dringlichste Bedürfnisse der Streitkräfte in den Verteidigungsrat mit: einen Vorschlag für die unverzügliche Assignierung zweier zusätzlicher, noch nicht voll einsatzbereiter deutscher Divisionen an die NATO, einen Antrag auf Lockerung eines Haushaltssperrerlasses für die Beschaffung von Heeres- und Marinematerial, Waffen und Munition in Höhe von über 80 Mill. DM, einen Antrag auf Prioritäten bei zivilen Firmen für die sofortige Instandsetzung von Bundeswehrmaterial sowie Forderungen nach Schaffung der Voraussetzungen für eine Einberufung von Mob-beordertem Sanitätspersonal und militärischen Spezialisten nach § 49 Wehrpflichtgesetz und für die frühzeitige Übertragung des „operational commands" an die NATO-Befehlshaber schon bei einfachem NATO-Alarm (Simple Alert)[43].

Die Sitzung des Verteidigungsrates selbst am Vormittag des 24. Oktober läßt sich leider in ihrem Verlauf noch nicht dokumentieren. Deshalb kann auch nicht mit Sicherheit gesagt werden, ob in seiner Lageeinschätzung bereits eine Meldung des BND an das BMVg zum Tragen kam, die von einer bevorstehenden Krisenverschärfung durch den Ostblock wissen wollte. Danach hatten die Staaten des Warschauer Paktes einschließlich der Volksrepublik China Besprechungen mit dem Ziel aufgenommen, „die Quarantäne um Cuba mit Gewalt zu durchbrechen". Vorher sollte den USA eine Frist zum Abbruch ihrer Blockademaßnahmen gesetzt, „andernfalls Berlin-Blockade wie 1949" eingeleitet werden[44]. Immerhin stellte sich im Anschluß an die Sitzung des Verteidigungsrates mit ausdrücklichem Verweis darauf nunmehr auch bei Fü B die „Situation bedrohlicher" dar als bisher. Die militärische Führung zeigte sich besorgt: „Chruschtschow beabsichtige Ultimatum in einiger Zeit, das sich auf Berlin-Situation auswirkt"[45].

Offenbar stand man mittlerweile auch im NATO-Hauptquartier unter dem Eindruck einer sich möglicherweise schnell verschärfenden militärischen Lage, denn SACEUR hatte die ständige Besetzung aller Gefechtsstände für die Luftverteidigung sowie Beschränkungen bei der Gewährung von Urlaub und Dienstbefreiung angeordnet. Sein für den Einsatzfall vorgesehener fliegender Gefechtsstand befand sich bereits ständig in der Luft; den Zeitpunkt, wann sich General Norstad in das Flugzeug begeben wollte,

---

[42] Vgl. BA-MA, BW 20162, Vorg. 19, Fü B III 1 an alle militärischen Abteilungen betr. Führungszentrum/Bereitschaftsdienst, 24. 10. 1962.
[43] Vgl. BA-MA, BW 2/2612, Sprechzettel des Generalinspekteurs an den Verteidigungsminister für den Bundesverteidigungsrat, 24. 10. 1962 (siehe Dokument Nr. 11).
[44] Vgl. BA-MA, BW 2/2044, Text der Meldung mit dem Vermerk „Dem Herrn Staatssekretär vorzulegen", 24. 10. 1962.
[45] BA-MA, BW 2/2044, Bl. 13f., Milit. Tagebuch MFR: Lagebesprechung Fü B, 24. 10. 1962, 18.00 Uhr.

hatte er sich aber noch vorbehalten[46]. Parallel dazu hatte inzwischen auch der britische NATO-Befehlshaber für Nordeuropa (CINCNORTH) im BMVg über die hier getroffenen Bereitschaftsmaßnahmen angefragt, da er an den Ostseezugängen für die in Schleswig-Holstein stationierten Bundeswehrverbände die operative Verantwortung trug[47].

Der Generalinspekteur konnte jedenfalls am Abend des 24. Oktober vor dem MFR berichten, daß man im Verteidigungsrat allen auf die SACEUR-Empfehlungen gestützten Forderungen aus dem BMVg gefolgt sei[48]. Auf einen Dringlichkeitsantrag von Verteidigungsminister Strauß war beschlossen worden, daß dem NATO-Oberbefehlshaber im Falle eines plötzlich ausbrechenden Konflikts nicht erst bei Auslösung der vorletzten Alarmstufe des ‚Reinforced Alert', sondern bereits bei ‚Simple Alert' das Operational Command über alle deutschen NATO-Verbände übertragen werden sollte. Das würde wenigstens die Führungsprobleme im Falle einer auf Europa ausgeweiteten Krise erleichtern. Auf die Abwehrkraft der dann zum Einsatz kommenden deutschen Divisionen hätte diese Entscheidung freilich nur sehr begrenzten Einfluß gehabt. Denn dafür benötigte die Bundeswehr als Minimum eine mehrwöchige, besser noch eine mehrmonatige Vorwarnzeit, um die Verbände nicht nur personell aufzufüllen, sondern – was unter Krisenbedingungen weit schwieriger gewesen wäre – sie auch bewaffnungs- und ausrüstungstechnisch voll gefechtsbereit machen zu können.

In der Sitzung des MFR wurde zudem ein ganzer Katalog von Maßnahmen zur Erhöhung des Bereitschaftsstandes der Bundeswehr, aber immer unterhalb der Schwelle einer Alarmierung andiskutiert, und diese, soweit die eigenen Zuständigkeiten reichten, auch bereits eingeleitet. An vorderster Stelle stand dabei die Vorbereitung auf Maßnahmen zur Erhöhung der personellen und materiellen Einsatzbereitschaft, wie sie von Fü B gefordert und durch Minister Strauß im Verteidigungsrat durchgebracht worden waren. An erster Stelle standen dabei die eingeleitete, dann aber nicht mehr durchgeführte Rückholung von im Ausland übenden Verbänden und die mögliche Einberufung von Wehrübenden. Dazu zählten aber auch die Lokkerung von Haushaltssperren für die Anschaffung von Waffen, Munition und Ausrüstung sowie logistische Vorkehrungen: etwa die Möglichkeit zur

---

[46] Vgl. BA-MA, BW 2/2612, Bl. 194, Fernschreiben des Nationalen Militärischen Vertreters bei SHAPE an BMVg, 24. 10. 1962.
[47] Vgl. BA-MA, BW 2/2612, Bl. 176 f., Fernschreiben CINCNORTH an BMVg, 24. 10. 1962 sowie dessen Antwort, 25. 10. 1962.
[48] Das geforderte Maßnahmenpaket wurde im MFR bereits unmittelbar nach Verschärfung der Krise vom GenInspBw vorgetragen: BA-MA, BW 2/20162, Bl. 11–18, Vorläufiges Protokoll der Sitzung des Militärischen Führungsrates, 23. 10. 1962; unter Verweis auf die stattgehabte Sitzung des Verteidigungsrats konnte General Foertsch einen Tag später auf dessen Zustimmung dazu verweisen: BA-MA, BW 2/2044, Bl. 208–213, Kurzprotokoll Nr. 84 der Sitzung des Militärischen Führungsrates, 24. 10. 1962; sowie BA-MA, BW 2/2612, Bl. 166–168, Fü B III: Übersicht der getroffenen militärischen Maßnahmen, 25. 10. 1962 (siehe Dokumente Nr. 9, Nr. 12 und Nr. 13).

Heranführung von Munition aus in Frankreich gelegenen Bundeswehrdepots oder Überlegungen über eine mögliche Umlagerung von Munitionsvorräten aus grenznahen Gebieten auf militärisch besser zu sichernde Übungsplätze. Vorbereitet wurde zudem ein verstärkter Schutz militärisch wichtiger Objekte durch Ausbildungseinheiten der Bundeswehr, da die eigentlich dafür vorgesehenen Sicherungsbataillone von KTV erst bei Auslösung eines NATO-Alarms aufzustellen waren.

Noch weiter ging die angedachte vorzeitige Unterstellung zweier im Aufbau befindlicher Panzerdivisionen (7. und 10. PzDiv) unter NATO-Kommando, die beide allerdings erst über zwei ihrer drei Brigaden verfügten, und jetzt vorzeitig zu den bereits vorhandenen neun deutschen NATO-Divisionen treten sollten. Im Führungsstab war man sich freilich bewußt, daß die beiden Divisionen unmittelbar „keine weitere Verstärkung der Kampfkraft von LANDCENT [Befehlshaber der Landstreitkräfte Europa Mitte]" bedeuteten, da sie frühestens Ende 1962 mit allen ihren Verbänden volle Einsatzbereitschaft erreichen würden. Dennoch stellte man sich voll hinter die Anordnung des Ministers, bereits zum 10. November die 7. PzDiv bzw. zum 1. Dezember 1962 die 10. PzDiv „in feierlicher Form der NATO [zu] übergeben", da es sich dabei zwar „eher um eine Formalität [handle], die jedoch politische Bedeutung haben kann"[49].

Bei den nächsten Morgenlagen des 25. Oktober stand man indes im Lagezentrum des BMVg weiterhin vor widersprechenden Meldungen: noch hatten die auf Kuba zusteuernden sowjetischen Schiffe nicht beigedreht, der sowjetische Parteichef hatte gegenüber dem britischen Philosophen Bertrand Russell aber bereits ein „geschmeidigeres Taktieren" erkennen lassen. Auch aus der DDR und um Berlin lagen keine lageverschärfenden Nachrichten vor. SACEUR hatte dennoch im NATO-Hauptquartier und in den nachgeordneten NATO-Stäben die bereits beschriebene „erhöhte Bereitschaft" angeordnet, und Minister Strauß beabsichtigte, für die Bundeswehrangehörigen eine eingeschränkte Ausgangsregelung im Umkreis von 30 km um ihre Standorte für das kommende Wochenende zu verfügen[50]. Außerdem würde der Generalinspekteur im Verteidigungsausschuß des Deutschen Bundestages im Anschluß an dessen Vormittagssitzung einen Bericht zur militärischen Lage abgeben[51].

---

[49] Vgl. BA-MA, BW 2/2612, Sprechzettel GenInspBw an Minister für die Sitzung des Bundesverteidigungsrats, 24.10. und Fü B III an Chef Fü B betr. Assignment von 7. und 10. PzDiv, 30.10.1962.

[50] Vgl. BA-MA, BW 2/2044, Bl. 15–17, Milit. Tagebuch MFR: Lagebesprechung Fü B, 25.10.1962, 09.00 und 10.00 Uhr.

[51] Vgl. Parlamentsarchiv, Stenographische Protokolle Verteidigungsausschuß des Deutschen Bundestages. Das Protokoll der 21. Sitzung des Verteidigungsausschusses, 25.10.1962 verweist auf den für 11.00 Uhr angekündigten Vortrag GenInspBw, der lt. Kurzprotokoll auch gehalten, aber nicht dokumentiert wurde, da die stenographische Protokollführung bereits um 10.45 Uhr endete.

Auch in den Abendlagen dieses Tages veränderte sich das allgemeine Lagebild nicht wesentlich. Wohl gab es Hinweise auf militärische Lagebesprechungen des Warschauer Paktes in Moskau, eine erhöhte Bereitschaft in der ČSSR und ein Hinausschieben von Entlassungen in der NVA. Die militärische Entwicklung der Lage um Kuba blieb dagegen „schwer vorauszuschauen". Noch standen die Alternativen offen: „großes Risiko" durch Weiterfahren der sowjetischen Schiffe oder „Sowjetunion stellt atomare Transporte ein". Durch das Innenministerium wurden deshalb die zivilen Warndienste besetzt, dies aber noch nicht an die Bevölkerung bekanntgegeben, vor allem auch noch keine Probealarme durchgeführt. Selbst die Frage, ob man bereits Vorkommandos zur Besetzung der verbunkerten Gefechtsstände in der Eifel in Marsch setzen sollte, blieb vorerst offen; lediglich die Fernmeldevorbereitungen sollten bereits vor Ort anlaufen. Da jedoch erste Hinweise über eine allgemeine Ausgangssperre für Bundeswehrangehörige an die Öffentlichkeit durchgesickert waren, erging ein Dementi des BMVg an die Presse, das die beschränktere Variante eines auf den Umkreis von 30 km um die Standorte begrenzten Ausgangs klarstellte[52].

Auch der nächste Tag brachte im unmittelbaren Umfeld von Berlin „nichts wesentlich Neues". Wohl waren die Kontrollen an den Autobahnen verschärft und bei den sowjetischen Streitkräften in der DDR wie bei der NVA „allenthalben Bemühungen, die Einsatzbereitschaft der Truppe zu heben", beobachtet worden. Der Grundtenor in den Lagefeststellungen von Fü B blieb jedoch von der nüchternen Einschätzung bestimmt: „Nirgends Massnahmen, die auf Aktionen schliessen lassen". Dagegen schien die Krise um Kuba zunächst „nur vorübergehend" abgeflaut zu sein, da der Ausbau der Raketenbasen auf der Insel offenbar weiterging, was den Generalinspekteur doch zu der generellen Festlegung veranlaßte: „Krise geht also weiter". Die eingeleiteten Vorbereitungen zu einer Erhöhung des Bereitschaftsstandes wurden daher fortgesetzt. Das änderte sich auch dann nicht, als wenig später die Nachricht einlief, daß vor Kuba „12 Schiffe einwandfrei abgedreht" hatten. An die Kommandeure ging vielmehr erneut eine Unterrichtung heraus, die auf die anhaltende „Labilität der weltpolitischen Situation" abhob, immerhin aber darauf verwies, daß die Krise regional „noch beschränkt" sei. „Wachsamkeit und Stärke der westlichen Verteidigung" waren daher unvermindert beizubehalten[53]. Das korrespondierte mit einer weiteren SACEUR-Empfehlung vom selben Tage, die den NATO-Mitgliedstaaten eine personelle wie materielle Verstärkung der bestehenden

---

52 Vgl. BA-MA, BW 2/2044, Bl. 18–24, Milit. Tagebuch MFR: Lagebesprechung Fü B, 25. 10. 1962, 17.00 und 17.30 Uhr; sowie BA-MA, BW 2/2612, Kurzprotokoll Cheflage Fü B und Pressemitteilung BMVg, 25. 10. 1962.
53 Vgl. BA-MA, BW 2/2044, Bl. 25–31, Milit. Tagebuch MFR: Lagebesprechung Fü B, 26. 10. 1962, 09.00 und 10.00 Uhr; sowie BA-MA, BW 2/2044, o. Bl., Fü B III 1: Unterrichtung der Kommandeure über die Lage, 26. 10. 1962.

Verbände, eine Bereitstellung weiterer Kampf- und Versorgungseinheiten sowie eine Verbesserung des Zustandes der Reserven anriet. Gleichzeitig ließ SHAPE seine Genugtuung darüber erkennen, daß die Bundesrepublik nunmehr schon bei einfachem NATO-Alarm ihre Verbände dem Operational Command der NATO zu unterstellen bereit war[54].

Die weitergehende Absicht von Verteidigungsminister Strauß, auch schon jetzt Vorbereitungen zur Einberufung von bis zu 60000 Reservisten zu treffen, wurde jedoch durch den Bundeskanzler auf Einwendungen des Auswärtigen Amtes hin angehalten. Unter Verweis auf die neueste SACEUR-Empfehlung hatte Fü B dazu eine Serie von Maßnahmen vorgeschlagen, die vom Stopp der Entlassung von Berufssoldaten über die Verlängerung der Dienstzeiten von Zeitsoldaten bis zu erhöhten Quoten von Wehrübungen reichten, wobei man sich bewußt war, daß dazu eine Anordnung der Bundesregierung nach § 54 Soldatengesetz bzw. § 6 Wehrpflichtgesetz notwendig war[55]. Die Vorkehrungen dafür waren so getroffen, daß die Bescheide für entsprechende Einberufungen Ende Oktober an einem Samstag hinausgehen konnten. Die Entscheidung darüber wurde jedoch auf Wunsch des Kanzlers von Tag zu Tag verschoben und sollte mit dem Abflauen der Krise schließlich ganz ausgesetzt werden. Lediglich die zur Entlassung anstehenden Wehrpflichtigen wurden für eine unmittelbar an ihre Wehrdienstzeit anschließende Wehrübung bei der Truppe behalten[56]. Damit wollte man nicht nur eine Beunruhigung der Bevölkerung in der Bundesrepublik zur Unzeit verhindern, auch nach außen durfte Bonn unter keinen Umständen in die Rolle des Krisenverschärfers durch Einleitung zu weitgehender Maßnahmen geraten.

Die vorbereitete Einberufung von Reservisten wäre freilich bei einem Andauern der Krise aus einem anderen Grund unumgänglich geworden, der eng mit der im *Der Spiegel* öffentlich monierten „bedingten Abwehrbereitschaft" der Bundeswehr zusammenhing. Der NATO war nach dem deutschen Bündnisbeitritt von 1955 avisiert worden, daß ihr die vorgesehenen zwölf Heeresdivisionen in drei, eine einsatzfähige Luftwaffe in vier Jahren zur Verfügung gestellt würden[57]. Das entsprach auch ganz dem erklärten Interesse der Bundesrepublik, der daran gelegen sein mußte, die Verteidigungslinien im Bündnis möglichst bald vom Rhein an die innerdeutsche Grenze vorzuverlegen. Damit war die Hoffnung verbunden, im Falle eines Scheiterns der nuklearen Abschreckung die Verteidigung vorn aufnehmen

---

[54] Vgl. BA-MA, BW 2/2612, Ergebnisprotokoll der Lagebesprechung Chef Fü B, 26. 10. 1962, 17.00 Uhr sowie Meldung des OvL Lagezentrum, 26./27. 10. 1962.
[55] Vgl. BA-MA, BW 2/2612, Bl. 282 f., Fü B I betr. Erhöhung der Einsatzbereitschaft sowie Schreiben von Verteidigungsminister Strauß an seine Kabinettskollegen und den Chef Bundeskanzleramt mit dem Antrag nach einem entsprechenden Beschluß der Bundesregierung, 27. 10. 1962.
[56] Vgl. Strauß, Erinnerungen, S. 362 f.
[57] Vgl. Anfänge 3, S. 632 f.

zu können, um möglichst großen Teilen des eigenen Territoriums wie seiner Bevölkerung das Schicksal eines atomaren Schlachtfeldes zu ersparen[58]. Denn nach der 1962 immer noch gültigen NATO-Strategie[59] war man seit 1955 im Bündnis daran gegangen, nicht vorhandene konventionelle Abwehrkraft über die Integration taktischer Kernwaffen auf allen Ebenen durch gesteigerte atomare Feuerwirkung auszugleichen. Dabei war den deutschen Militärplanern spätestens mit der Übung LION NOIR von 1957 deutlich geworden, daß Hunderte von vorgeplanten Atomzielen auf deutschem Boden bekämpft würden[60].

Auf deutsches Drängen hatte man seitens der NATO zwar inzwischen seit 1958 die eigene „forward defense" vom Rhein an die Weser-Lech-Linie vorgeschoben. Solange indes die zugesagten deutschen Divisionen nicht voll präsent und einsatzfähig waren, blieb es auch weiterhin bei einer lediglich verzögernden Gefechtsführung ostwärts des Rheins. Noch Ende 1961 waren von den 26½ Divisionen, die im Verteidigungsabschnitt Europa Mitte nach dem verbindlichen NATO-Dokument MC 70 für eine Vorneverteidigung gefordert waren, gerade einmal 20½ Divisionen verfügbar, die jedoch nur den Kampfwert von 15 voll ausgerüsteten und ausgebildeten Divisionen besaßen. An die innerdeutsche Grenze konnten daher bis auf weiteres nur leichte Deckungskräfte vorgeschoben werden. Im Vorfeld der Weser-Lech-Linie war mithin nur an ein hinhaltendes Verzögern zu denken, das lediglich zur Aufklärung der Hauptangriffsrichtungen des Gegners dienen konnte. Und selbst zwischen Weser und Rhein würde sich das Kräfteverhältnis zwischen Angreifer und Verteidiger immer noch so einseitig zugunsten des Warschauer Paktes darstellen, daß alle Operationen der NATO-Verbände von erheblichen vorbereiteten Zerstörungen in den zeitweilig aufzugebenden östlichen Landesteilen der Bundesrepublik und dem intensiven Einsatz taktischer Atomwaffen begleitet sein würden[61].

Im Herbst 1962 waren indes immer noch erhebliche Rückstände in den deutschen Bündniszusagen zu verzeichnen: von den zwölf waren gerade einmal neun Divisionen der NATO unterstellt, die eigentlich als ständig einsatzbereite Präsenzverbände eingeplant, tatsächlich aber – wie im *Der Spiegel* zutreffend beschrieben – weder personell noch materiell voll aufge-

---

58 Vgl. dazu insgesamt Thoß, Deterrence; Maier, Battlefield.
59 Die dafür verbindlichen Dokumente MC 14/2 Overall Strategic Concept for the Defense of the North Atlantic Treaty Organization Area und MC 48/2 Measures to Implement the Strategic Concept, 23. 5. 1957, sind abgedruckt in: Pedlow, NATO Strategy Documents, S. 277–331.
60 Eingehende Auswertung der beiden atomaren NATO-Manöver CARTE BLANCHE (1955) und LION NOIR (1957), in: Buchholz, Diskussionen, S. 241–247.
61 Beispielhaft dafür ist der Bericht JP (61) 152 (Final) an die britischen Stabschefs über die Möglichkeiten zur Vorneverteidigung bei der Northern Army Group (NORTHAG) in Norddeutschland, in: PRO, DEFE 4/140, 17. 11. 1961. Der Autor bereitet z. Zt. eine umfassende Monographie vor, die voraussichtlich 2004 in Druck gehen soll: Thoß, NATO-Strategie.

füllt waren. Im internen Zustandsbericht mit Stichtag: 7. Oktober 1962[62] war vielmehr festgehalten: die Ausbildungsziele seien auf vielen Gebieten aus Mangel an Ausbildern, Übungsmöglichkeiten und Gerät nicht erreicht; die Versorgung stelle eine wesentliche Schwäche dar, fehlten doch den an die NATO assignierten Verbänden 75% ihres logistischen Personals; und die eingegangenen NATO-Verpflichtungen bei der militärischen Infrastruktur konnten nicht fristgerecht erfüllt werden. Eben das waren aber auch die Gründe dafür gewesen, daß die NATO-Führung deutschen Verbänden bei der Übung FALLEX 62 die niedrige Einstufung eines „Bedingt abwehrbereit" attestiert hatte.

Die Probe aufs Exempel einer echten Alarmbereitschaft unter den Bedingungen einer sich verschärfenden internationalen Krise mußte aber für die Bundeswehr letztlich nicht gemacht werden. Schon am Sonntag, dem 28. Oktober, konnte man im Bonner Lagezentrum erstmals erleichtert durchatmen, als die Nachricht von Chruschtschows Einlenken in der Raketenfrage eintraf. Der Generalinspekteur rechnete zwar weiterhin mit einem „Fortbestand einer latenten Spannung" und wollte deshalb auch den erhöhten Bereitschaftsdienst „für einen begrenzten Zeitraum bestehen" lassen. Die für Personalplanung zuständigen Fachleute bei den Stäben der Teilstreitkräfte registrierten allerdings schon mit diesem ersten Abflauen der Krise durchgängigen Unmut bei den davon betroffenen Soldaten und plädierten daher für ein rascheres Zurückfahren der verlängerten Dienstzeiten[63]. Einen Tag später signalisierte auch SACEUR erste Entwarnung um Kuba, wollte aber ebenso wie die Bundeswehrführung die bisher getroffenen vorbereitenden militärischen Maßnahmen vorerst noch aufrechterhalten sehen. Seitens des Bundeskabinetts blieb daher die im Verteidigungsrat beschlossene Anordnung von Wehrübungen als Bereitschaftsdienst im Grundsatz beibehalten, wurde aber unter den Vorbehalt gestellt, daß ihre Umsetzung durch den Verteidigungsminister erst nach Genehmigung durch den Bundeskanzler erfolgen durfte[64]. Und dazu sollte es, wie bereits gezeigt, gar nicht mehr kommen.

Knapp drei Wochen nach dem Ende der Krise konnte der Generalinspekteur denn auch bilanzierend feststellen, daß es weder national noch von seiten der NATO zu tatsächlichen Alarmmaßnahmen gekommen sei. Alle angedachten oder bereits eingeleiteten vorbereitenden Maßnahmen hatte man noch vor ihrem Wirksamwerden bereits Ende Oktober wieder zurückneh-

---

[62] Vgl. BA-MA, BW 2/2460, Bl. 1–154. Fü B: Zustandsbericht der Bundeswehr Nr. 2/62 (Stichtag: 7. 10. 1962), 4. 1. 1963.
[63] Vgl. BA-MA, BW 2/2612, Bl. 123, Ergebnisprotokoll der Lagebesprechung Generalinspekteur, 29. 10. 1962, 09.00 Uhr; sowie BA-MA, BW 2/2044, Bl. 46–48, Milit. Tagebuch MFR: Lagebesprechungen Chef Fü B, 29. 10. 1962, 10.00 und 16.30 Uhr.
[64] Vgl. BA-MA, BW 2/2612, Bl. 118 f., Ergebnisprotokoll der Lagebesprechung der Inspekteure, 30. 10. 1962, 09.00 Uhr.

men können. Eingestehen mußte sich die Bundeswehrführung freilich auch – und sie setzte dies in einem Forderungskatalog an die politische Führung um, daß sich die bereits bei der vorausgegangenen Übung FALLEX 62 gemachten Erfahrungen in der Kubakrise „im wesentlichen" bestätigt hatten[65]. Selbst der Bundeskanzler verstand sich jetzt dazu: „Eine wirklich gute Armee läßt sich nicht mit einer ungeheuren Schnelligkeit aufbauen"[66]. Genau das hatte er freilich selbst unmittelbar nach dem Bündnisbeitritt der Bundesrepublik im Sommer 1955 von seinen Generalen gefordert und damit schon in der Startphase der Bundeswehr eine veritable „Aufbaukrise" mitzuverantworten gehabt, woran er sich nachträglich natürlich nur ungern erinnern ließ[67].

Die sehr eingehenden bundeswehrinternen Auswertungen zu FALLEX 62 und zur anschließenden Kubakrise[68] können hier noch nicht in extenso vorgeführt werden, da dies in seinen umfassenden innermilitärischen Details den Rahmen dieser Studie sprengen würde. Es müssen daher wenige Skizzierungen über zentrale Probleme genügen, die gleichzeitig versuchen wollen, militärische und politische Krisenauswertung im Zusammenhang zu sehen. In den militärischen Erfahrungsberichten dominieren vier wesentliche Schwachpunkte bei dem zum Zeitpunkt der Krise erreichten Stand der deutschen Verteidigungsplanungen, die als Forderungen an die Zukunft ausformuliert waren: (1) eine zur Gesamtverteidigung befähigte, zivil-militärisch koordinierte Führung; (2) personelle und materielle Mindestansprüche an die Operationsfähigkeit der einzusetzenden Truppen nach personellem Umfang und materieller Ausstattung; (3) deren gesicherte Versorgung vor und im Einsatz durch ein flächendeckendes logistisches System und eine mindestens für dreißig Tage ausreichende Kriegsbevorratung; (4) schließlich hinreichende Schutzvorkehrungen für Führungseinrichtungen, Truppe und Bevölkerung zum Überleben eines vollen gegnerischen Atomschlages, wie er als Einleitung in einen europäischen Krieg befürchtet wurde[69]. Das ordnete sich vollkommen ein in die seit Jahren von der NATO erhobenen Forderungen, daß militärische Operationspläne und zivile Notstandsvorkehrungen eng aufeinander abzustimmen und dafür die benötigten personellen und materiellen Mittel rechtzeitig bereitzustellen seien. Dem standen aller-

---

[65] Vgl. BA-MA, BW 2/2612, Bl. 1–6, GenInspBw an Staatssekretär betr. erste Auswertung der Erfahrungen aus der Kuba-Krise, 16. 11. 1962 (siehe Dokument Nr. 15); in allen wesentlichen Fragen bestätigt in der Zusammenfassung BA-MA, BW 2/2612, Bl. 23–44, Fü B III: Erfahrungsberichte zur Kuba-Krise, 17. 12. 1962.
[66] Informationsgespräch mit US-Journalisten, 12. 11. 1962, in: Adenauer, Teegespräche, S. 291.
[67] Vgl. dazu die kritische Würdigung der ersten Aufbauphase 1955–1957, in: Anfänge 3, S. 845–850.
[68] Eine Sammlung von kabinetts- und bundeswehrinternen Erfahrungsberichten findet sich in den Beständen BA–MA, BW 2/2612 und BW2/2617.
[69] Vgl. BA-MA, BW 2/2617, Bl. 369–409, Fü B III: Zusammenfassung der Erkenntnisse und Folgerungen aus der Übung FALLEX 62 und der Kuba-Krise, 20. 5. 1963.

dings in einem Bündnis souveräner Nationalstaaten mit ihren offenen Gesellschaften durchgängig einige im rein militärischen Sinne letztlich nicht auflösbare politische und ökonomische Hemmnisse entgegen. Die Entwicklung in Sachen Gesamtverteidigung vor wie nach der Kubakrise ließ keine von militärischer Seite geforderte weitgehende Automatik in den Alarmverfahren und Alarmmaßnahmen zu. Sie mochten vom Zeitdruck der militärischen Abläufe her geboten sein, widersprachen aber den Erfordernissen einer politischen Krisensteuerung im Bündnis ebenso wie innerhalb der Bundesregierung. Im übrigen waren dafür wie für eine funktionsfähige Zivilverteidigung auch bis zur Großen Koalition die verfassungsrechtlichen Voraussetzungen einer konsensfähigen Notstandsgesetzgebung nicht zu schaffen. Wenn sich schließlich Vertreter des Verteidigungs- und des Wirtschaftsministeriums in ihren Auswertungen von FALLEX 62 und Kubakrise darin einig waren, daß in einem Atomkrieg nur das unter Einsatzbedingungen Bestand haben würde, was bereits im Frieden weitestgehend vorgeplant und umgesetzt war, dann stieß sich das eben nicht nur an mangelndem politischen Willen, dafür das finanziell Erforderliche, aber in der Bevölkerung Unpopuläre bereitzustellen. Eine Verteidigungsplanung, die drei so extrem aufwendige Felder der Kriegsvorbereitung wie die atomare Ausrüstung der Bundeswehr, die Steigerung ihrer konventionellen Abwehrkraft und den hinlänglichen Schutz der Zivilbevölkerung gleichzeitig abdecken wollte, mußte entweder schlichtweg das ökonomisch Machbare überdehnen oder schon im Frieden zu einer durchaus in manchen Kreisen bereits andiskutierten „formierten Gesellschaft" führen. Präsident Eisenhower hatte jedenfalls solche „garrison state"-Vorstellungen für die ökonomisch ungleich potenteren USA bereits Jahre vorher strikt abgelehnt. Man dürfe schließlich nicht das, was man politisch und militärisch im Notfalle verteidigen wolle, bereits im Frieden durch Überrüstung wirtschaftlich und sozial ruinieren[70].

Nicht nur auf NATO-Ebene, vor allem auch in nationalem Rahmen waren mithin nach dem Krisenherbst 1962 Entscheidungen überfällig, die durch eine Revision der reinen Vergeltungsstrategie im Bündnis deren Finanzierungs-, Glaubwürdigkeits- und Akzeptanzprobleme lösbar machten. Bei allen schockartigen Begleitumständen der Kubakrise sollte man nun allerdings ihre Folgewirkungen auch nicht überzeichnen. Die Diskussionen um eine Reduzierung der atomaren Abhängigkeiten in der NATO-Strategie begleiteten den Bundeswehraufbau letztlich seit seinen Anfängen. Selbst ursprüngliche Wortführer einer konsequenten, weil vermeintlich billigeren und effizienteren Vergeltungsstrategie wie NATO-Oberbefehlshaber Norstad oder US-Außenminister Dulles suchten schon Ende der fünfziger Jahre

---

[70] Die daraus entwickelte Strategie des „New Look" unter der Eisenhower-Administration ist eingehend beschrieben und bewertet bei Dockrill, New Look.

nach einem Ausweg aus dem Dilemma, daß dieser Weg inzwischen mindestens ebensoviel Selbstabschreckung bei den eigenen Verbündeten wie erhoffte Abschreckung beim Gegner erzeugte[71]. So hatte die Kennedy-Administration denn auch unmittelbar nach ihrem Amtsantritt einen Erziehungsprozeß in Westeuropa eingeleitet, mit dem sie ihre Verbündeten über eine revidierte Bedrohungsanalyse für eine partielle Denuklearisierung verbunden mit einer konventionellen Modernisierung der Bündnisstreitkräfte gewinnen wollte. Davon erhoffte sich der neue US-Verteidigungsminister McNamara nicht nur ein Anheben der nuklearen Schwelle im Falle eines Konflikts. Von einer konsequenten Arbeitsteilung zwischen Nuklear- und Nichtnuklearstaaten erwartete er auch, daß die begrenzten ökonomischen Ressourcen zweckmäßiger einzusetzen waren[72].

Natürlich entsprach dies in erster Linie den Interessen der inzwischen selbst atomar verwundbar gewordenen Vereinigten Staaten im heraufziehenden nuklearen Patt zwischen den Supermächten. Aus der bei FALLEX 62 von der NATO-Führung kritisierten, im *Der Spiegel* öffentlich gemachten und in den Erfahrungen der Kubakrise bestätigten „bedingten Abwehrbereitschaft" der Bundeswehr begannen sich aber auch in ihrer Führung diejenigen Kräfte zunehmend hörbarer zu Wort zu melden, die von einer partiellen Interessenidentität mit den amerikanischen Überlegungen über ausgewogenere Streitkräftestrukturen ausgingen. So spricht denn vieles für die Vermutung, daß Informationen zu dem *Spiegel*-Artikel aus den Kreisen im Führungsstab der Bundeswehr und des Heeres kamen[73], die eine einseitig atomar ausgerichtete Vergeltungsstrategie wie deren offene Kritiker in der U.S. Army[74] schon bisher abgelehnt hatten, und die nun nach finanzierbaren und glaubwürdigen Alternativen einer mehroptionalen Bündnisverteidigung suchten. Das ging in der Bundeswehrführung nicht so weit wie in den Überlegungen des Pentagons, die seit 1961 auf ein schrittweises Zurückfahren der Bundeswehrplanung auf eine im wesentlichen konventionell begrenzte Rolle der deutschen Streitkräfte hinausliefen. Ließ sich dagegen im NATO-Rahmen eine angemessenere Form für die atomare Mitbestimmung der nichtnuklearen Partner finden[75], dann machte es gerade auch im deutschen Interesse Sinn, durch eine Verbesserung der konventionellen Abwehrfähigkeit den Gegner von einem europäischen Krieg möglichst schon vor seinem Ausbruch oder wenigstens vor seiner atomaren Eskalation ab-

---

[71] Zum Wechselspiel von Abschreckung und Selbstabschreckung in der Strategie der massiven nuklearen Vergeltung bei Gaddis, Strategies, S. 164–197.
[72] Vgl. Stromseth, Flexible Response, S. 42–68.
[73] Vgl. die Nachbetrachtung zur *SPIEGEL*-Affäre in: Der Spiegel, 21. 10. 2002, „Dummheiten des Staates", Nr. 43, S. 62–86.
[74] Zur Kritik an der reinen Vergeltungsstrategie innerhalb der U.S. Army bei Binder, Lemnitzer, S. 225–253.
[75] Das deutsche Streben nach atomarer Mitbestimmung ist eingehend analysiert bei Kelleher, Germany; Hoppe, Teilhabe.

schrecken zu können. Unter den Bedingungen einer Strategie mit konventionell wie atomar abgestuften Reaktionsformen würde die eigene Bevölkerung immerhin nicht mehr von Anfang an einem sofort nuklear eskalierenden Konflikt ausgeliefert sein, wenngleich sich auch dann noch mit guten Gründen fragen ließ, ob in letzter Konsequenz nicht auch die „flexible response" im Falle eines europäischen Krieges das deutsche Territorium zum nuklearen Schlachtfeld gemacht haben würde[76].

Der Rücktritt von Verteidigungsminister Strauß über die sich mit der Kubakrise dramatisch zuspitzende *Spiegel*-Affäre nahm aber immerhin denjenigen deutschen Sicherheitspolitiker aus dem Spiel, der innerhalb wie außerhalb der Bundesrepublik als Verfechter einer Ausrüstung der Bundeswehr mit Atomwaffen und damit als vehementester deutscher Gegner einer Strategieanpassung galt. Die von der Kubakrise zwar nicht ausgelöste, aber doch wesentlich beförderte Strategiedebatte im Bündnis wie in der Bundesrepublik sollte indes erst nach dem Rückzug einer noch gewichtigeren Blockademacht gegen eine Revision der reinen Vergeltungsstrategie zum Abschluß kommen. Erst mit dem Ausscheiden des gaullistischen Frankreich aus der militärischen Integration der NATO im Frühjahr 1966[77] war nämlich der Weg endgültig frei für den seit 1961 angedachten, durch Berlin- und Kubakrise 1961/62 beförderten und 1967/68 schließlich realisierten Strategiewechsel von der „massive retaliation" zur „flexible response".

---

[76] Zum durchgängigen strategischen Dilemma der Bundesrepublik unter den Bedingungen nuklearer Allianzstrategie bei Borinski, Dilemmas; Boutwell, German Nuclear Dilemma.
[77] Zum Austritt Frankreichs aus der Militärorganisation der NATO Jordan, Norstad, S. 118–132; Haftendorn, Kernwaffen, S. 209–222; Schmitt, Frankreich, S. 221–229.

Sigurd Hess

„Eine klare und gegenwärtige Gefahr"
oder „Bedingte Abwehrbereitschaft" am Beispiel
des 3. Schnellbootgeschwaders während der
Kubakrise 1962

Die Kubakrise vom Oktober 1962 markiert den Höhepunkt des Kalten Krieges. Vierzig Jahre danach scheint über den Ablauf und die Ursachen alles gesagt zu sein. Allein, über die parallel dazu laufenden Ereignisse in Deutschland und die Beteiligung der Bundeswehr ist bezeichnenderweise so gut wie nichts bekannt. Die Konfrontation zwischen den beiden Supermächten USA und UdSSR im „Hinterhof Amerikas" wurde augenblicklich von Präsident John F. Kennedy nicht nur als Herausforderung der amerikanischen Seemacht, sondern auch als eine Verschärfung der seit Jahren schwelenden Berlin-Krise verstanden. In seiner Fernsehansprache an die Nation und die Welt am Abend des 22. Oktober 1962 unterstrich er darum seine Entschlossenheit, angesichts der „klaren und gegenwärtigen Gefahr" wenn nötig militärisch einzugreifen: „Jedwede feindliche Bewegung, an welchem Ort der Erde auch immer, gegen die Sicherheit und Freiheit derjenigen Völker, denen wir verpflichtet sind – einschließlich und im besonderen der tapferen Bevölkerung von West-Berlin –, wird mit allen erforderlichen Aktionen begegnet werden."[1] Kuba befand sich zwar im Zentrum der Auseinandersetzung, doch der Aufmarsch erfolgte über See und zwar durch die Meerengen der Ostsee, des Schwarzen Meeres und der Ochotskischen See. Die „Frontstadt" Berlin aber war die Bühne, wo sich die Kontrahenten auf Sichtweite gegenüberstanden.
Vielfach wird angenommen, daß die Stationierung von Atomraketen auf Kuba den ersten Versuch einer Dislozierung solcher strategischen Waffen außerhalb des Territoriums der Sowjetunion darstellte. Dies geschah indes schon einige Jahre früher, als Nikita Sergejewitsch Chruschtschow und Nikolaj Alexandrowitsch Bulganin am 26. März 1955 die Regierungsanweisung Nr. 589–365 für die Stationierung von mit atomaren Sprengköpfen be-

---

1 Rede von Präsident John F. Kennedy, 22. 10. 1962, in: Kennedy, R. F., Thirteen Days, S. 170–171.

stückten Mittelstreckenraketen R-5M (NATO Code SS-3) auf Basen in der DDR unterzeichneten[2]. Wegen Verzögerungen bei der Entwicklung der Atomsprengköpfe begannen die Transporte aber erst im September 1958. Trotz intensiver Geheimhaltung – nicht einmal die ostdeutschen Waffenbrüder wurden eingeweiht – gab es bei den umfangreichen Bauarbeiten und Sondertransporten kleinere und größere Pannen. So entdeckten V-Leute des Bundesnachrichtendienstes (BND) auf den Lastwagen die Aufschrift „Atom", woraufhin der Agent V-18967 die Transportbewegungen[3] und der Agent V-9771 die Ankunft der 635. Raketenabteilung der 72. Ingenieurbrigade in Fürstenberg und der 638. Raketenabteilung in Vogelsang in der Uckermark meldeten[4].

Im Mai 1959 waren die Raketenstellungen einsatzbereit. Die Zielplanung richtete sich zum einen gegen die von Amerikanern und Briten gemeinsam betriebenen „Thor"-Raketenstellungen in Norfolk und Lincolnshire, zum anderen gegen die amerikanischen Flugbasen in Westeuropa und die für den Nachschub unerläßlichen Atlantikhäfen. Und nicht zuletzt dienten sie als Drohpotential gegen Paris, London und die Städte des Ruhrgebiets. Völlig überraschend wurden diese Raketen im August 1959 in den Militärbezirk Königsberg zurückverlegt. Über die Gründe kann man nur spekulieren. Neben ökonomischen und militärischen Erwägungen spricht viel dafür, daß diese Rochade als Entspannungsgeste anläßlich des USA-Besuchs von Chruschtschow im September 1959 gedacht war. Die Forcierung des Raketenprogramms zu immer größeren Reichweiten und gewaltigeren Atomsprengköpfen ging jedenfalls ungehemmt weiter, weshalb die Operation „Atom" immer mehr als eine Vorübung für die spätere Operation „Anadyr" erscheint[5].

Nach Chruschtschows Ultimatum vom November 1958, der die Vier-Mächte-Verantwortung für ganz Berlin in den Status einer „Freien Stadt West-Berlin" umwandeln wollte, hatten die drei westlichen Schutzmächte im April 1959 eine trilaterale Botschaftergruppe für Berlin gebildet. Am 5. August 1961 wurde der diplomatische Vertreter der Bundesregierung hinzugezogen und seitdem war es die „3+1-Gruppe" oder einfach nur die „Botschaftergruppe"[6]. Diese Gruppe und ihre verschiedenen Untergruppen

---

[2] Vgl. Beschluß Nr. 589–365 des Zentralkomitees der KPdSU und des Ministerrats der Sowjetunion vom 26. 3. 1955, in: Pervoe raketnoe soedinenie, S. 208–209.

[3] Vgl. Bundesarchiv, Abteilung Koblenz (künftig: BA Koblenz), B 206/114, Standortkartei der Militärischen Auswertung des BND: Objekt Kaserne Vogelsang, Bericht E 14136, September 1958, Bl. 20.

[4] Vgl. BA Koblenz, B 206/109, Standortkartei der Militärischen Auswertung des BND: Objekt Kaserne Kastavensee, Bericht E 21235, Januar 1959, Bl. 6.

[5] Weitere Einzelheiten finden sich bei Uhl/Ivkin, Operation, S. 299–306.

[6] „Live Oak" („Lebende Eiche") war dem SACEUR unterstellt, bildete jedoch keinen Teil seines NATO-Militärstabes. Bis 1987 war selbst der Name „Live Oak" als Verschlußsache eingestuft. Heute arbeiten in dem Gebäude die Mitglieder des Stabes „Partnerschaft für den Frieden".

berieten angesichts der drohenden Konfrontation über die notwendigen politischen, wirtschaftlichen sowie militärischen Sanktionen und Gegenmaßnahmen. Hierfür wurde beim SACEUR (Supreme Allied Commander Europe) der streng geheime Sonderstab „Live Oak" eingerichtet, der für die militärischen Planungen zuständig war[7]. Das Krisenszenario sah abgestufte militärischer Aktionen besonders im maritimen Bereich, den bewaffneten Durchbruch alliierter Heereseinheiten und -verbände auf den Verbindungswegen nach Berlin, auf dem Territorium der DDR, sowie die Option des Einsatzes nuklearer Waffen vor. Die maritimen Gegenmaßnahmen waren im September 1961 von den Deutschen vorgeschlagen worden, um Gegendruck in weit von Mitteleuropa und Berlin entfernten Gebieten ausüben zu können. Beim SACLANT (Supreme Allied Commander Atlantic) war hierfür der Sonderstab „Sea Spray" eingerichtet worden. Dessen Gegenmaßnahmen sahen verstärkte Seeaufklärung, die Sperrung von Meerengen und Kanälen, und die Verhängung einer Quarantäne oder Seeblockade vor[8]. Die Bundeswehr hatte für diese Planung nur Seestreitkräfte nominiert.

„Bedingt abwehrbereit"

Wie gesagt: diese Pläne waren zum Schutz Berlins vorbereitet worden. Als die Krise dann aber an einem ganz anderen Ort ausbrach, nämlich in Kuba, hätten sie folgerichtig auf die neue Lage übertragen werden müssen[9]. Aber im Herbst 1962 war nicht nur das Heer der Bundeswehr „bedingt abwehrbereit", wie das *Der Spiegel* etwas später berichten würde, sondern auch „die Einsatzbereitschaft der deutschen Flotte entsprach nicht den Erfordernissen"[10]. Als Gründe wurden die typischen Aufbauschwierigkeiten wie fehlendes Personal, niedriger Ausbildungsstand, zu häufige Stellenwechsel und unzureichende Ersatzteilversorgung angegeben. Zum Stichtag 1. Oktober 1962 erfüllten zwar auf dem Papier die offensiv einsetzbaren Flotteneinheiten die eher niedrig angesetzten NATO-Einsatzkriterien: 3 Zerstörer der Fletcher-Klasse; 1 Fregatte „Köln"; 37 Schnellboote des 1., 2., 3. und 5. Schnellbootgeschwaders und 18 Marinejagdbomber vom Typ „Seahawk". Die Zahl der wirklich einsatzbereiten Einheiten lag aber erheblich darunter – sie machte nur etwa 60 Prozent des Bestandes aus.

---

[7] Vgl. Pedlow, Crisis Management, S. 87–116.
[8] Die Akten über die Vorbereitungen von „Live Oak" sind weiterhin in den Archiven verschlossen und sollen erst 2005 freigegeben werden. Ein Teil der Darstellung stützt sich auf persönliche Kenntnisse des Autors und mündliche Äußerungen von Zeitzeugen.
[9] Vgl. Maloney, Notfallplanung, S. 3–15.
[10] Bundesarchiv, Abteilung Militärarchiv Freiburg/Br. (künftig: BA-MA), BW 2/2460, Kapitel V.1: Zusammenfassendes Urteil über die Einsatzbereitschaft des Bereichs Kommando der Flotte, Zustandsbericht der Bundeswehr Nr. 2/62.

Das 3. Schnellbootgeschwader wurde am 1. Oktober 1959 der NATO einsatzfähig gemeldet[11]. Es war das erste Geschwader, das mit den neu gebauten Schnellbooten der Jaguar-Klasse ausgerüstet wurde. Diese Boote waren mit 4 Torpedorohren und 2 Geschützen Kaliber 40 mm zur See- und Luftzielbekämpfung samt Rundsuchradar besser bewaffnet, seetüchtiger und ausdauernder als frühere Baumuster. Aber nicht nur wegen ihrer konventionellen Bewaffnung, sondern vor allem wegen der fehlenden Systeme für radargesteuerte Feuerleitung und elektronischen Kampf waren sie den sowjetischen Schnellbooten, Zerstörern und Kreuzern mit Flugkörperbewaffnung hoffnungslos unterlegen.

Diese materielle Unterlegenheit wurde zunächst mit taktischen Aushilfen, intensiver Seeausbildung und sehr motivierten und einsatzfreudigen Kommandeuren und Kommandanten wettgemacht. Seit dem Bau der Berliner Mauer am 13. August 1961 führten alle Boote ständig zwei Gefechtstorpedos und die Artilleriemunition an Bord mit. Zum 1. Oktober 1961 erfolgte jedoch der Austausch der meist noch kriegsgedienten Kommandanten durch junggediente Kräfte, die in die erst 1956/57 entstandene neue deutsche Marine eingetreten waren.

Das Jahr 1962 war von intensiven Gefechts- und NATO-Übungen, aber auch von vielen außergewöhnlichen Ereignissen geprägt, in denen sich die gespannte außen- und innenpolitische Lage widerspiegelte. Im Februar fuhren die Boote „Taktische Nahaufklärung" in der westlichen und mittleren Ostsee. Dabei stießen sie am 7. und 8. Februar auf größere Übungsverbände der sowjetischen Rotbannerflotte und der Volksmarine der DDR östlich von Saßnitz. Nach einem Torpedoschießen im März nahm das Geschwader im Mai an der NATO-Übung „High Jump/Wolf Brun" mit Stützpunkt in Den Helder teil. Damals kam es einem vor, als würden die Geleitzugschlachten des Zweiten Weltkriegs geübt – nur eben 18 Jahre später.

Als erstes Zeichen der von Staatspräsident Charles de Gaulle und Bundeskanzler Konrad Adenauer besiegelten deutsch-französischen Aussöhnung und Zusammenarbeit besuchte die französische Flotte mit zwei Flugzeugträgern, einem Kreuzer und zwölf Zerstörern vom 27.–31. Mai 1962 Hamburg. Als deutsche Gastschiffe waren die Zerstörer Z 1–Z 6, das 1. Schnellbootgeschwader und je zwei Boote des 2., 3. und 5. Schnellbootgeschwaders abgestellt. Nach einem erneuten Torpedoschießen in der Deutschen Bucht verlegte das Geschwader im August zu offiziellen Besuchen nach Cherbourg, Brest und Le Havre.

Am 15. Oktober 1962, Punkt 11 Uhr, begann mit dem Auslaufen aus dem Heimathafen Flensburg die erneute Einsatzausbildung in der mittleren Ostsee. Stützpunkt war der Tanker „Frankenland", der in der Köge-Bucht süd-

---

[11] Vgl. BA-MA, BM 7/20, Band 1, Militärisches Tagebuch (MTB) Kommando der Schnellboote.

lich von Kopenhagen vor Anker lag. Anders als heute, konnten sich allenfalls die Kommandanten über die politische Lage informieren. Wenn der Funker Zeit hatte, meistens aber war das nicht der Fall, konnte er per Tastfunk die „Presse" aufnehmen. Die Tage vergingen im Rhythmus Ausbildung – Essen – Schlafen. Jeder, vom Seemann und Heizer bis zum Kommandanten, war auf seine Funktion fixiert und funktionierte entsprechend[12].

Die Konfrontation im „Hinterhof Amerikas"

Was war seitdem aber auf der weltpolitischen Bühne geschehen? Chruschtschow hatte im Juni 1961 den neugewählten US-Präsidenten John F. Kennedy beim Gipfeltreffen in Wien politisch gewogen und für zu leicht befunden. Woraufhin sich der Partei- und Staatschef der UdSSR entschloß, entgegen den Status-Quo-Absprachen von Wien, seinen amerikanischen Gegenspieler zu täuschen und die strategische Lage durch die Stationierung von Atomraketen in Kuba zugunsten der Sowjetunion dramatisch zu verändern.

Bei seiner politischen Lagebeurteilung benutzte Chruschtschow notgedrungen das, was seither die „umgekehrte Domino-Theorie" genannt wird[13]. Denn wollte er das Projekt der entmilitarisierten „Freien Stadt West-Berlin" erneut voranbringen, im Streit mit Peking obsiegen und in der Dritten Welt wieder die Oberhand gewinnen, würden sich, bildlich gesprochen, mit dem Aufstellen des Domino-Steins „Kuba" die gefallenen Domino-Steine wieder aufrichten lassen. Die geplante Machtverschiebung in Kuba selbst sollte durch die Stationierung einer sowjetischen Kampfgruppe unter Führung von Armeegeneral Issa Alexandrowitsch Pliew erreicht werden.

Die Grundidee für die Stationierung einer Gruppe der sowjetischen Streitkräfte auf Kuba war dem sprunghaften und impulsiven Chruschtschow im April 1962 gekommen. Am 24. Mai legte der Generalstab dem Parteipräsidium den Plan für die Seelandung auf Kuba vor. Am 10. Juni erfolgte „die volle und einstimmige Zustimmung zu der Operation ‚Anadyr'". Der Auftrag für die sowjetischen Truppen lautete, die Insel zur uneinnehmbaren Festung auszubauen, eine amerikanische Feindlandung auf Kuba zu verhindern und die verschiedenen Raketentypen zur Abschreckung einsatzbereit zu machen. 36 Raketen mittlerer Reichweite (etwa 2000 km, NATO-Code SS-4), 24 Raketen größerer Reichweite (etwa 4500 km, NATO-Code SS-5, die übrigens niemals ankamen), bildeten die strategischen Atomwaffen zur

---

[12] Vgl. BA-MA, BM 21/I, Bl. 2264–2268, Schiffstagebuch (STB) Tiger.
[13] Vgl. Andrew, President's Eyes, S. 280–301.

Bedrohung amerikanischer Städte. 6 der 42 IL-28 Bomber und 80 Marschflugkörper konnten als taktische Kernwaffenträger auf dem möglichen Gefechtsfeld eingesetzt werden. 24 Flugabwehr-Raketenstellungen und Jagdflugzeuge spannten den Schutzschirm über der Insel auf. Zur Beherrschung der See war je ein Geschwader aus U-Booten sowie Kreuzern und Zerstörern mit taktischen, atomar armierten Torpedos und Flugkörpern vorgesehen. Insgesamt sollten ca. 50 000 Soldaten und Techniker im „Hinterhof der USA" stationiert werden[14].

Mitte Juli begannen die Schiffsverladungen. Am 25. September 1962 waren von den 114 Frachtschiffen und Tankern, die nach Kuba unterwegs waren, bereits 94 angekommen. Zusätzliche 35 Schiffe sollten folgen, wobei das Ende der Anladungen auf den 5. November terminiert war. Selbstverständlich waren Täuschungsmanöver angeordnet worden, angefangen mit dem Abdecken des Großgeräts mit Persenningen. Und selbstverständlich durften die Meeresengen nur des Nachts passiert werden. Aber wie konnte den dänischen, deutschen und türkischen Beobachtern an den Meerengen, wie den mächtigen Flotten der Briten und Amerikaner auf dem Atlantik diese Armada von Handelsschiffen entgehen? Diese Armada, die sich wie gesagt aus der Ostsee, dem Schwarzen Meer und dem Ochotskischen Meer nach Kuba bewegte?

Nun, sie ist den Beobachtern auch gar nicht entgangen[15]. Der BND jedenfalls besaß ab Juli 1962 Erkenntnisse aus der DDR-Aufklärung über die Seetransporte nach Kuba und hatte diese ordnungsgemäß der Bundesregierung und über den BND-Residenten in Washington der CIA (Central Intelligence Agency) gemeldet. Aber, um mit Morgenstern zu sprechen, „Weil nicht sein kann, was nicht sein darf", wurden die Berichte nicht ernstgenommen.

Immerhin, am 23. August 1962 hatte John McCone als Direktor des CIA Präsident Kennedy erstmalig über die sich entwickelnde Gefahr der anfangs lediglich als Defensivwaffensysteme eingestuften Raketen auf Kuba informiert. Die Angaben über die sowjetischen Waffenlieferungen nach Kuba stammten dieses Mal aus Berichten kubanischer Flüchtlinge und Agenten – darüber hinaus aber auch aus Quellen der Fernmelde-, elektronischen- und Photoaufklärung. Die Ergebnisse der Photoaufklärung wurden zudem mit anderen Erkenntnissen aus der Spionage abgeglichen und verifiziert. Nicht zuletzt hatte der GRU-Oberst Oleg Wladimirowitsch Penkowskij dem englischen Geheimdienst MI 6 und der CIA die Nuklear-Strategie der UdSSR, einschließlich technischer Waffendetails, verraten. Diese Informationen waren für die Interpretation der eigenen, technischen Aufklärungs-

---

[14] Einsatzbefehle für die Operation „Anadyr", in: Garthoff, New Evidence on the Cuban Missile Crisis, S. 254–261.
[15] Vgl. Reuters vom 29. 11. 2002.

ergebnisse von immenser Bedeutung. Sein letzter Bericht datierte vom 27. August. Kurz darauf verhaftete ihn der KGB, woraufhin er im Mai 1963 verurteilt und erschossen wurde[16].

Präsident Kennedy äußerte sich erstmalig am 4. September öffentlich über offensive Waffensysteme auf Kuba[17]. Diese Presseverlautbarung hatte den doppelten Zweck, zum einen seine innenpolitischen Gegner und zum anderen Chruschtschow vor Abenteuern zu warnen. Bis dahin hatte Kennedy ja nur über die schon länger bekannten Flugabwehr-Raketen gesprochen, weshalb Chruschtschow glaubte, der sowjetische Aufmarsch der strategischen und taktischen Atomwaffen sei unbemerkt geblieben. Zudem wiegte er sich in Sicherheit, nachdem er während des Sommerurlaubs auf seiner Datscha in Pitsunda die „Anadyr"-Planung in einigen Punkten eigenhändig geändert hatte[18]. So wurde, um keine Aufmerksamkeit zu erregen, der Einsatz der Flotte aus U-Booten, Kreuzern und Zerstörern zurückgestellt, wie auch die Zusammenstellung der taktischen Atomwaffeneinheiten aus Bombern, Marschflugkörpern und Kurzstreckenraketen des Typs Luna verändert.

Im Oktober 1962 aber konnten weder Chrutschow noch die westlichen politischen Apparate verhindern, daß „die Nachrichtendienste dem Präsidenten die Zeit kauften", die er brauchte, um mit seinen Beratern im „Executive Committee" des Nationalen Sicherheitsrats eine wohlüberlegte Planung der „flexiblen Erwiderung" zu erarbeiten. Am 14. Oktober entdeckte eine Maschine vom Typ des hochfliegenden Aufklärungsflugzeuges U-2 die SS-4 Raketenstellung in San Cristobal. Am 16. Oktober fand die erste Krisensitzung beim Präsidenten statt. Nun überschlugen sich die Ereignisse. Gleichwohl behielt Kennedy „auch in der Hitze des Gefechts seine Nerven" und strahlte auf seine Umgebung Ruhe und Entschlossenheit aus. Vor aller Öffentlichkeit setzte der Präsident wie gewohnt seine Wahlkampagne für die Herbstwahlen fort. Sein Beraterkreis erarbeitete, zum Teil in heftigem Meinungsstreit, im geheimen und von den Medien unentdeckt die fünf möglichen Optionen, um der sowjetischen Herausforderung zu begegnen: Invasion von Kuba, Luftangriffe auf die Raketenstellungen und spätere Landung, eine Seeblockade, Diplomatie und ganz bewußtes Nichts-Tun[19].

Am 17. Oktober wurden zusätzliche sechs U-2-Einsätze geflogen. Die Lagebeurteilung ergab, daß von den offensichtlich geplanten 24 Raketenstellungen bereits 8 Abschußrampen einsatzbereit waren. Am 20. Oktober entschied sich Kennedy für die Option der Seeblockade, euphemistisch „Quarantäne" genannt, in Verbindung mit den erforderlichen diplomati-

---

16 Vgl. Dorril, MI 6, S. 704–708; Schecter/Deriabin, Die Penkowskij-Akte, S. 350–383.
17 Vgl. New York Times, 5. 9. 1962, Präsident Kennedys Presseverlautbarung über sowjetische militärische Lieferungen an Kuba vom 4. 9. 1962.
18 Fursenko/Naftali, Pitsunda, S. 223–225.
19 Vgl. Andrew, President's Eyes, S. 280–301.

schen Maßnahmen. Kritiker haben dies eine überflüssige Krise genannt[20]. Doch nach den Ereignissen ist gut streiten.

Ab dem 21. Oktober wurden Kennedys Kabinett, die Führer im Kongreß und die wichtigsten Verbündeten, nämlich der britische Premier Harold MacMillan, der französische Präsident Charles de Gaulle, der kanadische Premier John Diefenbaker und der deutsche Bundeskanzler Konrad Adenauer persönlich informiert. Nach 17 U-2-Einsätzen war klar, daß 3 SS-5-Basen mit 12 Abschußrampen, 6 SS-4-Basen mit 24 Abschußrampen, davon 16 einsatzbereiten, existierten. Die nuklearen Sprengköpfe schienen dagegen noch nicht angekommen zu sein. Am Abend dieses Montags, des 22. Oktobers – in Deutschland war es bereits Dienstag, 1 Uhr mitteleuropäischer Zeit – sprach Kennedy über Radio und Fernsehen zur Nation und zur Welt. Diese eindringliche, dramatische wie eindrucksvolle Rede war für den Westen ebenso eine Überraschung, wie für Chruschtschow, der bis zu diesem Augenblick geglaubt hatte, daß sein Coup unentdeckt geblieben sei.

Beginnend am 24. Oktober, 11 Uhr Ostküstenzeit, trat die „Quarantäne" in Kraft. Die Schiffe „Jurij Gagarin" und „Komiles" näherten sich der 500 sm-Quarantänegrenze um Kuba, stoppten jedoch vor Erreichen der Linie. US-Außenminister Dean Rusk, der bisher eine eher marginale Rolle gespielt hatte, wurde mit dem später sprichwörtlich gewordenen Satz zitiert: „Wir sahen einander ins Weiße des Auges [...], der andere hat gerade gezuckt." Die ersten Nachrichten aus Moskau sprachen ohnmächtig vor Wut von „piraten-ähnlichen Aktionen". Später drehten insgesamt 14 der 22 im Seegebiet vor Kuba befindlichen sowjetischen Schiffe ab. Am 25. Oktober legten der UN-Botschafter der USA Adlai Stevenson und der Berlin-erfahrene John McCloy in einer dramatischen und durch das noch junge Medium Fernsehen in die ganze Welt übertragenen Sitzung des UN-Sicherheitsrats die Beweise für den Aufbau der Raketenstellungen in San Cristobal und Guanajay vor. Zum ersten Mal wurden Ergebnisse der Photoaufklärung durch U-2-Flugzeuge und die gerade erst einsatzfähig gewordenen Discoverer-Satelliten der Öffentlichkeit zugänglich. Hiermit demonstrierte die USA gleichzeitig ihre eindeutige Überlegenheit bei der technischen Aufklärung.

Der 26. Oktober war der Tag der Geheimdiplomatie. Der amerikanische Vorschlag lautete, die territoriale Integrität Kubas zu respektieren, oder anders ausgedrückt, keine Invasion zu planen, wenn die Atomraketen abgezogen werden. Chruschtschow antwortete in einem sehr persönlichen wie verworrenen Brief, daß er auf das Angebot eingehen werde. In seiner plastischen Sprache benutzte er die Allegorie des „Kriegsknotens" und stellte fest, „je mehr wir beide ziehen, desto enger wird der Knoten". In Washington fand einen Tag später, am 27. Oktober 1962, ein geheimes Treffen zwischen dem sowjetischen Botschafter Anatoli Dobrynin und dem Bruder des

---

[20] Vgl. Schlesinger Jr., Robert Kennedy, S. 537ff.

Präsidenten, Justizminister Robert F. Kennedy, statt, in dem dieser die amerikanische Doppelstrategie verdeutlichte. Er versprach die Garantie der Integrität Kubas und verlangte den Abzug der Atomraketen. Gleichzeitig bot er den Abzug der in der Türkei und Italien stationierten „Jupiter"-Raketen zu einem späteren Zeitpunkt und unabhängig von der Einigung im ersten Punkt an[21]. Durch eine Vorabmeldung der Presseagenturen wurde am 27. Oktober auch der zweite Brief Chruschtschows bekannt, der nun den Tauschhandel öffentlich vorschlug. In Kuba sollten die sowjetischen, in der Türkei und Italien die NATO-Raketen abgebaut werden. Kennedy beantwortete nur den ersten Brief Chruschtschows und ging auf das Angebot des zweiten Briefs nicht ein. Trotz des Abschusses einer U-2 über Kuba blieb Kennedy bei seiner Linie und untersagte den für einen solchen Fall eigentlich vorgesehenen Gegenangriff. Am 28. Oktober ging die alle erleichternde Antwort Chruschtschows ein, daß die Raketen von Kuba abgezogen würden. Wie vereinbart, wurde am 30. Oktober im Gegenzug die Planung für die Invasion Kubas und damit auch für die Operation „Mongoose" vom Nationalen Sicherheitsrat für beendet erklärt. Das drohende Armageddon war abgewendet worden.

Der Bundesverteidigungsrat beschließt Krisenmaßnahmen

Was geschah nun aber in der Bundesrepublik Deutschland, während die Supermächte mit Atomraketen pokerten? „Von der Kuba-Krise wurde Adenauer genauso überrascht, wie die gesamte deutsche Öffentlichkeit", so urteilt sein Biograph Hans-Peter Schwarz. Am 22. Oktober, 19.15 Uhr, informierten US-Botschafter Walter Dowling und der Direktor des CIA-Office of Current Intelligence (OCI) R. Jack Smith den Bundeskanzler über die Lage und die Absichten der USA. Adenauer sagte den Emissären Kennedys seine uneingeschränkte Unterstützung zu. Am nächsten Tag richtete Adenauer „in aller Form eine Botschaft an Kennedy, in der er dessen Vorgehen vorbehaltlos billigt".[22] Am 24. Oktober tagte der Bundesverteidigungsrat und hörte sich den Vortrag des Generalinspekteurs der Bundeswehr an. Beschlüsse wurden keine gefaßt, die Bundeswehr ließ routinemäßige Krisenmaßnahmen anlaufen. Eine realistische Vorbereitung auf den drohenden und möglichen Krieg fand jedoch nicht statt. Und obwohl es offensichtlich war, daß bei einer kriegerischen Konfrontation der Supermächte die NATO-Bündnispartner nicht abseits stehen würden, und obwohl Adenauer sehr entschieden hinter den Maßnahmen Kennedys stand, war eine

---

[21] Vgl. ebenda.
[22] Schwarz, Adenauer 1952–1967, S. 771.

politische Führung, die die Bevölkerung auf den Ernstfall vorbereitet hätte, nicht erkennbar.

Die Stimmung in der Bevölkerung war inzwischen gedrückt. In Schleswig-Holstein kam es zu „Fluchtbewegungen" auf den Straßen nach Norden, in das vermeintlich weniger gefährdete Dänemark. Auf der Bonner Hardthöhe im Bundesministerium der Verteidigung erschienen zivile Mitarbeiter nicht zum Dienst, Soldaten meldeten sich krank. Trotzdem fand sich im Militärischen Tagebuch (MTB) des Flottenkommandos nicht ein einziger Eintrag über die Kubakrise.[23]. Offensichtlich waren die vom Bundesverteidigungsrat zur Kenntnis genommenen Krisenmaßnahmen beim Befehlshaber der deutschen Flotte nicht angekommen. Das MTB der Schnellbootsflottille verzeichnete als einzige Maßnahme, daß im Kommandobereich der Wochenendurlaub am 27./28. Oktober eingeschränkt wurde[24]. In beiden Tagebüchern fehlten die Beschreibung und die Beurteilung der Lage. Die spärlichen Informationen aus den bis Ende 2002 immer noch verschlossenen Archiven lassen keine genauere Bewertung zu, wie die Bundeswehr und die Bundesmarine die militärische Lage beurteilten[25]. Die wenigen Indizien erlauben allerdings zweifelsfrei den Schluß, daß die Verantwortlichen den Kopf in den Sand gesteckt hatten. Die Süddeutsche Zeitung stellte fest, daß in Deutschland „die größte Gruppe wohl mit einer gewissen Dickfelligkeit an der Krise vorbeigelebt haben dürfte"[26].

In bester Schußposition

Das 3. Schnellbootgeschwader mit seinen acht Booten und dem Tanker befand sich zu diesem Zeitpunkt noch in der Ostsee. Wegen des drohenden Krieges und ohne Befehle seiner Vorgesetzten entschloß sich der Kommandeur, Fregattenkapitän „Charly" Künzel, am 24. Oktober den Rückmarsch nach Flensburg anzutreten. Die Befehlslage blieb unklar. Die anderen Kommandeure führten ihre gerade laufenden Aufgaben – „Taktische Nahaufklärung" in der westlichen Ostsee, Torpedoschießen im Kattegat oder Hafenliegezeit – fort. Der Kommandeur des 3. Schnellbootgeschwaders, „ließ nichts anbrennen" und befahl die kriegsmäßige Ausrüstung seiner Boote. Am 27. Oktober war Befehlsausgabe, am Sonntag, den 28. Oktober, 10.20

---

[23] Vgl. BA-MA, BM 1/1261, MTB Flottenkommando.
[24] Vgl. BA-MA, BM 7/21, Band 2, MTB Kommando der Schnellboote.
[25] Vor kurzem wurden die Akten zur Kuba-Krise im Bundesarchiv-Militärarchiv zumindest teilweise auf „offen" herabgestuft und stehen nun für eine Auswertung zur Verfügung. Die Akten des Bundeskanzleramtes zur Kubakrise, hier besonders die Sitzungsprotokolle des Bundesverteidigungsrates sowie die Akten des Bundesnachrichtendienstes bleiben allerdings weiterhin gesperrt.
[26] Süddeutsche Zeitung, 27. 10. 1962.

Uhr, liefen die acht Boote wieder gen Osten aus. Während der Motoren-Standprobe und den Besatzungsmusterungen standen die Angehörigen hinter dem nahen Zaun des Stützpunktes und winkten zum ungewissen Abschied. Nach dem Auslaufen machten sich die Kommandanten und die „Torpedomixer" mit dem schulmäßigen Einsetzen der Gefechtspistolen in die Torpedos vertraut. Ankerplatz war erneut die Köge-Bucht, diesmal längsseits des Tankers „Claire Jung". Auf der einen Seite wurde routinemäßig die taktische Ausbildung fortgesetzt, als ob nichts geschehen wäre, auf der anderen Seite lastete über allem die Ungewißheit der drohenden Kriegsgefahr. Als willkommene Abwechslung wurde am 1. und 3. November im Hafen von Köge Frischwasser und Proviant übernommen. Währenddessen brütete der Kommandeur in seiner Kammer über dem Problem, wohin er den Tanker im Gefechtsfalle ordern sollte. Auf der einen Seite mußte der unbewaffnete Tanker so schnell wie möglich aus der Gefahrenzone herauskommen, um sich in der dänischen Inselwelt verstecken zu können. Auf der anderen Seite mußte er in der Nähe sein, um für die täglich erforderliche Brennstoffübernahme der Boote bereitzustehen. Am 29. Oktober löste sich endlich die Spannung, als die „Funkpresse" meldete, Chruschtschow habe am Vortag den Abzug der Raketen aus Kuba befohlen.

In kompletter Umkehrung der Verhältnisse wurde am 2. November in einer Aufklärungsmeldung das Einlaufen eines sowjetischen Verbands in die Ostsee angekündigt. Er bestand aus einem „Kynda"-Kreuzer, dem damals modernsten, mit mächtigen Raketen bestückten Schiff der Rotbannerflotte, und einem „Kotlin"-Zerstörer. Nun kam es doch noch zum Einsatz, wenngleich alle froh waren, daß es nur ein photographischer Einsatz wurde. Am 3. November, 14:25–14:43 Uhr klärten die Schnellboote „Leopard", „Iltis" und „Panther", den Kynda/Kotlin-Verband westlich von Gedser Rev auf und erfaßten ihn photographisch. Für die NATO waren dies die ersten gut auswertbaren Nahaufnahmen des neuartigen Kreuzer-Typs der sowjetischen Flotte. Beinahe kam es zu einem Zwischenfall, als die Schnellboote versuchten, so nah wie möglich für die Kameras in „Schußposition" zu kommen. Der Kotlin-Zerstörer versuchte die wendigen Boote abzudrängen. Als dies nicht gelingen wollte, ergab auch er sich in sein Schicksal, aus allen Winkeln photographiert zu werden[27]. Am 5. November erfolgte der Rückmarsch nach Flensburg. Auch für das 3. Schnellbootgeschwader war nun die Kubakrise und der erste „Kriegseinsatz ohne scharfen Schuß" beendet.

---

[27] Vgl. BA-MA, BM 21 /I/8014, STB Leopard.

Die „Spiegel-Affäre" wird zur Regierungskrise

Am 6. November fanden in den USA die Kongreßwahlen statt, Kennedy gewann die Mehrheit in beiden Häusern, während sich in Bonn der Deutsche Bundestag in öffentlicher Debatte mit der „Spiegel-Affäre" auseinandersetzen mußte, die bald zur „Spiegel-Krise" der Regierung wurde und die Kubakrise in den Schatten stellte. Am 10. Oktober war *Der Spiegel* mit der Titelgeschichte „Bedingt abwehrbereit" erschienen, die vordergründig auf die Atombewaffnungspolitik von Verteidigungsminister Franz-Josef Strauß zielte, aber in Wahrheit den Bundeskanzler meinte. Adenauer überstand die Regierungskrise nur kurzfristig. Die Verhaftung von Spiegel-Herausgeber Rudolf Augstein und seinem Chefredakteur Conrad Ahlers, der unter Bundeskanzler Willy Brandt als Staatssekretär das Presse- und Informationsamt der Bundesregierung leiten sollte, und die Umstände bei der vorangegangenen polizeilichen Durchsuchung der Hamburger Redaktionsräume am 16. und 17. Oktober empörten die Republik. Adenauer sah sich gezwungen, erst seinen Verteidigungsminister zu opfern, um dann selbst im Oktober 1963 auf die Macht zu verzichten. Präsident Kennedy wurde einen Monat darauf ermordet und Chruschtschow wiederum stürzte ein knappes Jahr später, nämlich im Oktober 1964. Nur Fidel Castro bleibt übrig. Er aber überlebt sich bekanntlich selbst.

Die Kubakrise bleibt ein Lehrstück über die rationale Bewältigung einer aussichtslos erscheinenden Konfrontation. Chruschtschow befreite sich aus einer für ihn hoffnungslosen militärischen Situation. Die Verbindungslinien von den sowjetischen Seehäfen nach Kuba betrugen mehr als 5000 Seemeilen (etwa 9000 km) und konnten weder mit See-, noch mit Luftstreitkräften geschützt werden. Bei einer länger andauernden militärischen Konfrontation ergaben sich für den Nachschub und damit für die Durchhaltefähigkeit der sowjetischen Truppen unüberwindliche Schwierigkeiten. Eine amerikanische Invasion Kubas hätte schließlich schon damals den Zusammenbruch des revolutionären Anspruchs der UdSSR in der Welt bedeutet. Darüberhinaus wäre offenbar geworden, daß die UdSSR weder die konventionelle militärische Überlegenheit in der Karibik, noch die strategische in der übrigen Welt besaß. Kennedys Politik war ein Triumph der später so bezeichneten Strategie der „flexible response"[28]. Er bewältigte die Krise mit diplomatischen Mitteln, nachdem die militärischen Vorbereitungen die Voraussetzungen für eine erfolgreiche Politik geschaffen hatten[29]. Anders gesagt: ohne die glaubhafte Drohung mit militärischer Macht hätte die Diplomatie

---

[28] Die Entwicklung der Strategie „der vorbedachten Eskalation" („flexible response" der MC 14/3) in der NATO ist eng mit der Entwicklung der Eventualpläne für Berlin durch „Live Oak" verbunden. Als offizielle NATO-Strategie löste sie 1967 die starre Strategie der „massiven Erwiderung" („massive retaliation" der MC 14/2) ab.

[29] Vgl. May/Zelikow, Kennedy Tapes, S. 411–414.

nur die Wirkung einer belanglosen Predigt gehabt. Die Bundesrepublik Deutschland aber, wegen der doch überhaupt die Krise ausgebrochen war, blieb trotz großzügiger Hilfsangebote ihres amerikanischen Verbündeten untätig. Statt nun endlich Vorbereitungen für den möglichen Ernstfall zu treffen, sich zumindest der vom *Der Spiegel* aufgedeckten mangelhaften Verteidigungsfähigkeit der Bundeswehr zu stellen, erging man sich in Bonn in innenpolitischen Streitereien über die „Spiegel-Affäre" wie die Kanzlernachfolge. Nicht minder entbrannten die außenpolitischen Streitereien zwischen „Atlantikern" und „Gaullisten", während die Bevölkerung an der Krise vorbeilebte und noch entschiedener den Rückzug ins Private antrat.

Matthias Uhl

„Jederzeit gefechtsbereit" – Die NVA während der Kubakrise

Im November 1959 erhielt der Verteidigungsminister der DDR, Armeegeneral Willi Stoph, vom Oberkommandierenden des Warschauer Vertrages, Marschall Iwan St. Konew, eine fünfzehnseitige Bestandsaufnahme der NVA zugeschickt. Ihr Ergebnis war für die ostdeutschen Streitkräfte vernichtend. Die Landstreitkräfte könnten bei Angriffsgefechten „keine feste Truppenführung und kein ununterbrochenes Zusammenwirken zwischen Feuer und Bewegung aufrechterhalten". Bei den Luftstreitkräften beherrschten die Piloten „ungenügend die Führung von Luftkämpfen" und die Flakartillerie sei „ungenügend für den Kampf gegen tieffliegende schnelle Ziele ausgebildet". In der Volksmarine würden „die Fragen der Führung der Truppenteile und Schiffe" nicht ausreichend beherrscht[1]. Die NVA war also Ende 1959 nach Einschätzung des sowjetischen Generalstabes nur bedingt verteidigungs- und angriffsbereit.

Im Ergebnis dieser katastrophalen Einschätzung der Kampfkraft der NVA unternahm die politische und militärische Führung der DDR erhebliche Anstrengungen, um den verteidigungspolitischen Vorgaben aus Moskau besser gerecht werden zu können. Ausbildung und Training der Truppen wurden intensiviert, moderne und bessere Bewaffnung angekauft. Ziel war es, die DDR-Volksarmee zu einem anerkannten militärischen Partner im Bündnis werden zu lassen. Hierfür mußte sie vor allem gut und modern ausgerüstet, kampfstark strukturiert, personell gestärkt und im inneren Gefüge konsolidiert werden[2].

Drei Jahre später zeigte sich der Erfolg dieser massiven Aufrüstungsbemühungen. Im Jahr der Kubakrise bewies die NVA der sowjetischen Militärführung in Moskau, daß sie fähig war, „gemeinsam mit den sowjetischen Streitkräften in der Deutschen Demokratischen Republik und den anderen sozialistischen Bruderarmeen, die ihr im Rahmen des Warschauer Vertrages

---

[1] Stiftung Archiv der Parteien und Massenorganisationen der DDR im Bundesarchiv (künftig: SAPMO-BA), DY 30/3386, Bl. 58 ff., Schreiben von Konev an Stoph, 4. 11. 1959; Wagner, Ulbricht, S. 330 f.
[2] Vgl. Wenzke, Die Nationale Volksarmee, S. 442.

übertragenen Aufgaben, auch unter komplizierten Bedingungen zu lösen"[3]. Zugleich zeigte die Kubakrise jedoch auch, wie abhängig die ostdeutschen Streitkräfte von der sowjetischen Hegemonialmacht waren. In der Krise konnten die politische und militärische Führung der DDR keine einzige eigenständige sicherheitspolitische Entscheidung treffen, die nicht zuvor mit Moskau abgestimmt worden war. Parteichef Walter Ulbricht und Verteidigungsminister Hoffmann agierten im Oktober 1962 ohne jeden Spielraum als sowjetische Befehlsempfänger, die die Anweisungen Chruschtschows und seiner Generale beflissentlich ausführten.

Die GSSD – Vorhut der sowjetischen Streitkräfte in der DDR

Die ersten militärischen Einheiten die auf deutschem Territorium wegen der Kubakrise in Alarm versetzt wurden, waren die über 500 000 Soldaten und Offiziere der Gruppe der sowjetischen Streitkräfte in Deutschland. Bereits am 11. September 1962 hatte der sowjetische Staats- und Parteichef Nikita S. Chruschtschow in Verbindung mit der sich verschärfenden Situation auf Kuba für die Strategischen Raketentruppen, die Fernbomberflotte, die Seestreitkräfte, die Landes-Luftverteidigung (PVO) sowie die Truppen der UdSSR im Ausland und damit auch die Gruppe der sowjetischen Streitkräfte in Deutschland (GSSD) erhöhte Gefechtsbereitschaft angeordnet[4].

Wenige Tage später meldete Generalstabschef Marschall Matwej W. Sacharow dem ZK der KPdSU, daß das in Berlin befindliche 68. Panzerregiment der 6. Motorisierten Schützendivision nur 15 Minuten nach Auslösung des Alarms „vollständig zur Erfüllung der Gefechtsaufgabe bereit war"[5]. Dieses Schreiben von Sacharow ist ein wichtiger Beleg für die fast ständige Alarmbereitschaft in der sich die 20 Divisionen der GSSD während der Berlin- und Kubakrise befunden hatten. Bereits am 13. August 1961 waren die sowjetischen Streitkräfte in der DDR wegen des Mauerbaus in „erhöhte Gefechtsbereitschaft" versetzt worden. Erst am 11. Januar 1962, also mehr als 154 Tage nach der gewaltsamen Grenzabriegelung hatte die sowjetische Militärführung diesen Zustand, „unter allen Bedingungen rechtzeitig und organisiert die Gefechtshandlungen (Operationen) zu beginnen und die Gefechtsaufgaben erfolgreich zu erfüllen"[6], aufgehoben[7]. Nur wenige Mo-

---

[3] SAPMO-BA, DY 30/IV 2/12/38, Bl. 201, Bemerkungen der ZK-Abteilung Sicherheit zum Ausbildungsjahr 1962, o. Datum.
[4] Vgl. Rossijskij gosudarstvennyj archiv novejšej istorii – Russisches Staatsarchiv für Zeitgeschichte (künftig: RGANI), fond 5, opis' 30, delo 399 (im folgenden: 5/30/399), Bl. 190, Schreiben von Zacharov an das ZK der KPdSU, 15. 09. 1962; Voennyj enciklopedičeskij slovar', S. 624.
[5] RGANI, 5/30/401, Bl. 91, Schreiben von Zacharov an das ZK der KPdSU, 20. 09. 1962.
[6] Militärlexikon, S. 123.
[7] Vgl. RGANI, 5/30/399, Bl. 26, Schreiben von Zacharov an das ZK der KPdSU, 12. 01. 1962;

nate später, Ende Juli 1962, wurde die GSSD wegen einer Luftwaffenübung des Warschauer Vertrages über der DDR, bei der sich gleichzeitig bis zu 600 Flugzeuge in der Luft befanden, erneut in „erhöhte Gefechtsbereitschaft" versetzt[8]. Obgleich der Alarmzustand wenige Tage später wieder aufgehoben wurde, bedeutete dieser Schritt keine wirkliche Entspannung. Denn der erste Jahrestag des Mauerbaus stand unmittelbar bevor. Da das Oberkommando der Gruppe der sowjetischen Streitkräfte in Deutschland in diesem Zusammenhang Unruhen befürchtete, ließ es zwei in Berlin stationierte GSSD-Regimenter in „erhöhte Gefechtsbereitschaft" versetzen, und ordnete zudem für die Stäbe der Gruppe, der fünf Armeen und der 20 Divisionen ständige Führungsbereitschaft an[9].

Als Beleg dafür, daß sich nach dem Mauerbau die militärische Situation an der Systemgrenze in Deutschland nicht entspannte, sondern eher verschärfte, sollen hier kurz drei Luftzwischenfälle dargestellt werden, in die Flugzeuge der Bundeswehr und der 24. Luftarmee der GSSD verwickelt waren. Der erste ereignete sich noch vor dem Mauerbau, am 16. März 1961, als ein Flugzeug der Bundesluftwaffe in den Luftraum der DDR eindrang und von sowjetischen Jagdflugzeugen abgefangen wurde. Obwohl die sowjetischen Flugzeuge Zeichen zur Landung gaben, konnte sich die Luftwaffemaschine ohne Schwierigkeiten in den Luftraum der Bundesrepublik zurückziehen, da die sowjetischen Piloten ihren Aufforderungen nicht durch den Einsatz von Gewalt Nachdruck verliehen[10].

Ein halbes Jahr später, am 14. September 1961, entgingen die beiden Luftwaffenpiloten des Jagdbombergeschwaders 32, Stabsunteroffizier Eberl und Feldwebel Pfefferkorn, mit ihren F-84, die sich aufgrund eines Fehlers im Navigationssystem nach West-Berlin verirrt hatten, nur dadurch dem befohlenen Abschuß, daß die sowjetische Bodenkontrolle nicht in der Lage war, ihre Abfangjäger in die Nähe der beiden Flugzeuge zu leiten, obwohl mehr als zehn Jagdflugzeuge deren Verfolgung aufgenommen hatten. Wie der Befehlshaber der 24. Luftarmee, Generalleutnant Iwan I. Pstygo, wenig später auf der Sitzung des Parteiaktivs der GSSD feststellte, sei der „Fall des ungestraften Durchlassens feindlicher Flugzeuge eine Schande für den Zentralen Gefechtsstand und die Luftarmee"[11]. Die Führung in Moskau wurde freilich im Glauben gelassen, daß es mit der Gefechts- und Einsatzbereitschaft der GSSD zum besten stehe. Ihr teilte der Generalstab wahrheitswid-

---

BA-MA, BW-2/2226, o. Bl., Bericht über die Grenzverletzung von 2 Besatzungen JaboG 32, 15. 09. 1961; Auf Gefechtsposten, S. 87.
[8] Vgl. RGANI, 5/30/399, Bl. 154, Schreiben von Malinovskij an das ZK der KPdSU, 4. 8. 1962; SAPMO-BA, DY 30/IV 2/12/38, Bl. 187–194, Information über eine gemeinsame Übung von Streitkräften der Luftverteidigung der Warschauer Vertragsstaaten, 15. 8. 1962.
[9] Vgl. RGANI, 5/30/399, Bl. 157f., Schreiben von Grečko an das ZK der KPdSU, 9. 8. 1962.
[10] Vgl. RGANI, 5/30/372, Bl. 16f., Schreiben von Zacharov an das ZK der KPdSU, 18. 3. 1961.
[11] RGANI, 89/70/6, Bl. 201, Auszüge aus dem Stenogramm der Parteikonferenz des GSSD, September 1961.

rig mit, daß schlechtes Wetter und geringe Sicht ein Abfangen unmöglich gemacht hätten[12].

Am 18. August 1962 eröffnete schließlich ein sowjetisches Jagdflugzeug auf persönliche Anweisung des Oberkommandierenden der GSSD, Armeegeneral Iwan I. Jakubowski, nach der Abgabe von Warnschüssen gezielt das Feuer auf ein Flugzeug des Marinefliegergeschwaders 1, das sich über DDR Territorium befand und sowjetischen Landungsaufforderungen nicht nachkam. Pilot Kapitänleutnant Winkler konnte seine schwer beschädigte Sea-Hawk-Maschine jedoch noch auf dem bundesdeutschen Militärflugplatz Ahlhorn notlanden[13].

Wie diese Beispiele zeigen, herrschte gerade bei den Soldaten und Offizieren der von Außeneinflüssen streng abgeschirmten GSSD damals das Gefühl, daß der Kalte Krieg in Deutschland ständig vor der Gefahr stand, zum „Heißen Krieg" zu werden. Im eigenen Selbstverständnis sahen sich die sowjetischen Truppen in der DDR deshalb, wie ihr Oberkommandierender auf dem Höhepunkt der Kubakrise am 28. Oktober 1962 in der Armeezeitung „Krasnaja Swesda" betonte, als Vorhut der Streitkräfte der UdSSR, die über alle Mittel verfügte, „um einem Aggressor einen vernichtenden Schlag zu versetzten."[14] Entsprechend dieser Doktrin handelte es sich bei der GSSD um eine zu jeder Zeit voll angriffsfähige Gruppierung, der gerade während der Kubakrise ein beträchtliches Abschreckungspotential zukommen sollte. Als Instrument sowjetischer Sicherheitspolitik in Zentraleuropa kam ihr während der Kubakrise eine Schlüsselrolle zu, sollte sie doch durch die ständige Bedrohung West-Berlins die USA und ihre NATO-Verbündeten davon abhalten, mit aktiven Maßnahmen gegen die Raketenstellungen auf Kuba vorzugehen[15]. Da jedoch US-Präsident Kennedy nicht gewillt war, den Konflikt auf Europa auszudehnen, konnten die Truppen der GSSD während der Kubakrise einsatzbereit in ihren Kasernen bleiben und sahen sich nicht wie im Oktober 1961 gezwungen, mit Drohgebärden auf Demonstrativhandlungen der US-Streitkräfte in Europa zu reagieren. Die relative Ruhe an der gefährlichsten Nahtstelle zwischen beiden Bündnissystemen während des Konflikts war eine entscheidende Bedingung dafür, die Kubakrise mit friedlichen Mitteln beizulegen.

---

[12] Vgl. RGANI, 5/30/367, Bl. 61, Schreiben von Malinovskij an das ZK der KPdSU, 16. 9. 1961.

[13] Vgl. RGANI, 5/30/399, Bl. 169, Schreiben von Grečko und Zimin an das ZK der KPdSU, 20. 8. 1962; Bundesarchiv, Abteilung Militärarchiv Freiburg/Br. (künftig: BA-MA), DVW-1/13202, Bl. 99, Sammelbericht über Vorkommnisse im DDR-Luftraum, 1. 9. 1962.

[14] Krasnaja Zvezda, 28. 10. 1962.

[15] Arlt, Sowjetische Truppen in Deutschland, S. 609; Kowalczuk/Wolle, Roter Stern, S. 114–123.

„Gefechtsbereit" – Die militärischen Maßnahmen der NVA während der Kubakrise

Obgleich am 11. September 1962 große Teile der sowjetischen Streitkräfte in Alarmzustand versetzt worden waren, traf das Vereinte Oberkommando wegen der noch nicht offen ausgebrochenen Krise die Entscheidung, die Streitkräfte der anderen Mitgliedsstaaten des Warschauer Vertrages noch nicht in „erhöhte Gefechtsbereitschaft" zu versetzen. Gleichwohl war der Generalstab in Moskau darauf bedacht, auch den militärischen Druck in Mitteleuropa zu erhöhen. Zu diesem Zweck fanden Ende September/Anfang Oktober 1962 in Polen, der ČSSR und der DDR umfangreiche Manöver statt, an denen Einheiten der NVA, der Sowjetarmee sowie der Polnischen, Tschechoslowakischen und Ungarischen Volksarmee teilnahmen. Diese Übungen sollten sich wenig später als außerordentlich nützlich erweisen, erleichterten sie doch die Überführung der Streitkräfte des Warschauer Vertrages in den Zustand der „erhöhten Gefechtsbereitschaft"[16].

Als am 22. Oktober 1962 die Kubakrise zum offenen Konflikt eskalierte, wurde einen Tag später auf Anweisung des Oberkommandierenden der Vereinten Streitkräfte des Warschauer Vertrages, Marschall Andrej Grečko, die NVA wie auch die anderen Bündnistruppen des östlichen Militärpaktes in Alarm versetzt[17]. Am 23. Oktober um 21.00 Uhr befahl daraufhin SED-Chef Ulbricht in seiner Eigenschaft als Vorsitzender des Nationalen Verteidigungsrats, ohne allerdings das höchste sicherheitspolitische Gremium der DDR überhaupt einzuberufen, für die Nationale Volksarmee die erhöhte Gefechtsbereitschaft. Gleichzeitig ordnete er die Aufschiebung der bevorstehenden Entlassung von mehr als 30000 Mann sowie die Herstellung der vollen Mobilmachungsbereitschaft an[18]. Wenige Stunden später meldete Verteidigungsminister Hoffmann Marschall Grečko den erfolgreichen Vollzug des Befehls. In der Realität bedeutete dies, daß die Stäbe aller Bataillone, Regimenter und Divisionen der NVA unverzüglich die volle Arbeitsbereitschaft herstellten. In den Kasernen empfingen die Soldaten ihre persönlichen Waffen samt Munition und stellten die sofortige Abmarschbereitschaft her. Truppen und Einheiten, die sich in Ausbildungslagern oder beim Arbeitseinsatz in der Volkswirtschaft befanden, wurden sofort in ihre Garnisonen zurückgeführt. Dort begann man gleichzeitig alle beweglichen Vorräte zu verladen, die eingelagerten Waffen und technischen Mittel zu entkonservieren und in einsatzbereiten Zustand zu versetzen sowie alle Gefechts- und Transportfahrzeuge aufzumunitionieren und mit Treibstoff auf-

---

[16] Vgl. Wenzke, Die Nationale Volksarmee, S. 449f.; Löffler, Gefechtsbereitschaft, S. 91f.
[17] Vgl. Zeittafel, S. 165.
[18] Vgl. BA-MA, DVW-1/43702, Bl. 55, Schreiben von Ulbricht an Hoffmann, 23. 10. 1962 (siehe Dokument Nr. 16).

zufüllen. In den Werkstätten der Einheiten und Truppenteile setzte das Wartungspersonal die ausgefallene Bewaffnung und Technik im Schichtbetrieb beschleunigt instand[19].

Nur 3–4 Stunden nach Auslösung der erhöhten Gefechtsbereitschaft waren die Stäbe und Truppen der NVA bereit, so die Einschätzung von Verteidigungsminister Hoffmann vor dem Nationalen Verteidigungsrat der DDR am 23. November 1962, „in kürzester Zeit die Objekte zu verlassen und Aufgaben zum militärischen Schutz der Deutschen Demokratischen Republik erfolgreich zu erfüllen"[20].

Besonderen Wert legte die Militärführung der DDR auf die verstärkte Überwachung ihrer Luft- und Seegrenzen und den Ausbau des sogenannten Diensthabenden Systems. Damit sollten die Einheiten der NVA in die Lage versetzt werden, vermeintliche plötzliche Überfälle und Provokationen der NATO schnell zu zerschlagen und günstige Bedingungen für einen unverzüglichen Gegenschlag zu schaffen. Zu diesem Zweck wurden fünfzig Prozent des Bestandes der fünf Fla-Raketen-Regimenter der Luftverteidigung (60 Startrampen für die Fla-Rakete W-750/SA-2 Guideline) in die Bereitschaftsstufe II versetzt, was die volle Feuerbereitschaft innerhalb von 6–11 Minuten bedeutete. Die verbliebenen Fla-Raketen-Einheiten waren bereit, innerhalb einer Stunde ebenfalls die Bereitschaftsstufe II einzunehmen. Bei den Luftstreitkräften wurden seit dem 23. Oktober 1962 tagsüber 13 Jagdflieger-Ketten, mithin mehr als 50 Flugzeuge, in Bereitschaftsstufe II gehalten. Das heißt, Piloten und technisches Personal befanden sich ständig in der unmittelbaren Nähe der gefechtsbereiten Maschinen, so daß der Start dieser Flugzeuge in nur 6–10 Minuten erfolgen konnte. In der Nacht reduzierte man allerdings die Zahl der Jagdflieger-Ketten in Bereitschaftsstufe II auf fünf. Zusätzlich zu dieser Maßnahme war ein Drittel des gesamten Flugzeugbestandes der NVA aufzutanken und vollständig zu bewaffnen. Diese Maschinen durften nicht mehr für den Übungs- und Ausbildungsbetrieb verwendet werden. Gleichzeitig wies Verteidigungsminister Hoffmann eine verstärkte Radarüberwachung der Luft- und Seegrenzen der DDR sowie eine intensivierte funktechnische Aufklärung der Bundesrepublik an. Zusätzlich waren in den Militärbezirken die funktechnischen Posten und Rundblickstationen der Truppenluftabwehr zu entfalten[21].

Die Volksmarine begann nach Auslösung des Alarms damit, die Grenz- und Küstensicherung im vollen Umfang durchzuführen. In den Richtungen Fehmarnbelt, Gronsund und Schwedischer Sund richtete die Marinefüh-

---

[19] Vgl. BA-MA, DVW-1/8782, Bl. 13–15, Telegramm von Hoffmann an Grečko, 24. 10. 1962 (siehe Dokument Nr. 18).
[20] BA-MA, DVW-1/8754, Bl. 19, Rede Hoffmanns vor dem Nationalen Verteidigungsrat, 23. 11. 1962 (siehe Dokument Nr. 27).
[21] Vgl. BA-MA, DVW-1/8782, Bl. 13–15, Telegramm von Hoffmann an Grečko, 24. 10. 1962 (siehe Dokument Nr. 18); Merkel/Schlenker, Zur Geschichte, S. 249.

rung einen verstärkten Vorpostendienst ein, wobei auch zwei Fregatten der Riga-Klasse zum Einsatz kamen. Alle Torpedo- und Raketenschnellboote der Volksmarine liefen aus ihren ständigen Stationierungsbasen aus und verlegten in „günstigere Ausgangsräume". Hier wurde ein Drittel der Boote in Sofortbereitschaft gehalten. Zur materiell-technischen Sicherstellung der als „Stoßkräfte" bezeichneten maritimen Offensivverbände liefen zusätzlich schwimmende Stützpunkte in diese Seegebiete aus. Auf Empfehlung des Chefs des Stabes der Baltischen Flotte der Sowjetarmee organisierten die polnische Marine, die Volksmarine und die Baltische Rotbannerflotte weiterhin einen gemeinsamen U-Boot-Abwehrdienst[22]. Dies ist als Zeichen dafür zu werten, daß entsprechend den vom Vereinten Oberkommando des Warschauer Vertrages für den Ernstfall erarbeiteten Operationsplänen damit begonnen wurde, erste Strukturen einer Vereinten Ostseeflotte aufzubauen.

Zur Führung der eingesetzten Alarmkräfte der Luftstreitkräfte/Luftverteidigung und der Volksmarine stellten alle nötigen Kommandopunkte bis hinauf zum Zentralen Gefechtsstand der LSK/LV die volle Arbeitsbereitschaft her und waren ständig mit dem zur Führung von Gefechtshandlungen benötigten Personal besetzt.

Für die Einheiten der Landstreitkräfte befahl Verteidigungsminister Hoffmann pro Regiment ein diensthabendes Bataillon einzurichten. Dieses sollte in der Lage sein, die Kaserne in weniger als 12 Minuten zur Erfüllung der gestellten Gefechtsaufgaben zu verlassen. Die Stäbe der Regimenter und Bataillone waren gleichfalls ständig zu besetzen und hatten die volle Arbeitsbereitschaft zu gewähren. In den Stäben ab Division aufwärts waren solche Maßnahmen zu treffen, die die Herstellung ihrer vollen Einsatzbereitschaft innerhalb von einer Stunde garantierten. Im Ministerium für Nationale Verteidigung organisierte man auf Anweisung von Minister Hoffmann ebenfalls ein diensthabendes System, in das die Leitungen aller Dienstbereiche, Waffengattungen, Verwaltungen und Abteilungen einbezogen wurden. Gleichzeitig befahl er dem Chef des Hauptstabes der NVA, Generalmajor Sigfried Riedel, vorbereitende Maßnahmen zur Sicherstellung der Führung der Nationalen Volksarmee im Verteidigungsfall zu organisieren und zu gewährleisten. Dies bedeutete, daß der zentrale unterirdische Gefechtsstand der NVA in Rüdersdorf bei Berlin seine Arbeitsbereitschaft herstellte und im Kriegsfall bereit zur Aufnahme der Staats- und Parteiführung der DDR war. Von hier aus hätte der Nationale Verteidigungsrat dann

---

[22] Vgl. BA-MA, DVW-1/8754, Bl. 17, Rede Hoffmanns vor dem Nationalen Verteidigungsrat, 23. 11. 1962 (siehe Dokument Nr. 27); Armee für Frieden, S. 285 f.; Schunke, Feindbild und Beurteilung, S. 189.

unter der Leitung von Walter Ulbricht die Führung möglicher Gefechtshandlungen übernommen[23].

Ein absolutes Novum war, daß die NVA während der Kubakrise erstmals auch ihre im Frühherbst 1962 aus der Sowjetunion gelieferten taktischen und operativ-taktischen Kernwaffeneinsatzmittel in erhöhte Gefechtsbereitschaft versetzte. In der selbständigen Artillerieabteilung 9 und in der selbständigen Artilleriebrigade 2 befanden sich seit dem 23. Oktober 1962 Startrampen für den möglichen Abschuß der Raketen „Luna" (FROG) bzw. R-11M (SCUD) in ständiger Einsatzbereitschaft. Während die „Luna" als Kernwaffeneinsatzmittel auf Divisionsebene bei Bedarf einen Atomsprengkopf mit einer Sprengkraft von 12 Kilotonnen über eine Reichweite von bis zu 32 Kilometern verschießen konnte, diente die R-11M als Kernwaffeneinsatzmittel auf Armeeebene. Sie konnte einen Atomsprengkopf mit einer Sprengkraft von 40 Kilotonnen bis zu 170 Kilometern weit befördern. Während die Trägerraketen unter Verfügungsgewalt der NVA standen, befanden sich die nuklearen Gefechtsköpfe allerdings unter ausschließlicher sowjetischer Kontrolle[24]. Daß der NVA diese Kernwaffeneinsatzmittel jetzt erstmals zur Verfügung standen, belegt, daß die DDR-Streitkräfte 1962 eine neue Qualität ihrer Einbindung in die sowjetische Sicherheitsstruktur für Osteuropa erreicht hatten und vom Juniorpartner im Bündnis zur vollwertigen „Bruderarmee" aufgestiegen waren[25].

Den Grenztruppen wurde befohlen, unter maximaler Ausnutzung der Kräfte und Mittel die Grenzsicherung durchzuführen. Den seit September 1962 verstärkten pioniertechnischen Ausbau der Grenze zur Bundesrepublik und Westberlin stellte man auf Anweisung von Verteidigungsminister Hoffmann vorübergehend ein. Zur personellen Sicherstellung der genannten Maßnahmen ordnete das Vereinte Oberkommando des Warschauer Vertrages an, alle Urlauber und Kommandierten zurückzurufen und eine allgemeine Ausgangs- und Urlaubssperre zu verhängen. Die bevorstehende Entlassung von knapp 30 000 Mann wurde, wie oben erwähnt, bis auf weiteres ausgesetzt[26]. Gleichzeitig bereitete die DDR die Mobilmachung zusätzlicher Einheiten vor. Insgesamt wurden die personellen, materiellen und technischen Voraussetzungen dafür geschaffen, um im Verteidigungsfall eine Kriegsstärke der NVA von 227 000 Mann sicherzustellen zu können. An Munition standen je nach Teilstreitkraft bis zu drei Kampfsätze und an

---

[23] Vgl. BA-MA, DVW-1/8782, Bl. 13–15, Telegramm von Hoffmann an Grečko (siehe Dokument Nr. 18), 24. 10. 1962.
[24] Vgl. BA-MA, DVW-5/27127, Bl. 2f., Chronik der selbständigen Artilleriebrigade 2, o. Datum; Kunze, Das nukleare Trägerpotential, S. 214ff. Zu den Kernwaffeneinsatzmitteln der NVA siehe allgemein: Nielsen, Die DDR und die Kernwaffen.
[25] Vgl. Wenzke, Die Nationale Volksarmee, S. 449f.; Nieslen, Die DDR und die Kernwaffen, S. 57f.
[26] Vgl. BA-MA, DVW-1/8754, Bl. 18, Rede Hoffmanns vor dem Nationalen Verteidigungsrat, 23. 11. 1962 (siehe Dokument Nr. 27).

Treibstoff bis zu vier Auffüllungen zur Verfügung, Lebensmittel waren für 30 Gefechtstage eingelagert. Damit konnten die bereits bestehenden Divisionen und Regimenter der NVA „sofort zur Lösung von Kampfaufgaben eingesetzt werden"[27]. Bei den neu aufzustellenden Mobilmachungsdivisionen war hingegen die materielle Ausstattung auf Kriegsstärke nur bei Handfeuerwaffen, Geschützen und Schutzausrüstung zu 100 Prozent gewährleistet. Panzer fehlten zu 50 Prozent, Funkstationen sogar zu 90 Prozent. Dennoch war nach Einschätzung der NVA-Führung die Mobilmachung der ostdeutschen Streitkräfte auf Kriegsstärke voll gewährleistet[28].

Bis zum 21. November 1962 hielten Ulbricht und die NVA-Führung die vom Vereinten Oberkommando befohlenen Maßnahmen aufrecht[29]. Allerdings traf während der gesamten Kubakrise der Nationale Verteidigungsrat der DDR bzw. dessen Vorsitzender Walter Ulbricht keine einzige Entscheidung, die nicht zuvor von Moskau aus angewiesen worden war. Auch nachdem die Krise ihren Höhepunkt bereits lange überschritten hatte, war die Militärführung der DDR nicht in der Lage, selbst in nachrangigen Bereichen eigenständige Beschlüsse fassen zu können. Sogar für die nach dem 15. November 1962 erfolgte Gewährung von Ausgang für Berufs- und Zeitsoldaten war eine entsprechende Genehmigung des Oberkommandierenden der Vereinten Streitkräfte, Marschall Grečko, notwendig[30]. Die Kubakrise verdeutlichte, wie später auch andere Konfliktsituationen, daß der NVR und die SED-Führung in Momenten höchster Anspannung der internationalen Lage bei bündnisinternen Entscheidungen keine Rolle spielten. Zwar behielt sich Ulbricht vor, Weisungen des Oberkommandierenden der Vereinten Streitkräfte mit einem eigenen Befehl zu bestätigen, doch weder er noch Verteidigungsminister Hoffmann konnten eigenständig nationale Entscheidungen der DDR treffen, wenn diese die Sicherheitsinteressen der UdSSR tangierten[31]: „Die politische und militärische Führungsstruktur des Warschauer Vertrages befanden sich allein in sowjetischer Hand."[32]

Detaillierte Befehle für die Zusammenarbeit von NVA und GSSD wurden weder vom Vereinen Oberkommando, dem sowjetischen Generalstab noch vom Nationalen Verteidigungsrat gegeben. Es erging lediglich die An-

---

[27] BA-MA, DVW-1/39470, Bl. 12, Anlage Nr. 2 zur 13. NVR-Sitzung: Bericht über die Mobilmachungsbereitschaft der NVA, 23. 11. 1962.
[28] Vgl. ebenda, Bl. 11–17.
[29] Vgl. BA-MA, AZN 28037, Bl. 17, Schreiben von Grečko an Hoffmann, 21. 11. 1962 (siehe Dokument Nr. 26); ebenda, DVW-1/43702, Bl. 56, Schreiben von Ulbricht an Hoffmann, 21. 11. 1962.
[30] Vgl. BA-MA, DVW-1/8782, Bl. 134, Telegramm des Stabschefs des Vereinten Oberkommandos, Armeegeneral Pavel I. Batov an den Chef des Hauptstabes des NVA, Generalmajor Sigfried Riedel, 15. 11. 1962.
[31] Vgl. Wagner, Ulbricht, S. 353f.
[32] Ebenda, S. 354.

weisung, mit den Stäben der Gruppe der sowjetischen Streitkräfte in Deutschland den ständigen Kontakt aufrechtzuerhalten[33].

Insgesamt hatte die NVA auf dem Höhepunkt der Kubakrise einen Stand an Gefechts- und Einsatzbereitschaft erreicht, der mindestens genauso hoch war wie während des Mauerbaus. Zusammen mit der GSSD standen auf dem Territorium der DDR damit mehr als 650000 Mann bereit, um, so NVA-Chef Heinz Hoffmann, „jederzeit die von der Partei und Regierung gestellten Aufgaben bedingungslos zu erfüllen"[34]. Die NVA hatte, so die Einschätzung des Militärhistorikers Rüdiger Wenzke, während des Konflikts um die Karibikinsel trotz aller sichtbar gewordenen Mängel und Probleme bewiesen, daß sie die von der Sowjetunion in einer brisanten militärpolitischen Situation gestellten Aufgaben kompromißlos und ohne Zögern umsetzte. Sie erwies sich damit in den Augen der Militärführung der UdSSR als zuverlässiger Bündnispartner[35].

Die Überwachung der militärischen Lage in der Bundesrepublik während der Kubakrise durch die NVA

Unmittelbar seit dem „offiziellen" Beginn der Kubakrise übermittelte die Führung der NVA mehrmals täglich an den Stabschef des Vereinten Oberkommandos zusammengefaßte Meldungen über die militärische Lage in der Bundesrepublik und West-Berlin. Für die Erstellung dieser Berichte sowie zur Überwachung der NATO-Maßnahmen wurde vor allem auf das Agenten- und Funkaufklärungsnetz der 12. Verwaltung des Ministeriums für Nationale Verteidigung zurückgegriffen. Der sich hinter dieser Tarnbezeichnung verbergende militärische Nachrichtendienst der NVA stellte nach seinen Informationen u. a. fest, daß am 23. Oktober 1962 für alle US-Streitkräfte in Zentraleuropa, aber auch für Teile der Bundesluftwaffe, der Alarmzustand „verstärkte militärische Wachsamkeit" befohlen wurde. Das heißt, der normale Ausbildungsdienst wurde unterbrochen, gleichzeitig eine Ausgangs- und Urlaubssperre befohlen. Eine Verlegung der Gefechtsstäbe aus ihren Friedensgarnisonen konnte jedoch nicht beobachtet werden[36].

---

[33] Vgl. BA-MA, DVW-1/8782, Bl. 14, Telegramm von Hoffmann an Grečko, 24. 10. 1962 (siehe Dokument Nr. 18).
[34] Vgl. BA-MA, DVW-1/8754, Bl. 25, Rede Hoffmann vor dem NVR, 23. 11. 1962 (siehe Dokument Nr. 27).
[35] Vgl. Wenzke, Die NVA und der Prager Frühling, S. 37.
[36] Vgl. BA-MA, DVW-1/8779, Bl. 2, Sonderbericht Nr. 2 der 12. Verwaltung des MfNV, 23. 10. 1962 (siehe Dokument Nr. 17). Zum militärischen Nachrichtendienst der NVA siehe: Kabus, Auftrag Windrose; Richter, Der Militärische Nachrichtendienst; Wagner, Karl Linke, S. 132–159.

Aus den aufgefangenen Funkstichwörtern der Bundeswehr „Stiller Ozean" und „sofort Sonnenblume" schlußfolgerte die Militäraufklärung am 24. Oktober 1962, daß die NATO zum sogenannten Minimize-System[37] übergegangen war. Nach Einschätzung des militärischen Nachrichtendienstes bedeutete dies, das westliche Bündnis hatte den Alarmzustand „Orange" ausgelöst. Entsprechend den in Ost-Berlin vorliegenden NATO-Handbüchern hieß das, die NATO rechnete mit einem möglichen Angriff des Warschauer Paktes innerhalb von 36 Stunden[38]. Nur einen Tag später mußte die Militäraufklärung jedoch einräumen, daß bisher nur für einige Depots der US-Streitkräfte in Europa die Alarmstufe „Orange" ausgerufen worden war[39]. Am Morgen des 26. Oktober 1962 meldeten sie auf der Grundlage abgefangener Funksprüche des V. US-Armeekorps, daß ab den Mittagsstunden des Vortages für den gesamten Kommandobereich der US-Landstreitkräfte Europa erhöhte Alarmbereitschaft bestand[40]. In Europa hatte damit die Kubakrise ihren Höhepunkt erreicht.

In West-Berlin sammelten die militärischen Nachrichtendienstler der NVA nicht nur Informationen über Truppenbewegungen, genausoviel Aufmerksamkeit widmeten sie der Stimmung unter der dortigen Bevölkerung. Hierbei bedienten sie jedoch vor allem die Erwartungen der NVA-Führung. So meldete die 12. Verwaltung am Morgen des 24. Oktober 1962: „Große Teile der Westberliner Bevölkerung zeigen nach der Kennedyrede ziemliche Ratlosigkeit, man glaubt nicht an einen bewaffneten Überfall Kubas auf die großen USA. Es gibt Beunruhigung über das Schicksal Westberlins. Die USA hätten eine Situation von unabsehbarer Tragweite heraufbeschworen, denn die sozialistischen Staaten müßten nun Maßnahmen zum Schutz Kubas organisieren. In diesem Zusammenhang zeigen sich auch bisher uninteressierte Kreise plötzlich intensiv an Sendungen des demokratischen Rundfunks interessiert. Befriedigt habe die Erklärung der Sowjetregierung, daß es ihr in erster Linie um die Erhaltung des Friedens ging. Dem gegenüber hätten die USA ihr wahres Gesicht gezeigt. Von der vielgepriesenen Demokratie und Freiheit sei nicht viel zu spüren."[41]

In den Morgenstunden des 27. Oktobers 1962 informierte der NVA-Geheimdienst darüber, daß seit dem 26. Oktober 15.14 Uhr das Minimize-System und damit der bisher erhöhte Alarmzustand aufgehoben und auf den

---

37 Maßnahme für den Nachrichtenverkehr, bei dem der Funkverkehr auf ein Mindestmaß reduziert wird.
38 Vgl. BA-MA, DVW-1/8779, Bl. 7, Sonderbericht Nr. 7 der 12. Verwaltung des MfNV, 24. 10. 1962 (siehe Dokument Nr. 19).
39 Vgl. BA-MA, DVW-1/8779, Bl. 11, Sonderbericht Nr. 11 der 12. Verwaltung des MfNV, 25. 10. 1962 (siehe Dokument Nr. 20).
40 Vgl. BA-MA, DVW-1/8779, Bl. 15, Sonderbericht Nr. 14 der 12. Verwaltung des MfNV, 26. 10. 1962.
41 BA-MA, DVW-1/8779, Bl. 3, Sonderbericht Nr. 3 der 12. Verwaltung des MfNV, 24. 10. 1962.

Grad der „verstärkten militärischen Wachsamkeit" herabgestuft wurde[42]. Obwohl damit für das östliche Militärbündnis endgültig feststand, daß die US-Streitkräfte in Europa keinerlei militärische Maßnahmen hinsichtlich der Krise in der Karibik planten, konnte sich die Militärführung des Warschauer Paktes nicht dazu entschließen, ebenfalls den Grad der Einsatzbereitschaft ihrer Truppen herabzustufen.

Für die Bundeswehr, die ebenfalls im besonderen Interesse des militärischen Nachrichtendienstes der DDR stand, meldete die 12. Verwaltung, daß sich vom 23. bis zum 27. Oktober 1962 der Luftwarn- und Vorwarndienst in kriegsmäßiger Bereitschaft befunden hätte und für die Fla-Raketen und Jagdflieger der Bundesluftwaffe einfacher Alarm bestand. Für die mit den taktischen Kernwaffeneinsatzmitteln Honest-John und Matador ausgerüsteten Bundeswehreinheiten sei, so die Information der NVA-Nachrichtendienstler, erhöhte Alarm- und Gefechtsbereitschaft angeordnet gewesen[43]. In der historischen Perspektive zeigt sich, daß diese Informationen des Auslandsgeheimdienstes der NVA übertrieben waren und nicht den Tatsachen entsprachen. Die Bundeswehr hatte während der Kubakrise zu keiner Zeit tatsächliche Alarmmaßnahmen für ihre Truppen angeordnet oder durchgeführt[44]. Dies schien im November 1962 bereits auch DDR-Verteidigungsminister Hoffmann bekannt gewesen zu sein. In seinen Ausführungen vor dem Nationalen Verteidigungsrat über die Kubakrise ließ er den Abschnitt zur angeblichen Bereitschaftserhöhung der Bundeswehr einfach aus[45]. Obwohl bis zum 30. Oktober 1962 alle Alarmmaßnahmen des Westens aufgehoben worden waren und der ostdeutsche Militärgeheimdienst dies umgehend den militärischen Führungen in Straußberg und Moskau mitteilte, blieben die NVA wie auch die anderen Streitkräfte des Warschauer Paktes bis zum 21. November 1962 in erhöhter Gefechtsbereitschaft, erst dann wurde der Alarmzustand beendet[46].

„Rückzug der Sowjetunion?" Die politische Stimmung in der NVA während der Krise

Während die für die ostdeutschen Streitkräfte befohlenen militärischen Maßnahmen nach dem 23. Oktober 1962 ohne größere Schwierigkeiten

---
[42] Vgl. BA-MA, DVW-1/8779, Bl. 18, Sonderbericht Nr. 17 der 12. Verwaltung des MfNV, 27. 10. 1962 (siehe Dokument Nr. 21).
[43] Vgl. BA-MA, DVW-1/8779, Bl. 22, Sonderbericht Nr. 21 der 12. HV an das MfNV, 29. 10. 1962 (siehe Dokument Nr. 22).
[44] Siehe hierzu im vorliegenden Band auch den Beitrag von Bruno Thoß.
[45] Vgl. BA-MA, DVW-1/8754, Bl. 23f., Rede Hoffmanns vor dem Nationalen Verteidigungsrat, 23. 11. 1962 (siehe Dokument Nr. 27).
[46] BA-MA, AZN 28037, Bl. 17, Schreiben von Grečko an Hoffmann, 21. 11. 1962 (siehe Dokument Nr. 26).

umgesetzt werden konnten, zeigten sich im Verlauf der Kubakrise erste Probleme bei der politisch-ideologischen Arbeit in der NVA. Insgesamt mußte die SED-Führung am Ende des Konfliktes einschätzen, „daß ein großer Teil der Offiziere die marxistisch-leninistische Strategie und Taktik der Sowjetunion und unserer Partei nicht verstanden haben. Viele Armeeangehörige verstanden nicht den Kompromiß, den die Sowjetunion für die Sicherung und Erhaltung des Friedens und der Souveränität Kubas einging"[47].

Trafen zunächst die nach dem offenen Ausbruch des Konflikts getroffenen militärischen Schritte auf Verständnis bei den Offizieren und Soldaten der NVA, änderte sich das Stimmungsbild in der Truppe nach dem sowjetischen Beschluß über den Abzug der Mittelstreckenraketen aus Kuba schlagartig. Hierbei gab es zwei gegensätzliche Tendenzen: Ein Teil der NVA-Angehörigen, insbesonders der Offiziere, faßte die Verhandlungen der UdSSR mit den USA als Zurückweichen und militärische Schwäche der Sowjetunion auf. Nicht wenige hatten zudem zum Unwillen der politischen Führung erkannt, daß die sowjetischen Raketen auf Kuba die Ursache des entstandenen Konflikts waren. Den in Berlin eingesetzten Grenzsoldaten war durch die ihnen vertraute Situation in der geteilten Stadt zudem klar, „Kuba ist für das sozialistische Lager das, was Westberlin für die NATO ist"[48]. Die vor der Entlassung stehenden Soldaten fragten sich hingegen, warum nach dem 28. Oktober 1962 die weitere Aufrechterhaltung der erhöhten Gefechtsbereitschaft immer noch notwendig wäre. Bezeichnend dabei sei, so die ZK-Kommission Sicherheit in einem Stimmungsbericht an die SED-Führung, daß diese Armeeangehörigen „die Ursachen für die Verschiebung ihrer Entlassungen nicht bei den Imperialisten und den aggressiven Maßnahmen der USA suchen, sondern bei unserer Armee- und Staatsführung"[49].

Die Gründe hierfür sah die SED im völligen Versagen der Politischen Hauptverwaltung der NVA während des Höhepunkts der Krise. Ihr warf die Sicherheitsabteilung nicht nur geschönte Berichte über die Stimmung in der Truppe vor. Vielmehr hätten die Politorgane, gerade als die Situation Wendigkeit und Schnelligkeit in der Führung verlangte, nicht rasch genug und zudem ohne jegliche Abstimmung reagiert. Dies führte dazu, daß, als für die Politoffiziere in den Einheiten die Situation schwierig wurde, eine schnelle zentrale Argumentation fehlte. Völlig unzureichend sei gleichfalls

---

[47] SAPMO-BA, DY 30/IV 2/12/38, Bl. 208, Bemerkungen der ZK-Abteilung Sicherheit zum Ausbildungsjahr 1962, o. Datum.
[48] SAPMO-BA, DY 30/IV 2/12/38, Bl. 234, Information der Politischen Verwaltung der Stadtkommandantur Berlin über die durchgeführten Maßnahmen zur Erhöhung der Einsatzbereitschaft und deren bisherigen Ergebnisse, 31. 10. 1962.
[49] SAPMO-BA, DY 30 / IV 2/12/16, Bl. 209, Bericht über die politisch-ideologische Arbeit in der Armee zur Zeit der Ereignisse in Kuba, o. Datum (siehe Dokument Nr. 25).

das persönliche politische Auftreten der verantwortlichen Offiziere der PHV gewesen: „Die schwierigste Arbeit, die individuelle Überzeugung des Soldaten, wurde ausschließlich den Funktionären auf der untersten Ebene überlassen".[50] Die Politische Hauptverwaltung habe damit nicht die Kraft der Parteiorganisationen und der FDJ genutzt, um auch dem letzten Soldaten die politische Notwendigkeit der immer noch erhöhten Gefechtsbereitschaft zu erläutern und ihn für noch höhere Leistungen zu mobilisieren.

Daß jedoch das Nachgeben der Sowjetunion das bisher in der NVA geltende politische Argumentationsgebilde zum Einsturz gebracht hatte, wollte die SED nicht sehen. Ihre leitenden Funktionäre warfen den Angehörigen der ostdeutschen Streitkräfte vielmehr vor, sie hätte die marxistisch-leninistische Strategie und Taktik des „elastisch geführten Friedenskampfes" der UdSSR und SED schlichtweg nicht verstanden. Zudem sei es, so Honecker im Dezember 1962 vor NVA-Offizieren, „unter den komplizierten Bedingungen unseres Kampfes nicht üblich [...], daß bestimmte Fragen der Taktik von vornherein öffentlich von uns dargelegt werden können. Es gab also Tage, an denen der eigene Kopf, die politische Festigkeit und das grenzenlose Vertrauen zur Politik der Regierung der Deutschen Demokratischen Republik und der Sowjetunion entscheidend waren"[51]. Wie gezeigt, hatte ein Teil der Offiziere und die Mehrheit der Soldaten der NVA dieses geforderte grenzenlose Vertrauen nicht.

Was wäre wenn?

Abschließend soll an dieser Stelle versucht werden, mögliche Kriegspläne des Warschauer Paktes für Zentral- und Westeuropa während der Kubakrise zu diskutieren. Nach Akten des militärischen Nachrichtendienstes der DDR zu den Mobilmachungsmöglichkeiten der westeuropäischen NATO-Staaten, existierten 1962 mindestens zwei Varianten für die Führung eines Krieges zwischen Warschauer Vertrag und NATO in Europa[52]. Beide waren im Sommer bzw. Herbst 1961 als Kommandostabsübungen von GSSD und NVA bereits real durchgespielt worden. Das in den Übungen angenommene Szenario entsprach einer möglichen Konfrontation zwischen NATO und Warschauer Pakt in Mitteleuropa und war gleichfalls direkt auf die Berlinkrise bezogen. Die im Herbst 1961 stattgefundene Übung „Burja", auf die hier im wesentlichen eingegangen werden soll, war unter den Bedingungen der real auf dem westlichen Kriegsschauplatz vorhandenen Streitkräfte

---

[50] Ebenda, Bl. 211.
[51] SAPMO-BA, DY 30/IV 2/12/16, Bl. 233, Diskussionsbeitrag Honeckers auf der 2. Tagung der Delegiertenkonferenz der NVA, 3. 12. 1962.
[52] Vgl. BA-MA, DVW-1/25816, Bl. 1–19, Kurze Angaben über die Mobilisierungsmöglichkeiten der westeuropäischen NATO-Staaten, 1. 7. 1962.

von Warschauer Pakt und NATO geplant, wobei die beteiligten Militärs im Rahmen der Übung mögliche Kampfhandlungen auf dem Territorium der Bundesrepublik, Dänemarks, Belgiens und Frankreichs studierten[53].

Als Ausgangslage für das Großmanöver nahm das Vereinte Oberkommando der Streitkräfte des Warschauer Vertrages eine sich verschärfende Konfrontation um Berlin an, die letztlich zur Blockade West-Berlins führte. Aus den Versuchen der Westmächte am Nachmittag des Tages X die Verbindung nach West-Berlin mit militärischen Mitteln wiederherzustellen, hätte sich, so die Planungen des Oberkommandos der Vereinten Streitkräfte, ab x+1 12.00 Uhr in Europa ein Raketenkernwaffenkrieg entwickelt, der nach x+10 mit der Einnahme von Paris durch die Truppen des Warschauer Vertrages geendet wäre[54].

Hauptübungsziele der Kommandostabsübung „Burja", was auf Deutsch „Sturm" heißt, waren: 1. das Heranführen großer Truppengruppierungen aus der Tiefe zur Front auf eine Entfernung von mehr als 1000 km; 2. die Vorbereitung und Durchführung der ersten Operationen in der Anfangsperiode eines Krieges; 3. das Einführen der Fronten und Armeen in die Schlacht; 4. das Zusammenwirken der Truppen des Warschauer Paktes; 5. der Einsatz von Raketen-Kernwaffen bei Kriegsbeginn und das Ausnutzen der Kernwaffenschläge; 6. die Organisation und Durchführung von Angriffshandlungen unter modernen Bedingungen sowie 7. die materiell-technische Sicherstellung und medizinische Versorgung der Kampfhandlungen[55].

Da der Übungsraum den gesamten westeuropäischen Kriegsschauplatz umfassen sollte, nahmen an dem Manöver die Stäbe aller der für diesen Handlungsraum vorgesehenen Fronten[56] des Warschauer Paktes teil. Bei Übungsbeginn befanden sich die 1. Zentrale Front, die sich aus den Truppen der GSSD und der NVA der DDR zusammensetzte, sowie die von der tschechoslowakischen Armee und der Südgruppe der sowjetischen Streitkräfte gebildete Süd-Westfront in voller Gefechtsbereitschaft. Das heißt, sie konnten unverzüglich zu Kampfhandlungen mit den ihnen gegenüberstehenden NATO-Truppen übergehen. Insgesamt verfügten damit die Streitkräfte des Warschauer Paktes am 1. Kampftag über 42 einsatzbereite Divisionen. Im Verlauf der geplanten Operationen sollten dann innerhalb von drei bis fünf Tagen drei weitere Fronten als sogenannte 2. Staffel in die

---

[53] Vgl. Zeittafel, S. 147; Forster, NVA, S. 224.
[54] Vgl. BA-MA, DVW-1/6103, Bl. 138–140, Vortrag Hoffmanns zur Auswertung der Kommandostabsübung „Burja", o. Datum.
[55] Vgl. BA-MA, DVW-1/6103, Bl. 152, Referat Hoffmanns zur Auswertung der Kommandostabsübung „Burja", 14. 11. 1961.
[56] Unter einer Front wird in der sowjetischen Militärsprache ein operativ-strategischer Verband von Streitkräften verstanden, der aus Verbänden und Truppenteilen verschiedener Teilstreitkräfte besteht. Sie ist in etwa mit einer westlichen „Army Group" vergleichbar, verfügt jedoch im Gegensatz zu dieser über organisch zusammengesetzte Streitkräfte.

Schlacht eingeführt werden. Dabei handelte es sich um die von der polnischen Armee gestellte Küstenfront, sowie die 2. Zentralfront und die Westfront, die vom Territorium der DDR und ČSSR aus operierten und sich aus sowjetischen Streitkräften zusammensetzten. Mit der Einführung dieser drei zusätzlichen Fronten hätten dem Oberkommando der Vereinten Streitkräfte bereits am fünften Operationstag mehr als 100 Divisionen zum Angriff auf Westeuropa zur Verfügung gestanden[57].

Diese 100 Divisionen waren in insgesamt fünf Panzerarmeen und zwanzig allgemeine Armeen gegliedert. Eine Panzerarmee hatte zum damaligen Zeitpunkt drei Panzerdivisionen und eine motorisierte Schützendivision in ihrem Bestand. Damit verfügte sie über 12–14 Startrampen für operativ-taktische und taktische Raketen, 1300 Panzer, 850 Schützenpanzerwagen und 210 Geschütze. Die Panzerarmeen galten als die wichtigste Stoßkraft der Fronten. Sie besaßen in den Augen der sowjetischen Militärführung eine große Schlagkraft, hohe Beweglichkeit und geringe Anfälligkeit gegenüber den Atomwaffen des Gegners. Als Panzerkeile sollten sie nach den ersten Kernwaffenschlägen tief in die operative Gliederung des Gegners eindringen, seine strategische Front aufreißen und der NATO die Möglichkeit eines weiteren organisierten Widerstandes nehmen. Mit einem durchschnittlichen Angriffstempo von 100 km pro Tag hatten die Panzerarmeen des Warschauer Vertrages tiefe und vernichtende Schläge gegen das Verteidigungssystem der NATO zu führen. Ziel war das schnelle Erreichen der Atlantikküste[58].

Während die Panzerarmeen in der gesamten Tiefe der Frontoperationen eingesetzt werden konnten, plante die Militärführung des Warschauer Paktes für die allgemeinen Armeen eine Angriffstiefe von bis zu 400 km. Auch hier sollte die tägliche Angriffsgeschwindigkeit nicht unter 100 km pro Tag liegen. Zu diesem Zweck verfügte eine allgemeine Armee über drei motorisierte Schützendivisionen und eine Panzerdivision mit insgesamt 14 Abschußrampen für operativ-taktische und taktische Atomraketen, mehr als 1000 Panzer, rund 1300 Schützenpanzer sowie 350 Geschütze und Granatwerfer. Mit Hilfe der ihnen zugeteilten Kernwaffen waren sie in der Lage, große Truppengruppierungen des Gegners eigenständig zu vernichten und „alles von ihrem Weg fortzufegen, was ihrer Vorwärtsbewegung Widerstand leistet und sie behindert"[59].

Ingesamt verfügten die Vereinten Streitkräfte damit auf dem westeuropäischen Kriegsschauplatz über rund 35 Panzer- und 65 motorisierte Schützendivisionen. Gegen die NATO konnten hier mehr als 350 Startanlagen für

---

[57] Vgl. BA-MA, DVW-1/6103, Bl. 137, Vortrag Hoffmanns zur Auswertung der Kommandostabsübung „Burja", o. Datum.
[58] Vgl. BA-MA, DVW-1/5203, Bl. 56ff., Auszug aus der Rede Malinovskijs zur Auswertung der Kommandostabsübung „Burja", o. Datum.
[59] Ebenda, Bl. 57.

taktische und operativ-taktische Kernwaffen mit Reichweiten zwischen 30 und 200 km zum Einsatz gebracht werden. Zur Durchführung der geplanten Angriffsoperation standen ferner rund 1 Million Soldaten bereit, die mit 26 000 Panzern, 30 000 Schützenpanzern und 8000 Geschützen ausgerüstet waren. Aus der Luft wurde diese Streitmacht von drei sowjetischen Luftarmeen und den Luftstreitkräften der DDR, Polens und der ČSSR unterstützt. Sie verfügten über rund 3000 Flugzeuge und 500 Startrampen für Fla-Raketen, darunter 1500 Jagdflugzeuge sowie 1000 Bomber und Jagdbomber, von denen mehr als 100 für den Abwurf von Atombomben ausgerüstet waren[60].

Die NATO-Streitkräfte stellten nach Angaben des Militärgeheimdienstes der DDR dieser Gruppierung am ersten Kampftag 29 Divisionen, davon sieben Panzerdivisionen, mit etwas mehr als 682 000 Mann entgegen. An Kernwaffeneinsatzmitteln standen ihnen 300 nuklearfähige Artilleriegeschütze und 334 Startanlagen für Atomraketen der Typen „Honest John" (212 Stück), „Lacrosse" (69 Stück), „Corporal/Sergeant" (50 Stück) sowie „Redstone" (4 Stück) zur Verfügung. Die Ausrüstung der NATO-Truppen bestand ferner aus rund 6370 Panzern, 3460 Geschützen und Granatwerfern sowie 1735 Panzerabwehrmitteln. Bis zum 5. Kampftag wären diese Truppen, so die Einschätzung der ostdeutschen Geheimdienstoffiziere, um weitere acht Divisionen verstärkt worden[61]. Für die Durchführung von Luftoperationen der NATO-Streitkräfte standen in Westeuropa 3526 Flugzeuge, darunter 220 strategische Bomber, 1550 Bomber und Jagdbomber sowie 1340 Jäger bereit. Mehr als 800 Flugzeuge davon waren als Kernwaffenträger ausgerüstet, ferner konnten die NATO-Luftstreitkräfte 36 Startanlagen für atomare Flügelgeschosse zum Einsatz bringen[62].

Mit der Kommandostabsübung „Burja" versuchte das Vereinte Oberkommando des Warschauer Paktes nun erstmals, eine militärische Auseinandersetzung zwischen diesen Kräftegruppierungen von NATO und Warschauer Pakt mit Hilfe eines umfassenden Manövers zu simulieren. Die dabei für „Burja" angenommene Ausgangslage beruhte auf einer vom sowjetischen Generalstab für möglich gehaltenen Varianten der Kampfhandlungen auf dem zentraleuropäischen Kriegsschauplatz in der Anfangsperiode eines Raketen-Kernwaffen-Krieges.

Für die vom 28. September bis 10. Oktober 1961 dauernde Kommandostabsübung hatten die Stäbe der teilnehmenden Armeen folgendes Szenario erarbeitet: Die Sowjetunion unterzeichnet Anfang Oktober 1961 den

---

60 Vgl. BA-MA, DVW-1/6103, Bl. 137f., Vortrag Hoffmanns zur Auswertung der Kommandostabsübung „Burja", o. Datum.
61 Vgl. BA-MA, DVW-1/25816, Bl. 6–13, Kurze Angaben über die Mobilisierungsmöglichkeiten der westeuropäischen NATO-Staaten, 1. 7. 1962.
62 Vgl. BA-MA, DVW-1/6103, Bl. 165, Referat Hoffmanns zur Auswertung der Kommandostabsübung „Burja", 14. 11. 1961.

Friedensvertrag mit der DDR. Ab 4. Oktober 24.00 Uhr ist die Verbindung der Westmächte mit ihren Garnisonen in West-Berlin nur noch mit Genehmigung der DDR möglich. Deshalb erfolgte die Schließung der Kontrolldurchlaßpunkte und die Sperrung der Luftkorridore für Flugzeuge der Westmächte. Daraufhin versuchten die Westmächte mit militärischer Gewalt die Verbindung nach West-Berlin herzustellen. Ab 5. Oktober 15.00 Uhr dringen Kräfte einer US-Division längs der Autobahn Helmstedt nach Berlin vor, gleichzeitig versuchen Transportflugzeuge, die nachfolgend von Kampfflugzeugen unterstützt werden, nach West-Berlin durchzubrechen. Nachdem die USA und ihre Verbündeten feststellen müssen, daß ein gewaltsamer Durchbruch nach West-Berlin am Widerstand von GSSD und NVA scheitert, entfesseln sie am 6.10. um 12.00 Uhr den Krieg in Europa mit einem Raketen-Kernwaffenschlag[63].

Wer den ersten Atomschlag geführt hätte, ist aus den gegenwärtig vorliegenden Planungsunterlagen nicht eindeutig ersichtlich. In einem Papier für den Nationalen Verteidigungsrat der DDR heißt es, die „Westlichen" entfesselten „an x+1 um 12.00 mit einem Raketen-Kernwaffenschlag den Krieg".[64] Die persönlichen Notizen von DDR Verteidigungsminister Heinz Hoffmann halten hingegen folgendes Szenario fest:

„Den Krieg entfesselten die „Westlichen" an x+1, 12.08 Uhr, mit Schlägen ballistischer Raketen und der Luftwaffe. Die „Östlichen" stellten mit allen Arten der Aufklärung den Anflug großer Gruppen der strategischen und taktischen Luftwaffe von den Flugplätzen in Europa und den USA fest und führten als Antwort um 12.05 den ersten massierten Raketen-Kernschlag."[65]

Aufgabe des zumindest zeitgleichen Raketenantwortschlages des Warschauer Vertrages war es, eine Verschiebung des Kräfteverhältnisses zu Gunsten der NATO zu verhindern. Gleichzeitig sollten die östlichen Streitkräfte durch sofortige Angriffsoperationen starker Truppenverbände die Initiative an sich reißen und rasch auf westliches Territorium vordringen. Insgesamt gingen die militärischen Planer im sowjetischen Oberkommando bei ihren Studien für „Burja" von mehr als 2200 Kernwaffeneinsätzen auf dem westlichen Kriegsschauplatz aus. Dabei standen den „Westlichen" 1200 Kernmittel zur Verfügung, während die „Östlichen" auf 1002 Kernmittel der Fronten und Armeen zurückgreifen konnten. Die Gesamtsprengkraft der von NATO und Warschauer Vertrag eingesetzten Kernwaffen wäre in etwa gleich gewesen.

---

[63] Vgl. BA-MA, DVW-1/6103, Bl. 138f., Vortrag Hoffmanns zur Auswertung der Kommandostabsübung „Burja", o. Datum.
[64] Vgl. BA-MA, DVW-01/5173, Bl. 7f., Bericht Hoffmanns vor dem Nationalen Verteidigungsrat über die Kommandostabsübung „Burja", 29. 11. 1961.
[65] BA-MA, DVW-1/6103, Bl. 138, Vortrag Hoffmanns zur Auswertung der Kommandostabsübung „Burja", o. Datum.

Am 1. Kriegstag führen die „Westlichen" 68 Erddetonationen von Kernwaffen im Raum Oder-Neiße und den Sudeten durch. Ziel ist es, eine Kernwaffenbarriere zu errichten, die das Heranführen der strategischen Reserven der „Östlichen" aufhalten soll. Insgesamt wird so eine Fläche von rund 140000 Quadratkilometern mit einer Strahlung von 100 Röntgen pro Stunde und mehr aktiviert. Gleichzeitig finden zwischen der Ostsee und der nördliche Grenze Österreichs schwere Begegnungsschlachten statt. Das 41. Armeekorps der NVA wehrt dabei Durchbruchsversuche der „Westlichen" entlang der Autobahn Helmstedt-Berlin-West ab. Da die „Östlichen" den Nuklearangriff der „Westlichen" mit einem vorzeitigen Kernwaffengegenschlag „beantworten", gelingt es der NATO nicht, das Kräfteverhältnis zu ihren Gunsten zu verändern.

7. 10. – zweiter Kampftag: Die „Östlichen" reißen durch den erneuten Einsatz operativer und taktischer Nuklearwaffen die weitere Initiative an sich und erreichen in Richtung Ruhr, Frankfurt und München – Einbrüche von 80 bis 160 Kilometern. „Westliche" Streitkräfte stoßen zur selben Zeit in der Küsten- und Leipziger Richtung vor und dringen 40–50 Kilometer tief auf DDR Territorium ein. Gleichzeitig führen sie Schläge auf die Flanken der 1. Zentralen Front, mit dem Ziel, den Angriff der 1. strategischen Staffel des Warschauer Paktes zu zerschlagen. Die „Östlichen" führen daraufhin an der Ostsee die Küstenfront (polnische Truppen) in die Schlacht ein, die in Richtung Hamburg und Dänemark vorstoßen soll.

8. 10. – dritter Kampftag: Die „Östlichen" führen als 2. strategische Staffel die Westfront und die 2. Zentralfront ein. Während erstere in Richtung Ruhr vorstößt, hat die zweite die Aufgabe, in den Großraum Stuttgart vorzudringen. Der Warschauer Pakt verändert damit das bestehende Kräfteverhältnis weiter zu seinen Gunsten und seine Truppen erreichen am Ende des Tages die Linie: dänische Grenze, Weser, Ruhrgebiet und bilden am Westufer des Rheins sowie zwischen Mainz und Worms erste Brückenköpfe. Gleichzeitig besetzen die „östlichen" Streitkräfte Nürnberg und München. Die „Westlichen" gehen demgegenüber zur hinhaltenden Verteidigung über, um ihre Truppen über den Rhein zu führen und dort den Angriff der „Östlichen" aufzuhalten.

9. 10. – vierter Kampftag: Die „Östlichen" setzen ihre Angriffe fort.

10. 10. – fünfter Kampftag: Die Panzergruppierung der 1. Zentralfront überschreitet, unterstützt durch Kernwaffenschläge, im Raum Bonn-Mannheim mit zwei Panzerarmeen den Rhein und dringt 140 Kilometer weiter in westlicher Richtung vor. Gleichzeitig besetzen die Streitkräfte der Küsten- und Westfront den Nordteil der Jütländischen Halbinsel und erreichen die Grenzen Hollands und Belgiens. Demgegenüber versuchen die „Westlichen", ihre noch vorhandenen Reserven zu konzentrieren: in den Niederlanden und Belgien werden drei Armeekorps bereitgestellt, weiterhin beziehen zwei Armeekorps im Raum Nancy und zwei Armeekorps im Raum

Paris Stellung. Ihre Aufgabe ist die Wiederherstellung der Lage am Rhein. Am Ende dieses Tages erhalten die fünf Fronten des Warschauer Paktes vom Vereinten Oberkommando den Auftrag, den Kampf fortzusetzen und am 10. Kampftag die Linie Seine, Burgunder Kanal, Chalon-sur Saône und Morez zu erreichen. Mit der Aufgabenstellung zur weiteren Zerschlagung der NATO-Streitkräfte auf dem Territorium der Beneluxstaaten und Frankreichs wurde das Kriegsspiel beendet[66].

Insgesamt zeigt die Übung „Burja", daß die sowjetische Militärführung Anfang der 60er Jahre davon ausging, durch massierten Kernwaffeneinsatz kombiniert mit dem Angriff starker konventioneller Kräfte die NATO-Verbände in Westeuropa in kürzester Zeit entscheidend schlagen zu können. Die einzig damals herrschende „Verteidigungsdoktrin" des Warschauer Vertrages war die der weitreichenden strategischen Offensive, die die Kräfte des angenommenen Gegners auf seinem eigenen Territorium vernichten sollte.

Gleichwohl wird deutlich, daß einige entscheidende Fragen einer möglichen bewaffneten Auseinandersetzung zwischen NATO und Warschauer Pakt von den sowjetischen Militärs nicht bis zu Ende gedacht waren. Dies betraf sowohl die Rolle der strategischen Kräfte der USA in diesem Konflikt als auch das Problem, welche konkreten zivilen als auch militärischen Auswirkungen ein massiver Kernwaffeneinsatz in Europa auf die Operationen der Streitkräfte haben würde. Klar war den Planungsoffizieren im Generalstab jedoch, daß vor allem die 2. strategische Staffel durch die Luftangriffe der NATO-Streitkräfte verheerende Verluste erleiden würde. Sowjetische Militärärzte rechneten 1962 damit, daß in der Anfangsperiode eines Raketenkernwaffenkrieges 300 bis 400 Atombomben gegen die Streitkräfte der UdSSR und ihrer Verbündeten in Mitteleuropa zum Einsatz kämen. Sie würden in den Hauptkampfrichtungen mehr als 50 Prozent des Personalbestandes der Fronten außer Gefecht setzen. An eine geordnete medizinische Versorgung der Verwundeten sei deshalb nicht mehr zu denken: „Der Umfang der medizinischen Hilfe muß deshalb stark eingeschränkt werden und nur den Verwundeten erteilt werden, die noch Lebenszeichen zeigen und von denen zu erwarten ist, daß sie wieder zum Verband zurückkehren."[67]

Das Manöver zeigte auch, daß wichtige Fragen der materiell-technischen Sicherstellung des Vormarsches so großer Truppengruppierungen zum Teil noch völlig ungeklärt waren. Zudem offenbarten sich erhebliche Schwächen und Mängel in der Gefechtsausbildung und Truppenführung der beteiligten

---

[66] Vgl. BA-MA, DVW-1/5191, Bl. 59–71, Rede Grečkos zur Auswertung der Kommandostabsübung „Burja", 14. 10. 1962; ebenda, DVW-1/6103, Bl. 139f., Vortrag Hoffmanns zur Auswertung der Kommandostabsübung „Burja", o. Datum; ebenda, DVW-1/6103, Bl. 153ff., Referat Hoffmanns zur Auswertung der Kommandostabsübung „Burja", 14. 11. 1961.

[67] Rossijskij gosudarstvennyj archiv ėkonomiki – Russisches Staatsarchiv für Wirtschaft, fond 4372, opis' 80, delo 331, Bl. 20, Schreiben von N. Vovgaj an S. I. Semin, 10. 7. 1962.

Streitkräfte. Aber dennoch gilt: auf dem Höhepunkt von Berlin- und Kubakrise hielt zumindest die Militärführung des Warschauer Vertrages einen Atomkrieg in Mitteleuropa nicht nur für führbar, sondern sah in ihm sogar das entscheidende Mittel zur Vernichtung des vermeintlichen Gegners. Daß er dennoch nicht geführt wurde, lag am Willen der politischen Führung eine nukleare Katastrophe zu verhindern, die über alle ideologischen Grenzen hinweg auch das Ende der eigenen Existenz bedeutet hätte.

Hermann-J. Rupieper

Auswirkungen der Berlin- und Kubakrise auf die Strategie der UdSSR und der USA in der weiteren Blockkonfrontation

Die folgenden Überlegungen sollen thesenartig einen allgemeinen Überblick über die sowjetisch-amerikanische Konfrontation vom Anfang der sechziger Jahre bis zum Ende der achtziger Jahre liefern. Es geht nicht darum, Perzeptionen von Krieg und Frieden oder der sowjetischen Sicht des Kalten Krieges erneut vorzustellen oder sowjetische Bedrohungsvorstellungen zu analysieren. Aufgabe der Bemerkungen kann es auch nicht sein, Übersichten oder Statistiken über die Stationierung strategischer Waffensysteme zu liefern. Vielmehr geht es mir darum, die Auswirkungen der Krisen auf die außenpolitischen Strategien der beiden Supermächte in einem globalen Kontext im Überblick vorzustellen. Die thesenartige Form ermöglicht, die Belege auf ein Minimum zu beschränken.

Jede Analyse der Auswirkungen der Krise auf die Beziehungen zwischen den USA und der UdSSR muß zunächst die Frage nach den kurzfristigen, unmittelbaren Auswirkungen und ihrer generellen, langfristigen Bedeutung stellen. Kurzfristig bedeutet in meinen Überlegungen das Verhältnis zwischen Präsident John F. Kennedy und dem sowjetischen Premierminister Nikita S. Chruschtschow, langfristig die Beziehungen zwischen den Supermächten USA und UdSSR. Selbstverständlich handelt es sich nicht um eine eindeutig zu definierende Zeitspanne. Es existieren mehrere Zäsuren, über deren Bedeutung man streiten kann – das Ende des Vietnamkrieges und die Bedeutung Chinas im neuen strategischen Dreiecksverhältnis Anfang der siebziger Jahre nach den militärischen Zusammenstößen zwischen der Sowjetunion und China, die Aufnahme von Beziehungen zwischen den USA und China 1973. Sicherlich muß auch der sowjetische Einmarsch in Afghanistan 1979 als Zäsur gesehen werden, ging damit doch die Zeit der Détente zunächst zu Ende. Eine Zäsur waren auch die Konflikte um den Nachrüstungsbeschluß. Andere Entwicklungen, wie z.B. der sowjetische Einmarsch in die Tschechoslowakei 1968, verblassen dagegen.

1) Zu den wichtigen Erkenntnissen der Krise gehört es, daß Kennedy die Flexibilität seiner Verhandlungsführung geheim hielt. Es dauerte sechs Jahre bevor die Öffentlichkeit erfuhr, daß die Jupiterraketen aus der Türkei abge-

zogen werden würden und mehr als ein Vierteljahrhundert bevor man erfuhr, daß Robert Kennedy den Raketen-Deal in einer Reihe von Geheimtreffen mit dem sowjetischen Botschafter in Washington vorbereitet hatte, bevor Chruschtschow das Thema überhaupt ansprach. Auch den Mitgliedern von „ExComm", der hochrangigen Beraterkommission von Präsident Kennedy, war dieser Sachverhalt nicht bekannt[1]. Offensichtlich hielt Kennedy es für notwendig, der amerikanischen Öffentlichkeit aus innenpolitischen Gründen ein Bild der Härte zu vermitteln, die er wesentlich für einen politischen Erfolg hielt. Kennedy ließ die Amerikaner glauben, daß er in einem Showdown mit dem sowjetischen Premier die Oberhand behalten hatte.

2) In den ersten Monaten nach Beendigung der Konfrontation wurde die Krise von vielen Analytikern immer mehr als Wasserscheide in den amerikanisch-sowjetischen Beziehungen gesehen und interpretiert. Beide, die sowjetische und amerikanische Führung, handelten im allgemeinen mit größerer Vorsicht und versuchten, sich über Détente zu verständigen. Die Spannungen zwischen den beiden Supermächten wurden im letzten Lebensjahr Kennedys reduziert, wenn auch nicht abgebaut. Die Einrichtung eines heißen Drahts zwischen Moskau und Washington erlaubte jetzt die direkte und sofortige Kommunikation zwischen den beiden Regierungen. Eine Einigung erfolgte über einen Testbann-Vertrag für Kernwaffenversuche in der Atmosphäre.

Dies waren sicherlich keine großen Schritte, aber sie kehrten die Veränderungen der ersten beiden Jahre der Regierung Kennedy um und boten die Hoffnung, daß die Zukunft eine friedliche Koexistenz statt einen unvermeidlichen Konflikt bringen könnte. Die Atombunker, die man in den USA baute, schienen nun doch nicht notwendig zu sein. Die eingeleiteten Schritte waren vertrauensbildende Maßnahmen, die während der Stalinzeit nicht möglich gewesen wären. Die Falschinformationen über die Nichtstationierung von Raketen auf Kuba, und darüber sind sich alle Konfliktforscher, Historiker und Politikwissenschaftler zumeist einig, hatten erst bei Kennedy zu dieser scharfen Reaktion geführt. Er fühlte sich hintergangen, betrogen und nicht ernstgenommen. Eine weitere Verbesserung der Beziehungen würde vom Verhalten beider Länder abhängig sein, von dem Respekt und dem Vertrauen, das sich zwischen den beiden Politikern entwickelte. Die Äußerungen von Kennedy nach der Krise und von Chruschtschow in seinen Memoiren lassen die Vermutung zu, daß sich Präsident und Premierminister nach Überwindung der Krise besser verstanden, zumindest die Reaktionen der anderen Seite besser einschätzen konnten. Dies führte langfristig zu einem Abbau der Spannungen, auch wenn die grundlegenden Differenzen zwischen den liberal-kapitalistischen, aber demokratischen USA

---

[1] Vgl. May/Zelikow, Kennedy Tapes. Vgl. auch Cohn, Kennedy's Decision.

und der kommunistischen Einparteiendiktatur der UdSSR bestehen blieben.

3) Es ist sicherlich richtig, das Ende der Krise – der Abzug der Raketen – beendete nicht die Konfrontation, aber die Krisen der folgenden Jahre besaßen eine andere Qualität. Die beiden Supermächte griffen nicht mehr zu einer direkten Intervention in ihren jeweiligen Machtbereichen. Statt dessen erfolgte die gegenseitige Abschreckung durch enorme Militärausgaben für nukleare Sprengköpfe und Raketensysteme, die genügt hätten, die Bevölkerung des Gegners mehrfach umzubringen. Aus dieser Entwicklung entstand die strategische Doktrin der Mutual Assured Destruction (MAD). Sie beinhaltete letztlich, daß jede Seite sich der Zerstörung durch die andere aussetzte, gleichgültig wer den Konflikt begonnen hatte. Dies war ein großer Anreiz zur Verhinderung einer direkten Konfrontation. Dafür leisteten sich die Sowjetunion und die USA jedoch kostenträchtige Konflikte an der Peripherie, vornehmlich, jedoch nicht ausschließlich, in Regionen, in denen keine der beiden Supermächte vitale Interessen besaß. Dort, in Ländern wie Vietnam, Afghanistan, Angola und Äthiopien wurden Stellvertreterkriege geführt, die notwendige Ressourcen für die Beseitigung der eigenen gesellschaftlichen Probleme aufbrauchten, in der UdSSR mehr als in den USA.

4) An dieser Stelle ist es notwendig, darauf hinzuweisen, daß Kuba nicht die entscheidende Konfrontation zwischen den USA und der Sowjetunion darstellte. Gewiß, hier standen sich die beiden Supermächte vor der amerikanischen Haustür direkt gegenüber. Aber der neu ernannte sowjetische Botschafter Anatoli Dobrynin erinnert sich in seinen Memoiren an die Diskussionen in Moskau vor seiner Abreise in die USA: „Deutschland und Berlin überschattete alles!" Präsident Kennedy und seine Berater kamen in den entscheidenden Tagen bei der Diskussion der Kuba-Krise immer wieder auf die Auswirkungen amerikanischer Maßnahmen auf Berlin zurück. Verbunden mit Berlin waren auch Fragen des strategischen Gleichgewichts. Im Oktober 1961 hatte ein Sprecher des US-Verteidigungsministeriums erklärt, daß die angebliche „missile gap" nicht existierte. Satellitenphotos amerikanischer Aufklärungssatelliten bewiesen, daß die von den U-2 Aufnahmen bekannten Einschätzungen der sowjetischen Produktion von Interkontinentalraketen (ICBM) richtig waren. Diese Bekanntmachung war nicht nur ein diplomatisches Desaster für Chruschtschow, der bombastisch getönt hatte, die Sowjetunion würde Interkontinentalraketen „wie Würstchen" produzieren. Diese Verlautbarung hatte auch direkte Auswirkungen auf das sowjetisch-chinesische Verhältnis. Schließlich hatte Peking Moskau wiederholt beschuldigt, nicht genug zu tun, um die Fähigkeiten der kommunistischen Welt für einen Atomkrieg auszubauen. Als sowjetische Experten Chruschtschow erklärten, daß Raketen auf Kuba zumindest teilweise das strategische Ungleichgewicht zuungunsten der Sowjetunion beseitigen würden, erschien dies als angemessene Lösung.

Wichtig ist: Kennedy interpretierte die Entdeckung der Raketen auf Kuba als Beginn einer neuen Berlin-Krise. Dies schien ihm sogar vom sowjetischen Außenminister Andrej Gromyko bestätigt zu werden, als dieser im Oktober 1962 Washington besuchte und Kennedy bereits über die Stationierung informiert war. Der US-Präsident erklärte, wie wir mittlerweile aus der Veröffentlichung der Tonbänder der Sitzungen durch Ernest May wissen, den Joint Chiefs of Staff über sein Gespräch mit Gromyko „... what's basic to them is Berlin and ... There isn't any doubt. In every conversation, we've had with the Russians, that's what Khrushev's committed to us personally."[2] Die Mitglieder des Krisenstabs von Kennedy kehrten immer wieder in unterschiedlichen Varianten zu dem Thema Kuba und Berlin zurück. Man erwartete eine sowjetische Reaktion in Berlin, diskutierte die Auswirkungen eines Eingreifens in Kuba bzw. einer Unterlassung auf die europäischen Verbündeten und Berlin[3].

Wenn man diese Einschätzung akzeptiert, dann wird deutlich, daß Kennedy mit dem altbekannten Berlinproblem von 1948/49 konfrontiert war. Die Berlin-Blockade testete die amerikanische Bindung an die Stadt und unterstrich die psychologische Bedeutung für die amerikanische Bindung an Westeuropa im Konflikt mit der Sowjetunion. Die US-Truppen in Berlin waren junge Rekruten ohne Kampferwartung und wenig Kampfausbildung. Die gesamte strategische Reserve der USA betrug damals etwa 2½ Divisionen. Ihnen standen nach Geheimdienstangaben 175 sowjetische Divisionen gegenüber. Daher schlug Omar Bradley, der Generalstabschef des Heeres, vor, die Truppen aus Berlin abzuziehen, bevor die Sowjets Druck ausüben konnten. Interessant ist die Begründung. Der Abzug sei einer Situation vorzuziehen, in der man gezwungen sein würde, die Stadt unter Druck zu verlassen „as it would minimize loss of prestige". Auch der Vorsitzende der Joint Chiefs of Staff, Admiral Leahy, vertrat diese Auffassung. Präsident Harry Truman und der neue Außenminister George Marshall lehnten diesen Ratschlag ab. Es änderte aber nichts an der militärischen Einschätzung: Es gab keine Möglichkeit, die Stadt konventionell zu verteidigen. Die einzige Abschreckung war die militärische Drohung mit dem Einsatz der amerikanischen Luftwaffe an Orten, an denen die Sowjetunion ihrerseits verwundbar erschien, zunächst mit konventionellen Waffen und schließlich mit Atomwaffen. Da die Atomwaffenarsenale beider Seiten seit der Explosion der ersten sowjetischen Atombombe 1949 gewachsen waren, bedeutete dies in den 50er Jahren die Eskalation zu einem allgemeinen Atomkrieg.

Diese Alternative war selbst in den Zeiten der amerikanischen nuklearen Überlegenheit nur teilweise glaubwürdig gewesen (Transfer von B-29 Bom-

---

[2] May/Zelikow, Kennedy Tapes, S. 176.
[3] Vgl. ebenda, S. 90, 99, 137–139, 143–147, 172–176, 183–186, um nur einige Beispiele zu bringen.

bern nach England). Präsident Dwight D. Eisenhower stand in seiner Amtszeit der Nutzung von Nuklearwaffen zur Verteidigung Berlins skeptisch gegenüber. Trotzdem sah er keine andere Wahl, als diese Drohung immer wieder zu wiederholen. Die Alternative wäre nur gewesen, zuzugeben, daß die USA nichts tun konnten, um die Vereinnahmung West-Berlins durch die DDR mit Unterstützung der Sowjetunion zu verhindern. Dies ist der eigentliche Schlüssel zum Verständnis der amerikanischen Berlinpolitik: Die Glaubwürdigkeit eines atomaren Konflikts mußte aufrechterhalten werden, um die letzte Drohung ausschließen zu können. Die USA waren gezwungen, ein permanentes Truppenkontingent in Europa zu stationieren. Jeder Konflikt hier würde zu einem vollen Engagement der USA bei Ausbruch einer Konfrontation führen, und zwar vom ersten Tag an. In diesem Sinne unterschied sich die amerikanische Position, Berlin zu verteidigen, nicht von der Verpflichtung zur Verteidigung New Yorks oder von Los Angeles. 1948/49 hat der sowjetische Nichtbesitz von Atomwaffen die Entscheidung Präsident Harry Trumans zur Verteidigung West-Berlins sicherlich erleichtert. Vielleicht war aber ein anderer Faktor von ähnlicher Bedeutung, auch Westdeutschland war nicht zu verteidigen.

Ich habe die erste Berlinkrise erwähnt, um den Erfahrungshorizont und die strategische Situation um Berlin aus der Sicht der Berater der Kennedy-Administration zu erläutern. Hier hatte sich bis zur Kubakrise nur wenig geändert. Im Gegenteil, die Sowjetunion besaß nun ihrerseits Nuklearwaffen und Bomber, die England und die USA erreichen konnten, wenn auch ihre begrenzte Reichweite eine Rückkehr auf sowjetische Basen nicht erlaubte. Außerdem hatte die Sowjetunion nukleare Trägerraketen entwickelt, wenn auch nicht soviel, wie Chruschtschow die Welt glauben machen wollte. Mit anderen Worten, die USA waren verwundbarer geworden, so daß eine direkte atomare Konfrontation neue Risiken mit sich brachte. Konnte man unter diesen Bedingungen wirklich noch Berlin verteidigen?

5) Wie schwierig diese Entscheidung war, wird anhand der Aussagen von amerikanischen Politikern immer wieder deutlich. Keiner hat dies so nachdrücklich formuliert wie Kennedy: „It seems silly for us to be facing an atomic war over a treaty preserving Berlin as the future capital of a united Germany when all of us know that Germany will probably never be reunited. God knows I am not an isolationist, but it seems particularly stupid to risk killing a million Americans over an argument about access rights". Kennedy fürchtete jedoch die negativen Auswirkungen eines amerikanischen Zurückweichens auf Berlin und Westeuropa. Die Glaubwürdigkeit der USA schien gefährdet.

Dieses Szenario beeinflußte die amerikanische Strategie noch in einem anderen Aspekt. Berlin war gleichzeitig der schwache Punkt in einer globalen Strategie, an dem die USA jederzeit von der Sowjetunion unter Druck gesetzt werden konnten. Für Kennedy befanden sich die USA in Berlin in einer unmöglichen Situation. Gleichgültig, was die USA in einer globalen Konfrontation mit der UdSSR taten, immer mußten sie sich die Frage stellen, welche Auswirkungen ihre Aktionen auf den Status Berlins besaßen[4].

Durch seine Ankündigung einer umgekehrten Raketenlücke (missile gap) führte Kennedy der Welt die Schwäche der Sowjetunion auf atomarem Gebiet vor Augen. Er löste wahrscheinlich bei den Sowjets die Angst aus, die USA würden ihre atomare Macht auch einsetzen, um den Kalten Krieg unter amerikanischen Bedingungen zu entscheiden. Zwei sowjetische Entscheidungen verschärften die Krise. Erstens ignorierte Chruschtschow die Bedürfnisse der sowjetischen Bürger nach einer Verbesserung der Lebensbedingungen und steckte das Geld in den Rüstungswettlauf. Zweitens trug die Angst vor einem amerikanischen Präventivschlag wahrscheinlich zu Chruschtschows riskanten Versuchen bei, seine Macht in Berlin und in Kuba festzuschreiben.

Der Ausgang der Kubakrise führte zu einer massiven Aufrüstung in der Sowjetunion. 1970 bestand weitgehend ein atomares Patt zwischen den Supermächten. Das atomare Ungleichgewicht zwischen den Supermächten war beseitigt, aber zu welchem Preis? Berlin und Kuba wurden nicht mehr zum Streitpunkt zwischen Ost und West. Die strategische Streitmacht der Sowjetunion nutzte die Verwundbarkeit des Westens in Berlin nicht aus.

6) In der Sekundärliteratur wird zumeist die Interpretation vertreten, die amerikanische Entschlossenheit habe geholfen, langfristig die krisenhaften Beziehungen zwischen den USA und der Sowjetunion zu entschärfen. Als Beispiel für zeitgenössische Experten und Beteiligte will ich nur die Behauptung des Nationalen Sicherheitsberaters McGeorge Bundy anführen: „it was a tremendously sobering event with a large constructive long-term result."[5] Walt Rostow, der Leiter des Politischen Planungsstabes des State Departments, nannte Kuba in Anspielung auf den amerikanischen Bürgerkrieg „The Gettysburg of global conflict". Offenbar glaubte er, die Sowjetunion befände sich in der Rolle der Konföderation[6].

Andere Experten der Entspannungspolitik, wie etwa der Sicherheitsanalytiker Thomas Schelling, vertraten die Meinung: „The Cuban missile crisis was the best thing to happen to us since the Second World War. It helped us to avoid further confrontations with the Soviets, it resolved the Berlin issue: and it established new basic understandings about U.S. Soviet interaction."[7] Aber auch diejenigen amerikanischen Analytiker, die den positiven Aspekt der Krise zur Klärung der sowjetisch-amerikanischen Beziehungen hervorhoben, wollten keine Wiederholung. Zu nahe war man einer nuklearen

---

[4] Vgl. While, Cuban Missile Crisis, S. 50–51.
[5] Proceedings of the Hawk's Cay Conference on the Cuban Missile Crisis, Marathon, Florida, March 1987, zitiert in: Lebow, The Traditional, S. 178.
[6] Rostow, The View, S. 19.
[7] Nathan, The Cuban Missile Crisis Revisited, S. 179.

Konfrontation gewesen, andere Politiker als Kennedy und Chruschtschow könnten anders reagieren. Das militärische Potential könnte außer Kontrolle geraten. Es gab zu viele Unwägbarkeiten.

Die Einschätzung der Krise zeigt aber auch beachtliche Fehlinterpretationen der jeweiligen Gegenseite. Amerikanische Interpretationen gehen von der Annahme aus, daß Chruschtschow versucht habe, in einer offensiven Aktion die strategischen Verhältnisse zugunsten der Sowjetunion zu verändern und er die Stationierung sowjetischer Raketen auf Kuba begonnen habe, weil er Kennedy als schwachen Präsidenten einschätzte[8]. Derartige Interpretationen lassen sich jedoch kaum stützen, wenn man die bisher verfügbaren sowjetischen Dokumente heranzieht. Eher scheint das Gegenteil der Fall gewesen zu sein. Chruschtschow handelte aus der Perzeption der eigenen Schwäche. Er wollte verhindern, daß Kuba verloren ging und sah in seinem Vabanque-Spiel eine Chance. Er handelte, weil er glaubte, Nichthandeln wäre langfristig kostspieliger für die Sowjetunion.

Chruschtschow selbst äußerte sich am 12. Dezember 1962 vor dem Obersten Sowjet zu den Lehren aus der Kubakrise: 1) Keine Seite habe gewonnen. 2) Gesiegt habe die Vernunft, weil beide Seiten nach Ausbruch der Krise sich nüchtern verhalten hätten in dem Bewußtsein, daß ein Dritter Weltkrieg ausbrechen könnte. 3) Gegenseitige Konzessionen und Kompromisse hätten den Abbau der Spannungen ermöglicht und eine Normalisierung der Situation erlaubt. 4) Mit Blick auf die chinesische Politik und die chinesische Propaganda wurde er noch deutlicher: „Es ist natürlich richtig, daß die Natur des Imperialismus sich nicht geändert hat. Der Imperialismus ist aber nicht länger der Imperialismus jener Zeit, als er die Welt dominierte. Heute ist es ein Papiertiger, der nukleare Zähne besitzt. Er kann sie benutzen und dies darf nicht unberücksichtigt gelassen werden."[9] Die Warnung an Mao Tse Tung ist offensichtlich.

Für Kennedy war die Situation einfacher. In einem Interview mit den drei nationalen Fernsehanstalten am 17. Dezember 1962 erläuterte er seine Lehren aus der Krise folgendermaßen: Beide Regierungen hätten vor Ausbruch des Konflikts den Kontakt zueinander verloren gehabt: „I don't think that we expected that he would put missiles in Cuba, because it would have seemed such an imprudent action for him to take. Now, he obviously must have thought that he could do it in secret and that the United States would accept it. So that he did not judge our intention accurately."[10]

Nach Kuba hat es keine vergleichbare Krise gegeben. Keine der beiden Supermächte fühlte sich erneut so bedroht wie im Frühjahr 1962. Die Ermordung Kennedys im November 1963 und die Absetzung Chruscht-

---

[8] Vgl. Fursenko/Naftali, One Hell, S. 124 ff.
[9] Neues Deutschland, 13. 12. 1962, Rede Chruščevs über „Die gegenwärtige internationale Lage und die Außenpolitik der Sowjetunion".
[10] Public Papers. Kennedy. 1962, S. 889 ff.

schows im Oktober 1964 bestimmten die weitere Entwicklung. Breschnew nannte die Politik seines Vorgängers „haarsträubende Planungen". Hier sollte man auch daran erinnern, daß Leonid Breschnew und die anderen sowjetischen Führer bei der Absetzung Chruschtschows betonten, „er habe das internationale Prestige unserer Regierung, unserer Partei und unserer bewaffneten Macht geschädigt und gleichzeitig die Autorität der Vereinigten Staaten gestärkt."[11] Die Nachfolger Chruschtschows hielten sich in ihrer Konfrontationsstrategie mit den USA zurück und brachen keine neue Berlinkrise vom Zaun.

In den USA war es Kennedys Nachfolger Lyndon B. Johnson, der in einer Rede in New York 1966 die amerikanischen Interessen in Europa neu definierte. Sie verlangten Frieden und Stabilität. Dies bedeutete, daß nunmehr die USA die Realität zweier deutscher Staaten und eine deutsch-deutsche Einigung über den Status und die Zukunft Berlins akzeptieren würden.

7) Die Kubakrise stärkte den Glauben an die Möglichkeiten zur Reduzierung der Spannungen in den USA und in der Sowjetunion. In diesem Sinne war die Krise der Katalysator der Entspannungspolitik. Détente zwischen den Supermächten bedeutete jedoch keineswegs Freundschaft mit der UdSSR oder eine Einstellung der Containmentpolitik. Vielmehr, so könnte man formulieren, war es die Eindämmung der Sowjetunion mit einer neuen Politik. So gingen z.B. Henry Kissinger und Präsident Richard Nixon davon aus, daß es angemessen sei, die Furcht, die Nöte, die Sorgen, die Wünsche und die Forderungen der Sowjetunion zur Verbesserung der Beziehungen auszunutzen bzw. zur Erlangung von Wohlverhalten einzusetzen. In der Reihenfolge ihrer Bedeutung für die Sowjetunion waren dies die Sorge vor engeren chinesisch-amerikanischen Beziehungen, die Notwendigkeit besserer Wirtschaftsbeziehungen mit dem Westen zur weiteren technologischen Entwicklung der UdSSR, der Wunsch nach Verhandlungen zur Rüstungsbegrenzung und die Erwartung, eine stillschweigende Zusage der USA zur andauernden sowjetischen Kontrolle Osteuropas erhalten zu können. Die Sowjetunion war an einer Konsolidierung der Ergebnisse des Zweiten Weltkrieges interessiert.

Natürlich besaßen auch die USA eine Wunschliste. Dazu gehörten kurzfristig sicherlich sowjetische Hilfe bei der Etablierung von „peace with honour" in Vietnam, mittelfristig eine Veränderung der sowjetischen Haltung in den umstrittenen Regionen der Dritten Welt und langfristig eine Kooperation der UdSSR mit dem Westen. Einige amerikanische Strategen erhofften sich sogar eine enge Wirtschaftskooperation der Sowjetunion mit den USA. Die strategischen Operationen der Sowjetunion waren also aus Sicht der Nixon-Administration klar definiert. Moskau konnte, wenn es wollte,

---

[11] Vgl. Subok/Pleschakow, Der Kreml, S. 380f.; nähere Details in: Istoričeskij Archiv, Nr. 1, 1993, Kak snimali N.S. Chruščeva, S. 3–19.

weiter auf Konfrontationskurs gehen, dann würde es den militärischen und ökonomischen Wettbewerb des Westens zu spüren bekommen. Oder es konnte mit dem Westen zusammenarbeiten, dann würde es eine Ausweitung des Handels, eine ernsthafte amerikanische Zusage in der Rüstungskontrolle, das Versprechen, die chinesische Karte nicht zu spielen und – de facto, jedoch nicht de jure – eine amerikanische Zustimmung zum Status quo in Osteuropa erhalten.

Während Détente ein Versuch war, neue Beziehungen mit einem Gegner herzustellen, bedeutete die Nixon-Doktrin auch die Entwicklung neuer Beziehungen zu alten Freunden. Das Ziel war eine gleichmäßigere Verteilung der Verteidigungslasten auf die inzwischen prosperierenden europäischen Verbündeten und die Stärkung einer Reihe von Regionalmächten wie Iran, Südkorea, Indonesien und Brasilien. Die herausragenden Ergebnisse dieser Periode der amerikanischen außenpolitischen Strategie waren das Nixon-Mao-Kommuniqué vom Frühjahr 1972, der ABM-Vertrag, der SALT I-Vertrag, die Basic Principles der amerikanisch-sowjetischen Beziehungen sowie weitere Verträge über Handelsbeziehungen, Kulturaustausch, Kooperation in Wissenschaft und Technologie. Es schien, als ob der Kalte Krieg beendet sei. Nach amerikanischer Auffassung war durch die Basic Principles das Prinzip der Parität zwischen den beiden Supermächten verankert. Darunter verstand man sowohl den Verzicht auf das Streben nach militärischer Überlegenheit als auch eine Status-quo-Orientierung der Politik beider Seiten, Zurückhaltung und Mäßigung in internationalen Konflikten und die Vermeidung expansionistischer Aktionen.

Diese Veränderungen wurden noch dadurch verstärkt, daß es in Europa und natürlich in Deutschland von 1970–1972 zu Verträgen kam, die Frieden und Sicherheit zu garantieren schienen, während die Unterzeichnung der Verträge von Helsinki 1975 nunmehr den Status quo in Europa festigen sollte.

8) Aus Sicht des Kremls, von Breschnew und seinen Kollegen in der Nachfolge Chruschtschows, mögen die Entwicklungen in den USA in den sechziger und siebziger Jahren Anzeichen für eine Schwächeperiode gewesen sein. Rassenunruhen, Antikriegsdemonstrationen, Chaos in den Straßen sowie amerikanische Regierungen, die sich außerstande sahen, die Ordnung wiederherzustellen. Offensichtlich erwartete die sowjetische Führung noch zu ihren Lebzeiten Amerika als hegemoniale Macht beerben zu können. Dies war die eine Seite der Entwicklungen. Andererseits wartete man nicht passiv auf Veränderungen, sondern versuchte, besonders in der Dritten Welt, aktiv einen Umschwung zu sowjetischen Gunsten herbeizuführen. Die Unterstützung Nordvietnams, der Versuch, die amerikanische Position im Nahen und Mittleren Osten zu unterminieren, der rapide Ausbau der strategischen Nuklearstreitkräfte gehören genauso in diese Strategie, wie die Unterstützung von Befreiungskriegen in der westlichen Hemisphäre. Mos-

kau schien kein Interesse an einem Abbau der Spannungen zwischen den Supermächten zu haben, solange die Zeit für die Sowjetunion lief. Friedliche Koexistenz und die Unterstützung von Befreiungsbewegungen schlossen einander nicht aus, oder wie Breschnew auf dem 24. Parteitag der KPdSU 1971 erklärte: „Wir werden eine Politik des Friedens und der Freundschaft zwischen den Völkern verfolgen und wir werden den Imperialismus bekämpfen."[12]

Andererseits zerstörte die unter Nixon und Kissinger eingeleitete chinesisch-amerikanische Annäherung alle einseitig auf die beiden Supermächte ausgerichteten strategischen Überlegungen in Moskau. Diese Entwicklung trug mehr als jede andere zur sowjetischen Bereitschaft zur Aufnahme von Rüstungskontrollverhandlungen bei.

Die bereits angesprochene Verlagerung der Konflikte auf die Dritte Welt bedeutet nicht, daß es nicht die Gefahr einer direkten Konfrontation der beiden Supermächte gab. Das beste Beispiel ist der Jom-Kippur-Krieg von 1973. Nixon alarmierte die strategischen Reserven der USA als Moskau androhte, selbst zu intervenieren, um einen weiteren Vorstoß der Israelis in Ägypten zu verhindern. Die Sowjets gaben schließlich nach.

9) Wir alle wissen, daß diese auch als „Grand Design" bezeichnete Konzeption Nixons und Kissingers wenige Jahre später, zumindest vorübergehend, mit dem sowjetischen Einmarsch in Afghanistan scheiterte. Die amerikanische Reaktion unter Präsident Jimmy Carter war eindeutig. Er nannte die Aktion die größte Bedrohung des Weltfriedens seit dem Zweiten Weltkrieg. Der US-Präsident erließ ein Getreideembargo, boykottierte die Olympischen Spiele in Moskau und schuf die Carter Doktrin – eine Erklärung, die die Sowjetunion vor einem weiteren Vorstoß in den Persischen Golf, der als lebenswichtige amerikanische Region bezeichnet wurde, warnte. Noch wichtiger, Carter initiierte in der zweiten Hälfte seiner Amtszeit eine verstärkte Aufrüstung der USA, entschloß sich zur Stationierung von Cruise Missiles und Pershing-II Raketen in Europa.

Diese Entwicklung ist zumindest überraschend, nachdem Carter zu Beginn seiner Amtszeit doch versucht hatte, eine neue Dimension der Außenpolitik durch die Betonung der Menschenrechte einzuführen, und die Ost-West-Konfrontation in den Hintergrund treten zu lassen. Mehrere Gründe scheinen mir hierfür zu existieren: In den USA hatte nach dem Ende des Vietnamkrieges eine Debatte über die Belastbarkeit und die Wettbewerbstätigkeit des amerikanischen Wirtschaftssystems begonnen. Die Belastungen durch weltweite militärische Verpflichtungen schienen für die USA untragbar zu sein. Carters Berater in sowjetischen Angelegenheiten, Marshal Shulmann, war nicht beeindruckt vom Machtgewinn der Sowjetunion. Aus sei-

---

[12] Neues Deutschland, 31. 3. 1971, Leonid I. Brežnev, Rechenschaftsbericht des Zentralkomitees der KPdSU vom 30. 3. 1971.

ner Sicht besaß die Sowjetunion militärisch immer noch geringere Fähigkeiten als die USA. Ihre Wirtschaft sah sich mit Riesenproblemen konfrontiert. Osteuropa erwies sich immer mehr als eine schwere Belastung. Mit anderen Worten, die Sowjetunion war eine unvollständige, eindimensionale Supermacht. Nach der sowjetischen Invasion in Afghanistan setzten sich jedoch jene Kräfte in der Regierung endgültig durch, die eine Neuorientierung der amerikanischen Sicherheitspolitik forderten. Die strategischen Streitkräfte sollten modernisiert werden – nicht, um eine nukleare Überlegenheit gegenüber Moskau anzustreben, sondern um die Sowjetunion daran zu hindern, eine derartige Überlegenheit gegenüber den USA zu erlangen. Ziel der Politik blieb die Sicherung des Prinzips der Abschreckung. Rüstungskontrollverhandlungen sollten nur dann geführt werden, wenn dabei Ergebnisse in einer fairen, ausgewogenen und verifizierbaren Weise zu erwarten waren.

10) Unter Reagan kam es zu einer weiteren Verschärfung. Er besaß ein tiefgreifendes Mißtrauen gegenüber Moskau und war entschlossen, etwas gegen die – wie er es sah – Doppelbödigkeit des sowjetischen Verhaltens zu tun. Aus seiner Sicht war die Sowjetunion der Ursprung allen Übels, die Quelle aller globalen Konflikte, vom Terrorismus im Nahen Osten über die Befreiungsbewegungen in Afrika und Mittelamerika. Die Neokonservativen in der Administration gingen davon aus, daß nur ein rollback des sowjetischen Einflusses in der Welt den Frieden sichern konnte. Die Rhetorik erinnert an NSC 1968 und an John F. Dulles als Außenminister. Das Ergebnis waren neue Rüstungsanstrengungen, die Bewaffnung und die Ausbildung sogenannter Freiheitskämpfer, eine erneute Betonung der Menschenrechtsproblematik und die Abwendung von weiteren Rüstungskontrollverhandlungen. Das Ziel war offensichtlich, die Verhandlungen zu nutzen, um Druck auf die Sowjetunion auszuüben. Bis 1984/85 zeigte diese Strategie wenig Erfolg. Dies änderte sich erst mit der Machtübernahme Gorbatschows im Kreml. Nun zeigte sich, daß Reagan weniger ideologisch gebunden war, als die Neokonservativen um ihn herum.

Kuba und Berlin waren langfristig der Katalysator der sowjetisch-amerikanischen Konfrontation im Kalten Krieg. Die beiden Supermächte definierten ihre historisch gewachsenen Interessen. Die Sowjetunion erkannte, daß es für die Herausbildung einer sicheren bipolaren Welt notwendig war, die Rahmenbedingungen der Nachkriegszeit anzuerkennen. Dazu gehörte die Präsenz der USA in Berlin und die Sicherheit West-Berlins. Die Sowjetunion akzeptierte zudem, daß sie nicht einseitig die Sicherheitslage in der westlichen Hemisphäre verändern konnte. Beide Maßnahmen trugen zur Stabilität der Beziehungen bei, auch wenn diese weiterhin durch eine konfrontative Politik in anderen Teilen der Welt gekennzeichnet waren.

Verzeichnis der Dokumente

Die US-Streitkräfte in der Kubakrise

Dokument 1   Notes taken from Transcripts of Meetings of the Joint Chiefs of Staff: Dealing with the Cuban Missile Crisis, October-November 1962 (S. 135)

Dokument 2   Summary of Soviet Submarine Activities in Western Atlantic to 271700Z, 27. 10. 1962 (S. 154)

Dokument 3   U.S. Navy, Deck log book of anti-submarine warfare operations related to USSR submarine B-59, 31. 10. 1962 (S. 157)

Die sowjetischen Streitkräfte in der Kubakrise

Dokument 4   Bericht des Kommandeurs der 51. Raketendivision an den Oberkommandierenden der Strategischen Raketenstreitkräfte, 18. 12. 1962 (S. 160)

Dokument 5   Einige Fragen der operativen und taktischen Tarnung bei den Handlungen der Division auf Kuba, 18. 12. 1962 (S. 177)

Dokument 6   Aufzeichnung des Gesprächs zwischen dem Kommandeur der 51. Raketendivision Generalmajor Igor D. Stazenko und Anastas I. Mikojan (in Havanna), 22. 11. 1962 (S. 183)

Dokument 7   Bericht des Leiters der Politabteilung der 51. Raketendivision, Oberstleutnant Iwan W. Pschenitschnyj, über die parteipolitische Arbeit im Jahr 1962, o. Datum (S. 186)

Die Bundeswehr in der Kubakrise

Dokument 8   Fernschreiben des Oberbefehlshabers der NATO, General Lauris Norstadt, an unterstellte NATO-Verbände, 23. 10. 1962 (S. 195)

Dokument 9   Vorläufiges Protokoll der Sitzung des Militärischen Führungsrates, 23. 10. 1962 (S. 196)

Dokument 10   Fernschreiben des Führungsstabes der Bundeswehr (Fü B III) an die Kommandeure der Bundeswehr, 24. 10. 1962 (S. 202)

Dokument 11   Sprechzettel des Generalinspekteurs an den Verteidigungsminister für den Bundesverteidigungsrat, 24. 10. 1962 (S. 202)

Dokument 12   Kurzprotokoll Nr. 84 der Sitzung des Militärischen Führungsrates, 24. 10. 1962 (S. 203)

Dokument 13 Übersicht des Führungsstabes der Bundeswehr (Fü B III) über getroffene militärische Maßnahmen, 25. 10. 1962 (S. 207)
Dokument 14 Schreiben Fü B I an Fü B III betr. Erhöhung der Einsatzbereitschaft, 27. 10. 1962 (S. 210)
Dokument 15 Zwischenbericht des Führungsstabes der Bundeswehr über die Erfahrungen der Kuba-Krise, 16. 11. 1962 (S. 211)

Die Nationale Volksarmee der DDR in der Kubakrise

Dokument 16 Schreiben von Ulbricht an Hoffmann, 23. 10. 1962 (S. 218)
Dokument 17 Sonderbericht Nr. 2 der 12. Verwaltung (militärischer Nachrichtendienst) zur Lage in Westdeutschland und West-Berlin, 23. 10. 1962 (S. 219)
Dokument 18 Telegramm (russ.) des Ministers für Nationale Verteidigung, Heinz Hoffmann, an den Oberkommandierenden der Vereinigten Streitkräfte, Andrej A. Gretschko, 24. 10. 1962 (S. 220)
Dokument 19 Sonderbericht Nr. 7 der 12. Verwaltung (militärischer Nachrichtendienst) zur Lage in Westdeutschland und West-Berlin, 24. 10. 1962 (S. 223)
Dokument 20 Sonderbericht Nr. 11 der 12. Verwaltung (militärischer Nachrichtendienst) zur Lage in Westdeutschland und West-Berlin, 25. 10. 1962 (S. 225)
Dokument 21 Sonderbericht Nr. 17 der 12. Verwaltung (militärischer Nachrichtendienst) zur Lage in Westdeutschland und West-Berlin, 27. 10. 1962 (S. 227)
Dokument 22 Sonderbericht Nr. 21 der 12. Verwaltung (militärischer Nachrichtendienst) zur Lage in Westdeutschland und West-Berlin, 29. 10. 1962 (S. 228)
Dokument 23 Sonderbericht Nr. 38 der 12. Verwaltung (militärischer Nachrichtendienst) zur Lage in Westdeutschland und West-Berlin, 6. 11. 1962 (S. 229)
Dokument 24 Sonderbericht Nr. 42 der 12. Verwaltung (militärischer Nachrichtendienst) zur Lage in Westdeutschland und West-Berlin, 8. 11. 1962 (S. 231)
Dokument 25 Bericht über die politisch-ideologische Arbeit in der Armee zur Zeit der Ereignisse in Kuba, ohne Datum. (S. 232)
Dokument 26 Schreiben des Oberkommandierenden der Vereinigten Streitkräfte, Andrej A. Gretschko, an den Minister für Nationale Verteidigung, Heinz Hoffmann, 21. 11. 1962 (S. 235)
Dokument 27 Rede von Verteidigungsminister Heinz Hoffmann vor dem Nationalen Verteidigungsrat der DDR, 23. 11. 1962 (S. 236)

Dokumente

Die US-Streitkräfte in der Kubakrise

Dokument 1[1]

NOTES TAKEN FROM TRANSCRIPTS OF MEETINGS OF THE JOINT CHIEFS OF STAFF,

OCTOBER-NOVEMBER 1962. DEALING WITH THE CUBAN MISSILE CRISIS (Handwritten notes were made in 1976 and typed in 1993)
CJCS: Chairman, Joint Chiefs of Staff. General Maxwell D. Taylor[2], USA.
CSA: Chief of Staff, Army. General Earle G. Wheeler[3].
CSAF: Chief of Staff. Air Force. General Curtis E. LeMay[4].
CNO: Chief of Naval Operations. Admiral George W. Anderson, Jr[5].
CMC: Commandant, Marine Corps. General David M. Shoup[6].
CONAD: Continental Air Defense
DIA: Defense Intelligence Agency
DJS: Director, Joint Staff
LANT: Atlantic
NORAD: North American Air Defense
OAS: Organization of American States
RCT: Regimental Combat Team
SAM: Surface-to-Air Missile
TAC: Tactical Air Command

---

[1] DOD, Transcripts, „Notes taken from Transcripts of Meetings of the Joint Chiefs of Staff, October-November 1962: Dealing with the Cuban Missile Crisis.", abgedruckt in: The National Security Archive: http://www.gwu.edu/~nsarchiv/nsa/cuba_mis_cri/docs.htm.
[2] Taylor, Maxwell Davenport (1901–1987). Vier-Sterne-General. 1944–1945 Kommandeur der 101. Airborne Division. 1949–1951 Oberbefehlshaber der US-Streitkräfte in Berlin. 1953–1955 Befehlshaber der 8. US-Armee in Korea. 1955–1959 Stabschef der US Army. 1959 Abschied aus dem aktiven Dienst, 1962–1964 Rückruf in das Amt des Generalstabschefs der US-Streitkräfte.
[3] Wheeler, Earle Gilmore (1908–1975). Vier-Sterne-General. 1962–1964 Stabschef der US Army. 1964–1970 Generalstabschef der US-Streitkräfte, 1970 in die Reserve versetzt.
[4] LeMay, Curtis Emerson (1906–1990). Vier-Sterne-General. 1947 Kommandierender der U.S. Air Forces in Europa – organisierte die Luftbrücke nach West-Berlin. 1948–1957 Kommandeur des Strategic Air Command (SAC). 1957–1961 Vize-Stabschef der US Air Force. 1961–1965 Stabschef, danach Abschied aus dem aktiven Dienst und Engagement in der Politik.
[5] Anderson, George Whelan, Jr. (1907–1992). Admiral. Nach 1945 Kapitän des U-Jagd-Flugzeugträgers *Mondoro*. 1961–1963 Stabschef der US Navy, dann drei Jahre US-Botschafter in Portugal. 1973–1977 Vorsitzender des Foreign Intelligence Advisory Board.
[6] Shoup, David Monroe (1904–1983). Vier-Sterne-General. 1956–1958 Kommandeur der 3. Marines Division. 1958–1960 Stabschef des US Marine Corps. 1960–1963 Oberkommandierender des US Marines Corps.

Monday, 15 October
JCS[7] met at 1400; SecDef[8] and DepSecDef[9] joined them at 1430:
Discussion of JCS 2304/68, contingency planning for Cuba:
CJCS: If OPLAN[10] 316's requirement for an airborne assault after five days preparation is to be met, the Marine RCT must move from Camp Pendleton to the East Coast.
SecDef: President wants no military action within the next three months, but he can't be sure as he does not control events. For instance, aerial photos made available this morning show 68 boxes on ships that are not believed to be Il-28s[11] and cannot be identified. However, the probabilities are strongly against military action in the next 30 days.
Discussion of JCS 2304/69, which deals with preparations necessary to execute oplans:
SecDef: I suggest we use [2 lines with excisions] We can't do what the British and French did over Suez – say we will take action, then do nothing while a long build-up is completed. We can't do nothing during the 18-day preparatory period for OPLAN 314 while the enemy prepares and world pressure mounts. So I suggest that [2 lines with excisions]
CNO: A Marine RLT[12] would have to be moved from the West Coast; that requires 20 days' notice and an 18-day voyage.
SecDef: We would not mobilize reserve air squadrons until air strikes begin. All present agreed.
CSA: The thing about OPLAN 314 that bothers me is that we [1 line with excisions]
SecDef: [1 line with excisions]
CNO: [2 lines with excisions]
SecDef: We should bring this problem to the President's attention as soon as possible. [2 lines with excisions] JCS agreed with him that a briefing should be prepared for the President outlining these two alternatives.

Tuesday, 16 October
JCS meeting at 1000:
CJCS says he will see the President at 1145.
Briefing by Mr. McLaughlin[13] of DIA: 3 SS-3[14] sites located; MRBMs[15] could have ranges of either 700 or 1100 miles: all-out effort could make them operational within 24 hours.

---

[7] JCS – Joint Chiefs of Staff.
[8] SecDef – Secretary of Defense.
[9] DepSecDef – Deputy Secretary of Defense.
[10] OPLAN – operation plan.
[11] Il-28 – Iljušin 28. Zweistrahliger taktischer Nuklearbomber der UdSSR mit einer Reichweite von 2180 km.
[12] RLT – Regimental Landing Team.
[13] Nicht ermittelt.
[14] SS 3 „Shyster" – NATO-Code für die sowjetische Mittelstreckenrakete R-5M. Tatsächlich war auf Kuba jedoch das Nachfolgemodell R-12 (NATO Code SS-4 „Sandal") stationiert.
[15] MRBM – Medium-range ballistic missile.

VCSAF[16] (Gen.[17] Seth McKee[18]): Once the missile sites become operational, Castro can threaten retaliation for any offensive move by the US[19]. Delaying action until the missiles are set up could touch off nuclear war.
CMC: Soviets might be attempting to pose a nuclear threat to the US without running a risk of nuclear retaliation against the Soviet Union,
JCS agree the threat is so serious as to require the US to take out the missiles by military effort. CSA favored air attack without warning, to be followed by invasion. CNO recommended air attack followed by invasion as the only way to eliminate the Communist regime from Cuba. Once the missiles were removed, however, he did not see a Communist Cuba as a military threat.
VCSAF foresaw a possibility of avoiding the need for invasion by efficient application of air strikes and naval blockade.
CJCS: I am not convinced that air strikes need be followed by an invasion. What threat is Cuba once missiles and aircraft are knocked out?
CMC favored an ultimatum to remove the missiles or the US would destroy them.
JCS agreed that the recommended sequence would be: get additional intelligence; make surprise attacks on missiles, airfields, PT boats[20], SAMs and tanks; concurrently, reinforce Guantanamo; prepare to initiate an invasion.
JCS meeting at 1630 attended by Adm.[21] Dennison[22] (CINCLANT[23]), Gen. Power[24] (CINCSAC[25]), Gen. Sweeney[26] (CG[27], TAC[28]) and LTG[29] Hamilton Howze[30] (CG, XVIII Abn Corps[31]):
CJCS gives a debrief of the 1145 White House meeting:

[16] VCSAF – Vice Chief of Staff of the United States Air Force.
[17] Gen. – General.
[18] McKee, Seth Jefferson (*1916). Vier-Sterne-General. 1959–1964 Planungschef im Hauptquartier des Strategic Air Command (SAC). 1966–1968 Oberbefehlshaber der US-Streitkräfte in Japan. 1969–1973 Chef des North American Aerospace Defense Command (NORAD) und des Continental Air Defense Command (CONAD). 1973 Abschied aus dem aktiven Dienst.
[19] US – United States.
[20] PT boat – torpedo boat.
[21] Adm. – Admiral.
[22] Dennison, Robert Lee (1901–1980). Admiral. 1956–1959 Befehlshaber der 1. US Flotte, gleichzeitig stellv. Chef für Marineoperationen. 1959–1963 Befehlshaber der US Atlantik-Flotte.
[23] CINCLANT – Commander-in-Chief, US Atlantic Fleet.
[24] Power, Thomas Sarsfield (1905–1970). Vier-Sterne-General. Im 2. Weltkrieg Kommandeur verschiedener Bombereinheiten der US Air Force. 1957–1964 Oberkommandierender des SAC.
[25] CINCSAC – Commander-in-Chief Strategic Air Command.
[26] Sweeney, Walter Campbell, Jr. (1909–1965). Vier-Sterne-General. 1947–1953 stellvertretender Sekretär der US Air Force und Direktor für Planungen beim Strategic Air Command. 1955–1961 Kommandeur der 8. Air Force, ab 1961 Kommandeur des Tactical Air Command.
[27] CG – Commanding General.
[28] TAC – Tactical Air Command.
[29] LTG – Lieutenant General.
[30] Howze, Hamilton Hawkins (1908–1998). Vier-Sterne-General. 1955–1962 Kommandierender General verschiedener Verbände der US-Fallschirmjäger. 1962–1963 Kommandeur der 3. US-Armee. 1963–1965 Kommandeur der 8. US-Armee.
[31] XVIII Abn Corps – XVIII Airborne Corps.

President gave unlimited authority to use U-2[32] reconnaissance.
Rusk[33] said he was not certain that the MRBMs were in Cuba.
SecDef, after being briefed on JCS recommendation, was with us except on one point: We should strike before any of the missiles show their head, before they become completely operational. CJCS then had presented the JCS view favoring. [2 lines with excisions] Conferees felt that our deterrent would keep Khrushchev from firing nuclear missiles. The President speculated why Khrushchev would put missiles in Cuba. Rusk said: To supplement his MRBM capabilities and further his Berlin objectives. After President left the meeting. SecDef set forth his view that the known missiles would have to be taken out.
CJCS concluded his debrief by saying that the question was whether to go for the missiles or go for missiles as well as blockade, to be followed by possible invasion. JCS and commanders' discussion followed:
CJCS: In an invasion, we would be playing Khrushchev's game by getting 250000 troops tied up ashore.
Discussion followed of what targets should be attacked: Must be not only MRBMs but also MiGs[34], SAMs, patrol boats, tank parks, and all significant military targets, together with a blockade. [2 lines with excisions] JCS discarded the 18-day buildup period.
SecDef then joined the meeting: I said this morning that <u>after</u> missiles are operational I was against attacking Cuba because they probably could launch missiles before we destroyed them. SecDef asks JCS whether they would favor attacking under those circumstances; they say yes. SecDef gives the following guidance: Heavy reconnaissance effort is authorized as well as augmentation of air defenses in the Southeastern U.S. I think that three courses of action were open: (1) political moves – useless; (2) open surveillance and weapons blockade, and they use missiles we attack – costly but might be worth the cost; (3) all military action – might trigger a Soviet response. JCS agreed that the following general war preparatory steps were necessary: SAC[35] on 1/8th airborne alert; disperse those SAC and NORAD aircraft carrying nuclear weapons; move Polaris subs[36] from Holy Loch[37]; augment air defenses in the Southeast: [2 lines with excisions]
After SecDef left, CJCS asked whether JCS favored going to low-level reconnaissance flights, which might tip our hand. All said no.

---

[32] U-2 – Höhenfotoaufklärungsflugzeug der US Air Force und der CIA. Die in bis zu 26 000 m Höhe operierende U-2 diente während des Kalten Krieges dem US-Militär und dem US-Geheimdienst zur strategischen Aufklärung.

[33] Rusk, Dean (1909–1994). US-Politiker. 1952–1961 Präsident der Rockefeller Foundation. 1961–1969 Außenminister der USA. Nach Rücktritt 1969 Professor an der Universität von Georgia.

[34] MiG – Mikojan/Gurevič. Sowjetische Jagdflugzeuge der Konstrukteure Mikojan und Gurevič.

[35] SAC – Strategic Air Command.

[36] Polaris subs – Polaris submarines. Zur George-Washington-Klasse gehörende Atom-Raketen-U-Boote der USA, seit Ende 1960 im Einsatz, ausgestattet mit jeweils 16 Atomraketen des Typs Polaris A1, die eine Reichweite von ca. 2700 km hatten.

[37] Britischer U-Bootstützpunkt an der schottischen Westküste, der seit Oktober 1960 auch Atom-Raketen-U-Booten der US Navy zur Verfügung gestellt wurde.

JCS agreed that if the decision was to go for MRBMs only, they would recommend that we not do anything.

Wednesday, 17 October
JCS meeting at 1000; CJCS joined meeting at 1120:
DJS (VADM[38] Riley[39]): SecDef debriefed me on White House meeting at 1900 last night. Five courses of action were proposed. I: Attack MRBMs plus nuclear storage sites. II: Add to those MiG-21s[40] and Il-28s. III. Add to those other air capabilities, SAMs, surface-to-surface missiles, and missile-carrying boats. IV: attack all significant military targets but exclude tanks, since IV was not prelude to invasion. V: Add tanks to IV. They talked exclusively about carrying out I, after political preparations. The SecDef asked JCS about requirements to carry out these five options. The J-3[41] worked through the night and came up with this estimate for sorties: I: 52; II: 104; III: 194; IV: 474; V: 2002. (Several days later, because these totals did not explicitly include requirements for escort, suppression of air defenses, and post-strike reconnaissance, these figures had to be substantially revised upward. At that point Gen. Taylor reacted as follows: „What! These figures were reported to the White House. You are defeating yourselves with your own cleverness, gentlemen."")
The JCS felt they should go on record as opposing strikes on MRBMs alone. Otherwise, if things went wrong, they might get the blame (see JCSM[42]-794-62).
DJS: CJCS says that whatever is decided it will be a long time before they go to any invasion.
CJCS gives debrief of White House meeting that morning. This was the first small meeting (CJCS, McNamara[43], Rusk, Ball[44], Nitze[45], R. Kennedy[46], L. Thompson[47]). We all agreed we had no hard positions. State preferred, first a series of political measures that would minimize damage to the alliance and give Khrushchev an indication of what we planned to do. State also proposed a Kennedy-Khrushchev summit meeting. CJCS thinks they will say there must be some political action before a showdown. It was agreed that if we want to go to a blockade, we must declare war. CJSC adds that blockade is only in the minds of people who feel striking missile sites alone is not enough.

---

[38] VADM – Vice Admiral.
[39] Riley, Herbert D. (1904–?) Vizeadmiral. 1957–1958 Stabschef der US Pazifik-Flotte, 1959–1961 stellv. Chef für Marineoperationen. 1961–1964 Direktor des Joint Staff.
[40] MiG-21 – Mikojan/Gurevič 21. Sowjetisches Abfangjagdflugzeug mit Raketenbewaffnung, Geschwindigkeit 2125 km/h, Reichweite 1580 km.
[41] J-3 – operations directorate of a joint staff.
[42] JCSM – Joint Chiefs of Staff memorandum.
[43] McNamara, Robert Strange (*1916). US-Politiker. 1961–1968 Verteidigungsminister der USA. 1968–1981 Präsident der Weltbank.
[44] Ball, George Wildman (1909–1994). US-Diplomat. 1961–1966 Staatssekretär im US-Außenministerium.
[45] Nitze, Paul Henry (*1907). US-Politiker. 1961–1963 leitender Mitarbeiter im US-Verteidigungsministerium. 1963–1967 Marineminister, 1967–1969 stellv. Verteidigungsminister.
[46] Kennedy, Robert Francis (1925–1968). US-Politiker. 1961–1964 Justizminister der USA.
[47] Thompson, Llewellyn E. (1904–1972). US-Diplomat. Seit 1929 im diplomatischen Dienst, Osteuropa- und Sowjetexperte. 1957–1962 und 1967–1969 US-Botschafter in der UdSSR, Berater Kennedys während der Berlin- und der Kubakrise.

Thursday, 18 October
JCS meeting at 0930 (Gen. LeMay, previously represented by Gen. McKee, now joined discussions):
DIA officers give results of U-2 mission of 15 October. Photos were shown of four bases: Guanajay; San Julian; San Cristobal; and Santa Cruz. Mr. McLaughlin said it will take six months to make the sites completely operational.
CJCS: Now permanent missile sites show up. This is really significant. I now feel air strikes are not enough, and occupation is the only answer.
CJCS gives debriefing on last night's meeting. Five courses of action were considered.
A: Inform West European leaders and some Latin American leaders on Tuesday. On Wednesday, hit missile sites only, make a public statement and send a message to Khrushchev. Then wait and see what happens. Rejected by Rusk.
B: Same as above, but notify Khrushchev about three days beforehand and wait about three days to obtain his replay. Rejected by Defense.
C: Tell them we know where the missiles are and we are going to stop any more from coming in. Then would follow declaration of war, complete blockade, air surveillance, and readiness for additional actions. State is optimistic about this one.
D: After limited political preliminaries, strike all targets except those connected with invasion. Prepare for invasion, possibly blockade.
E: Same as D, with no political preliminaries. There was no support for this, but CJCS feels there may be some stiffening when they see today's intelligence. CJCS says I have changed my mind on invasion, and I think they will too.
JCS agreed that minimum should be Course E, with complete blockade and air strikes on all significant targets except those that might be struck for an invasion.
JCS also agreed that, if a decision is made to hit only the missile sites, Il-28s also should be hit.
JCS meeting at 1400, attended by Operations Deputies: CJCS debriefs on White House meeting this morning: Rusk said the new information had changed his outlook. Action would have to be taken, and of a heavier kind than was contemplated yesterday. But Rusk still thought Khrushchev should be informed in advance. SecDef said that new intelligence called for invasion. In the car, SecDef told CJCS that if he knew there was an operational missile in Cuba, it would change his outlook since we would have to go nuclear. Three plans were being considered: (1) maximum political effort; (2) a combination with military effort being built around blockade then reconnaissance; (3) no political discussion – air strike followed by invasion. Plan (1) is out. CJCS said he asked the President if we could discard the partial air strike. We agreed to do Category III, IV, or V (see 17 Oct, 1000 meeting). Next State proposed a five-day preliminary, talking to Khrushchev, UN[48] and OAS[49]; then clamp on blockade state of war. The President seemed to feel we should hold back until we get a feel for the Russian reaction.
CSAF: Are we really going to do anything except talk?
CJCS: Definitely. Probably there will be a political approach, followed by warning,

---

[48] UN – United Nations Organization.
[49] OAS – Organization of American States.

a blockade, hitting the missiles, and invasion – in that order. We will probably start in the early part of next week.

Friday, 19 October
JCS meeting at 0900:
CJCS gives a debrief of White House meeting on the previous evening: The tendency is more and more toward political actions plus a blockade; the President shows a preference for this. State will provide the details of political approaches. The JCS will consider total blockade, selective blockade, and the necessity for a declaration of war. State's idea is that there should be a selective blockade for offensive weapons only. CSAF: „It would be pure disaster to try that."
CJCS: The President wants to see us this morning. It boils down to a choice between Course E (above) and the new alternative of political action plus blockade. We should recommend to him (1) surprise attack on comprehensive targets, (2) reconnaissance surveillance, and (3) complete blockade. A briefing was given by DIA: There are 35–39 MiG 21s and 21 Il-28s (17 still in crates). There are 7 MRBM sites (4 are for SS-4s[50] with 1100 n.m.[51] range; 3 are for SS-5s[52] with 2200 n.m. range); there are 16 launchers for SS-4s and 12 for SS-5s, with two missiles each. There are 22 SAM sites, 9 believed operational. In just a few weeks, they can have a couple of air defense nets with real capability.
The JCS position decided upon for the meeting with the President was:
1. Notify Macmillan and possibly Adenauer two hours in advance.
2. Carry out surprise attack on comprehensive targets.
3. Reconnaisance surveillance.
4. Complete blockade.
5. Invade Cuba? CSA, CSAF and CNO say yes: CJCS says only be prepared to do so.
6. Realize there will be a strain upon and NATO[53] and problems about Berlin.
JCS meeting at 1400:
CJCS gives a debrief on a meeting at the State Dept.[54] that morning: R. Kennedy thought we should say nothing but simply go ahead and make that attack and then go to the OAS. State said that we could never get two-thirds approval from the OAS unless we went to it first. CJCS says that conferees split into two teams to prepare their cases: Red team favoring blockade, Blue team favoring attack. The Blue

---

[50] SS 4 „Sandal" – NATO-Code für die sowjetische Mittelstreckenrakete R-12. Sie beförderte einen Kernsprengkopf des Typs 49 mit einer Sprengkraft von 650 kt über eine Reichweite von 800 bis 2000 km.
[51] n.m. – nautical mile. Eine nautische Meile entspricht 1,852 km.
[52] SS 5 „Skean" – NATO-Code für die sowjetische Mittelstreckenrakete R-14. Sie beförderte einen Kernsprengkopf des Typs 404G mit einer Sprengkraft von 1,65 Mt über eine Reichweite von 1800 bis 4500 km.
[53] NATO – North Atlantic Treaty Organization.
[54] State Dept. – State Department.

Team consisted of R. Kennedy, Douglas Dillon[55], McGeorge Bundy[56], Dean Acheson[57], and John McCone[58].
CJCS related that R. Kennedy said that from here on out, if we make a surprise attack, we will be accused of another Pearl Habor. So would you be willing to accept a 24-hour delay in order to inform the allies? CSAF and CNO said yes; CJCS agreed with them.

Saturday, 20 October
JCS meeting at 1000:
CJCS said that the President might want to hit them as early as tomorrow morning. He proposes sending a memo strongly recommending against a hasty attack on offensive weapons; it should be launched on 23 Oct and include all offensive weapons and supporting defenses. JCS agreed.
Briefing by Gen. Quinn[59] of DIA: One regiment on 1020 n.m. missiles is near San Cristobal[60] and is operational now. Each site has eight missiles and four launchers. There is another regiment with two sites in the Sagua la Granda[61] area; these will be operational within one week. The 2000 mile MRBMs could be operational within six weeks; there are four launchers at two fixed sites. Operational SAM sites have risen to 16. There is no evidence of nuclear warheads in Cuba.
CNO: We are dividing the Pentagon into two teams. Blue with McNamara, Taylor and Gilpatric[62] will review surprise attack scenarios. Blue [red] with Anderson, Yarmolinsky[63], Griffin[64], Shoup and McNaughton[65] will consider blockade. In taking leadership of the Blue Team, CNO said he protested to the SecDef that this would locking the barn door after the horse had been stolen.
Blockade would not accomplish the objective, was not in the US interest, would be imposed after the missiles had been emplaced, and would bring a confrontation

---

[55] Dillon, Douglas Clarance (1909–2003). US-Politiker und Finanzexperte. 1961–1965 Finanzminister der USA, dann als Bankier tätig.
[56] Bundy, McGeorge (1919–1996). US-Politiker. 1961–1965 Nationaler Sicherheitsberater. 1965–1979 Präsident der Ford Foundation.
[57] Acheson, Dean Godderham (1893–1971). US-Politiker und Jurist. 1949–1953 US-Außenminister, dann Anwalt in Washington. 1961 beruft ihn Kennedy zum Leiter einer Beratergruppe für NATO-Fragen.
[58] McCone, John Alex (1902–1991). US-Politiker, Geheimdienstchef und Industrieller. 1948–1951 stellv. Verteidigungsminister. 1958–1961 Vorsitzender der Atomenergiekommission, 1961–1965 CIA-Direktor.
[59] Quinn, William Wilson (1908–2000). Lieutenant General, Geheimdienstoffizier. 1959–1961 Chief of Information beim US-Verteidigungsministerium. 1961–1964 stellv. Direktor der Defense Intelligence Agency, dann Kommandeur der 7. US Armee.
[60] Hier lag das mit SS-4 Sandal bewaffnete 181. Raketenregiment der 51. Raketendivision.
[61] Hier lag das mit SS-4 Sandal bewaffnete 79. Raketenregiment der 51. Raketendivision.
[62] Gilpatric, Roswell Leavitt (1906–1996). US-Politiker. 1961–1964 stellvertretender Verteidigungsminister der USA.
[63] Yarmolinsky, Adam (1922–2000). Politologe. 1962 Mitarbeiter im Weißen Haus und Berater von Verteidigungsminister McNamara.
[64] Griffin, Charles D. (*1906). Admiral. 1960–1961 Befehlshaber der 7. US Flotte. 1962–1965 stellv. Leiter für Marineoperationen, während der Kubakrise verantwortlich für Einsätze und Gefechtsbereitschaft der Flotte.
[65] McNaughton, John Theodore (1921–1967). US-Politiker. 1961–1967 stellvertretender US-Verteidigungsminister.

with the Soviet Union rather than Cuba. It would incur the danger of attacks on Guantanamo and US shipping in the Florida Strait, and left the possibility of missiles being launched from Cuba.

BG[66] Lucius Clay[67] (Dep Director, J-3): I have just come from a meeting at State attended by Cabinet members and some others. They are considering two courses: (1) limited blockade followed by an air strike three days later; (2) limited blockade followed by negotiations. Consensus is that we will have to go through political shenanigans, followed by blockade and then air strike. UN Ambassador Adlai Stevenson[68] is strongly for blockade less POL[69].

CJCS rejoins the meeting at 1230: President will preside at a White House meeting this afternoon. The Sec Def wants an in-between plan: a five-day blockade and then strike. CJCS says he will tell the President that we have every reasonable chance of hitting all those missiles. If we wait they'll have time to hide them.

JCS meeting at 1815:

CJCS debrief on White House meeting that afternoon: „This was not one of our better days." After a two-hour discussion, the decisive votes were cast by Rusk, McNamara and Adlai Stevenson. Decision is to draw up plans for a blockade, to take effect 24 hours after the President's TV speech on the evening of the 21st or 22nd. OAS approval should be obtained during the 24-hour interval. The blockade will concern offensive weapons; POL probably will be added during the week. We should be prepared to execute an air strike against missiles only (1) without warning on Monday or Tuesday or (2) after 24 hours notice. The rationale is that we don't want a Pearl Habor on the American record, and we want to protect unprepared allies against retaliation. We also talked about possible negotiations with the Soviets about giving up missiles in Italy and Turkey, and using Polaris subs in the Mediterranean as a substitute. The President said to me, „I know that you and your colleagues are unhappy with the decision, but I trust that you will support me in this decision." I assured him that were against the decision but would back him completely.

CSA: „I never thought I'd live to see the day when I would want to go to war."

Sunday, 21 October

JCS meeting at 1300:

CJCS: Gen. Sweeney and I saw the President this morning. Sweeney said he needed an additional 150 planes to get the missiles and 500 planes for the whole job. The President said if we make the strike we will do the whole job. What are the chances of getting the known targets?

CSAF: 90 percent.

CNO: The President's speech is solid for Monday night.

CJCS: How soon after that will the blockade begin?

---

[66] BG – Brigadier General.
[67] Clay, Lucius DuBigon Jr. (1919–1994). Vier-Sterne-General. 1961–1964 Mitarbeiter des Generalstabes der US-Streitkräfte.
[68] Stevenson, Adlai Ewing (1900–1965). US-Politiker und Diplomat. 1961–1965 US-Botschafter bei den Vereinten Nationen.
[69] POL – petroleum, oils, and lubricants.

CNO: State wants to make it indefinite, so as to get OAS reaction first. I said if they wanted 24 hours, all right. CAPT[70] Houser brought a memo from the DepSecDef into the JCS meeting: The President wants to be sure that Jupiters in Turkey and Italy are not fired without his authorization, even in the event of a Soviet nuclear or non-nuclear attack on those units.
JCS replay is JCSM-800-62, opposing any further steps.
JCS meeting at 1715:
Debrief of a White House meeting that began at 1430:
CJCS: CNO and I attended.
CNO: It was agreed that the President's speech was too precise on the numbers of missiles and launchers (5–6 MRBM sites, 32 missiles; 2 IRBM[71] sites, 16 missiles). Also, we will call this a quarantine rather than a blockade; then we could escalate to a blockade. References in the draft to horrors of war will be toned down, and direct references to West Berlin eliminated. All Services and the Joint Staff were instructed to shorten from 7 to 5 days the period for execution of OPLAN 316.
CJCS: „The Pearl Habor complex has affected the good people at the White House … There will be no air strike, but it is in the offing."

Monday, 22 October
JCS meeting at 0900:
Briefing by Gen. Carroll[72] (Director, DIA): Of the six mobile MRBM sites, four are operational and the other two will be so within 3 to 5 days. Of the two fixed IRBM sites, one will be available for emergencies by 15 November and fully operational by 1 December. The other two will be in emergency operation by 1 December, with a full capability by 15 December.
JCS meeting with SecDef at 1330:
CJCS: Some decisions were made at lunch (1/8th airborne alert for SAC, dispersal of B-47s[73] and CONAD interceptors), [3 lines with excisions] the-time of the President's speech.
SecDef: The President wants a message sent to USCINCEUR[74] saying in effect, make sure the Jupiter warheads in Turkey and Italy are not released if missiles come under attack, and if they are in danger of being taken by our angry allies, destroy them.
SecDef: The President asked for our views on how we should respond if the Cubans launched a missile, authorized or not.
DepSecDef: We won't know if it came from Cuba.
SecDef: Right; it could come from a submarine. I think we should tell the Soviets we will hold them responsible and fire missiles in retaliation. What we want is for the

---

[70] CAPT – Captain.
[71] IRBM – Intermediate Range Ballistic Missile.
[72] Carroll, Joseph Francis (1910–1991). Lieutenant General, Geheimdienstoffizier. 1961–1969 Direktor der Defense Intelligence Agency, des Nachrichtendienstes der US Army.
[73] B-47 – Boeing 47 Stratojet. Strategischer Bomber, das sechsstrahlige Flugzeug, das eine Bombenlast von mehr als 20 Tonnen über eine Reichweite von 5800 km befördern konnte, bildete in den 50er und Anfang der 60er Jahre das Rückgrat des Strategischen Luftkommandos der USA.
[74] USCINCEUR – Commander in Chief, United States European Command.

Soviets to send out a message like the one we just sent out to USCINCEUR. (See Msg[75], JCS 6866 to USCINCEUR)
CNO disagreed: a public warning to the Soviets would bring strongly adverse allied reactions. JCS agree we should say exactly what our retaliation would be.
JCS meeting at 1620:
VADM Sharp[76] (Deputy CNO, Plans and Policy): The President doesn't want us to take overt steps indicating that we are getting ready for invasion. Thus requisitioning ships is out. We wanted 111 ships: 30 in one day; 50 more in 10; 31 in 12 days.
Gen. McKee (Vice CSAF): DepSecDef said there would be no call up of C-119s[77] and interceptors in view of what the President said.
CJCS: If we can't lick the Cubans with what we already have, we are in terrible shape.

Tuesday, 23 October
JCS meeting at 0900 (CJCS and SecDef were attending a meeting of the NSC Executive Committee at the White House):
JCS decided that low-level reconnaissance was necessary. Then the SecDef called from the White House to ask how many flights were wanted. They replied that six were needed to cover the MRBM sites. The CJCS telephoned approval from the White House at 1057.
The JCS also discussed how to react to a U-2 shoot down. They agreed that, if a U-2 was downed, 1–2 flights daily should continue until another U-2 loss occurred. Then, determine whether the projected attrition rate was acceptable. If so, continue the flights. If not, attack SAM sites and then resume U-2 flights. But, at 1125, CJCS brought back somewhat different guidance from the White House. This was sent via Msg, JCS 6958 to CINCLANT, 241922Z Oct 62.
CJCS debrief of ExComm[78] meeting: President approved extension of tours of duty for Army and Marine Corps personnel. SecDef told the President that authority to requisition shipping was not needed today; he also said that S-Day (beginning of air strikes) would be the right time for the C-119 callup.
JCS meeting at 1400:
CNO: SecDef says that the quarantine will be imposed effective 241400Z. Message directing the generation of SAC forces will not be dispatched until the Quarantine Proclamation is made public (see Msg, JCS 6917 to CINCSAC, 232306Z Oct 62).

Wednesday, 24 October
JCS meeting at 0900:
CJCS debriefs on ExComm meeting at 1800 last night: President was concerned about the problem of stopping a ship that did not want to be boarded. Will the Navy fight its way on board? The President always wants to be ready to send a battalion-size probe up the Berlin autobahn within two hours. The SecDef doesn't

---

[75] Msg – message.
[76] Sharp, Ulysses S. Grant (1906–2001). Admiral. 1960–1964 stellv. Chef für Marineoperationen, verantwortlich für Planung und Politik. 1964–1968 Befehlshaber der Pazifik-Flotte.
[77] C-119 – Fairchild C-119 Flying Boxcar. Mittleres Transportflugzeug der US Air Force mit einer Reichweite von 3660 km.
[78] ExComm – Executive Committee.

think we know enough about ship movements: where they are, what each is doing, and the pattern. He wants a recommendation on this.
CJCS says SecDef has photos of crowded Florida airfields. Should the planes disperse?
CSAF: Let's stay on concrete and not go to the dirt. There are 450 planes, 150 per field.
JCS agreed to send the SecDef a memo saying that the tactical advantages of having units positioned forward far offset the risk of loss in a surprise attack.
CJCS: Are you going to announce a quarantine line and pick up ships as they cross it?
CNO: We will pick them all up, and not announce a line.
CNO: President and SecDef believe we are generating forces to be ready for invasion seven days from yesterday, but we have never sent the message out. JCS agree that message should now be sent.
Around 1030, a report came in that three Soviet ships were turning back from the intercept line.

Thursday, 25 October
JCS meeting at 0900, attended by SecDef:
SecDef: I talked to the President and evidently things are going fine; the Soviets apparently have accepted our quarantine. All except one passenger, five tanker and five cargo ships have turned around; the tanker Bucharest identified herself when asked. What to do next? I suggest we establish the boarding precedent by boarding, say, a British ship and, immediately thereafter, board a Soviet ship, preferably one carrying offensive weapons. The only ship through thus far is a Greek tanker.
SecDef: Do the JCS favor two ships today (one non-Soviet Bloc, one Bloc) and beginning low-level surveillance today?
Gen. Burchinal[79] (Dep CSAF[80], Plans & Programs): A Cubana[81] airliner passed through Goose Bay, Labrador with aircraft spares aboard and has reached Havana.
SecDef: I say no air blockade today. (He and CJCS then left for a White House meeting)
CNO, some time later: We have just been authorized to board a non-Bloc ship. When we report back they will authorize boarding a Bloc ship.
CSAF, at about 1040: CJCS just called me to say they had authorized eight flights for today, including low-level reconnaissance. Also, the criteria of targets have been changed: Il-28s, MiGs, KOMARs[82], targets of opportunity, SAMs, surface-to-surface missiles.
CNO: New instructions have been telephoned by DepSecDef: (1) do not stop or harass the Bucharest, just trail it; (2) stop a non-Bloc ship today; (3) stop and board the Grozny.

[79] Burchinal, David Arthur (1915–1990). Vier-Sterne-General. 1961–1964 stellv. Stabschef der US Air Force, zuständig für Planung und Programme. 1964–1966 Direktor des Joint Staff.
[80] Dep CSAF – Deputy Chief of Staff, United States Air Force.
[81] Cubana Airlines – Staatliche Fluggesellschaft der Republik Kuba.
[82] KOMAR – NATO-Code für sowjetische Raketenschnellboote des Projekts 183R. Die 27 m langen und rund 28 Knoten schnellen Boote waren mit zwei Schiff-Schiff-Raketen des Typs P-15 Termit (NATO-Code SS-N-2 Styx) bewaffnet, die eine Reichweite von 80 km hatten.

CJCS returned from the ExComm meeting at 1200 and debriefed: Last week they were talking like the blockade would bring down Castro. Now Rusk is saying that the blockade is only to keep out offensive weapons and if we do that we have accomplished the mission.
JCS meeting at 1400:
CJCS: I lunched with the SecDef, and he is not for pushing an air blockade. SecDef said it is OK for the 5th Marine Expeditionary Brigade to sail from the West Coast, using cover story about „going on maneuvers."
LGEN Wm. Blanchard[83] (Inspector General, USAF[84]) reported on the status of air defenses and airfields seen on his visit to Florida: Air defense is formidable and good; it wasn't so two days ago. There are 250 fighters in Florida; HAWKs[85] are unloading in Key West and Homestead AFB[86]. In Cuba there are 100 MiGs and 11 B-26s[87]. As of last night, SAC aircraft are all out of Florida bases. (See MFR[88], „Summary of Presentation by LTG Blanchard to JCS on 25 October Concerning Air Force Posture in Florida")

Friday, 26 October
JCS meeting at 0900:
CJCS debriefs on White House meeting the previous evening: There is enthusiasm for round-the-clock reconnaissance to find out if work on the sites is going on at night.
CNO: We are getting ready for the Grozny tomorrow. Right now she is lying dead in the water; the ship is supposed to have missile fuel.
CJCS: The SecDef is anxious to act on grabbing a Russian ship; State would be happy not to.
JCS instruct CINCLANT to abandon OPLAN 314 and concentrate on OPLAN 316.
JCS meeting at 1400:
CJCS debriefs on White House meeting: No air reconnaissance tonight. It was decided not to add POL to the quarantine list. They feel we are off to a very good start. The White House's present concept is to carry out a limited attack upon six missile sites and the Il-28s, the objective being the lowest level of force at the lowest possible price.
CM[89]-55-62 lists four concepts for JCS consideration and calculation about sorties required:

---

[83] Blanchard, William Hugh (1916–1966). Vier-Sterne-General. 1960–1963 Inspekteur der US Air Force.
[84] USAF – United States Air Force.
[85] HAWK – Flugabwehrrakete der NATO und US-Streitkräfte. Die einstufige Feststoffrakete hatte eine Reichweite von 35 km und konnte Flugziele in einer Höhe von bis zu 18 000 m bekämpfen.
[86] AFB – Air Force Base.
[87] B-26 – Douglas B-26 Invader. Leichter zweimotoriger Bomber mit einer Reichweite von 1850 km. 1958 hatte die kubanische Luftwaffe von den USA 16 Maschinen dieses Typs erhalten, die 1959 von den revolutionären Luftstreitkräften Kubas übernommen wurden.
[88] MFR – Memorandum For Record.
[89] CM – Chairman's memorandum.

I: Limited attack above, favored by SecDef.
II: Destroy or neutralize all MRBMs, favored by SecTreasury[90].
III: Render all SAM sites inoperable, suggested by CJCS.
IV: Attack all offensive weapons, the JCS recommendation.

Saturday, 27 October
JCS meeting at 0900 (CJCS left to attend White House meeting): Briefing at 1000 by Gen. Carroll and Mr. Hughes[91] of DIA: There is evidence of possible Soviet ground forces with modern equipment, of countinued construction at MRBM sites, and of surface-to-surface missiles among the Soviet equipment.
Gen. Carroll: AsstSecDef[92] Nitze called me yesterday. The SecDef was in Rusk's office. Rusk requesting advice from experts who were to go to New York today to advise Amb.[93] Stevenson on how to get and present evidence, particularly how to certify that devices have been rendered inoperable and how to inspect to see that is the case. The inference was that inspection should be by photo interpretation.
CJCS called from White House: Eight flights authorized this morning, eight more this afternoon.
CSAF: We should write a simple paper taking the latest intellingence into account, and again recommending execution of full-scale OPLAN 312 followed by OPLAN 316.
Drafting of paper begins.
JCS meeting, 1330–2000 (SecDef attended from 1330–1420): DJS tables a paper recommending early and timely execution of OPLAN 312 with readiness to execute OPLAN 316.
SecDef: I want the Joint Staff to prepare two plans. First, move one Polaris off the Turkish coast before we hit Cuba, telling the Russians before they have a chance to hit Turkey. Second, assume we hit the missiles in Cuba and Soviets then attack the Jupiters and knock them out; I think this is a very real possibility.
Turning to the paper tabled by the DJS, SecDef asked exactly what was meant by „early and timely execution of OPLAN 312"?
CSAF: Attacking Sunday or Monday.
SecDef: Do JCS agree upon attack at first light?
CMC: No.
CJCS: Would you agree that, if there is no stoppage in missile work, Chiefs recommend a strike after a reasonable period of time?
SecDef: I would accept that statement. You don't have to say how long. But I would not have accepted a recommendation for attack „now."
SecDef: CSAF has just learned that a U-2 is lost off Alaska[94]; I must tell Rusk at once. SecDef leaves at 1314, returns five minutes later.

[90] SecTreasury – Secretary of Treasury.
[91] Hughes, John T. (1928–1992). US-Nachrichtendienstmitarbeiter. 1957–1961 Zivilangestellter beim militärischen Nachrichtendienst. 1961–1963 Fotoauswerter bei der DIA. 1970–1984 stellv. Direktor der DIA.
[92] AsstSecDef – Assistant Secretary of Defense.
[93] Amb. – Ambassador.
[94] Am 27. 10. 1962 drang auf Grund eines Navigationsfehlers eine U-2 der US Air Force bei einem Aufklärungsflug entlang der Čukotskij-Halbinsel in den sowjetischen Luftraum ein

Col.[95] Steakley[96] (Joint Reconnaissance Group, J-3) enters at 1403 to say that a U-2 overflying Cuba is 30–40 minutes overdue. At 1416, SecDef and CJCS left for a White House conference. JCS then turned to the DJS draft. CSAF and Adm. Ricketts[97] (VCNO[98]) favor executing OPLAN 312 on Sunday morning or Monday morning at the latest, unless there is positive proof of dismantling. CSA and CMC agree. They also want to add a passage about executing OPLAN 316. For agreed-upon wording, see JCSM-844-62. This recommendation was transmitted to the White House, where CJCS read it to the ExComm.
Col. Steakley reports on pilot debriefings at 1800: All but two planes were fired at. Intercept says the Cubans have recovered body and wreckage of the U-2.
At 1830, CJCS gives debrief of White House meeting: He reads President's reply to Khrushchev. CJCS says President has been seized with the idea of trading Turkish for Cuban missiles; he seems to be only one in favor of it. „The President has a feeling that time is running out." I read the Chiefs' memo to the meeting, saying that we should attack no later than 29 October. Then got word of the U-2 loss. No air reconnaissance tonight, but everyone feels we should undertake reconnaissance tomorrow, so as to get a better background for attack on Cuba.
CJCS: Should we take out a SAM site?
CSAF: No, we would open ourselves to retaliation. We have little to gain and a lot to loose.
CSA: I feel the same way. Khrushchev may loose one of his missiles on us.
CJCS: Gentlemen, you all recommended retaliation if a U-2 was downed. If this was wise on the 23rd, it should be just as wise on the 27th. (Note: This is not an accurate recollection of the JCS position on 23 Oct)
CSA: Intelligence this morning showed concrete pads; I'm afraid they have nuclear weapons there.
JCS agreed: There should be no U-2 flights tomorrow, but there has to be some kind of reconnaissance tomorrow. If an attack is to be made on Monday, there is no need for further reconnaissance.
Briefing at 1940 by Mr. Hughes of DIA: Photography from today's missions show that the canvas is off the launchers, that the missiles are on the launchers, and that a reload capability is ready.
Reconnaissance decision was made later that night: A C-97[99] with fighter escort would do peripheral photography without getting in range of SAMs.

---

und mußte nachdem der Pilot seinen Fehler korrigierte in Alaska wegen Treibstoffmangels notlanden.
[95] Col. – Colonel.
[96] Steakley, Ralph D. (*1919). Brigadegeneral. Geheimdienstoffizier, Spezialist für Luftaufklärung, später Mitarbeiter des National Reconnaissance Office.
[97] Ricketts, Claude Vernon (1906–1964). Admiral. 1958–1961 Befehlshaber der 2. US-Flotte, 1961–1964 stellv. Chef für Marineoperationen.
[98] VCNO – Vice Chief of Naval Operations.
[99] C-97 – Boeing C-97 Stratofreighter. Schweres Transportflugzeug der US Air Force, eine Modifikation dieses Flugzeugtyps wurde ab den fünfziger Jahren mit Schrägbildkameras auch zur Fotoaufklärung eingesetzt.

Sunday, 28 October
JCS metting at 0900:
CSAF: I want to see the President later today, and I hope all of you will come with me. Monday will be last time to attack the missiles before they become fully operational.
CJCS: If you want a meeting, I will put in your request.
CSA: My people tell me that all MRBM sites are now operational. If the warheads are with the missiles, they can be made ready to fire in 2½ to 5 hours.
JCS discuss the low-level reconnaissance plan for today: six planes going over sites not defended by antiaircraft artillery, so they will not cover MRBM sites.
At about 0930, a tickertape of Moscow Radio's broadcast was passed around: „I appreciate your assurance that the United States will not invade Cuba. Hence we have ordered our officers to stop building bases, dismantle the equipment, and bring it back home. This can be done under UN supervision." SecDef, DepSecDef and AsstSecDef Nitze joined the meeting.
CSAF: The Soviets may make a charade of withdrawal and keep some weapons in Cuba.
CNO: The no-invasion pledge leaves Castro free to make trouble in Latin America.
SecDef, DepSecDef and AsstSecDef reply that withdrawal of missiles leaves the US in a much stronger position than the USSR.
SecDef: Before Khrushchev's message came in, I was considering additional actions to pressure the Soviets; extend tours of Army and Air Force personnel; set up a submarine intercept zone; add POL to the contraband list; and requisition shipping.
CSAF still wants to go to the White House, but other JCS members decide to wait and see whether reconnaissance flights meet opposition and what their pictures show.

Monday, 29 October
JCS meeting at 1400, attended in part by SecDef:
SecDef: There is no Cuba-Turkey deal at present, but problem of removing Jupiters from Turkey and probably Italy on grounds of obsolescence soon will require attention.
CJCS gives guidance resulting from latest ExComm meeting: President wants a paper describing the effects of advanced Soviet ground equipment upon an invasion, with casualty estimates. (Response is CM-85-62, 2 Nov) US representatives at the UN do not expect the UN to take over inspection and surveillance as quickly as Washington hopes. One solution suggested is reconnaissance flights by C-130s[100] manned by Indonesian crew. The White House believes Khrushchev is going to stand behind his offer, but sober recognition of problems to be worked out has replaced the initial exhilaration.
SecDef guidance: The US should do nothing that would suggest to the Soviets that our readiness posture is being reduced.
SecDef favors continued US air reconnaissance but doubts flights will be authorized after today, so he favors quick institution of UN reconnaissance.

---

[100] C-130 – Lockheed C-130 Hercules. Viermotoriges Transportflugzeug der US Air Force.

Tuesday, 30 October
JCS meeting at 1400:
Briefing by DIA: Yesterday's photography covered 14 of the 24 launch pad areas. 13 of 14 erectors have been moved out of position. This is not positive evidence of dismantling. Moving erectors out does not mean firing capability is degraded.

Wednesday, 31 October
JCS meeting at 0900:
DIA briefing on photo readout: Construction continues in at least two launching sites, and extreme effort is being extended on extensive camouflage.
CJCS tables State Dept's draft instructions to the UN delegation about verifying missiles' withdrawal, then leaves for White House meeting.
JCS were particularly disturbed that State's draft had no provision for follow-on guarantees against the reintroduction of offensive weapons. JCS telephoned this to CJCS at the White House. When CJCS returned, he said additions probably would be made. (Note: Msg, SecState 1147 to USUN[101], 31 Oct, was amended by Msg, SecState 1153 to USUN, 31 Oct)
CJCS also said the President had agreed to resume reconnaissance flights on 1 November. (Note: Flights had been disbanded during UN Secretary General U Thant's[102] visit to Cuba on 30 and 31 October)

Thursday, 1 November
JCS meeting at 1400:
CJCS debrief on ExComm meeting that morning: Authorization for reconnaissance flights today as obtained only with difficulty. Amb. Stevenson in NY[103] was objecting, but the SecDef made a strong and successful presentation.
CSA relates guidance given by the President yesterday: He wants forces to be of such size that an operation against Cuba can be executed swiftly. It is a matter of prestige, and he feared there might be a tough fight. President feared that, if we bogged down in Cuba like the British in the Boer War, people would ask why we had forces in the US that were not being committed. If more troops are needed, President is willing to take a chance about degrading capability for a Berlin contingency. If trouble did develop, he would authorize the use of tactical weapons in Europe immediately.
CJCS: President knows I disagree with him, but he seems very uneasy about it. I will discuss this with him.

Wednesday, 7 November
JCS meeting at 0900:

---

[101] USUN – United States Mission to the United Nations.
[102] U Thant, Sithu (1909–1974). Birmanischer Politiker. Ab 1949 Informationsminister der Republik Birma, seit 1957 ständiger Vertreter bei den UN. 1961–1971 UN-Generalsekretär, setzte sich wie im Fall der Kubakrise besonders für die Schlichtung internationaler Konflikte ein.
[103] NY – New York.

CSA reports on his visit to Army units in the field: I have never seen more impressive and imaginative training. Certainly, we could never be more ready.
Briefing by DIA: Thirty missile transporters have come into port areas. However, the assembly of Il-28s is continuing; four bombers are now totally assembled. We also know that the Soviets took over the air defense of Cuba as of yesterday.
CJCS: At the ExComm meeting at 1700 yesterday, I said it was „now or never" for intensive reconnaissance if we wanted to know whether the missiles are actually loaded aboard the ships. Rusk opposed increased reconnaissance for political reasons. He won, and now verification is up to the Navy. The JCS recommended five U-2 flights and 14 low-level flights (an increase over the current level) to cover ports, the Isle of Pines, and seven caves suspected of being weapon storage sites.
CSA: I talked to the President about OPLAN 316, and he brought up the same points that were in his memo of 5 November. He was concerned lest there be mistaken optimism „that one Yankee could always lick ten Gringos." (sic) The public would never understand if we got a bloody nose in Cuba while there were three divisions in the United States.
CSAF: Air attacks alone would cause Castro's popular support to collapse and make the invasion a „walk-in."

Friday, 9 November
JCS meeting at 0900:
JCS concurred in a paper by AsstSecDef Nitze on „Long Term Surveillance Requirements." There would be complete high-level coverage every 30 days plus either low-level flights or on-site inspections of suspicious locations. Concurrence was telephoned to Nitze.
CJCS asks: Would you rather have the Il-28s out of Cuba and a no-invasion guarantee given, or have the Il-28s remain and do not give any guarantee?
JCS say they favor the latter.
CJCS: There is a feeling that the President owes something to Khrushchev for taking the missiles out. I think we will probably wind up keeping surveillance but lifting the quarantine and taking away the no-invasion guarantee.

Monday, 12 November
JCS meeting at 0900:
CJCS: The SecDef is talking about extending the blockade progressively to achieve withdrawal of the Il-28s and other aims. But Ambassador at Large Thompson thinks such moves would be very tough on Khrushchev.
CSAF wants a meeting between the JCS and the President; other JCS members concur.
After CJCS left for a White House meeting, Service Chiefs continued the discussion. They laid out a course of disengaging the Soviets, making the Il-28s a Cuba–US–OAS problem, then going to air attack and invasion.

Tuesday, 13 November
JCS meeting at 0900:
CJCS gives debriefing on the ExComm meeting of 12 November: At the morning

meeting, Amb. Stevenson and Mr. McCloy[104] said that the U.S. should present a negotiating package now, before the Soviet position solidifies. They recommended removing the quarantine and giving a no-invasion pledge in return for withdrawal of Il-28s and warheads. Rusk opposes offering the package immediately. What if the Soviets reject this package? SecDef favors a blockade, including POL, and continued surveillance. The President opposed the SecDef, feeling that continued surveillance would be dangerous; President was alone in feeling this way. At the afternoon meeting, all agreed that the quarantine should be lifted if Khrushchev pledges withdrawal in, say, 30 days.
The JCS will meet with the President on 16 Nov.
JCS meeting at 1400:
CJCS gives a debrief of the ExComm meeting in the morning of 13 Nov: President was absent. The SecDef proposed:
1. If the Soviets agreed to remove the Il-28s, the U.S. would lift the quarantine, continue unannounced air surveillance, and withhold a no-invasion pledge until suitable safeguards are agreed upon (e.g., some international presence in Cuba and a reciprocal feature of inspection of suspected refugee training areas in Central America.)
2. If the Soviets refuse to withdraw Il-28s, continue a limited quarantine by boarding first Free World and finally Soviet ships, continue unannounced air surveillance, and treat the no-invasion promise as not being in effect.
Then ExComm members were shown a copy of Khrushchev's latest letter: The Il-28s were obsolete and manned by Soviet not Cuban pilots. But, if the U.S. insists, you can take a gentleman's word that they will be removed after we solve our other problems, which are: (1) removal of the quarantine; (2) mutual pledges in the Security Council; (3) guarantee of the sovereignty of Cuban air space and a no-invasion pledge; and (4) a post in the Caribbean for UN inspection, which would include denuclearization.

Thursday, 15 November
JCS meeting at 1300:
A J-5[105] Talking Paper for the meeting with the President is tabled. The CJCS criticizes it as being full of platitudes and condescending: „We're saying, ‚Now see here, young man, here is what we want you to do'." The CJCS then read a Talking Paper of his own. The JCS agreed that it should be used as the framework for their discussion with the President.

---

[104] McCloy, John Jay (1895–1989). US-Politiker, Jurist und Verwaltungsfachmann. Ab 1961 Sonderberater für Abrüstungsfragen im Beraterkomitee Präsident John F. Kennedys.
[105] J-5 – plans directorate of a joint staff.

Dokument 2[106]

NAVAL MESSAGE		SECRET	NAVY DEPARTMENT	
PRECEDENCE ACTION *OPERATIONAL IMMEDIATE*		RELEASED BY	DRAFT BY	EXT. NO.

O[107] 272016Z[108]

FM[109] CINCLANT
TO JCS

INFO ZEN[110]/CINCLANTFLT[111]

CNO

//SECRET//

SUMMARY OF SOVIET SUBMARINE ACTIVITY IN WESTERN ATLANTIC
TO 271700Z

1. FIRST POSITIVE INDICATIONS OF SOVIET SUBMARINE DEVELOPMENTS INTO WESTERN ATLANTIC OBTAINED 22 OCT. WHEN P3V[112] PHOTOGRAPHED ZULU CLASS SUBMARINE[113] REFUELING FROM NORTHERN FLEET AUXILIARY TEREK. TEREK HAS BEEN UNDER CONSTANT AIR AND SURFACE SURVEILLANCE SINCE ENTRY INTO THE ATLANTIC. A PATTERN OF INCREASED SOVIET SUBMARINE ACTIVITY DEVELOPED AS ADDITIONAL ASW[114] AIR SURVEILLANCE WAS LAID ON CONCURRENT WITH THE DEVELOPING CUBAN SITUATION.

2. AT 241500Z A P5M[115] PATROLLING SOUTH OF BERMUDA DETECTED SNORKEL. 46 HOURS LATER CONTACT WAS PHOTOGRAPHED ON SURFACE AND IDENTIFIED AS FOXTROT CLASS[116] NUMBER 945. DURING PROSECUTION THIS CONTACT, EVI-

---

[106] CINCLANT cable to JCS, „Summary of Soviet Submarine Activities in Western Atlantic to 271700Z", 27. 10. 1962, abgedruckt in: The National Security Archive: http://www.gwu.edu/~nsarchiv/nsa/cuba_mis_cri/docs.htm.
[107] O – October.
[108] Z – Zulu Time = Coordinated Universal Time/Greenwich Mean Time.
[109] FM – from.
[110] ZEN – delivered by other means. Bedeutet, daß diese Nachricht nicht auf dem Weg der Telekommunikation verbreitet werden darf.
[111] CINCLANTFLT – Commander in Chief, Atlantic Fleet.
[112] P3V – Lockheed P3V Orion. Viermotoriges Seeraumüberwachungs- und U-Jagdflugzeug der US Navy.
[113] Zulu Class – NATO-Code für ein sowjetisches U-Boot vom Typ Projekt AV-611. Das dieselelektrogetriebene U-Boot war mit drei Atomraketen des Typs R-11FM bewaffnet, die eine Reichweite von 150 km hatten.
[114] ASW – antisubmarine warfare.
[115] P5M – Martin P5M Marlin. Zweimotoriges Seeraumüberwachungs- und U-Jagdflugzeug der US Navy.
[116] Foxtrot Class – NATO-Code für ein sowjetisches U-Boot vom Typ Projekt 641. Das dieselelektrogetriebene U-Boot hatte 56 Mann Besatzung und war mit 22 Torpedos bewaffnet. Die vier während der Kubakrise von der US Navy in der Karibik und im westlichen

DENCE OF ADDITIONAL FOXTROT IN AREA OBTAINED ON JEZEBEL[117] AND SOSUS[118]. BOTH CONTACTS ARE STILL BEING PROSECUTED.

3. AT 241800Z USNS[119] SHIP SIGHTED PERISCOPE 300 MILES NORTH OF AZORES. INVESTIGATING VP[120] AIRCRAFT LATER SIGHTED SUBMARINE SAIL. CONTACT DISAPPEARED. LOFAR[121] SIGNATURE OBTAINED.

4. AT 240945Z 110 MILES EAST OF GRAND BAHMA ISLAND CTF[122] 44.3 REPORTED RADAR CONTACT WHICH TRACKED 2000 TO 7000 YDS[123] EASTERN. CONTACT INVESTIGATED BY VP AIR. RESULTS NEGATIVE.

5. AT 251642Z COAST GUARD R5D[124] SIGHTED SNORKELING SUB 60 MILES SOUTH OF CAPE HATTERS. NINETEEN HOURS LATER SOSUS OBTAINED A RELIABLE CONTACT IN THE PROBABILITY AREA. SUBSTANTIATED BY VP JEZEBEL. CONTACT INVESTIGATION CONTINUES.

6. AT 252311Z P5M SIGHTED SURFACED SOVIET FOXTROT 350 MILES SSW[125] OF BERMUDA. DARKNESS PRECLUDED PHOTO. CONTACT SUBMERGED VS[126] AIRCRAFT AT 271540Z. SIGHTED SURFACED SUB WHICH SUBMERGED BEFORE IDENTITY COULD BE ESTABLISHED. TG[127] 83.2 PROSECUTING CONTACT.

7. AT 260045Z AN APD[128] GAINED SONAR CONTACT 19 MILES NORTH OF GRAND BAHAMA ISLAND. TG COMMANDER PERSONALLY OBSERVED GREEN FLARE FROM CONTACT. OPERATIONAL COMMITMENTS FORCED SURFACE SHIPS TO TURN CONTACT OVER TO VP AIRCRAFT, CONTACT INVESTIGATION CONTINUES.

8. AT 260225Z SOSUS STATION ON TURKS ISLAND REPORTED A RELIABLE CONTACT. VP AIR CALLED IN. TARGET INTERMITTENTLY FOR 11 HOURS UNTIL SIGHTED 120 MILES EAST OF GRAND CAICOS ISLAND. TARGET, IDENTIFIED FROM PHOTOS AS SOVIET FOXTROT, REMAINS UNDER SURVEILLANCE.

9. AT 260245Z P5M HAD RADAR CONTACT 300 MILES SOUTH EAST OF BERMUDA. JEZEBEL CONTACT HELD FOR APPROXIMATELY ONE HOUR. CONTACT HAS BEEN COLD SINCE.

Atlantik aufgebrachten U-Boote dieses Typs hatten jeweils auch einen mit einem Nuklearsprengkopf versehenen Torpedo an Bord.
117 JEZEBEL – Deckname für eine Sonarboje der US Navy vom Typ AN/SSQ-41.
118 SOSUS – sound surveillance system. Passives festinstalliertes Sonarsystem der US Navy zur U-Bootortung mit mehr als 1000 Empfangsanlagen, das sich über eine Gesamtlänge von 50 000 km über fast alle Weltmeere erstreckte.
119 USNS – United States Naval Ship.
120 VP – Navy patrol squadron.
121 LOFAR – low frequency analyzing and recording. Niedrig-Frequenz-Aktiv-Sonarsystem der US Navy zur U-Bootortung.
122 CTF – Central Task Force.
123 YDS – yards. Ein Yard entspricht 0,914 m.
124 R5D – Douglas R5D Skymaster. Viermotoriges Patrouillenflugzeug der US Coast Guard.
125 SSW – south-south-west.
126 VS – patrol plane.
127 TG – task group.
128 APD – fast destroyer transport.

10. AT 262105Z AIRCRAFT SIGHTED DISAPPEARING RADAR CONTACT 60 MILES SOUTH OF GTMO[129]. CONTACT COMMENCED SNORKELING AND LATER SECURED. TRACKED WITH JULIE[130] AND MAD[131]. CTG[132] 135 PREVIOUSLY REPORTED ECM[133] CONTACT ON SOVIET SUBMARINE RADAR IN VICINITY. IF 135 CLEARED AREA, CONTACT BEING PROSECUTED BY AIR AND SURFACE UNITS.

11. AT 270631Z WF[134] AIRCRAFT HELD DISAPPEARING RADAR CONTACT IN NORTHERN PORTION WINDWARD PASSAGE. CONTACT BEING PROSECUTED BY AIR AND SURFACE UNITS.

12. FOLLOWING IS EVALUATION OF ABOVE ACTIVITY:
   A. TWO POSITIVE AND ONE HIGHLY PROBABLE FOXTROT SUBMARINE CONTACTS IN THE AREA 300 MILES SOUTH OF BERMUDA.
   B. ONE POSITIVE AND AT LEAST ONE HIGHLY PROBABLE SUBMARINE CONTACT ALONG WINDWARD ISLAND CHAIN. TWO POSSIBLE SUB CONTACTS IN WINDWARD PASSAGE AREA, TYPE UNKNOWN. ONE HIGHLY PROBABLE ZULU AND ONE ADDITIONAL POSSIBLE, TYPE UNKNOWN, OFF THE SOUTH EAST COAST US. ONE POSITIVE ZULU AND ONE POSSIBLE UNKNOWN CONTACT IN WESTLANT[135] AREA NORTH OF THE AZORES.
   C. EVIDENCE TO DATE INDICATES FOUR POSITIVE CONVENTIONALLY POWERED LONG RANGE SUBMARINES (3 FOXTROT AND ONE ZULU) IN WESTERN ATLANTIC.
   D. THERE IS NO CONTACT EVIDENCE TO INDICATE THAT NUCLEAR POWERED OR MISSILE CONFIGURED SUBMARINES ARE DEPLOYED IN THE WESTERN ATLANTIC. SCP-4

CONTROL NO. *19193/LR/TH/4*	CIRCUIT NO.	PAGE OF PAGES *3 3*	TIME OF RECEIPT	DATE TIME GROUP *27 20 16 Z OCT 62*

---

[129] GTMO – Guantanamo naval base.
[130] JULIE – aktive Sonarbojen der Typen AN/SSQ–23/41/42/46.
[131] MAD – Magnetic Anomaly Detector. Dieser Detektor mißt magnetische Anomalien, mit deren Hilfe U-Boote aufgespürt werden können.
[132] CTG – Commander Task Group.
[133] ECM – Electronic Countermeasures.
[134] WF – Grumman WF-2 Tracer. Trägergestütztes zweimotoriges Frühwarnflugzeug der US Navy.
[135] WESTLANT – Western Atlantic Area.

Dokument 3[136]

DECK

LOG BOOK

OF THE

U.S.S.[137]   *BEALE*

DD[138] 471

IDENTIFICATION NUMBER

COMMANDED BY

R.J. LOOMIS[139]; *COMMANDER;*   , U.S.N.[140]

Attached to		
	TWO HUNDRED EIGHTY SECOND	Division,
	TWENTY EIGHT	Squadron,
	FOURTH	Flotilla,
	SECOND	FLEET Fleet,
	FIFTH	Naval District,
Commencing	*0001 1 OCTOBER*	, 19 62 ,
	(zone time and date)	
at	*NORFOLK, VIRGINIA*	,
	(location)	
and ending	*2400 31 OCTOBER*	, 19 62 ,
	(zone time and date)	
at	*SEA*	
	(location)	

---

[136] U.S. Navy, Deck log book of anti-submarine warfare operations related to USSR submarine B-59, 31. 10. 1962. Abgedruckt in: The National Security Archive: http://www.gwu.edu/~nsarchiv/nsa/cuba_mis_cri/docs.htm.
[137] U.S.S. – United States Ship.
[138] DD – destroyer.
[139] Nicht ermittelt.
[140] U.S.N. – United States Navy.

UNITED STATE SHIP *BEALE (DD-471)*   Saturday 27 October 19 62

00–04   Under way in accordance with COMASWFORLANT[141] OP ORD[142] 16–62 in company with TG 83.2 less USS[143] CONWAY (DD-507). USS MURRAY (DD-576), USS LOWRY (DD-770) and USS WALLER (DD-466). Ships present one the USS RANDOLPH (CVS[144]-15). USS BACHE (DD-470), USS CONY (DD-508) and EATON (DD-510). OTC[145] is CTG 83.2 in the RANDOLPH. The ship is in station 4 of an 11C4 axi's 000, course 114 speed 20, when on station the guide, the USS RANDOLPH, bears 000, 4,000 yds. The task group is enroute to relieve TG 81.5 in their prosecution of an unidentified submarine contact. Readiness condition IV[146], material condition YOKE[147] is set through. 0029 Maneuvering to make a BT[148] drop. 0056 c/o to 160. 0102 c/s to 15 kts[149]. 0115 c/c 114. 0310 c/s to 10 kts. 0338 c/s to 15 kts. 0350 c/s to 20 kts.

      E.W. Bales[150]
      E.W. BALES
    LTJG[151]   USN

04–08.1   Steaming as before. 0415 Maneuvering to make BT drop. 0436 c/bc to 055. c/bs to 15 knots. Maneuvering to regain station. Randolph operating aircraft. Turned off navigational lights. 0445 Aircraft operations complete. Turned navigational lights on. 0450 c/bc to 114. c/bs to 20 knots. 0614 CTU[152] 83.2.2, with LOWRY, CONWAY, WALLER and MURRAY joined rendezvous. Maneuvering to station 7 of eight ship circular screen, on circle 5. 0638 On station with guide bearing 315, distance 5000 yards. 0655 c/bc to 010. 0707 c/bc to 114. 0712 c/bc to 170, c/bs to 20 knots. 0730 Mustered the crew on stations; absentees: none. 0746 c/bc to 010. c/bs to 12 knots. 0750 c/bc to 025.

      J. W. Peterson[153]
      J. W. PETERSON
    LT[154]   USN

---

[141] COMASWFORLANT – Commander, Anti-Submarine Warfare Forces, Atlantic.
[142] OP ORD – operations order.
[143] USS – United States Ship.
[144] CVS – ASW aircraft carrier.
[145] OTC – Officer in Tactical Command.
[146] Readiness Condition IV – normale Bereitschaftsstufe auf Schiffen der US Navy in Friedenszeiten. Nur die notwendigen Wachstationen sind bemannt, Waffen und Munition nicht sofort einsatzbereit.
[147] Material Condition YOKE – normale Bereitschaftsstufe der Schiffssicherheitssysteme auf Seefahrzeugen der US Navy in Kriegszeiten.
[148] BT – Bathythermograph (Sonar).
[149] kts – Knots. Einheit für die Geschwindigkeit von Schiffen, ein Knoten entspricht einer Seemeile pro Stunde.
[150] Nicht ermittelt.
[151] LTJG – Lieutenant Junior Grade.
[152] CTU – Commander Task Unit.
[153] Nicht ermittelt.
[154] LT – Lieutenant.

08–12	Steaming as before. 0810 c/c 095. 0918 Made daily inspection of magazines and smokeless powder samples; conditions normal. 0919 c/c 120. 1018 c/c 030. 1030 c/c 050. 1031 c/c 015. 1033 c/c 350. 1037 c/c 060. 1056 c/c 030. 1111 c/c 060. 1145 Set condition of readiness III[155].

J. *Keeley*[156]
J. KEELEY
LTJG USN

12–16	Steaming as before. 1225 c/c to 045. 1240 c/c to 060. 1257 c/c to 340. 1312 c/c to 045. 1327 Shifted the electrical load to #2 ships service generator while repairing #1 ships service generator. 1340 c/c to 340. 1352 c/c to 045. 1405 c/c to 340. 1447 c/c to 050. 1504 c/c to 340. 1515 #1 ships service generator repaired. Split the electrical load. 1529 c/c to 045. 1550 Detached to proceed in company with the USS CONY and the USS MURRAY on csc 220 sp 25 kts. to investigate an unidentified submarine contact. CO[157] USS BEALE is SAU[158] Commander.

E.W. *Bales*
E.W. BALES
LTJG USN

16–18	Steaming and before. 1620 c/bs to 18 knots. 1631 Proceeding to close sonar contact, classified possible submarine by MURRAY. 1640 All ships holding sonar contact. Maneuvering to pinwheel counter-clockwise on circle 3. 1659 Dropped 5 hand grenades as challenge to submarine for identification. No response. 1710 Challenged submarine on sonar. No response. 1733 All units completed challenges to submarine. No response. 1740 Moved to pinwheel circle 1,8.

J. W. *Peterson*
J. W. PETERSON
LT   USN

18–20	Steaming as before. 1847 Assumed control of S2F air craft at datum. 1920 Relieved as OTC by CTO[159] 83.2.2. COMDESRON[160] 28. Continuing the pinwheel on undentified sonar contact.

J. *Keeley*
J. KEELEY
LTJG   USN

---

[155] Readiness Condition III – normale Bereitschaftsstufe auf Schiffen der US Navy in Kriegszeiten. Die Wachstationen sind rund um die Uhr im Dreischichtsystem bemannt, Waffen und Munition zu 1/3 einsatzbereit, das Schiff ist unter diesen Bedingungen gefechtsbereit.
[156] Nicht ermittelt.
[157] CO – Commanding Officer.
[158] SAU – search attack unit.
[159] CTO – Chief Technology Officer.
[160] COMDESRON – Commander, Destroyer Squadron.

20–24 Maneuvering as before. 2050 Submarine, identified as USSR type „FOXTROT" surfaced at 27°36'N, 66°00' W on easterly course, slow speed. 2052 Aircraft commenced illumination and photographic runs on submarine. 2148 Set condition I[161] ASW. Set material condition ZEBRA[162]. 2200 Commenced approach from eastern of submarine for close-in photo run. Maneuvering to pass 500 yards on parallel course. Commenced illuminating with 24" searchlight and aircraft searchlights. 2229 Photo run completed maneuvering to rejoin pinwheel. 2231 Set material condition YOKE. 2245 Secured from condition I ASW. Set condition of readiness III/

J. W. Peterson
J. W. PETERSON
LT   USN

APPROVED:

R. J. Loomis
R. J. LOOMIS, CDR[163],
U.S.N. COMMANDING

EXAMINED:

W. E. Clarke
W. E. CLARKE[164], LCDR[165],
U.S.N. NAVIGATOR

Die sowjetischen Streitkräfte in der Kubakrise

Dokument 4[166]

18. 12. 1962

streng geheim

Bericht des Kommandeurs der 51. RD[167] über die Handlungen der Division vom 12. 7. bis 1. 12. 1962

Auf der Grundlage von Direktiven des Generalstabes wurde Mitte Juni 1962 der Division die Aufgabe gestellt, zu einer neuen Struktur überzugehen (Führung –

---

[161] Readiness Condition I – höchste Bereitschaftsstufe auf Schiffen der US Navy in Kriegszeiten. Alle Wachstationen sind voll bemannt. Die Gefechtsstationen sind ebenfalls vollständig besetzt, alle Waffen und Munition einsatzbereit. Condition I kann nur für 4–6 Stunden aufrechterhalten werden.

[162] Material Condition ZEBRA – höchste Bereitschaftsstufe der Schiffssicherheitssysteme auf Seefahrzeugen der US Navy in Kriegszeiten.

[163] CDR – Commander.

[164] Nicht ermittelt.

[165] LCDR – Lieutenant Commander.

[166] Archiv Raketnych vojsk strategičeskogo naznačenija – Archiv der Strategischen Raketenstreitkräfte (künftig: Archiv RVSN), fond 10, opis' 857346, delo 1 (im folgenden: 10/857346/1), Bl. 193–215, Bericht des Kommandeurs der 51. Raketendivision an den Oberkommandierenden der Strategischen Raketenstreitkräfte, 18. 12. 1962.

[167] RD – raketnaja divizija – Raketendivision.

6/322; Regimenter R-12 – 6/332; Regimenter R-14 – 6/334; RTB[168] – 6/333), neu in den Bestand der Division aufzunehmen waren das Regiment von Gen.[169] Bandilowskij[170] und das Regiment von Gen. Sidorow[171], das Regiment von Gen. Tscherkesow[172] übernahm eine Startabteilung und eine Montagebrigade der RTB. Die Truppenteile der Division waren komplett mit Mannschaften und Technik ausgestattet und bereit, zur Erfüllung einer wichtigen Regierungsaufgabe ins Ausland verlegt zu werden.

1. Die Arbeit der Rekognoszierungsgruppen zur Auswahl der Gefechtsordnung

Zur Erfüllung dieser Aufgabe traf die führende Rekognoszierungsgruppe auf der Insel Kuba am 12. 7. 62 mit einem Flugzeug vom Typ Tu-114[173] ein, zu dieser Gruppe gehörten auch ich und der Chef der OPD[174] der Division.
Die Rekognoszierungsgruppen der Regimenter flogen am 19. 7. 62 nach Kuba.
Nach dem Studium der Rekognoszierungsaufgaben, die aus den Direktiven des Generalstabes hervorgingen, wurde am 14. 7. 1962 für die führende Rekognoszierungsgruppe ein Arbeitsplan erstellt, in dem folgendes vorgesehen war:
– die Arbeiten zur Rekognoszierung zunächst mit Überflügen des Westteils und dann des Zentralteils der Insel Kuba zu beginnen;
– für jedes Regiment waren zwei Feldstellungen auszuwählen, wobei die Führung des Regiments bei einer der Abteilungen untergebracht werden sollte;
– die Rekognoszierungsgruppe sollte in einzelne regionale Teams aufgegliedert werden, um die Zeit zur Durchführung der Arbeiten zu verringern;
– in den Bestand der Rekognoszierungsgruppen waren Offiziere aus den Abteilungen des Stabes des Befehlshabers der Gruppe der sowjetischen Streitkräfte auf Kuba aufzunehmen;
– Organisation des Zusammenwirkens der Rekognoszierungsteams mit der Gruppe von General Dementjew[175] sowie dem Generalstab der kubanischen Armee zur Sicherstellung und Bewachung der Rekognoszierungsgruppen.
Mit der Ankunft der Rekognoszierungsgruppen der Regimenter der Division, d.h. ab 20. 7. 62, war der Arbeitsplan für sie erstellt, die Örtlichkeiten wo die Arbeiten durchgeführt werden sollten, besonders jedoch das Straßensystem, per Karte sorgfältig untersucht, spezielle Instruktionen zur Tarnung der Arbeiten herausgegeben,

---

168 RTB – raketno-techničeskaja baza – Raketentechnische Basis. Für Transport, Kontrolle und Montage der Sprengköpfe auf die Rakete verantwortlich. Jedes Raketenregiment verfügte über eine eigene Raketentechnische Basis.
169 Gen. – Genosse.
170 Bandilovskij, Nikolaj Fokivič (?–?). Oberst. 1962 Kommandeur des 181. Raketenregiments. Im Oktober 1962 auf Kuba von seinem Posten enthoben und zum Oberstleutnant degradiert.
171 Sidorov, Ivan Silant'evič (*1921). Oberst. 1962 Kommandeur des 79. Raketenregiments.
172 Čerkesov, Nikolaj Aleksandrovič (?–?). Oberst. 1962 Kommandeur des 668. Raketenregiments.
173 Tu-114 – sowjetisches Langstreckenpassagierflugzeug mit einer Reichweite von 6200 km.
174 OPD – otdelenie podgotovki dannych – Abteilung für Informationssammlung und Datenvorbereitung.
175 Dement'ev, Aleksej Alekseevič (?–?). Generalmajor der Panzertruppe. 1962 stellv. Kommandierender der Gruppe der sowjetischen Streitkräfte auf Kuba, Leiter der sowjetischen Militärberater auf Kuba.

ein notwendiges Minimum an spanischen Wörtern gelernt und die Bedingungen der kubanischen Regierung zur Auswahl der Stationierungsräume geklärt:
- die Gebiete, die zur Enteignung vorgesehen waren, sollten nicht größer als 400–450 ha sein und maximal von 6–8 Familien bewohnt werden.

Die von der kubanischen Regierung gestellten Bedingungen führten nachfolgend zur Zusammenballung der Technik in den PPR[176].

Vom 21. bis zum 25. 7. 62 wurden die in den Direktiven des Generalstabs genannten Gebiete für die Stationierung der Regimenter viermal aus der Luft mit Hubschrauberflügen überprüft.

Mit Hubschrauberüberflügen wurden der westliche und zentrale Teil der Insel Kuba untersucht und dabei festgestellt, daß die für die Regimenter der Genossen Sidorow, Tscherkesow und Bandilowskij vorgesehenen Räume ein stark durchschnittenes Relief besitzen, arm an Vegetation sind sowie über ein nur schwach entwickeltes Straßennetz verfügen und insgesamt wenig für die Stationierung von RP[177] geeignet sind. Gleichzeitig wurden einige neue Gebiete aufgeklärt:
- Mendoza, Jaruco,
- Aguacate, Madruga,
- Coliseo, Limonar,
- Consolación del Norte,
- Colón, Los Arabos.

Am 22. 7. 62 fuhren die Rekognoszierungsgruppen der Regimenter in die Räume, die von den Direktiven vorgesehen waren.

Im Bestand der Rekognoszierungsgruppen der Regimenter arbeiteten Offiziere des Stabes der Gruppe unter der Leitung des stellvertretenden Befehlshabers der Gruppe der sowjetischen Streitkräfte auf Kuba für Gefechtsausbildung General Gen. L.S. Garbus[178].

Das Fehlen der notwendigen Zahl von Übersetzern beeinflußte, ungeachtet des erfolgreichen Studiums der spanischen Sprache, die Arbeit der Rekognoszierungsgruppen.

Die Rekognoszierung zeigte, daß der zentrale Teil Kubas (die Gebiete für die Regimenter des Gen. Sidorow und des Gen. Tscherkesow) ein stark zerklüftetes Gelände besitzt, über eine arme Vegetationsdecke verfügt, die notwendigen Stationierungsflächen fehlen sowie die vorhandenen Straßen ohne umfangreiche Befestigungsarbeiten den Transport der Raketentechnik nicht sicherstellen, ferner liegen die wasserführenden Schichten in einer Tiefe von 150–200 Metern und in den Gebieten sind konterrevolutionäre Banden aktiv. Somit wurde festgestellt, daß die Stationierung der Regimenter in den vorgegebenen Gebieten äußerst unerwünscht und wenig zweckmäßig ist.

Im folgenden wurde mit Erlaubnis des Kommandierenden der Gruppe der Streitkräfte die Arbeit der Rekognoszierungsteams in die neu aufgeklärten und von uns vorgemerkten Gebiete verlegt.

Insgesamt wurden während der Arbeiten im zentralen Teil Kubas (Matanzas, Santa

---

[176] PPR – polevoj pozicionnych rajon – Feldstationierungsraum.
[177] RP – raketnyj polk – Raketenregiment.
[178] Garbuz, Leonid Stefanovič (1918–1998). Generalmajor. 1962 stellv. Kommandierender der Gruppe der sowjetischen Streitkräfte auf Kuba für Gefechtsausbildung.

Clara und Trinidad) 107 Gebiete mit einer Fläche von 620 km² geprüft, von diesen wurden 20 mit einer Gesamtfläche von 110 km² rekognosziert, von denen wiederum 4 Räume ausgewählt und bestätigt wurden:
- für das Regiment des Gen. Sidorow – die Räume Sitiecito und Calabazar de Sagua;
- für das Regiment des Gen. Tscherkesow – die Räume Remedios und Zulueta.

Im Westteil Kubas (Pinar del Río, Artemisa und Guanajay) wurden 44 Gebiete mit einer Fläche von 300 km² geprüft, 15 mit einer Fläche von 64 km² rekognosziert und 6 ausgewählt und bestätigt:
- für das Regiment des Gen. Bandilowskij – zwei Räume 10 km nördlich von Los Palacios;
- für das Regiment des Gen. Solowjow[179] – die Räume Santa Cruz de los Pinos und Candelaria;
- für das Regiment des Gen. Kowalenko[180] – der Raum Guanajay (Plateau Esperon).

Folglich erforderte die Auswahl der 10 Stationierungsgebiete die sorgfältige Zufußerkundung von 151 Gebieten mit einer Fläche von 900 km², die sich vom Westen bis zum Osten der Insel über eine Entfernung von 650 km erstreckten.

Die Frage der Unterbringung des Personalbestandes in Erdhütten anstelle von Zeltlagern wurde seit den ersten Tagen unserer Ankunft untersucht. Die gründliche Überprüfung des Bodens und des Klimas ergab, daß die Unterbringung der Truppen in Erdhütten unter Tropenbedingungen, bedingt durch die hohen Niederschläge und Verdunstung, nicht möglich ist.

In Verbindung damit mußten für die Unterbringung des Personals der Einheiten Zeltlager gebaut werden, die sich als eine der Hauptursache für die Demaskierung der Stationierung unserer Streitkräfte auf Kuba erwiesen.

Gleichzeitig mit der Rekognoszierung der Stationierungsgebiete wurden vorbereitende Maßnahmen für das Eintreffen der Division durchgeführt:
- Erkundung aller für das Ausladen vorgesehenen Häfen. Aus der Anzahl der für die Ausschiffung der Einheiten ins Auge gefaßten Häfen wurden ausgewählt: Mariel – für die Regimenter der Gen. Bandilowskij, Solowjow und Kowalenko; Casilda – für die Regimenter der Gen. Sidorow und Tscherkesow; Matanzas – für die Führung der Division und als Reservehafen für die Regimenter der Gen. Sidorow und Tscherkesow. Für die Löschung der Raketen waren die Häfen Mariel und Casilda vorgesehen.
- Aufklärung und Vorbereitung der Transportrouten für die Überführung der Raketentechnik aus den Häfen zu den feldmäßigen Gefechtsstellungen;
- Weil das Straßennetz in Zentralkuba den Transport der Raketen und Technik nicht ausreichend sicherstellte, wurden vom Hafen Casilda aus mit Kräften der Armee und des Ministeriums für gesellschaftliche Arbeiten der Republik Kuba

---

[179] Solov'ev, Jurij Aleksandrovič (*1924). Oberstleutnant. 1962 Kommandeur des 664. Raketenregiments.
[180] Kovalenko, Aleksandr Andreevič (?–?). Oberst. 1962 Kommandeur des 665. Raketenregiments, löst im Oktober 1962 Oberst Bandilovskij als Kommandeur des 181. Raketenregiments ab.

zwei Marschstraßen zur Umgehung des Bergmassives von Escambray von jeweils 200 km Länge gebaut;
- bis zum Eintreffen der Einheiten war geplant, alle PPR an ihren Außengrenzen zu umzäunen, allerdings konnte die kubanische Armeeführung lediglich die Umzäunung der Feldstellung des Regiments des Gen. Kowalenko fertigstellen (Plateau Esperon);
- mit Kräften und Mitteln der kubanischen Streitkräfte wurden Transportwege zu allen Feldpositionen neu gebaut oder instandgesetzt (insgesamt 52 km).

Die gesamte Tätigkeit der Rekognoszierungsgruppen und die von ihnen durchgeführten Arbeiten wurden von allgemeinen und individuellen Tarnlegenden gedeckt.
Allgemeine Legende: „Spezialisten für Landwirtschaft"
Individuelle Legenden:
- Bau des Komplexes für die R-14 (Plateau Esperon) – „Bau eines Ausbildungszentrums sowjetischer Militärspezialisten für die kubanische Armee";
- Arbeit der geodätischen Gruppen – „geologische Erkundungsarbeiten".

Die Fortbewegung der Rekognoszierungsteams erfolgte in kleinen Gruppen mit kubanischen Fahrzeugen und häufig in kubanischen Uniformen.
Für die Sicherstellung der Tätigkeit der Rekognoszierungsgruppen stellte das Kommando der kubanischen Armee drei Offiziere ab. Die Bewachung der Gruppe übernahmen Offiziere und Soldaten des Aufklärungsbataillons der Leibwache von Gen. Fidel Castro[181].

Das Ziel der durchgeführten Arbeiten wurde streng geheim gehalten. Die Ankunft von Raketentruppen auf Kuba war nur einem eng begrenzten Personenkreis der kubanischen Streitkräfte bekannt: am Anfang der Arbeiten: Gen. Fidel Castro, Gen. Raúl Castro[182] sowie dem Chef der Aufklärungsverwaltung der kubanischen Armee Gen. Pedro Luis[183], nachfolgend – 10 Personen und im Moment des Abschlusses der Arbeiten waren mit diesen Fragen 15 Personen vertraut.

An dieser Stelle sollte die aufopferungsvolle Tätigkeit des kubanischen Volkes und der Armee bei der Durchführung der Straßenbauarbeiten in der Vorbereitungsperiode und während der Ankunft der Transportschiffe erwähnt werden.

Schlußfolgerungen:

1. Die Rekognoszierung der Gefechtspositionen der Division und die Vorbereitungsarbeiten wurden rechtzeitig beendet, der Empfang der Einheiten und ihre Konzentration in den Feldstellungen innerhalb kurzer Zeit sichergestellt.
2. Die Erfahrungen der Tätigkeit auf Kuba zeigten, daß das Geländerelief starken Einfluß auf den Umfang der Rekognoszierungsarbeiten hat. Für einen ausge-

---

[181] Castro Ruz, Fidel (*1926). Kubanischer Staatschef. Rechtsanwalt, nach mißglücktem Putsch 1953 Exil in den USA. 1956 Rückkehr nach Kuba, dort erfolgreicher Guerillakrieg gegen Diktator Batist y Zaldívar. Seit 1959 Ministerpräsident, 1965 auch 1. Sekretär der KP Kubas und seit 1976 ebenfalls Vorsitzender des Staatsrates.
[182] Castro Ruz, Raúl (*1931). Kubanischer Politiker – Armeegeneral. 1959 Befehlshaber der Streitkräfte und seit 1960 Verteidigungsminister. Zugleich stellv. Ministerpräsident, seit 1976 1. Vizepräsident des Staats- und des Ministerrates.
[183] Nicht ermittelt.

wählten Stationierungsraum mußten im Zentralteil der Insel 20–22 Gebiete untersucht werden, im Westteil – 7–8 Gebiete.
3. Die neu gefundenen und rekognoszierten Räume – Aguacte, Madruga, Mendoza waren am besten für die Stationierung von Raketenregimentern geeignet, wurden jedoch nicht bestätigt, was sich im weiteren stark auf die Organisation des Empfangs und die Vorbereitung des Regiments von Gen. Sidorow auswirkte.
4. Die bei uns gewöhnlich verwendete Methode des Grabens und Baus von Erdhöhlen für den Personalbestand war auf Kuba nicht möglich.
5. Auf Kuba, wie auch in den USA, arbeiten alle Elektrizitätswerke mit einer Stromfrequenz von 60 Hz, was die mögliche Verwendung des örtlichen Energienetzes für den technischen Bedarf der sowjetischen Streitkräfte völlig ausschloß, dies hätte den Rekognoszierungsgruppen noch vor Beginn ihrer Arbeiten mitgeteilt werden müssen.

2. Die Konzentrierung der Division auf Kuba

Für die Verlegung der Division nach Kuba waren 35 Schiffe eingeplant. Die Stationierung der Division auf Kuba begann erst am 9. 09. 62 mit dem Eintreffen des Motorschiffes „Omsk", das erste Schiff des Regiments von Gen. Sidorow, im Hafen von Casilda. Vom 9. 09. bis zum 22. 10. 62 liefen insgesamt 24 Schiffe ein und wurden gelöscht, darunter die Raketen:

im Hafen von Casilda:
6 Stück auf dem Motorschiff „Omsk" – 9. 09. 62;
8 Stück auf dem Motorschiff „Kimovsk" – 22. 09. 62;

im Hafen von Mariel:
8 Stück auf dem Motorschiff „Poltava" – 16. 09. 62;
6 Stück auf dem Motorschiff „Krasnodar" – 2. 10. 62;
7 Stück auf dem Motorschiff „Orenburg" – 6. 10. 62;
7 Stück auf dem Motorschiff „Omsk" – 16. 10. 62 (2. Fahrt).

Die Entladung der Raketen von den Schiffen erfolgte ausschließlich nachts unter völliger Verdunkelung der Schiffe und Häfen. Während der Löschung der Raketen wurde die Außengrenze der Häfen durch ein für diesen Zweck speziell aus dem Raum Sierra Maestra abgestelltes 300 Mann starkes Bataillon Gebirgsschützen bewacht. Die Angehörigen dieses Bataillons übernahmen später auch die Außenbewachung der PPR.
Innerhalb des Hafens übernahmen der Personalbestand der eingetroffenen Einheiten und die operativen Mitarbeiter des Stabes der Gruppe die Bewachung. Die seeseitigen Zugänge zu den mit der Löschung der Ladung beschäftigten Schiffen bewachten Kriegsschiffe und Boote, ebenfalls besonders ausgesuchte und überprüfte Fischer der örtlichen kubanischen Bevölkerung. Alle zwei Stunden überprüften speziell abkommandierte Taucher den im Wasser befindlichen Teil der Schiffsrümpfe und den Hafengrund im Bereich der Piers.
Die Raketentechnik und die Güter der Einheiten zu den Stationierungsräumen transportierten wir ausschließlich nachts und in kleineren Kolonnen.
Das Zusammenziehen der Raketen, Startrampen und Betankungsmittel in den Feldstellungen wurde wie folgt organisiert:

- der Transport von Raketen und größerer Technik erfolgte ausschließlich nachts zwischen 00.00 und 05.00 Uhr;
- die genaue Zeit der Abfahrt der Kolonnen mit den Raketen wurde von mir geplant, aber nicht im voraus bekanntgegeben;
- die Marschrouten der Kolonnen mit den Raketen wurden über ihre gesamte Länge von Kräften der kubanischen Armee und Militärpolizei gedeckt;
- zur Sicherung der Transportwege wurden imitierte Autounfälle mit dem Abtransport von „Verletzten" geschaffen, ferner „Übungen" von Einheiten der kubanischen Armee;
- eine bis anderthalb Stunden vor Beginn des Raketentransports fuhren zur Legung falscher Fährten auf einem Teil der Marschroute speziell zusammengestellte Kolonnen kubanischer Sattelschlepper und schwerer LKW;
- in der Regel waren die Raketenkolonnen wie folgt zusammengestellt:
  1. Kraftradfahrer mit Funkstationen.
  2. Operatives kubanisches Fahrzeug, in dem sich der operative Mitarbeiter, der Dolmetscher und Wachen befanden.
  3. Zwei PKW mit der Leitung der Kolonne.
  4. Deckungsfahrzeug.
  5. Raketen und Zugmaschinen.
  6. Ein Kran und Ersatzzugmaschinen.
  7. Deckungsfahrzeug mit kubanischer Bewachung.
  8. Kraftradfahrer mit Funkstationen.

Der gesamte Personalbestand, der an der Vorbereitung und der Durchführung der nächtlichen Raketentransporte beteiligt war, trug kubanische Uniformen. Gespräche und Kommandos auf russisch waren kategorisch verboten, alle Anweisungen erteilten wir vorher, im großen Umfang wurden die gelernten spanischen Wörter und Phrasen verwendet.

Beim Transport der Startrampen und Betankungsmittel wurden deren äußere Konturen an die kubanischer Lastkraftwagen angepaßt.

Die Konzentration der Division endete praktisch am 22. 10. 62 mit der Erklärung der Blockade der Insel und der Rückkehr eines Teils der Kuba anlaufenden Schiffe mit Personal und Technik in die Sowjetunion.

Mit Stand 22. 10. 62 war die 51. Raketendivision[184] mit folgenden Kräften auf Kuba zusammengezogen:
- die Führung der Division, das Nachrichtenbataillon, das selbständige Pionierbataillon, das Regiment des Gen. Sidorow und das Regiment des Gen. Bandilowskij im vollen Bestand;
- das Regiment des Gen. Solowjow ohne zwei Transport- und Betankungsbatterien, ferner befanden sich auf dem Dampfer „Jurij Gagarin", der in die Sowjetunion zurückkehren mußte, der Stabschef des Regiments, der stellv. Kommandeur des Regiments für rückwärtige Dienste sowie ein großer Teil der Führung des Regiments;

---

[184] Für den Einsatz auf Kuba 1962 speziell aufgestellte Raketendivision der Strategischen Raketentruppen der UdSSR. Sie verfügte über drei R-12 Regimenter und zwei R-14 Regimenter.

- das Regiment des Gen. Tscherkesow – mit einer Batterie zur Gefechtssicherstellung;
- die RTB der Gen. Schischtschenko[185], Romanow[186], Kriwzow[187] und Korinez[188] im vollen Bestand.

Insgesamt traf auf Kuba folgender Bestand der Division ein:
- Offiziere – 1404;
- Soldaten und Unteroffiziere – 6492;
- Zivilbeschäftigte der Sowjetarmee – 90;
- Gesamt: 7956;
- Raketen – 42 (darunter 6 Übungsraketen);
- Sprengköpfe – 36;
- anderthalb Befüllungen der Treibstoffkomponenten;
- Fahrzeuge – 1695;
- Funkstationen – 72;
- Baumaterialien und Ausrüstungen – 9425 Tonnen;
- Nahrungsmittel, Munition und Uniformen – mehr als 1000 Tonnen.

Schlußfolgerungen

1. Die Erfahrung der Vorbereitung der Division auf die Erfüllung einer besonderen Regierungsaufgabe zeigte, daß der massenhafte Austausch der Offiziere, Unteroffiziere und Mannschaften starken Einfluß auf die Organisiertheit der Einheiten, das reibungslose Zusammenwirken der Stäbe sowie Gefechtsbedienungen hat und die Gefechtsbereitschaft der Regimenter und Einheiten insgesamt senkt (der Divisionskommandeur kannte nur die dienstlichen Eigenschaften eines Kommandeurs der fünf Regimenter, ausgetauscht wurden ungefähr 500 Offiziere und bis zu 1000 Unteroffiziere und Soldaten).
2. Die Raketenstreitkräfte sollten stets vollständig komplettiert und in der Lage sein, im vorher gut eingespielten Bestand zu jeder Zeit jede Regierungsaufgabe zu erfüllen, selbst die Verlegung über beliebige Entfernungen und auf beliebiges Territorium.
3. Bei der Verlegung des Verbandes ist es notwendig, daß die Abfahrt der Führung der Division mit einem der ersten Transporte erfolgt, im Raum der vorherigen Stationierung ist lediglich eine kleinere operative Gruppe zur Sicherstellung des Abtransportes der Einheiten des Verbandes zurückzulassen.
4. Der Transport der Division nach Kuba wurde übermäßig verzögert, weshalb im Ergebnis:
   - die mit der R-14 bewaffneten Regimenter die Insel nicht erreichten und das Regiment von Gen. Solowjow nicht vollständig eintraf;

---

[185] Šiščenko, Ivan Vasil'evič (*1924). Oberstleutnant. 1962 Kommandeur der 1018. Raketentechnischen Basis des 79. Raketenregiments.
[186] Romanov, Sergej Konstantinovič (*1918). Oberst. 1962 Kommandeur der 331. Raketentechnischen Basis des 181. Raketenregiments.
[187] Krivcov, Petr Fedorovič (?–?). Oberstleutnant. 1962 Kommandeur der 1533. Raketentechnischen Basis des 664. Raketenregiments.
[188] Korinec, Roman Fedorovič (*1922). Oberst. 1962 Kommandeur der u/i. Raketentechnischen Basis des 665. Raketenregiments.

- das starke Ansteigen der Transportintensität führte dazu, daß in der festgesetzten Zeit in den Häfen Kubas ausschließlich Raketenregimenter entladen wurden, was die Tarnung erschwerte und zu einer vorzeitigen Entdeckung von Teilen der Einheiten hätte führen können
- die Organisation der Führung der Einheiten wurde dadurch erschwert, daß der Stab der Division erst nach der Zusammenziehung der Regimenter der Gen. Sidorow und Bandilowskij auf der Insel eintraf;
- vollkommen unberücksichtigt bei den Planungen blieb die Periode der tropischen Regenstürme.

Nach unserer Ansicht hätte die Verlegung der Einheiten der Division auf die Insel Kuba unbedingt zusammen mit den Einheiten der PVO[189] erfolgen und früher beginnen müssen, da der September und Oktober auf Kuba eine Periode starker Tropenstürme sind. Mit den ersten Schiffen hätten unbedingt Züge der Pioniere und geodätische Gruppen, sowie Teile der Führung der Einheiten transportiert werden müssen, worüber von mir bereits berichtet wurde. Der Antransport der Raketen mit den ersten Schiffen erwies sich als unzweckmäßig.

3. Die Überführung der Division in die Gefechtsbereitschaft

Per Beschluß des Kommandos der Gruppe der sowjetischen Streitkräfte auf Kuba hatte die Division die Herstellung der Gefechtsbereitschaft innerhalb des folgenden Zeitraums durchzuführen:

Regimenter, bewaffnet mit Raketen des Typs R-12, bis zum 1. 11. 62;
Regimenter, bewaffnet mit Raketen des Typs R-14, entsprechend der Beendigung der Bau- und Montagearbeiten im Zeitraum vom 1. 11. 62 bis zum 1. 01. 63.
Der Plan der Division sah in Abhängigkeit von der Inbetriebnahme des Raketenkomplexes R-14 und der Ankunft der Einheiten folgende Zeiträume für die Herstellung der Gefechtsbereitschaft vor:

Regiment von Gen. Sidorow – 20. 10. 62;
Regiment von Gen. Bandilowskij – 25. 10. 62;
Regiment von Gen. Solowjow – 1. 11. 62;
Regiment von Gen. Kowalenko:
  1. Abteilung zum 7. 11. 62;
  2. Abteilung zum 1. 12. 62;
Regiment von Gen. Tscherkesow:
  1. Abteilung zum 1. 12. 62;
  2. Abteilung zum 1. 01. 63.

Die Inbetriebnahme der Feldstellungen der Regimenter, die mit der R-14 bewaffnet waren, hing vom Fortgang des Baus der Anlagen, der Lieferungen der technologischen Ausrüstung, Montage und Erprobung ab, der sich erheblich verzögerte (eine Montagebrigade hatte einen ganzen Monat keine entsprechende Ausrüstung und Technik).

In Verbindung mit der vom Generalstab erlassenen Direktive Nr. 76438 vom 8. September 1962 zur Verkürzung der Zeiträume der Herstellung der Gefechtsbereitschaft erfolgten die Ingenieurarbeiten in den Stationierungsräumen Tag und Nacht.

---

[189] PVO – protivovozdušnaja oborona – Luftverteidigung.

Die Überprüfung der Raketentechnik und Komplexübungen fanden nur in der Dunkelheit unter Beachtung aller Tarnmaßnahmen statt. Nach der Erklärung der Blockade der Insel Kuba wurden alle Arbeiten ausschließlich nachts durchgeführt. Zeitgleich mit den Pionierarbeiten zur Ausrüstung der Feldstellungen wurden die Bodenausrüstung und die Munition der Raketen auf ihre Funktionsfähigkeit geprüft. Die Sprengköpfe, die sich alle im Gruppenlager befanden, wurden bis zum 15. Oktober durch die Kräfte der RTB der Division vollständig überprüft.
Bis zum 20. 10. 62 wurde eine Richtfunkverbindung zu den Regimentern der Gen. Bandilowskij (100 km) und Solowjow (80 km) vorbereitet und erprobt, jedoch nicht eingesetzt. Eine Richtfunkverbindung zum Regiment von Gen. Sidorow konnte angesichts der großen Entfernung (250 km) nicht hergestellt werden. Zu dieser Zeit waren alle Funkmittel vollständig entfaltet und zur Arbeit vorbereitet. In Verbindung mit der labilen und unzuverlässigen Telefonverbindung wurde ab 00.00 Uhr des 20. 10. 62 ein 24stündiges Arbeitsregime des Funknetzes in der Betriebsart „ständige Empfangsbereitschaft" festgelegt. Auf diese Weise war die praktische Führung der Einheiten durch den Kommandopunkt der Division und die Kommandopunkte der Einheiten ab 20. 10. 62 sichergestellt.
Am 20. 10. 62 war das Regiment des Gen. Sidorow vollständig gefechtsbereit.
Ständige Tropenstürme verzögerten die Beendigung der Ingenieurarbeiten in den Stationierungsräumen der Regimenter der Gen. Bandilowskij und Solowjow, besonders schwierige Bedingungen herrschten im Regiment von Gen. Bandilowskij, zu dessen Verstärkung verlegten hierher vom 20. bis 22. 10. 62 zwei Kompanien des Pionierbataillons der Division.
Um 18.00 Uhr des 22. 10. 62 erklärte die Regierung der USA die Blockade der Insel Kuba.
Um 5.40 Uhr des 23. 10. 62 gab der Premierminister und Oberkommandierende der Streitkräfte der Republik Kuba den Befehl – alle Revolutionären Streitkräfte in Alarm zu versetzen. Über die Republik wurde der Kriegszustand verhängt.
Um 08.00 Uhr des 23. 10. 62 wurden die Einheiten der Division in erhöhte Gefechtsbereitschaft versetzt. Das Regiment des Gen. Sidorow, das am 20. 10. 62 die Gefechtsbereitschaft hergestellt hatte, war bereit, die gestellte Aufgabe zu erfüllen. Das Regiment des Gen. Bandilowskij und die 2. Abteilung des Regiments von Gen. Solowjow waren ungeachtet dessen, daß die Ingenieurarbeiten in den Feldstellungen noch nicht abgeschlossen waren, praktisch bereit, die gestellte Aufgabe zu erfüllen.
Um 11.30 Uhr am 23. 10. 62 drangen zwei amerikanische Jagdflugzeuge in einer Höhe von 100–150 m in den kubanischen Luftraum ein und überflogen die Gefechtsstellungen der Regimenter der Gen. Solowjow und Bandilowskij.
Um 11.32 Uhr überflog ein Paar amerikanischer Flugzeuge die Gefechtsstellung des Regiments von Gen. Sidorow, und um 12.00 die Gefechtsstellung des Regiments von Gen. Tscherkesow.
Seit diesem Moment begannen systematische, ungestrafte Aufklärungsflüge der amerikanischen Luftwaffe über das Territorium Kubas und die Gefechtsstellungen der Division in einer Höhe von 50–100 m, die bis zum 27. 10. 62 anhielten, das heißt, bis zu dem Moment als eine U-2[190] in einer Höhe von 21 km abgeschossen

---

[190] Während eines Aufklärungsfluges über Kuba wurde am 27. Oktober 1962 eine U-2 der US

wurde und Kräfte der Luftverteidigung der kubanischen Armee eine in geringer Höhe fliegende F-106[191] abschossen.
Später wurde festgestellt, daß die Luftstreitkräfte der USA ab dem 1. 08. 1962 ungestraft das Territorium Kubas systematisch aufklärten und fotografierten, da sie sich außerhalb der Erfassungszone der Radaranlagen der kubanischen Luftabwehr befanden. Von 60 Flügen über kubanisches Territorium im August, wurden mit den Mitteln der kubanischen Luftabwehr lediglich 10 entdeckt. Im September gab es 23 Überflüge, festgestellt wurden 7. Bis zum 22. 10. 62 fanden 71 Flüge von Flugzeugen der USA über Kuba statt.
Unter diesen schwierigen Bedingungen der starken Verschärfung der internationalen Lage, der Realität des Beginns von Kampfhandlungen und der Rückkehr eines Teils unserer Schiffe in die UdSSR wurde in der Nacht zum 24. 10. 62 von mir der Befehl gegeben, zur Herstellung der Gefechtsbereitschaft des Regimentes von Gen. Solowjow aus der Reserve sowie zum Teil aus der etatmäßigen Ausrüstung der Regimenter der Gen. Sidorow und Bandilowskij Tankaggregate zu entnehmen und diese an Gen. Solowjow zu übergeben. Der nicht ausreichende Personalbestand wurde durch Angehörige aus ebenfalls diesen Einheiten sowie aus dem Regiment von Gen. Kowalenko komplettiert. In Verbindung damit wurde für jedes Regiment ein Plan für den Abschuß der ersten Salve mit einem verkürzten Bestand an Betankungsmitteln erarbeitet.
Bis zum Ende des 25. 10. 62 war die Komplettierung des Regiments von Gen. Solowjow abgeschlossen. Zur Komplettierung des Regiments wurden 20 Offiziere, 203 Unteroffiziere und Soldaten, 10 Aggregate 8G131[192], 4 Aggregate 8G210[193] und 6 Aggregate 8G113[194] übergeben, wobei die 44 Mann, 5 Aggregate 8G131, 2 Aggregate 8G210 und 3 Aggregate 8G113 aus dem Regiment von Gen. Sidorow eine Entfernung von 480 km zurücklegen mußten.
Am 24. 10. 62 organisierten die Stäbe der Einheiten das praktische Zusammenwirken mit den motorisierten Schützenregimentern zur Verteidigung der Feldstellungen.
Bis zum Ende des 25. 10. 62 stellten das Regiment von Gen. Bandilowskij und die 2. Abteilung des Regiments von Gen. Solowjow die Gefechtsbereitschaft her.
Die ständigen Überflüge der amerikanischen Luftwaffe über die Stellungen der Einheiten bargen die Gefahr der Aufdeckung der Gefechtsordnung der Division. In der Absicht, die Einheiten möglichen Schlägen zu entziehen, wurde von der Führung

---

Air Force von sowjetischen Flugabwehrraketen abgeschossen. Der Pilot der Maschine, Major Rudolph Anderson, kam beim Absturz ums Leben.

[191] F-106 Delta Dart. Jagdflugzeug der US Air Force. Beim angegebenen Flugzeugtyp handelt es sich offenbar um eine Verwechslung, da über Kuba neben der U-2 lediglich Fotoaufklärer des Typs RF-101 Voodoo operierten. Die RF-101 fotografierten im Tiefflug die zuvor von der U-2 aus großer Höhe ausgemachten sowjetischen Raketenstellungen. Der von der kubanischen Luftabwehr behauptete Abschuß einer RF-101 wird von amerikanischer Seite nicht bestätigt.

[192] 8G131 – Tankwagen des Raketensystems R-12 für Oxydationsmittel (AK-27I – Salpetersäure).

[193] 8G210 – Vorwärm- und Tankfahrzeug für Wasserstoffperoxyd (dient als Treibmittel für die Turbopumpe des Raketentriebwerks der R-12).

[194] 8G113 – Betankungsfahrzeug des Raketensystems R-12 für Oxydationsmittel (AK-27I – Salpetersäure).

der Division am 24. 10. die Entscheidung getroffen, neue Feldstellungen auszuwählen, um eine Umgruppierung durchführen zu können.
Die Umsetzung dieses Entschlusses wurde durch das Fehlen von Reserven des Komplexes SP-6[195] beeinträchtigt, am 25. 10. entwickelten die Ingenieure der Division ein Verfahren des Ersatzes der SP-6 durch bei den Einheiten vorhandene Mittel, das für Feldbedingungen geeignet war.
Am 26. 10. wurde dieser Entschluß dem stellv. Kommandierenden der Gruppe der sowjetischen Streitkräfte auf Kuba und dem stellv. Chef des Hauptstabes der Raketentruppen vorgetragen. Erst der Beschluß der Regierung über den Abzug der Division aus Kuba beendete die Vorbereitung und Durchführung der Umgruppierung.
In Verbindung mit der Gefahr von Jagdbomberangriffen der Luftwaffe der USA auf Teile der Division wurde am frühen Morgen des 24. 10. 62 vom Kommando der kubanischen Armee die Entscheidung getroffen, einen bedeutenden Teil der Flakkräfte zum Schutz Havannas abzuziehen und zur Luftdeckung der Raketenregimenter zu verwenden. Gleichzeitig wurde den Raketeneinheiten der Befehl gegeben, die Technik innerhalb der Feldstellung zu dezentralisieren.
Jede der Startabteilungen deckten eine Flak-Batterie Kaliber 57-mm und zwei Flak-Batterien Kaliber 37-mm, außerdem wurden zur Luftdeckung des Hafens La Isabel, wo sich zu dieser Zeit das Motorschiff „Alexandrowsk" mit Atomsprengköpfen[196] befand, und der Abteilungen von Gen. Sidorow zwei Flak-Batterien Kaliber 100 mm eingesetzt.
Auf diese Weise wurden insgesamt eingesetzt:
37-mm Flak-Batterien – 12;
57-mm Flak-Batterien – 4;
100-mm Flak-Batterien – 2.
Den Gefechtsstand der Division deckten zwei Züge 23-mm Flak-Geschütze, die von den Schiffen abmontiert worden waren.
Mit dem Ziel der Verringerung der Zeit zur Vorbereitung der ersten Salve des Regiments von Gen. Sidorow wurden in der Nacht vom 26. zum 27. 10. 62 die Sprengköpfe für die Einheit über eine Entfernung von 500 km aus dem Gruppenlager zu den Feldstellungen transportiert.
Am Ende des 27. 10. 62 stellte die 1. Abteilung des Regiments von Gen. Solowjow ebenfalls die Gefechtsbereitschaft her, gleichzeitig wurde die Überprüfung der Munition vollständig abgeschlossen.

Schlußfolgerungen

1. Der Personalbestand der Division zeigte bei der Erfüllung der besonderen Regierungsaufgabe hohes Verantwortungsgefühl für den erteilten Auftrag sowie hingebungsvolle Ergebenheit gegenüber der Kommunistischen Partei und der Sowjetunion.
2. Unter den schwierigen Bedingungen der starken Verschärfung der internationa-

---

[195] SP-6 – startovaja pozicija 6 – Startposition 6. Bezeichnung für die notwendigen Anlagen zum Aufbau einer Startposition für die Rakete R-12.
[196] Die „Aleksandorovsk" transportierte die 24 Atomsprengköpfe für die nicht mehr auf Kuba eingetroffenen R-14.

len Lage, der Blockade Kubas und der unmittelbaren Gefahr eines Luftangriffes wurde durch selbstaufopferungsvolle Arbeit des Personals unter den ungewohnten tropischen Bedingungen die 51. Raketendivision früher als während des festgelegten Zeitraums in Gefechtsbereitschaft gebracht:
- das Regiment von Gen. Sidorow wurde vom 9. September bis zum 8. Oktober 1962 auf Kuba stationiert und 12 Tage nach Ankunft des letzten Schiffes im Hafen bis zum 20. Oktober vollständig in Gefechtsbereitschaft gebracht;
- das Regiment von Gen. Bandilowskij wurde vom 16. September bis zum 15. Oktober 1962 auf Kuba stationiert und 10 Tage nach Ankunft des letzten Schiffes im Hafen bis zum 25. Oktober vollständig in Gefechtsbereitschaft gebracht;
- das Regiment von Gen. Solowjow wurde vom 6. Oktober bis zum 22. Oktober 1962 auf Kuba stationiert. Drei Tage nach Ankunft des letzten Schiffes im Hafen und ungeachtet dessen, daß infolge der Blockade ein Teil des Regiments nicht eintraf, wurde am 25. Oktober eine Abteilung in Gefechtsbereitschaft gebracht und bis zum 27. Oktober die zweite.

3. Damit wurde die auf Kuba stationierte 51. Raketendivision 48 Tage nach Ankunft des ersten Schiffes in volle Gefechtsbereitschaft gebracht, das heißt, am 27. Oktober war die Division bereit, Schläge mit allen 24 Startanlagen durchzuführen. In Verbindung damit, daß der Bau der Anlagen Typ Nr. 20[197] nicht beendet war und sich die Sprengköpfe im Gruppenlager vom Regiment des Gen. Solowjow – 110 km, vom Regiment des Gen. Bandilowskij – 150 km und von Gen. Sidorow – 480 km entfernt befanden, war der erarbeitete Zeitplan der Bereitschaft der Regimenter wie folgt:
Regimenter der Gen. Solowjow und Bandilowskij – 14–16 Stunden;
Regiment des Gen. Sidorow – 24 Stunden, nach dem 27. Oktober 1962 nach der Verlegung der Sprengköpfe zur Feldstellung – 10 Stunden.

4. Die Verlegung der Division in die Sowjetunion

Am 28. Oktober um 15.00 Uhr teilte mir der Kommandierende der Gruppe der sowjetischen Streitkräfte auf Kuba den Inhalt der Direktive Nr. 7665 vom 28. Oktober 1962 mit, in der der Verteidigungsminister der Union der SSR auf Grundlage der Entscheidung der sowjetischen Regierung die Demontage der Startanlagen und die vollständige Verlegung der Division in die Sowjetunion befahl.
Vom 29. bis zum 31. 10. 62 beendeten die Einheiten der Division die Demontage der Startpositionen.
Am 31. 10. 62 um 15.30 Uhr berichteten der Botschafter der UdSSR Gen. Alexsejew[198] und ich dem Generalsekretär der UNO U Thant, daß die Startpositionen vollständig demontiert sind.
Am 1. 11. 62 um 12.00 Uhr traf eine Direktive des Verteidigungsministeriums der UdSSR ein, in der befohlen wurde, bis zum 7. November 1962 alle Raketen auf die

---

[197] Anlage Typ Nr. 20 – aus Betonelementen herzustellender Bunker, vorgesehen zur zeitweiligen Unterbringung der Atomsprengköpfe unmittelbar in den Stationierungsräumen der Raketenregimenter.
[198] Alekseev, Aleksandr Ivanovič (*1913). Sowjetischer Diplomat. Seit 1960 Berater des sowjetischen Botschafters auf Kuba. 1962–1968 Botschafter der UdSSR auf Kuba.

vorhandenen Schiffe zu verladen und nicht später als bis zum 10. November in die Sowjetunion abzusenden.
Die Raketen sollten auf den Decks der Schiffe transportiert werden. Zur Umsetzung der Direktive wurden bis zum 2. 11. 62 alle Raketen in den Verladehäfen zusammengezogen. Die Verladung der Raketen begann am 3. 11. 1962 und wurde am 8. 11. 62 abgeschlossen.
Der Abtransport der Raketen erfolgte unter äußerst komplizierten und schwierigen Bedingungen, die dadurch verstärkt wurden, daß sich zur damaligen Zeit in Kuba nur Schiffe alter Bauserien befanden, deren Decks mit verschiedenen Aufbauten überladen waren, Schwerlastladebäume fehlten und die Häfen nur über wenige Krananlagen verfügten. Die Verladearbeiten liefen ununterbrochen tags und nachts.
Als erstes Schiff lief um 15.30 Uhr am 5. 11. 62 die „Diwnogorsk" mit vier Raketen an Bord aus dem Hafen von Mariel aus.
Die letzten 8 Raketen verließen vom Hafen Casilda aus die Insel Kuba am 9. 11. 62 um 8.30 Uhr mit dem Motorschiff „Leninskij Komsomol".
Der Beschluß der sowjetischen Regierung und der Befehl des Verteidigungsministers der Union der SSR über den Abzug der Raketen aus Kuba wurde vorfristig erfüllt.
Vom 1. bis zum 9. November 1962 wurden 12 Schiffe, darunter ein Passagierschiff beladen, die in die Sowjetunion abtransportierten:
- Personalbestand – 3289 Mann;
- Raketen – 42;
- Technik – 1056 Einheiten.
Durch den langen Anfahrtsweg der notwendigen Schiffe aus der UdSSR wurde die Verlegung in zwei Etappen durchgeführt.
Die 2. Etappe begann am 18. November 1962 mit der Beladung des Motorschiffes „Tschernjachowsk". Während der 2. Etappe wurden verladen und abtransportiert:
- Personalbestand – 3716 Mann;
- Technik – 985 Einheiten.
Es ist notwendig zu erwähnen, daß das Ausladen der Handelsgüter von den einlaufenden Schiffen in den Häfen Kubas äußerst langsam erfolgte. Während das Löschen der Ladung 7 bis 10 Tage dauerte, erfolgte die Beladung durchschnittlich in 2–3, maximal 4 Tagen, obwohl Krananlagen fehlten und der Ballast der Schiffe untersucht sowie austariert werden mußte.
In Umsetzung der Direktive des Verteidigungsministeriums der Union der SSR Nr. 76676 vom 1. November wurden auf Kuba zurückgelassen und dem Bestand der Gruppe übergeben:
Eine Transportkompanie, die Kraftfahrzeugwerkstatt der Division, das Pionierbataillon und die Feldbäckerei im vollen Bestand sowie 18 Funkstationen.
Insgesamt wurden der Gruppe übergeben:
- Offiziere – 14;
- Soldaten und Unteroffiziere – 937;
- Kraftfahrzeuge – 402.
Die Verladung des Personalbestandes und der Technik der Einheiten der Division auf die Schiffe wurde am 12. Dezember 1962 beendet.

Schlußfolgerungen:

Insgesamt wurden 24 Schiffe beladen, davon 4 Passagierschiffe, die in die Sowjetunion abtransportierten:
- Offiziere – 1390;
- Unteroffiziere und Soldaten – 5525;
- Zivilangestellte der Sowjetarmee – 90;
- Gesamt: 7005;
- Raketen – 42;
- Technik – 2041 Einheiten.

Der politisch-moralische Zustand des Personalbestandes ist gesund, die militärische Disziplin zufriedenstellend.

Die überwältigende Mehrheit der Offiziere, Unteroffiziere und Soldaten erfüllte mit hohem Verantwortungsgefühl die besondere Aufgabe der Regierung, zeigte ausgesprochene Organisiertheit und Disziplin.

Bei der Verlegung der Division und der Herstellung der Gefechtsbereitschaft schonte der Personalbestand seine Kräfte nicht, um in kürzester Zeit zur drohenden militärischen Kraft für die amerikanischen Aggressoren zu werden. Während der schwersten Tage der kubanischen Revolution waren sie bereit, ihr Leben zu geben, um mit Ehre jeden Befehl der Kommunistischen Partei und der sowjetischen Regierung zu erfüllen.

Hohes kommunistisches Bewußtsein, Geschlossenheit, gute Gefechtsschulung, Ergebenheit gegenüber der kommunistischen Sache und des proletarischen Internationalismus – diese Eigenschaften befähigten unsere Kämpfer zu genauer und zielstrebiger Arbeit der Kommandeure, Politarbeiter, Partei- und Komsomolorganisationen.

Die beste Organisiertheit, militärische Disziplin, Gefechtsbereitschaft und politische Ausbildung herrschte in den Regimentern der Gen. Solowjow und Sidorow. Hier gab es keine außerordentlichen Vorkommnisse und groben Verletzungen der militärischen Disziplin.

Jedoch Gen. Bandilowskij, Kommandeur des Regiments, wurde wegen Verantwortungslosigkeit gegenüber der befohlenen Sache, geringer Strenge, Fahrlässigkeit und Sorglosigkeit während der für die Division entscheidenen Periode von seinem Posten enthoben, von der Partei zur Verantwortung gezogen und in die Sowjetunion zurückgeschickt.

Im Regiment verunglückten während des Transports der Startrampen wegen der schlechten Koordinierung des Marsches Leutnant Plisko[199] und Gefreiter Borjuschkin[200] tödlich, mehrere Personen wurden verstümmelt oder verletzt. Gleichzeitig gab es 14 unerlaubte Entfernungen, Versuche der Befehlsverweigerung und Trinkgelage.

Der zeitweilig zum Kommandeur des Regiments ernannte Gen. Kowalenko konnte innerhalb einer Woche die Ordnung in der Einheit wiederherstellen.

---

[199] Plisko, Anatolij Fedorovič (1939–1962). Leutnant – Angehöriger des 181. Raketenregiments. Am 9. 10. 1962 bei einem Unfall auf Kuba ums Leben gekommen.

[200] Borjuškin, Gennadij Timofeevič (1940–1962). Gefreiter – Angehöriger des 181. Raketenregiments. Am 9. 10. 1962 bei einem Unfall auf Kuba ums Leben gekommen.

Am 5. November 1962 ereignete sich in der Einheit von Gen. Romanow ein schwerer Zwischenfall – beim Zusammenstoß mit einem unserer Fahrzeuge wurde ein kubanischer Staatsbürger getötet, sein Auto brannte aus.
Von der Divisionsführung sowie der politischen Abteilung wurden entschiedene Maßnahmen zur Wiederherstellung der Ordnung in der Einheit getroffen, Gen. Romanow wird in der Sowjetunion disziplinarisch bestraft und von der Partei zur Verantwortung gezogen werden.
Schlechte Kommandeurseigenschaften zeigte auch der Einheitskommandeur Gen. Oberst Kriwzow, der bereits auf der Fahrt nach Kuba anfing zu trinken, Respektlosigkeit sowie Verwirrung und Unentschlossenheit zeigte.
Von der Divisionsführung wurde die Frage seiner Ablösung aufgeworfen, die Parteikommission verhängte statt dessen eine strenge Rüge, die in seine Kaderakte eingetragen wurde.

Allgemeine Schlußfolgerungen und Vorschläge

1. In Erfüllung einer besonderen und verantwortungsvollen Regierungsaufgabe, wurde die 51. Raketendivision durch die aufopferungsvolle Arbeit des gesamten Personalbestandes in äußerst kurzer Zeit mit drei Regimentern in Gefechtsbereitschaft gebracht und konnte auf Befehl der Sowjetischen Regierung 16 Stunden nach Erhalt des Signals eine Salve der Division abfeuern.
2. Die gemachten Erfahrungen bestätigten die Möglichkeit, Einheiten und Verbände der strategischen Raketentruppen mit Eisenbahn- und Seetransporten über beliebige Entfernungen zu verlegen und in kürzester Zeit in Gefechtsbereitschaft zu bringen. Die Handlungen der Division auf Kuba zeigten, daß die mit der Rakete R-12 bewaffneten Verbände in der Lage sind, Umgruppierungen durchzuführen und Schläge aus neu festgelegten und kaum ausgebauten Feldstellungen innerhalb von 15–20 Tagen führen können.
3. Zur Erhöhung der Manövrierfähigkeit der Regimenter, die mit der R-14 bewaffnet sind, ist es erforderlich, eine mobile Variante der Bodenausrüstung zu entwickeln und die SP-7[201] zu vervollkommnen. Die Mobilität und Unverwundbarkeit der Raketenstreitkräfte könnte durch leichte und kompakte Bodenausrüstung sowie Feststoffraketen erreicht werden.
4. Neben den stationären Gefechtsständen der Division und der Regimenter wäre es notwendig, über einen strukturmäßigen mobilen Reservekommandopunkt mit verkürztem Bestand jedoch mit vollständiger Ausrüstung und Führungsmitteln zu verfügen, das würde es erlauben, unmittelbar nach der Ankunft die Gefechtsführung zu übernehmen, ohne auf die völlige Entfaltung und Ausrüstung der stationären Gefechtsstände warten zu müssen, danach sollte er als Reservekommandopunkt genutzt werden, ohne einem der Gefechtsstände der Regimenter unterstellt zu werden.
5. Die Gefechtsordnung der Division auf Kuba war sehr auseinandergezogen. Die Erfahrungen bei der Organisation und Sicherstellung der Führung der Regimenter zeigte, daß eine zuverlässige Führung der Regimenter, die weiter als 100 bis

---

[201] SP-7 – startovaja pozicija 7 – Startposition 7. Bezeichnung für die notwendigen Anlagen zum Aufbau einer Startposition für die Rakete R-14.

120 km entfernt sind (Regiment Gen. Sidorow) außerordentlich schwierig ist. Eine zweckmäßige Führung der Regimenter vom Gefechtsstand der Division aus ist bei Entfernungen von 50–80 km möglich.

Als positiver Faktor bei der Führung sollte die Unterbindung des Schriftverkehrs bemerkt werden, da alle notwendigen Anweisungen mündlich oder durch Verbindungsoffiziere mittels kurzer Signale oder Chiffren erteilt wurden.

Während wir in der Heimat pro Monat mehr als 800 Papiere erhalten und 500 absenden, bekamen wir während der Handlungen auf Kuba im angespanntesten und entscheidenen Moment gerade einmal 10 Papiere und sendeten 15 ab. Folglich kann man auch ohne den großen Papierstrom und überflüssigen Briefwechsel auskommen.

6. Die Erfahrungen zeigten weiterhin, daß die Struktur der Raketenverbände stark verändert werden muß. Eine Division sollte aus drei bis vier Brigaden bestehen, die über drei Startabteilungen und eine RTB verfügen (die Anzahl der Brigaden hängt von der Zahl der Startabteilungen ab). Dies erhöht die Mobilität der Raketenstreitkräfte und versetzt die Brigaden in die Lage, selbständig Aufgaben zu erfüllen.

In der Sowjetunion sollte jede Brigade 6–9 vorher minimal vorbereitete Stationierungsräume besitzen (vorbereitete Anfahrts- sowie Verbindungswege, durchgeführte geodätische Einmessung und Aufstellung der SP-6), die lediglich durch kleinere Einheiten zu bewachen sind.

Die Abteilungen beziehen diese Feldstellungen nur nach Erklärung einer für das Land gefährdeten Situation.

Zur Ausbildung der Gefechtsbedienungen und die Durchführung des Bereitschaftsdienstes besitzt die Abteilung eine ausgebaute Stellung in 5–6 km Entfernung von der Kaserne. Die Feldstellungen sollten von Siedlungen entfernt sein, die Entfernung zwischen den Feldstellungen 20–40 Kilometer betragen.

7. Die vorhandenen etatmäßigen Tarnmittel können bei der modernen Entwicklung der Fotoaufklärung die Dislokation der Raketentruppen nicht völlig verbergen. Zur Sicherstellung der völligen und zuverlässigen Verbergung der Objekte der Raketenstreitkräfte müssen prinzipiell neue Tarnmittel geschaffen werden.

Nach meiner Ansicht müßte es sich dabei um eine Quelle unsichtbarer Strahlen handeln, die Fotoaufnahmen der Gegend verzerren oder den Film völlig unbrauchbar machen.

8. Die Erfahrungen zeigten zudem, daß bei Handlungen der Division folgende Einheiten zusätzlich zugeteilt werden sollten:
   - Abteilung für Gefechtsausbildung, die vor allem die Planung und Organisation der Spezialausbildung durchführt, im Bestand der Abteilung sollte eine Instrukteursgruppe vorhanden sein;
   - Pionierbataillon bestehend aus zwei bis drei Pionier- und einer bis zwei Straßen-Brückenbaukompanien;
   - Luftverteidigungsposten und ein Zug chemische Abwehr;
   - bei Handlungen außerhalb ihres Territoriums sollten der Division Luftabwehrmittel zur unmittelbaren Deckung der Gefechtsordnung in geringen Höhen zugeteilt werden.

Anhang:
1. Einige Fragen der operativen und taktischen Tarnung bei den Handlungen der Division auf Kuba, 9 Blatt
2. Karte der Rekognoszierung und der Stellungsräume der Division auf Kuba, 1 Blatt, einziges Exemplar[202]

Kommandeur der 51. Raketendivision
Generalmajor Stazenko[203]

Dokument 5[204]

Anlage zum Hauptbericht

Einige Fragen der operativen und taktischen Tarnung bei den Handlungen der Division auf Kuba[205]

Seit den ersten Tagen des Aufenthaltes der Vorerkundungskommandos auf Kuba, und auch später mit der Ankunft der Streitkräfte, nahmen die Probleme der operativen und taktischen Tarnung einen hohen Stellenwert ein. Schon die allererste Analyse Kubas, der geographischen und klimatischen Bedingungen, der Bevölkerung und der Lebensweise, zeigte, daß, gleichwohl unter welcher Legendierung, die längerfristige Geheimhaltung einer so großen Zahl angelandeter Streitkräfte samt der vielfältigen und vor allem sperrigen Technik der Raketentruppen nicht möglich sein wird.
Diese Einschätzung fand im folgenden ihre volle praktische Bestätigung. Bleiben wir bei einer Reihe von Problemen, die im Hauptbericht noch nicht vollständig geklärt wurden.

1. Ausgehend von dem wesentlichen Faktor, nämlich der Unmöglichkeit einer längerfristigen Geheimhaltung der Anlandung und Konzentrierung von Streitkräften, der Nähe der US-amerikanischen Grenze, des dichten Agentennetzes des Gegners, unserer äußerst ausgedehnten Kommunikation und des weder organisierten noch einsatzbereiten Schutzes der Luft-, Land- und Meergrenzen Kubas von Seiten der kubanischen Genossen, zeigt sich anschaulich, daß vor allem anderen für eine längere Geheimhaltung der Truppenverlegungen, der Beziehung der Stellungsräume und der Herstellung der Gefechtsbereitschaft der Versuch wichtig gewesen wäre,

---

[202] Hier nicht dokumentiert.
[203] Stacenko, Igor Demʼjanovič (1918–1997). Generalmajor. Seit 1961 bei den Strategischen Raketentruppen der UdSSR. Von Juli bis Dezember 1962 Kommandeur der auf Kuba stationierten 51. Raketendivision. Später Befehlshaber eines selbständigen Raketenkorps.
[204] Archiv RVSN, 94/677/1, Bl. 59–67, Einige Fragen der operativen und taktischen Tarnung bei den Handlungen der Division auf Kuba, 18. 12. 1962.
[205] Im Bericht, der am 18. 12. 1962 vom Kommandeur der 51. Raketendivision Generalmajor I. D. Stacenko dem Oberkommandierenden der Strategischen Raketentruppen übermittelt wurde, fehlen die kursiv geschriebenen Teile. Vgl. Archiv RVSN, 10/857346/1, Bl. 216–224.

den Luftraum über Kuba vollständig zu schließen und alle Flüge amerikanischer Aufklärungsflugzeuge zu verbieten.
Es ist bezeichnend, daß das Radarsystem der Luftverteidigung der Kubanischen Armee lediglich die Beobachtung von Aufklärungsflügen amerikanischer Flugzeuge in Höhen von 8–10 km ermöglichte. In einer Höhe von über 8–10 km flogen die amerikanischen Aufklärungsflugzeuge fortwährend, unkontrolliert und ungestraft. So wurden in der Zeit vom 1. August bis zum 22. Oktober 1962 vom kubanischen Luftverteidigungssystem nur 20 Prozent aller Aufklärungsmaschinen der USA entdeckt, die über das Territorium der Insel geflogen waren.
Internationale Luftfahrttrassen für die Flüge ausländischer Maschinen im kubanischen Luftraum wurden gänzlich vernachlässigt, was es den Amerikanern ermöglichte, das gesamte Territorium der Insel nicht nur aus großer sondern auch aus geringer Höhe zu fotografieren (150–200 m).
Das Luftverteidigungssystem der Gruppe der sowjetischen Streitkräfte auf Kuba wurde am 1. 10. 1962 in Gefechtsbereitschaft versetzt und arbeitete im Diensthabenden System. Aus nicht näher bekannten Gründen erlaubte man erst seit dem 26. 10. 1962, das eigene Radarsystem einzuschalten, und bereits am 27. Oktober wurde eine U-2 in 21 km Höhe abgeschossen.
In diesem Sinne liefen die Anlandung der Streitkräfte auf Kuba und ihre weiteren Handlungen unter ständiger Kontrolle aus der Luft ab.
Wir sind der Meinung, daß die Einheiten der Luftverteidigung der Gruppe der sowjetischen Streitkräfte auf Kuba ihre Aufgabe, die Deckung und Sicherung der Hauptschlagkräfte – der Raketentruppen – nicht erfüllt haben, was es den USA selbstverständlich erlaubte, in der entscheidenen und angespanntesten Periode teilweise die Gruppierung und Dislokation unserer Streitkräfte aufzudecken.

2. Bei der Beurteilung der auf Kuba vorhandenen natürlichen Tarnmittel wurde fälschlicherweise angenommen, daß Palmenwäldchen für die Entfaltung von Raketentechnik geeignet seien. In Wirklichkeit ist jedoch deren Benutzung mit dem Ziel der Verhinderung von Luftaufklärung fast unmöglich, da ihre Möglichkeiten zur Tarnung sehr beschränkt sind.
Vor Ort durchgeführte Messungen zeigen deutlich, daß sich auf einem ha durchschnittlich 50 Palmen befinden, d.h. die Entfernung zwischen den einzelnen Palmen beträgt 12–15 m. Der Umfang der Palmenkronen ist klein und beträgt im Durchmesser 3–4 m.
Somit wird die Fläche von einem ha nur zu 1/16 durch Waldpflanzen bedeckt. Bei solchen Tarneigenschaften in Palmenhainen unbemerkt sperrige Raketentechnik aufzustellen, war ohne die Durchführung von ergänzenden Tarnungsarbeiten in beträchtlichem Umfang nicht möglich.
Die Stellungsgebiete der Raketenabteilungen selbst befanden sich auf einer Fläche von 6–10 km². Auf diesem begrenzten Territorium waren nicht nur die Tarnmaßnahmen zur Geheimhaltung der vorhandenen Technik und des Personals durchzuführen, sondern auch die Maskierung des gesamten Umfanges der zur Ausrüstung der Stationierungsgebiete und der Unterbringung des Personals durchgeführten Pionierarbeiten, sowie die Tarnung der Gefechtsordnung und der Gefechtstätigkeit der Startbatterien.
Der außergewöhnlich große Umfang der Pionierarbeiten, die auf relativ kleiner Flä-

che in begrenzter Zeit durchgeführt wurden, und ebenso die Konzentration einer großen Menge von Technik in der unmittelbaren Nähe erschwerten die rechtzeitige Erfüllung aller von uns vorgesehenen Tarnungsarbeiten.
An strukturmäßigen Tarnmitteln standen der Division nur Tarnnetze zur Verfügung, mit deren Hilfe es lediglich möglich war, die Maskierung einzelner Fahrzeuge zu gewährleisten, wobei die Farbzusammenstellung des Netzbelages überhaupt nicht den örtlichen Verhältnissen entsprach.
Die Durchführung der Arbeiten zur Tarnung des Startplatzes wurde noch dadurch besonders erschwert, daß wir abgesehen von der Montage des Platzes SP-6 infolge der besonderen Verhältnisse des Geländes und des Hochreliefs sowie auch durch die meteorologischen Bedingungen gezwungen waren, die Stichwege zu den Startplätzen zu schottern und die Bereiche für die Stellplätze der Raketenlafetten und Aufrichtanlagen zu betonieren. Diese Errichtung des Startplatzes erhöhte den Umfang der Tarnarbeiten stark (im Vergleich zu der üblichen Montage der SP-6 im Gelände) und veränderte auch die Art der Tarnung des Platzes. Hier reichte es nicht mehr aus, die einzelnen Fahrzeuge zu tarnen, die rund um die Startposition Stellung bezogen hatten. Es war vielmehr notwendig, die gesamte Startstellung zu tarnen, wobei die Grundlage einer solchen Tarnung nicht die Maskierung der einzelnen Fahrzeuge und Technikanlagen sein konnte, sondern vorrangig und hauptsächlich mußte die Tarnung des gesamten Startplatzes und der entsprechenden Anfahrtswege erfolgen. Die Durchführung des gesamten Umfanges der Tarnmaßnahmen zur Maskierung der Stationierungsgebiete erforderte eine gewisse Zeit, die uns unter den gegebenen Umständen nicht zur Verfügung stand.
Es ist bekannt, daß die Raketeneinheiten äußerst wenig Zeit für die Ausrüstung ihres Stellungsraumes und die Herstellung der Gefechtsbereitschaft hatten, weil die Division erst als letzter Truppenverband nach Kuba verlegt wurde (später als andere Truppenteile und Verbände). Die im Plan vorhergesehenen Fristen zur Herstellung der Gefechtsbereitschaft stellte uns vor die Notwendigkeit, die Arbeiten zur Einrichtung der Stationierungsräume Tag und Nacht durchzuführen. Unter den sich zuspitzenden Verhältnissen der internationalen Lage wurden die Raketeneinheiten vorzeitig in Gefechtsbereitschaft versetzt, was die Vollendung der vorgesehenen Pionier- und Tarnarbeiten verhinderte.
Am Morgen des 23. 10. 1962 löste man für die Einheiten der Division erhöhte Gefechtsbereitschaft aus und die gesamte Spezialtechnik wurde an den Startpositionen entfaltet. Das zur Ausrüstung gehörende überirdische Netz an Verbindungskabeln schränkte die auseinandergezogene Startpositions-Aufstellung der Spezialmaschinen ein und erschwerte zugleich in einigen Stationierungsräumen deren Tarnung, besonders in denen, die arm an Vegetation (spärlich bewachsen) waren.
Die durch die Direktive des Generalstabes angewiesenen Gebiete der Feldstationierungsräume befanden sich in den schwer zugänglichen Bergmassiven Sierra del Rosario und Sierra del Escambray. Sie wiesen eine spärliche Vegetation auf und besaßen wenig Tarnungsmöglichkeiten für die Aufstellung von Raketentechnik.
Im Ergebnis der Arbeit der Erkundungsteams wurden mit Erlaubnis des Kommandierenden der Gruppe der Streitkräfte einige Gebiete neu ausgewählt und festgelegt, die in der Direktive nicht vorgesehen waren. Die ausgesuchten Räume erweisen sich als geeigneter und lagen in hügeliger Landschaft mit reicher natürlicher Vegetation.

Die ebenen Plätze, die von allen vier Seiten durch hohe Hügel (40–50 m und mehr) vor einer dauernden Beobachtung geschützt sind, erlauben die ungehinderte Aufstellung der Startanlagen und der gesamten Bodenausrüstung der Raketenbatterien. Die Gebiete sind dünn bevölkert und landwirtschaftlich kaum genutzt.

Die vorgeschlagenen Räume wurden zweimal nicht bestätigt: Das erste Mal die Gebiete um die Städte Aguacate, Ceiba Mocha, Mendoza aus dem Grund, daß sie nicht der Direktive des Generalstabes entsprachen; das zweite Mal die Gebiete um die Städte Coliseo, Limonar, Agramonte, Jagüey Grande, weil sie innerhalb einer internationalen Lufttrasse liegen, *obwohl sich nach der ursprünglichen operativen Direktive das gesamte Regiment von Petrov*[206] *nord-östlich von Escambray im Bereich einer internationalen Trasse befand. Gleichzeitig damit muß darauf hingewiesen werden, daß wir bei der Instruierung in Moskau zu mehr selbständiger Arbeit bei der Auswahl der Stationierungsräume und der Beurteilung unserer Möglichkeiten vor Ort angehalten wurden.*

Ausgehend von der gegebenen Situation und unseren Möglichkeiten sowie unter den Bedingungen der ständigen Aufklärungsflüge der US-Luftwaffe wurden das Entladen der Raketen in den Häfen von Mariel und Casilda und ihr Transport in die Feldstationierungsräume vorher sorgfältig vorbereitet und organisiert. Das Ausladen der Raketen fand ausschließlich bei Dunkelheit statt. Der Transport der Raketen und der dazugehörigen Großtechnik zu den Feldstationierungsräumen der Regimenter erfolgte unter verschiedenen Tarnlegenden und nur nachts (von 1.00–5.00 Uhr).

Das und nur das machte es, wie mir scheint, möglich, in der Zeit vom 9. 9. 62 bis zum 22. 10. 62 unbemerkt den gesamten Kampfsatz an Raketen sowie die Großtechnik auszuladen und abzutransportieren, sie in den Stellungsräumen zu entfalten und sich in kurzer Zeit auf die Gefechtshandlungen vorzubereiten.

Ohne Ausnahme wurden alle Arbeiten an den Startpositionen, die mit dem Transport, dem Heben und dem Aufrichten der Raketen auf die Starttische verbunden waren, nur unter schlechten Sichtbedingungen (nachts) sowie unter Beachtung aller Tarnmaßnahmen durchgeführt.

3. Kuba selbst ist eine Insel vulkanischen Ursprungs, und auf ihr überwiegt felsiger Boden, der an einigen Stellen von geringen Schichten angeschwemmter Roterde bedeckt ist. Im Zusammenhang mit den besonderen klimatischen Bedingungen (tropische Regenstürme) und der Beschaffenheit des Bodens ist die Möglichkeit zum Bau von Erdbunkern auf Kuba sehr begrenzt. Der Personalbestand der Raketenabteilungen und Stäbe wurde deshalb in Zeltlagern untergebracht.

Durch die Direktive des Generalstabes der Streitkräfte wurde angeordnet, bei der Unterbringung der Einheiten in Zeltlagern streng die Vorschriften und Instruktionen der Streitkräfte der UdSSR einzuhalten.

Als eines der demaskierenden Kennzeichen der Dislokation der Raketeneinheiten erwiesen sich diese Zeltlager, die auf keine Weise vor Beobachtung aus der Luft zu verbergen waren.

---

[206] Petrov – Deckname für den Kommandeur des 668. Raketenregiments, Oberst Nikolaj A. Čerkessov.

Ein weiteres charakteristisches enttarnendes Merkmal, das die Anwesenheit der Raketentruppen aufdeckte, war der Transport von Stahlbetonkonstruktionen (Bögen für den Bau von Gebäuden des Typs Nr. 20 u. a.) aus der Sowjetunion nach Kuba, obwohl hierfür keine Notwendigkeit bestand. Die kubanischen Fabriken zur Produktion von Stahlbetonkonstruktionen waren in der Lage, alle Bestellungen der Raketeneinheiten im Zusammenhang mit dem Bau der Startpositionen auszuführen, auch die Konstruktionen selbst wären zu ersetzen gewesen.
Bei der Ausrüstung der Stationierungsräume für die R-14 Raketen wurden durch die Bauverwaltung der Gruppe die Tarnmaßnahmen für die Bauarbeiten offenbar nur unzureichend eingehalten. Die Bauplätze zur Herstellung der Konstruktionselemente befanden sich unweit der Startpositionen, die Lagerflächen für die Baumaterialien waren einzusehen und nur unzureichend getarnt. Die Ausführung der Bauarbeiten erfolgte hauptsächlich bei Tageslicht.

4. Die erste Rekognoszierungsgruppe flog von Moskau aus mit dem ersten Flug als „Spezialisten der zivilen Luftflotte" ab, worüber die sowjetischen Presse offiziell berichtete („Pravda" vom 14. 7. 62). Seit ihrer Ankunft auf Kuba wurden die Mitglieder des Vorerkundungsteams als „Landwirtschaftsspezialisten" vorgestellt. Über den Wechsel zur neuen Tarnlegende wurden die Teilnehmer des „technischen Fluges Tu-114" während der Reise nicht in Kenntnis gesetzt.
Die entsprechenden kubanischen Organe und die sowjetische Botschaft hatte man über die Ankunft des Vorauskommandos auf Kuba nicht rechtzeitig informiert. Im Zusammenhang damit wurde der Empfang der ankommenden „Spezialisten" nicht vorbereitet, die Teilnehmer der Rekognoszierung hielten sich nach ihrer Ankunft für über drei Stunden in den Räumen des Flughafens von Havanna auf, bevor man mühsam entschied, sie in Häusern der Spezialisten der Luftabwehr unterzubringen. Von hier aus wurden die „landwirtschaftlichen Spezialisten" nach einiger Zeit umquartiert und in Havanna untergebracht, wobei es sich beim verwendeten „Punto uno" (Reservegefechtsstand der Kubanischen Armee), um einen Gebäudekomplex handelte, dessen Zugehörigkeit zu den Kubanischen Streitkräften bei der örtlichen Bevölkerung gut bekannt war. Uns scheint, daß auch in diesen Fragen die operative Tarnung nicht gründlich genug durchdacht und zu Ende geführt worden war.

5. Die Entscheidung zur Verlegung der Einheiten der Division erst nach Ankunft fast aller Truppenteile und Verbände, die dem Personalbestand der Gruppe der Streitkräfte angehörten, war in unseren Augen ziemlich unbegründet. In der Folge führte dies dazu, daß im September/Oktober in den kubanischen Häfen hauptsächlich nur Schiffe mit Einheiten und Technik der Raketenstreitkräfte eintrafen. Die große Ansammlung von Spezialmaschinen und Großtechnik in den Entladehäfen zog von sich aus die Aufmerksamkeit der örtlichen Bevölkerung und folglich auch von Spionen auf sich.
Bei der Verlegung der Division wurden die klimatischen Verhältnisse Kubas nicht ausreichend berücksichtigt. Die Raketentruppenteile führten die Entladung, die Konzentrierung in den Feldstellungsräumen und die Bauarbeiten in der Hauptzeit der tropischen Regenstürme durch, was natürlich auch die Frist der Herstellung der Gefechtsbereitschaft verzögerte, die Deckung beeinflußte und die Streitkräfte in die schwierigsten Verhältnisse brachte. Dabei ist bekannt, daß die Raketentruppen be-

deutend mehr Zeit für die Herstellung der Gefechtsbereitschaft benötigen als die Einheiten und Truppenteile anderer Teilstreitkräfte.
Wir sind der Ansicht, daß die Einheiten der Division bedeutend früher (August/September) hätten verlegt werden müssen, und zwar gemeinsam mit den Truppenteilen der anderen Waffengattungen und Teilstreitkräfte (mit den Einheiten der Fla-Raketen u.a.).
Alle Baumaterialien (Holz, Metallwaren, Zement etc.) hätten als Handelsfracht getrennt von den militärischen Transporten expediert werden müssen. Damit wären die Streitkräfte entscheidend entlastet gewesen, und folglich hätte sich die Zeit der Herstellung ihrer Bereitschaft stark verkürzt. Die Arbeiten der Einheiten zur Entladung und Übernahme der Baumaterialien sowie ihres Transportes erwiesen sich als unbegründet und für die Operation nachteilig, verschwendeten viel Zeit und einen Großteil der Kräfte des Personalbestandes.

6. Die gründliche Analyse der Luftaufnahmen, die die amerikanische Zeitschrift „Times" Nr. 18 vom 2. 10. 62 veröffentlichte, belegt:
– die sanktionslosen Flüge der amerikanischen Aufklärungsflugzeuge und das mangelhafte kubanische Luftabwehrsystem. Alle Aufnahmen, die in der Zeitung veröffentlicht wurden, sind auf Tage datiert, an denen laut Informationen der Luftabwehr keine Flugzeuge über dem kubanischen Territorium entdeckt wurden;
– das systematische Fotografieren und Überwachen des gesamten Territoriums der Insel begann lange vor der Ankunft der Raketentruppen auf Kuba.
Dennoch geben die Aufnahmen, die aus großer Höhe gemacht wurden, nur ein allgemeines Bild der Dislokation der Streitkräfte und der charakteristischen örtlichen Objekte, eine Demaskierung der getarnten Spezialtechnik und -bewaffnung erfolgte nicht.
Erst nach dem 22. 10. 1962, beim Überfliegen der Gefechtsordnung der Truppenteile, als alle wesentlichen Arbeiten bereits vollendet und die Einheiten praktisch kampfbereit waren, erhielten die Amerikaner beim wiederholten Fotografieren aus geringer Höhe (150–200 m) eine indirekte Bestätigung für die Anwesenheit der Raketentruppen auf Kuba.
Die aus dieser Höhe gemachten Aufnahmen entschlüsselten genau den Charakter und die Zugehörigkeit der gesamten, sogar der getarnten, Technik und Objekte (Fotos des Feldstellungsraumes des Truppenteils von Gen. Bandilowskij).
Es gilt anzumerken, daß unsere Tarnnetze, angepaßt an die Vegetation mittlerer Breiten, vor dem Hintergrund der harten und weißlichen tropischen Blätter aus einer Höhe von 100–150 m einen völlig anderen Ton geben, selbst der Netzbelag der Tarnnetze läßt sich bei einem Auflösungsvermögen der Bilder von 100:1 relativ leicht erkennen.
Dennoch, ungeachtet aller Vollkommenheit der heutigen Fotografie, ist es den Amerikanern nicht gelungen, Aufnahmen unserer Raketen sowohl bei ihrem Transport aus den Entladehäfen als auch in den Feldstellungsräumen zu bekommen.

Schlußfolgerung

Unserer Ansicht nach hätte die strategische Operation zur Anlandung von Truppen auf Kuba unter Beteiligung der Raketeneinheiten in kürzeren Fristen geplant wer-

den müssen. Mit einer geringeren Zahl von Streitkräften wäre sie mobiler und unerwarteter durchzuführen gewesen.
Die Anlandung der Raketenstreitkräfte selbst hätte in zwei Etappen erfolgen müssen: In der ersten Etappe wären die Truppenteile, die mit den R-12 Raketen bewaffnet sind, gelandet und in Gefechtsbereitschaft gebracht worden und erst nach dem Abschluß eines öffentlichen Militärabkommens mit der kubanischen Regierung wären in der zweiten Etappe die Truppenteile, die mit den R-14 Raketen bewaffnet sind, gelandet und hätten ihre Gefechtsbereitschaft hergestellt.
Der gesamten Operation sollte wenigstens ein minimales Bekanntmachen und Studium der wirtschaftlichen Möglichkeiten des Staates, der örtlichen physisch-geografischen Verhältnisse und der militärpolitischen Situation vorangehen. Hierzu müssen diejenigen herangezogen werden, die auch praktisch diese Aufgabe auszuführen haben. Das hätte es erlaubt, einen Teil der besonders wichtigen Probleme und Fragen wie der Anlandung der Streitkräfte selbst, als auch der Herstellung ihrer Gefechtsbereitschaft einfacher und schneller zu lösen.
Der Frage nach erfolgreichen Forschungen zu völlig neuen technischen Tarnungsmitteln vor Luftaufnahmen muß eine unverzügliche und hinreichende Aufmerksamkeit zukommen.
Alles oben aufgeführte vermindert in absolut keinem Maße die Endergebnisse der durchgeführten Operation und die wahrhaft heroischen Anstrengungen des gesamten Personalbestandes der Division.

Der Kommandeur der 51. Raketendivision
Generalmajor Stazenko

Dokument 6[207]

22. 11. 1962

streng geheim

Aufzeichnung des Gesprächs zwischen dem Kommandeur der 51. RD Generalmajor I. D. Stazenko und A. I. Mikojan[208]

Mikojan: Sehr schön, daß Sie gekommen sind, wir kennen bisher nur Ihren Namen gut, sind uns aber noch nicht persönlich bekannt. Was haben Sie für mich? Worauf wollen wir uns verständigen: Wollen Sie zunächst vortragen und ich stelle Ihnen dann einige Fragen oder umgekehrt?
Ich: Zunächst Sie, Anastas Iwanowitsch, fragen Sie nur, ich werde auf alle Ihre Fragen antworten.

[207] Archiv RVSN, 94/677/1, Bl. 134 ff., Aufzeichnung des Gesprächs zwischen dem Kommandeur der 51. RD Generalmajor I. D. Stacenko und A. I. Mikojan (in Havanna), 22. 11. 1962.
[208] Mikojan, Anastas Ivanovič (1895–1978). Sowjetischer Parteifunktionär. Armenier, seit 1915 Mitglied der RSDRP(b). Ab 1926 in zentralen Verwaltungspositionen von Partei und Staat tätig. 1955–1964 1. Stellv. Vorsitzender des Ministerrates der UdSSR. Da er das besondere Vertrauen von Partei- und Staatschef Chruščev genoß, wurde er häufig für schwierige außenpolitische Missionen eingesetzt.

Mikojan: Was wissen Sie über die „Luna"[209]?
Ich: Anastas Iwanowitsch, das ist nicht mein Gebiet, ich kommandiere die strategischen [*Raketen*].
Mikojan: Sie haben dazu keine Beziehungen? Wer dann?
Ich: Gen. Iwanow[210] von der Gruppe der Streitkräfte.
Mikojan: Was denken Sie, kann man sie [*die Luna*] hier zurücklassen?
Ich: Anastas Iwanowitsch, hier darf man sie nicht zurücklassen.
Mikojan: Ja so denken wir auch. (Gen. Mikojan spricht per Telefon mit Pawlow[211]).
Mikojan: Wie kommen Sie darauf?
Ich: Wir stellten die Raketen auf? Sie wurden falsch informiert, Anastas Iwanowitsch, wir arbeiteten ausschließlich nachts. Ich habe die Fotografien im „Times-Magazin" gesehen, sie wurden aus einer Höhe von 150–200 m gemacht, aus dieser Höhe ist alles gut sichtbar. Vom 9. September zum 20. Oktober aber haben wir die gesamten Transporte entladen sowie alle zweiundvierzig Raketen befördert, versteckt und nichts ist enttarnt worden.
Mikojan: Nichts ist enttarnt worden?
Ich: Nein, nichts ist enttarnt worden. Wie wir sie befördert haben? Wir zogen uns kubanische Uniformen an, versperrten die Straßen...
Mikojan: Sie haben sich umgezogen? Das habe ich nicht gewußt.
Ich: Ja, wir haben kubanische Uniformen angezogen, die Transportrouten gesichert, falsche Havarien und Unfälle imitiert. Für die Bewachung und Sicherstellung der Transporte stellten die kubanischen Genossen Major Santa Maria[212] und besonders vertrauensvolle Leute ab, alle Arbeiten wurden ausschließlich nachts durchgeführt.
Mikojan: Ja, am 15. Oktober wurde uns bekannt, daß Kennedy etwas vom deutschen Nachrichtendienst erfahren hat und nach den Überflügen haben die Amerikaner irgendwelche Informationen erhalten.
Ich: Zum 15. Oktober hatten wir das Wesentliche bereits aufgestellt und ausgerüstet. Ich habe Kenntnis von diesen Aufnahmen, sie wurden aus einer Höhe von 12–15 km gemacht, das Radarsystem der kubanischen Luftverteidigung faßt jedoch Flugzeuge nur bis zu einer Höhe von 8–10 km auf und am 23. Oktober wußten die Amerikaner bereits, wohin sie zu fliegen und was sie zu fotografieren hatten.
Mikojan: Aber unsere Luftverteidigung wurde nur am 26. Oktober eingeschaltet.
Ich: Ja, wir hätten den Luftraum über Kuba früher absperren müssen.
Mikojan: Anscheinend durfte man dies zu jener Zeit nicht machen. Wir haben zuhause bereits unsere Militärs dafür gemaßregelt, daß sie uns darüber berichteten, daß man hier auf Kuba sehr gut Raketen verstecken könne, daß es hier gute Wälder,

---

[209] Luna – taktische Atomrakete der UdSSR mit einer Reichweite von 30 km. Während der Kubakrise waren auf der Insel 12 Raketen des Typs zur Abwehr von See- und Luftlandungen der Amerikaner sowie zur Unterstützung der sowjetischen Landstreitkräfte stationiert.
[210] Ivanov, Nikolaj Aleksandrovič (?–?). Oberst. Leiter der operativen Verwaltung der Gruppe der sowjetischen Streitkräfte auf Kuba.
[211] Pseudonym des Kommandierenden der Gruppe der sowjetischen Streitkräfte auf Kuba: Pliev, Issa Aleksandrovič (1903–1979). Armeegeneral (1962). 1958–1962 Befehlshaber des Militärbezirks Nordkaukasus. 1962 Kommandierender der Gruppe der sowjetischen Streitkräfte auf Kuba. 1963–1968 erneut Befehlshaber des Militärbezirks Nordkaukasus. Dann zur Gruppe der Generalinspekteure der sowjetischen Armee versetzt.
[212] Nicht ermittelt.

Berge und Höhlen gebe, aber dem war nicht so. Wissen Sie, daß Gen. Birjusow[213] hier mit einer Gruppe war?
Ich: Und jetzt, wenn wir nach Hause zurückkehren, wird man dann beginnen uns zu bestrafen?
Mikojan: (klopft anerkennend auf die Schulter). Keine Angst, niemand wird dich maßregeln, ihr seid Prachtkerle, eure Aufgabe habt ihr mit Ehre erfüllt, fahrt ohne Bedenken nach Hause und teilt dies auch den Leuten mit.
Ich: Das beflügelt uns alle, aber es gibt Gutes als auch Schlechtes. Versteckt werden kann, wenn man nichts tut oder wenn man den Luftraum absperrt. Hier sehen Sie auf das Palmenwäldchen (zeigt auf Palmenhain unweit des Hauses), die Palmen wachsen voneinander entfernt und können allgemein nicht im engen Abstand zueinander wachsen, und wenn die Luftwaffe in 100 m Höhe fliegt, was kann man da in ihnen verbergen, allein wenn die Zelte 30 m lang sind.
Mikojan: Genau das ist es.
Ich: Während der gesamten Zeit untersuchten wir ungefähr 200 Gebiete, ausgewählt haben wir nur 10, ich selbst bin durch alle Gebiete, halb Kuba, zu Fuß gelaufen, um die für uns nötigen Standorte zu finden.
Mikojan: Darum bist du auch so gut gebräunt.
Ich: Ja, ich sonne mich hier schon seit fünf Monaten.
Mikojan: Wieviele Raketen sind hier bei uns angekommen und wie verlief der Bau der Startpositionen für die R-14 Raketen?
Ich: Insgesamt haben uns 42 Raketen, davon 6 Übungsraketen erreicht. Die Abteilungen der drei Regimenter, die mit R-12 Raketen ausgerüstet waren, wurden in Gefechtsbereitschaft gebracht. Für jedes der drei Regimenter wurden zwei Stationierungsgebiete ausgewählt und ausgerüstet, in jedem Stationierungsraum gab es vier Startrampen, insgesamt also 24 Startanlagen für die R-12 Raketen. Der in den Abteilungen vorhandene Kampfsatz an Raketen stellte anderthalb Salven sicher und wenn die Schiffe mit der Montageausrüstung nicht umgedreht wären, hätten wir innerhalb von 15–20 Tagen bereits über den Raketenkomplex R-14 verfügt.
Mikojan: Auch über die R-14? Das ist sehr gut!
Ich: Ich habe hier ein Fotoalbum, das wir für die UNO vorbereitet haben, darin ist unsere Arbeit sichtbar.
Mikojan: Also nun los, zeig her. (Gen. Mikojan sah alle Fotografien an und ich gab ihm entsprechende Erklärungen). Sie haben es bereits geschafft, Lagerbunker zu bauen?
Ich: Ja, nicht nur zu bauen, sondern auch wieder zu zerstören. Achten Sie auf den Palmenwald (auf der Fotografie), Anastas Iwanowitsch, was kann man darin verstecken? Aus der Ferne scheint es, als sei dies ein Wäldchen, aber in Wirklichkeit ist es nicht so, die Palmen wachsen, wie überall hier, weit voneinander entfernt.
Mikojan: (Nach Betrachten des Albums). Danke, daß Sie zu mir gekommen sind,

---

213 Birjuzov, Sergej Semenovič (1904–1964). Marschall (1955). 1955–1962 Oberkommandierender der Heimatluftverteidigung. 1962–1963 Oberkommandierender der Strategischen Raketentruppen der UdSSR, wesentlich an der Planung und Durchführung der Operation „Anadyr'" beteiligt. 1963–1964 Generalstabschef und 1. Stellv. Verteidigungsminister der UdSSR.

übermitteln Sie den Leuten, daß sie gut gearbeitet und ihre Aufgabe gemeistert haben. Hast Du meine Rede[214] gehört?
Ich: Ja, Anastas Iwanowitsch, ich habe sie zweimal gehört.
Mikojan: Wie? Alles klar, verstanden?
Ich: Ja, Anastas Iwanowitsch, alles war klar, danke für die Antworten auf die uns bewegenden Fragen.
Mikojan: Herzlichen Dank für all Ihre Erläuterungen, übermitteln sie den Leuten, daß sie eine notwendige Sache verrichtet haben. Prachtkerle. Niemand wird euch bestrafen, fahrt in aller Ruhe nach Hause. Ich wünsche euch eine gute Heimreise.
Ich: (mich verabschiedend) Auf Wiedersehen, Anastas Iwanowitsch.

Dokument 7[215]

streng geheim

Bericht der 43. Raketendivision[216] über die parteipolitische Arbeit im Jahre 1962

Am 1. Juli 1962 gab es im Verband 1444 Kommunisten, davon 1178 Mitglieder der KPdSU und 266 Kandidaten für die Mitgliedschaft in der KPdSU.
Während des ersten Halbjahres wurden 118 Kandidaten als Mitglieder der KPdSU aufgenommen.
Am 1. Juli 1962 waren 4926 Komsomolzen registriert.
Stand 31. Dezember 1962 erfaßte die Statistik 1803 Kommunisten. Davon: 1502 Mitglieder der KPdSU und 301 Kandidaten für die Mitgliedschaft in der KPdSU. Die Statistik registrierte weiterhin 5503 Komsomolzen.
Als Kandidaten für die Mitgliedschaft in der KPdSU wurden im Jahre 1962 insgesamt 168 Personen aufgenommen. 246 Personen traten im selben Jahr in den VLKSM[217] ein.
Die parteipolitische Arbeit im Jahr 1962 war auf die Lösung folgender Aufgaben gerichtet:
- tiefgründiges Studium und Erläuterung des Programms und der Statuten der KPdSU, die auf dem XXII. Parteitag beschlossen wurden, sowie des weiteren Parteitagsmaterials unter den Armeeangehörigen, den Zivilangestellten der Sowjetischen Armee und unter den Familienmitgliedern der Armeeangehörigen;

---

[214] Hier ist offensichtlich eine Rede gemeint, die Mikojan am 21. 11. 1962 vor dem Militärrat der Gruppe der sowjetischen Streitkräfte auf Kuba gehalten hat. Der Text dieser Rede ist veröffentlicht auf: http://www.watsoninstitute.org/cuba/Cubaconffiles/panel3/621121%20Mikoyan%20Speech.pdf.
[215] Archiv RVSN, 94/7417/1, Bl. 110–120, Bericht des Leiters der Politabteilung der 51. Raketendivision, Oberstleutnant Ivan V. Pšeničnyj, über die parteipolitische Arbeit im Jahr 1962, o. Datum.
[216] Die 43. Raketendivision stellte einen Großteil der an der Operation „Anadyr" beteiligten Einheiten der Strategischen Raketentruppen, die nach ihrer Rückkehr aus Kuba und der Auflösung der 51. Raketendivision wieder in den Verband eingegliedert wurden.
[217] VLKSM – Vsesojuznyj Leninskij kommunestičeskij sojuz molodeži – Leninscher kommunistischer Jugendverband der UdSSR.

- die Vorbereitung und Durchführung der Wahlen zum Obersten Sowjet der UdSSR;
- die Unterstützung der ständigen Gefechtsbereitschaft der Gefechtsbesatzungen, die im diensthabenden Gefechtsdienst eingesetzt sind und die Zusammenstellung neuer Gefechtsbesatzungen für die Ausbildung zum diensthabenden Gefechtsdienst;
- die Durchführung der besonders wichtigen Regierungsaufgabe zur Verteidigung der Errungenschaft der kubanischen Revolution;

a) Zur Erfüllung der Forderungen der Direktiven des Verteidigungsministeriums der UdSSR und des Chefs der Politischen Hauptverwaltung der SA[218] und VMF[219] wurde in den Truppenteilen und Einheiten der Division das Programm der KPdSU und die anderen Materialien des XXII. Parteitages umfassend studiert und dem Personalbestand erläutert. Die Truppenteile organisierten regelmäßig Vorlesungen, Gespräche, thematische Abende sowie Treffen mit den Delegierten des XXII. Parteitages (Oberstleutnant I. W. Pschenitschnyj[220], N. W. Grisenko[221] – Sekretär des Kreiskomitees der Kommunistischen Partei der Ukrainischen SSR in Achtyrka).

Im Februar 1962 hat die Politabteilung der Division eine theoretische Konferenz der Offiziere zum Thema „Die Erziehung der sowjetischen Soldaten auf den Prinzipien des Moralkodexes der Erbauer des Kommunismus" vorbereitet und durchgeführt.

An der Konferenz haben 330 Offiziere aus dem Leitungskader der Kommandeure, der Partei- und Komsomolarbeiter, der Ingenieure und Techniker, die sich mit der Erziehung des Personalbestandes unmittelbar beschäftigten, teilgenommen.

Zur Konferenz wurden eingeladen und nahmen teil: der 1. Stellvertreter des Kommandierenden der 43. Raketenarmee, Generalleutnant der Flieger W. G. Tichonow[222], das Mitglied des Militärrates und der Chef der Politabteilung der Armee, Generalmajor P. M. Petrenko[223], der Vertreter der Politischen Hauptverwaltung der SA und VMF, Oberst W. F. Fefelow[224], die Leiter der Politabteilungen der Divisionen, die Stellvertreter der Kommandeure der Truppenteile der Armee für politische Arbeit, Abteilungsoffiziere, die Offiziere aus den Stabsabteilungen und den -diensten sowie der Politabteilung des Verbandes.

Der Delegierte des XXII. Parteitages der KPdSU, der Leiter der Politabteilung der Division, Oberstleutnant I. W. Pschenitschnyj, hat auf der Konferenz einen Vortrag mit dem Titel „Die Erziehung der sowjetischen Soldaten auf Grundlage der Prinzipien des Moralkodexes der Erbauer des Kommunismus – die Hauptaufgabe der Kommandeure, Partei- und Komsomolorganisationen" gehalten.

---

[218] SA – Sovetskaja Armija – Sowjetarmee.
[219] VMF – voenno-morskoj flot – Seestreitkräfte.
[220] Pšeničnyj, Ivan Vasil'evič (*1923). Generalmajor. Leiter der Politabteilung der 51. Raketendivision.
[221] Nicht ermittelt.
[222] Tichonov, Vasilij Gavrilovič (1909–1976). Generalleutnant. Seit 1960 Angehöriger der Strategischen Raketentruppen der UdSSR. 1962 1. Stellv. Kommandeur der 43. Raketenarmee in Vinica, später Leiter der Höheren Ingenieurskommandeursschule in Charkow.
[223] Petrenko, Pavel M. (?–?). Generalmajor. Mitglied des Militärrates der 43. Raketenarmee. 1962 Leiter der politischen Verwaltung der Gruppe der sowjetischen Streitkräfte auf Kuba.
[224] Nicht ermittelt.

Die Konferenzteilnehmer haben – umfassend und inhaltsreich sowie in enger Verbindung mit dem Leben in den Truppenteilen und Einheiten – die Formen und Methoden der Erziehung der Soldaten, Unteroffiziere und Offiziere auf den Grundlagen der Prinzipien des Moralkodexes der Erbauer des Kommunismus erläutert.
Vor den Teilnehmern der Konferenz traten weiterhin der Vorsitzende der Kolchose „Heimat von N. S. Chruschtschow", Delegierter des XXII. Parteitages der KPdSU und Held der sozialistischen Arbeit, der Genosse W. W. Gratschew[225], und die Meisterin der Schostkaer Chemiefabrik und Delegierte des XXII. Kongresses der KPdSU, die Genossin G. K. Dschukowskaja[226], auf.
b) Die Arbeit zur Erläuterung der Beschlüsse des XXII. Parteitages für die Soldaten fiel mit einem anderen wichtigen Ereignis im Leben des Landes – den Wahlen zum Obersten Sowjet der UdSSR zusammen.
Die Soldaten des Verbands zeigten am Tag der Wahl eine hohe Organisiertheit und enge Bindung an die Kommunistische Partei und die sowjetische Regierung. Sie haben einstimmig für die Kandidaten des Blocks der Kommunisten und Parteilosen gestimmt: K. E. Zybenko[227] – Vorsitzender der Kolchose „Bolschewik" (Kreis Schostka, Bezirk Sumy); S. A. Kowpak[228] – Stellvertreter Vorsitzender des Präsidiums des Obersten Sowjets der Ukrainischen SSR; A. M. Naumenko[229] – Sekretär des Sumyer Bezirkskomitees der Kommunistischen Partei der Ukrainischen SSR; Ju. I. Dudin[230] – Bevollmächtigter des Ministerrates der UdSSR für die Ukrainische SSR; G. Burkackaja[231] – Vorsitzende der Kolchose „Radjanska Ukraina" des Bezirkes Tscherkassy und Akademiemitglied Skobelzyn[232].
c) Die Komsomolorganisationen der Truppenteile und Einheiten haben den Kampf um ein würdiges Treffen des XIV. Kongresses des WLKSM begonnen. Der Verband hat als Delegierten für den XIV. Kongress des WLKSM den Abteilungskommandeur und Studienbesten, Unteroffizier Walerij Iwanowitsch Archipow[233] gewählt.

---

[225] Nicht ermittelt.
[226] Nicht ermittelt.
[227] Cybenko, Konstantin Evstafeevič (?–?). Kolchosvorsitzender. Seit 1958 Abgeordneter des Obersten Sowjets der UdSSR, Mitglied der Kommission für Gesetzesvorlagen des Nationalitätenrates des Obersten Sowjets der UdSSR.
[228] Kovpak, Sidor Artem'evič (1887–1967). Sowjetischer Politiker. Im Zweiten Weltkrieg hochdekorierter Partisan. 1947–1967 stellv. Vorsitzender des Präsidiums des Obersten Sowjets der Ukrainischen SSR.
[229] Naumenko, Andrej Michajlovič (?–?). Sowjetischer Parteifunktionär. Seit 1956 Mitglied des ZK der Kommunistischen Partei der Ukrainischen SSR. Erster Sekretär des Gebietsparteikomitees Sumy, ab 1958 Abgeordneter des Obersten Sowjets der UdSSR.
[230] Dudin, Jurij Ivanovič (1906–?). Sowjetischer Politiker. Ab 1956 ständiger Vertreter des Ministerrates der Ukrainischen SSR beim Ministerrat der UdSSR, seit 1958 Abgeordneter des Obersten Sowjets der UdSSR.
[231] Burkackaja, Galina Evgen'evna (*1916). Sowjetische Parteifunktionärin. Kolchosparteisekretärin, seit 1950 Mitglied des ZK der Kommunistischen Partei der Ukrainischen SSR. 1958 stellv. Vorsitzende der „Gesellschaft für Sowjetisch-Deutsche Freundschaft und kulturelle Verbindungen", seit 1962 Mitglied der Zentralen Revisionskommission der KPdSU.
[232] Skobel'cyn, Dmitrij Vladimirovič (1892–1990). Sowjetischer Atomphysiker. Nach Studienabschluß Mitarbeiter der Universität Petrograd. 1921 verhaftet und zu fünf Jahren Lagerhaft verurteilt. Danach Mitarbeiter am Institut für Physik der Akademie der Wissenschaften, von 1951–73 dessen Direktor, dann im Ruhestand.
[233] Nicht ermittelt.

d) Am 10. Januar 1962 wurden für den diensthabenden Gefechtsdienst zur Verteidigung der Grenzen unserer Heimat und der Länder des sozialistischen Lagers elf Gefechtsbesatzungen bereitgestellt.
Für den Personalbestand der Truppenteile waren die Tage des diensthabenden Gefechtsdienstes ein echtes Fest. Die Truppenteile organisierten Versammlungen des Personalbstandes und der Oberkommandierende der Raketentruppen sandte ein Glückwunschtelegramm an den Personalbestand der diensthabenden Gefechtsbesatzungen.
Im ersten Halbjahr 1962 wurden für den diensthabenden Gefechtsdienst weitere fünf Gefechtbesatzungen bereitgestellt, darunter die 3. Gefechtbesatzung, die bis dahin zwei Raketenstarts mit der Note „ausgezeichnet" durchgeführt hatte.
e) Im Juni 1962 wies der Oberkommandierende der Raketentruppen, Marschall der Sowjetunion S. S. Birjusow, der Division die Aufgabe zu, sich auf die Durchführung eines sehr wichtigen Regierungsauftrages vorzubereiten.
Zu dieser Zeit hatten die amerikanischen Imperialisten eine drohende Vorkriegssituation geschaffen. Sie wählten Kuba als Vorwand für ein weiteres Anheizen der Kriegshysterie.
Vor der Division stand also die Aufgabe, einen Transport über den Ozean durchzuführen, Gefechtsposition auf der Insel Kuba einzunehmen, und in kürzestmöglichster Zeit die Truppenteile in Gefechtsbereitschaft zu bringen. Im Falle eines Angriffs auf die Kubanische Republik sollten die Einheiten auf Befehl der sowjetischen Regierung einen mächtigen Atomschlag gegen die wichtigsten Lebenszentren der Vereinigten Staaten führen.
Die parteipolitische Arbeit wurde entsprechend der Lösung der gestellten Aufgaben in Etappen durchgeführt:
– die Neugliederung des Verbandes in eine mobile Variante und die Vorbereitung des Personalbestandes, der Technik und Gerätschaften auf die Verlegung;
– die Durchführung der Eisenbahnverlegungen zu den Verladehäfen und des Seetransportes;
– die Organisation der Entladung, die Durchführung des Marsches in die Stationierungsräume, die Einrichtung und die Ausstattung der feldmäßigen Dislozierungsräume und die Herstellung der Gefechtsbereitschaft der Truppenteile;
– die Rückverlegung in die UdSSR.
In der Zeit der Neugliederung wurden umfangreiche Maßnahmen zur Auswahl und Aufstellung der Kader durchgeführt. Der Teil der Offiziere, die über geringe praktische und moralische Qualitäten, einen schlechten Gesundheitszustand verfügten oder weitere Gründe hatten, wurde ausgetauscht. Auch die Unteroffiziere und Soldaten sowie die Zivilangestellten der Sowjetarmee unterzog man einer Überprüfung.
Moralisch labile sowie undisziplinierte Soldaten, Unteroffiziere und Offiziere wurden aus den existierenden Stellenplänen herausgenommen. Wegen Alkoholismus wurde Oberst W. P. Petrow[234] durch Oberst Tscherkesow abgelöst. Oberstleutnant Ju. A. Lyzenko[235] wurde durch den erfahreneren und initiativreicheren Kommandeur Oberst A. A. Kowalenko ersetzt.

[234] Nicht ermittelt.
[235] Nicht ermittelt.

Eine teilweise Umsetzung der Offiziere der Leitung wurde durchgeführt. Eine Reihe von Einheiten wurden neu aufgestellt, hier die entsprechenden Partei- und Komsomolorganisationen geschaffen.

Die Kampftechnik wurde in einen technisch einwandfreien Zustand versetzt. In den Truppenteilen fanden Partei- und Komsomolversammlungen zur persönlichen Vorbildlichkeit der Kommunisten und Komsomolzen bei der Erfüllung der gestellten Aufgaben statt.

Vor den Soldaten, Unteroffizieren und Offizieren traten führende Genossen aus den höheren Stäben und Politorganen auf, darunter der 1. Stellvertreter des Oberkommandierenden der Raketentruppen Generaloberst W. F. Tolubko[236] und der Generalmajor der Flieger I. A. Lawrenow[237].

Die Eisenbahntransporte zu den Verladehäfen Sewastopol, Nikolajew und Baltijsk verliefen wohl organisiert und ohne Verletzung der militärischen Disziplin.

In der ersten Julihälfte 1962 flog mit Sonderflugzeugen eine erste Rekognoszierungsgruppe von 56 Offizieren unter der Führung von Divisionskommandeur Generalmajor I. D. Stazenko nach Kuba.

In den Verladehäfen wurde die Beladung der Schiffe Tag und Nacht durchgeführt, anschließend liefen sie mit Kurs auf die kubanische Küste aus.

Während der Beladung der Schiffe lag die besondere Aufmerksamkeit der parteipolitischen Arbeit auf der Einhaltung der Sicherheitsbestimmungen und der Wahrung der militärischen Geheimnisse. In den Häfen wurde durch Vertreter der Politischen Hauptverwaltung die Abgabe und Einlagerung der Partei- und Komsomolausweise durchgeführt sowie das Umkleiden des Personalbestandes in Zivilkleidung organisiert.

Das erste Schiff lief aus dem Hafen von Sewastopol am 25. August 1962 in Richtung Kuba aus.

Die Beladung der Seetransporte erfolgte organisiert und rechtzeitig.

Während des Seetransportes wurden politische Schulungen, Vorträge und Gespräche durchgeführt. Große Aufmerksamkeit wurde der Frage der Selbstverteidigung der Schiffe gewidmet, dem Personalbestand wurden seine Dienstpflichten während eines möglichen Überfalls oder einer Provokation von Seiten amerikanischer Kampfschiffe und Flugzeuge erklärt.

Alle Einheiten führten Partei- und Komsomolversammlungen mit der Tagesordnung „Die Aufgaben der Kommunisten (Komsomolzen) bei der Organisation des gedeckten Anmarsches zur kubanischen Küste" durch.

Der Personalbestand zeigte hohes Verantwortungsgefühl bei der Erfüllung der gestellten Aufgaben, sowie Beispiele für Freundschaft und Kollegialität.

Am 12. Oktober 1962 stürzte der Soldat des ersten Dienstjahres W. Ja. Arefew[238] während des Auslaufens von Wasser aus einem Kühlbehälter des Motorschiffs

---

[236] Tolubko, Vladimir Fedorovič (1914–1989). Hauptmarschall der Artillerie (1985). Ab 1960 1. Stellvertreter des Oberkommandierenden der Strategischen Raketentruppen. 1968 Ernennung zum Chef des Militärbezirkes Fernost. 1972–1989 Oberkommandierender der Strategischen Raketentruppen.
[237] Lavrenov, Ivan Ana'evič (1912–1966). Generalleutnant. Seit 1960 stellv. Leiter der Verwaltung der Politorgane in den Strategischen Raketentruppen der UdSSR.
[238] Nicht ermittelt.

„Partisan Boniwur" in den Ozean. Der Soldat des dritten Dienstjahres A. F. Atemasow[239] hat diesen Vorgang beobachtet und ist von der Heckbrücke ins Wasser gesprungen, um dem Soldaten Arefew zu helfen. Eine Stunde lang befanden sich beide Soldaten im stürmenden Ozean. Der Soldat Atemasow hat den Soldaten Arefew psychisch und physisch bis zum Moment ihrer Rettung unterstützt, er zeigte wahre Kameradschaft und persönlichen Mut.
Hohe Selbstbeherrschung, Standhaftigkeit und Tapferkeit zeigten die Armeeangehörigen: Hauptmann A. I. Jastrebow[240], Unteroffizier auf Zeit B. I. Sajez[241] und Soldat W. S. Ajupow[242], die die Sonderfracht[243] auf dem Motorschiff „Alexandrowsk" begleiteten.
Das Motorschiff kam in einen Sturm der Windstärke 7 und es bestand die Gefahr des Lösens der Sprengköpfe aus ihren Befestigungen. Mehrere Tage kämpften die Genossen Jastrebow, Sajez und Ajupow gegen die Folgen der entfesselten Naturgewalten, wobei sie nicht nur ausgezeichnet die Sonderfracht sicherten, sondern auch die Sprengköpfe und das Schiff retteten.
Während des Seetransportes wurden die Schiffe in neutralen Gewässern von fremden – besonders von amerikanischen – Flugzeugen beobachtet. Im Mittelmeer fanden Überflüge englischer und französischer Flugzeuge statt.
Viele Schiffe wurden von amerikanischen Kampfschiffen begleitet, die verschiedene Provokationen durchführten: sie forderten, daß die sowjetischen Schiffe stoppen sollten, fragten nach dem Ziel des Transports sowie der Art der Ladung und verletzten die allgemeingeltenden Normen des internationalen Rechts.
Die militärische Blockade der Insel Kuba, organisiert auf Befehl des amerikanischen Präsidenten Kennedy, beeinträchtigte die vollständige Konzentrierung der Division in den feldmäßigen Stationierungsräumen auf Kuba.
Die Regimenter der Obersten Tscherkesow und Kowalenko konnten nicht in den für sie ausgewählten feldmäßigen Gefechtspositionen stationiert werden. Gemäß dem Beschluß der sowjetischen Regierung vom 23. Oktober 1962 kehrten alle Schiffe mit Einheiten dieser Regimenter zu den sowjetischen Häfen zurück.
Im Zeitraum vom 8. September bis zum 25. Oktober 1962 wurden von der Division 3 Raketenregimenter 8K63[244], der Stab sowie die Führungs- und Versorgungseinheiten in den feldmäßigen Gefechtspositionen und den Stationierungsorten auf Kuba entfaltet.
Außerdem trafen am 25. Oktober der Truppenteil von Oberst R. F. Korinez, ein Teil der Führung des 665. Raketenregimentes mit der Leitung der 1. Abteilung, den Batterien der Gefechtssicherstellung und einer Startbatterie ein, ferner eine weitere Batterie der Gefechtssicherstellung und 260 Personen aus dem Bestand anderer Einheiten.
Die eingetroffenen Truppenteile hatten die Aufgabe, die Stationierungsräume rasch

---

239 Nicht ermittelt.
240 Nicht ermittelt.
241 Nicht ermittelt.
242 Nicht ermittelt.
243 In der sowjetischen Militärsprache Umschreibung für atomare Gefechtsköpfe.
244 8K63 – militärischer Index für die sowjetische Mittelstreckenrakete des Typs R-12.

auszubauen, die Gefechtsbesatzungen zusammenzustellen und den Dienstbetrieb sowie die Bewachung zu organisieren.

In allen Grundparteiorganisationen wurden Versammlungen mit dem Tagesordnungspunkt: „Die Arbeit der Kommunisten zur Gewährleistung einer hohen Gefechtsbereitschaft, der reibungslosen Organisation der Einheiten und der hohen militärischen Disziplin" durchgeführt.

Es begann unter den ungewohnten Bedingungen der tropischen Hitze und der hohen Luftfeuchtigkeit die anstrengende Arbeit zur Vorbereitung der Startpositionen für den Gefechtseinsatz.

Besonders ausgezeichnet hat sich dabei der Personalbestand der 6. Batterie des Truppenteils 34085 unter der Führung von Hauptmann W. M. Melnikow[245]. Bereits am 11. Oktober war die Batterie zur Erfüllung der Gefechtsaufgaben bereit.

Der Personalbestand der 1. Abteilung (Abteilungskommandeur Oberstleutnant N. I. Stroj[246], Stellvertreter des Kommandeurs für Politarbeit Major W. M. Pjantkowskij[247]) hat die von der Führung gestellte Aufgabe, die Kampfbesatzung in Gefechtsbereitschaft zu bringen, vorfristig erfüllt. Eine der ersten Kampfbesatzungen in dieser Abteilung, die die Gefechtsbereitschaft erreicht hatte, war die vierte (Kommandeur der Kampfbesatzung Hauptmann W. I. Moskalzow[248]).

Während der Arbeiten zur Vorbereitung der Gefechtsbereitschaft erwies sich der Personalbestand, als gut organisiert und diszipliniert. Er zeigte auch während der Aktionen von Diversionsgruppen und beim Überfliegen der Stationierungsräume durch amerikanische Aufklärungsflugzeuge seine Furchtlosigkeit und Tapferkeit. Von der Führung wurden folgende Männer für ihre geschickte Handlungen besonders erwähnt: Oberstleutnant S. F. Gawrikow[249], Major G. W. Schabanow[250], Oberst I. S. Sidorow, Oberstleutnant I. W. Schitschschenko, Oberst Ju. A. Solowjow, Oberstleutnant S. S. Tschamorzew[251], Oberstleutnant N. I. Stroj, Oberstleutnant A. W. Warenik[252], Major A. F. Arepew[253], Major W. M. Pjantkowskij[254], Hauptmann E. P. Schurow[255], Unteroffizier Smirnow W. M.[256], Gefreiter N. Ch.

---

[245] Nicht ermittelt.
[246] Stroj, Nikolaj Iosifovič (?–1999). Oberstleutnant. Kommandeur der 1. Raketenabteilung des 664. Raketenregiments.
[247] Nicht ermittelt.
[248] Nicht ermittelt.
[249] Gavrikov, Sergej Fedorovič (*1922). Oberstleutnant. Kommandeur des Gefechtsstandes der 51. Raketendivision.
[250] Šabanov, Genrich Vasil'evič (*1928). Major. Leiter der Abteilung zur Vorbereitung der Raketenflugdaten der 51. Raketendivision.
[251] Čamorcev, Sergej Sergeevič (*1922). Oberstleutnant. Stellv. Kommandeur des 664. Raketenregiments.
[252] Varenik, Aleksej Vasil'evič (*1921). Generalmajor. Kommandeur der 2. Raketenabteilung des 664. Raketenregiments.
[253] Nicht ermittelt.
[254] Nicht ermittelt.
[255] Nicht ermittelt.
[256] Nicht ermittelt.

Temirsultanow[257], Major G. P. Snimschtschikow[258], Oberstleutnant I. P. Artemenko[259] und andere.

Durch anstrengende Arbeit aller Angehörigen des Personalbestandes konnte die Erfüllung der gestellten Gefechtsaufgabe sichergestellt werden: am 25. Oktober waren alle Einheiten der Division gefechtsbereit, das heißt, sie konnten im Falle eines Angriffs auf Kuba einen vernichtenden Schlag gegen die Aggressoren führen.

Die gesamten Arbeiten wurden unter strenger Geheimhaltung, mit Beachtung der Maßnahmen zur Tarnung und der Einhaltung der Geheimhaltungsvorschriften, durchgeführt.

Vom Eintreffen der Raketentruppen auf Kuba wußte nur ein sehr kleiner Personenkreis: am Anfang der Arbeiten – Fidel Castro, Raúl Castro und der Leiter der Aufklärungsabteilung des Generalstabes der Kubanischen Armee Pedro Luis, danach – 10 Personen und am Ende der Arbeiten waren 15 Personen eingeweiht worden.

Die Entladung der Raketen aus den Schiffen wurde ausschließlich in der Nacht durchgeführt, und zwar unter der vollen Verdunkelung der Schiffe und der Häfen. Während des Entladens der Raketen wurden alle Zufahrtswege zu den Häfen durch ein speziell abgestelltes Gebirgsbataillon bewacht, das aus dem Revolutionsgebiet der Sierra-Maestra herangeführt worden war.

Die Raketentechnik und die Ausrüstung der Einheiten wurden nur nachts und in kleinen Kolonnen zu den Stationierungsräumen transportiert.

Am 22. Oktober 1962 befahl der amerikanische Präsident der Seekriegsflotte der USA, alle nach Kuba laufenden Schiffe abzufangen und einer Inspektion zu unterziehen. Weiterhin wurde befohlen, auch Kuba genau zu beobachten. Daraufhin begann ein massives Überfliegen des kubanischen Territoriums durch amerikanische Kampf- und Aufklärungsflugzeuge. Die gesamten amerikanischen Streitkräfte wurden in Gefechtsbereitschaft versetzt.

Am 23. Oktober 1962 um 5.40 Uhr befahl der Oberbefehlshaber der kubanischen Streitkräfte Fidel Castro allen Revolutionsstreitkräften, ihre Alarmpositionen einzunehmen, was nur in höchstgefährlichen Fällen geschieht. Innerhalb weniger Stunden wurde die Mobilmachung von Hunderttausenden durchgeführt. Ganz Kuba verwandelte sich in ein Heerlager. Auf der gesamten Insel, war wie ein Donner, der heroische Ruf von Millionen Stimmen zu hören: „Heimat oder Tod! Wir siegen!".

Die aggressiven Handlungen der USA brachten die Welt an den Rand eines atomaren Weltkrieges. Nur die Aktivitäten der sowjetischen Regierung *und der persönliche Einsatz des Genossen N. S. Chruschtschow** retteten die Menschheit vor der Katastrophe.

Neben der Durchführung von Verteidigungsmaßnahmen – die Streitkräfte wurden in erhöhte Gefechtsbereitschaft versetzt – sandte die sowjetische Regierung ein diplomatisches Schreiben an die UNO, das die aggressiven Absichten der herrschen-

---

* Die kursiv geschriebenen Wörter wurden im Original nach der Absetzung von Staats- und Parteichef Chruščev geschwärzt.

257 Nicht ermittelt.
258 Snimščikov, Georgij Petrovič (*1924). Oberstleutnant (1962). Chef einer Sprengkopfmontagebrigade des 664. Raketenregiments.
259 Artemenko, Il'ja Pavlovič (*1923). Oberstleutnant. Stellv. Kommandeur des 668. Raketenregiments.

den Kreise der USA enthüllte. Gleichzeitig teilte *N.S. Chruschtschow* dem amerikanischen Präsidenten mit, daß, wenn die USA und andere Staaten der westlichen Hemisphäre die Insel Kuba nicht angreifen, wird die Regierung der UdSSR den sowjetischen Offizieren befehlen, entsprechende Maßnahmen zur Unterbrechung der Arbeiten an den Startplätzen durchzuführen, sie zu demontieren und in die Sowjetunion zurückzutransportieren.

Die Friedensinitiative der sowjetischen Regierung ließ die wahnsinnigen Pläne der Aggressoren scheitern. Die Sowjetunion hat eine Kriegskatastrophe verhindert.

Gemäß der Weisung der sowjetischen Regierung informierte der Divisionskommandeur Generalmajor I. D. Stazenko den Generalsekretär der UNO U Thant am 31. Oktober 1962 in Havanna darüber, daß die Demontagen der Raketen und Startanlagen bereits durchgeführt werden und diese Arbeiten am 2. November beendet sein werden.

Es begann die umfangreiche Vorbereitung der Rückverlegung in die UdSSR. Am 8. November 1962 wurden die letzten sowjetischen Raketen auf das Schiff „Iwan Polsunow" verladen.

Bis zum Ende des Jahres 1962 kehrten alle Truppenteile und Einheiten der Division in die früheren Garnisonen zurück.

Kommandeur des Truppenteils
Garde-Generalmajor

(Osipow[260])

Leiter der politischen Abteilung des Truppenteils
Garde-Oberst

Pschenitschnyj

---

[260] Osipov, Valentin Markovič (*1922). Generalmajor. 1961–1962 Kommandeur der im Raum Šabrinsk stationierten 43. Raketendivision, nach deren Auflösung bis 1965 Kommandeur einer Raketendivision in Romny.

Dokument 8

Die Bundeswehr in der Kubakrise

Dokument 8[261]

Nato Secret

<u>10</u> Ausfertigungen
6. Ausfertigung   *Fü B*[262] *VII–10*

Eingang 23. OKT. 1962
Tgb.Nr.[263] *1438/62 Geh*[264]
Blattzahl 2

fm saceur[265]
to aig[266] 5300
acex gr197[267]
bt[268]

nato secret (tdtg[269] 222300z) cite shoc[270] 233/62

Norstad[271] sends.
In view of the actions proposed by the United States in connection with Cuba, you are of course aware that a period of intercontinental sensitivity can be expected. I therefore recommend that appropriate precautionary military measures be taken by all addressees. These might include:
a. intensification of intelligence collection.
b. increased security and anti-sabotage measures.
c. review of alert procedures and emergency-plans.
d. manning of operational centers at reduced strength.
e. checks of equipment and supplies.
No measures will be taken which could be considered provocative or which might disclose operational plans. Actions should be taken without public notice if possible.
bt
22/2306z oct

[261] BA-MA, BW 2/20162, Bl. 9f., Fernschreiben des Oberbefehlshabers der NATO, General Lauris Norstad, an unterstellte NATO-Verbände, 23. 10. 1962.
[262] Fü B – Führungsstab der Bundeswehr.
[263] Tgb.Nr. – Tagebuchnummer.
[264] Geh – Geheim.
[265] SACEUR – Supreme Allied Commander Europe.
[266] aig – address indicator group.
[267] Zeigt an, daß die Nachricht aus 197 sogenannten verschlüsselten Gruppen besteht.
[268] bt – break. Trennt in einer Nachricht den eigentlichen Text von anderen Teilen der Meldung.
[269] tdtg – true date-time group.
[270] shoc – Supreme Headquarters Operation Center (NATO).
[271] Norstad, Lauris (1907–1988). Vier-Sterne-General. 1930 Abschluß an der Militärakademie in West Point. 1951 Ernennung zum Oberkommandierenden der US-Luftstreitkräfte in Europa. 1953–1956 Befehlshaber der NATO-Luftstreitkräfte. 1956–1962 NATO-Oberbefehlshaber, danach bis 1972 in der Industrie tätig.

Dokument 9[272]

Der Militärische Führungsrat
Tgb.Nr. Fü B (Z) 615/62 geh.[273]

Geheim
Bonn, den 23. Oktober 1962

9 Ausfertigungen
6. Ausfertigung

<u>Vorläufiges Protokoll der Sitzung des Milit.[274] Führungsstabes vom 23. 10. 11962</u>

1.) Der Generalinspekteur informiert die Inspekteure über die im Anschluß an die Maßnahmen der US-Regierung entstandene Lage.

Als Folge dieser Entwicklung ist eine erhöhte Gefährdung für West-Berlin entstanden. Daher sind alle die Maßnahmen zu treffen, die ohne Beunruhigung der Öffentlichkeit eine Erhöhung der Einsatzbereitschaft bewirken können.

2.) <u>Maßnahmen zur Erhöhung der Einsatzbereitschaft</u>
  a) SACEUR-Fernschreiben an Assigned-Kommandeure vom 23. 10. 62 „empfiehlt" vorbereitende Maßnahmen.
  b) Welche Verbände befinden sich zum Teil im Ausland?
  Heer: Pz.Brig.[275] 19 bis 18. 11. 62 in Frankreich
  Pz.Btl.[276] 314 bis 31. 10. 62 in *England*[277]
  Weitere Verbände für Übungen in Frankreich vorgesehen vom 2.–26. 11. 62.

  <u>Entscheidung:</u> Für in Frankreich befindliche Verbände sofort <u>Vorbereitungen</u> für schnellen Rücktransport beginnen.

  Luftwaffe: Mobile force-Teile kommen zur Zeit aus Griechenland zurück, sonst keine Verbände im Ausland.
  Marine: „Emden" erreicht Cuxhaven am 26. 10. 62.
  1. Zerstörungsgeschwader bis 30. 10. 62 in Brest.
  „Kiel" in englischen Gewässern.
  6. Minensuch-Geschwader bis 28. 10. 62 Ostende.
  „Köln" bis 16. 11. 62 in England.

  Insgesamt können alle Einheiten nach 48 Stunden zurückgekehrt sein.

  Keine Maßnahmen.

---

[272] BA-MA, BW 2/20162, Bl. 11–18, Vorläufiges Protokoll der Sitzung des Militärischen Führungsrates, 23. 10. 1962.
[273] geh. – Geheim.
[274] Milit. – Militärischen.
[275] Pz.Brig. – Panzerbrigade.
[276] Pz.Btl. – Panzerbataillon.
[277] Das in der Vorlage stehende ‚Frankreich' wurde gestrichen und handschriftlich durch ‚England' ersetzt.

Dokument 9   197

Alle auf deutschen Übungsplätzen befindlichen Verbände des Heeres und der Luftwaffe bereiten schnellen Rücktransport vor.

3.) Lage-Besprechung bei Fü B täglich um 09.00 und 17.00 Uhr
Hierzu sind Inspekteure oder Vertreter eingeladen.

4.) Wehrübungen
Die Möglichkeiten zur überschlagenen Einberufung von 10000 Reservisten sind bisher nur ungenügend genutzt worden.
Grund: volle Belegung der Unterkünfte wegen Verlängerung der Wehrpflicht.
Teilstreitkräfte überprüfen, ob die zugeteilten Quoten stärker ausgenutzt werden können.
Soweit Schwierigkeiten im Einberufungsverfahren hindern, sind diese Fü B baldmöglichst zu melden.
Die Einberufungsmöglichkeiten gem. § 49[278] *Wehrpfl. Ges.*[279] müssen *schon im Frieden* genutzt werden *können*[280], insbesondere um wenigstens eine gewisse Anzahl von San.-Offizieren[281] der Reserve und von Führungspersonal für die TV[282] (Sicherungsverbände) im Bedarfsfall verfügbar zu haben.
Das Friedens-Einberufungsverfahren für Wehrübungen beansprucht 2–3 Monate. Die Schaffung eines Schnellverfahrens ist für eine plötzliche Erhöhung der Einsatzbereitschaft der Verbände unabdingbar.
(Verteidigungsrat)

5.) Materielle Einsatzbereitschaft
a) Die Führungsstäbe melden baldmöglichst den Stand der derzeitigen materiellen Einsatzbereitschaft.

b) Sie machen Vorschläge zur Beschleunigung der Instandsetzung.

e) Fü H[283] klärt, ob der US-Schützenpanzer M 113[284] sofort – d. h. ohne vorherige Umrüstung – an die Truppen ausgeliefert werden kann, da ja die US-Verbände in Deutschland den M 113 auch in diesem Zustand benutzen.

---

[278] § 49 – Der § 49 des Wehrpflichtgesetzes regelt den Einsatz von Wehrpflichtigen, „die wegen ihrer beruflichen Ausbildung oder Tätigkeit im Verteidigungsfall für Aufgaben verwendet werden sollen, die der Herstellung der Einsatzfähigkeit oder der Sicherung der Operationsfreiheit der Streitkräfte dienen".
[279] Wehrpfl. Ges. – Wehrpflichtgesetz.
[280] Die kursiv gesetzten Passagen sind in der Vorlage handschriftlich ergänzt und hinzugefügt worden. Im Original hieß der Satz: „Die Einberufungsmöglichkeiten gem. § 49 müssen nunmehr unbedingt genutzt werden,..."
[281] San.-Offizieren – Sanitätsoffizieren.
[282] TV – Territorialverteidigung.
[283] Fü H – Führungsstab des Heeres.
[284] M 113 – ab 1962 bei der Bundeswehr eingeführter amerikanischer Schützenpanzer. Da das Original nicht den Anforderungen der Bundeswehr (Waffen, Funk, Optik, Beleuchtung) entsprach, mußten sie in Deutschland erst an die spezifischen Bedingungen angepaßt werden.

Für eine Beschleunigung der Instandsetzung bedarf es der Möglichkeit, Prioritäten gegenüber der Wirtschaft anzuordnen. (Politische Entscheidung: Verteidigungsrat)

Gleiches gilt hinsichtlich der Lieferung von Sanitätsmaterial. (Aus den derzeitigen Bestellungen fließt Material zur Zeit in die Entwicklungshilfe ab.)

6.) <u>Verbesserung der personellen und materiellen Mobilmachung</u>
a) Kraftfahrzeuge.

Durch die Wehrersatzbehörden sind 48 000 Kfz[285] erfaßt. Die Herausgabe der Leistungsbescheide ist auf Anordnung des Herrn Minister bis 1. 1. 63 zurückgestellt.

Antrag an Herrn Minister zuzustimmen, daß im Fall einer Verschärfung der Situation sofort die Leistungsbescheide für den Mob[286]-Fall zugestellt werden können.

b) <u>Mobilmachung des Ministeriums</u>

Da die Auswertung von FALLEX 62[287] noch nicht abgeschlossen ist, muß im Bedarfsfall die Verlegung des Ministeriums noch gemäß Einteilung FALLEX 62 (jedoch mit verkleinerter Staffel A) erfolgen.

Fü B IV[288] und Fü B I[289] erarbeiten zur Zeit mit Abt. P[290] eine Mob-Beorderung, die innerhalb der nächsten 24 Stunden allen Angehörigen des Hauses vorsorglich zugestellt wird.

7.) <u>Welche Maßnahmen sind auf dem Gebiet der Ausbildung zu treffen?</u>
a) Die Teilstreitkräfte sehen bisher keine Notwendigkeit für eine Schwerpunktverlagerung.

b) <u>Lehrgänge</u>

Fü H, L[291] und M[292] melden baldmöglichst, welche Lehrgänge eingeschränkt oder gestrichen werden sollen.

Der Lehrgang für TV-Kommandeure wird vor Beginn des Teils „Innerer Führung" abgebrochen, damit die Teilnehmer, die in besonderem Maße für „erste Vorbereitungen" benötigt werden, verfügbar sind.

8.) <u>Assigned-Stellung von Großverbänden</u>

Herrn Minister ist vorzuschlagen, die 7. und 10. Division zum 1. 11. 62 assigned stellen zu lassen, wenn dies politisch erwünscht ist.

---

[285] Kfz – Kraftfahrzeug.
[286] Mob – Mobilmachung.
[287] FALLEX 62 – Herbstmanöver der NATO in der Bundesrepublik, das mit der Einschätzung endete, daß die Bundeswehr nur „bedingt abwehrbereit" sei, führte später mit zur sogenannten „Spiegel-Affäre".
[288] Fü B IV – Führungsstab der Bundeswehr/Unterabteilung IV: Organisation.
[289] Fü B I – Führungsstab der Bundeswehr/Unterabteilung I: Innere Führung, Personal.
[290] Abt. P – Abteilung Planung.
[291] Fü L – Führungsstab der Luftwaffe.
[292] Fü M – Führungsstab der Marine.

Die Luftwaffe bereitet die beschleunigte Assigned-Stellung weiterer Geschwader vor.

9.) Sicherung ortsfester Anlagen
a) Die von SACEUR durch Fernschreiben vom 23. 10. 62 ergangene „Empfehlung" stellte die Divisions-Kommandeure vor Schwierigkeiten. Eine einheitliche Regelung durch das BMVtdg[293] ist erforderlich.

b) Da Sicherungseinheiten nicht zur Verfügung stehen, empfiehlt sich für die Sicherung von Objekten, die nicht standortnah liegen, die Heranziehung von Ausbildungskompanien im Wechsel. Diese könnten jeweils z. B. für eine Woche als Härte-Übung in die Nähe dieser Objekte verlegt werden.

Die 4 Führungsstäbe klären, welche Objekte eines solchen verstärkten Schutzes bedürfen. Fü B wird sodann im Einvernehmen mit Fü H, L, M die zu schützenden Objekte zuteilen. (Hierüber nur mündliche Weisungen.)

c) Objekte in der Nähe von Standorten können einen verstärkten Schutz durch diese erhalten. Veranlassung durch die Teilstreitkräfte.

d) Assigned-Verbände sollen für diese Aufgabe möglichst nicht herangezogen werden, um ihre Ausbildung und Einsatzbereitschaft nicht zu beeinträchtigen.

10.) Weitere Maßnahmen zur Erhöhung der Einsatzbereitschaft
Heer:
a) Antrag, daß der Haushaltssperrerlaß gelockert wird. Zur beschleunigten Herstellung der Einsatzbereitschaft darf die Beschaffung von
– Recoilles rifle[294]
– „Karl-Gustav"[295]
– und der zu beschaffenden Munition
nicht wie geplant um 3 Monate hinausgeschoben werden.

b) Antrag, ein weiteres Drittel der westlich des Rheins liegenden Munitionsvorräte nach Osten zu verlagern. (Veranlassung durch Chef Fü B)

c) Ein Urlaubsstopp wird noch nicht für erforderlich gehalten, jedoch erscheint es notwendig, Kommandeure ab Brigade so bereit zu halten, daß sie kurzfristig zurückgerufen werden können.

Luftwaffe:
a) Luftwaffe durch Haushaltssperrerlaß nicht betroffen.

---

[293] BMVtdg – Bundesministerium für Verteidigung.
[294] Rückstoßfreies Leichtgeschütz, das vorzugsweise zur Panzerbekämpfung eingesetzt wird.
[295] Schwere Panzerfaust aus schwedischer Produktion, die ab 1960 bei der Bundeswehr eingeführt wurde.

b) Beim F 104[296]-Geschwader, Nörvenich[297], zur Zeit nur 2 Maschinen einsatzklar.

Herrn Minister und Herrn Generalinspekteur ist durch Fü L hierzu eine Studie über erforderliche Sofortmaßnahmen vorgelegt worden.

Marine:
Durch Sperrerlaß betroffen:

86 Flugzeugtorpedos, Lieferland England,
   Wert 2,1 Mio.

130 Schiffstorpedos, Lieferland Frankreich,
   Wert 3,6 Mio.

Darüber hinaus mit einer Lieferfrist von mehr als 3 Monaten Wellen für Schnellboote.

TV:
a) FALLEX 62 hat erneut erwiesen, daß die frühzeitige Aufstellung von Sicherungsverbänden für die Operationsfreiheit der Streitkräfte entscheidend ist.

Zur Zeit besteht keine Möglichkeit für kurzfristige Einberufungen (Vergl.[298] Ziff.[299] 4)

Wehrübungen insbesondere von Offizieren und Unteroffizieren zur Einweisung an den Schutzobjekten sollten baldmöglichst anlaufen.

b) Die TV-Stäbe[300] sind in der Bewältigung der durch die Mob-Vorbereitungen entstehenden Anforderungen völlig überfordert. Sie sind nur sicherzustellen, wenn die zur Zeit gesperrten S 4-Stellen frei gegeben und besetzt werden. Empfehlung:

32 ältere Hauptleute in diese Stellen zu versetzen oder ggf.[301] jetzt entlassene Majore – unter Umständen mit z.V.[302]-Status – einzuberufen. (Klärung durch Chef Fü B).

c) Materiell bei TV keine besonderen Schwierigkeiten; das bundeswehreigentümliche Gerät ist im Zulauf.

San.[303]:
a) Sanitätsmittel reichen für 15–30 Tage.

---

[296] F-104 – Lockheed F-104 Starfighter. Seit 1962 bei der Bundesluftwaffe eingeführtes leichtes Jagdflugzeug mit Raketenbewaffnung, Geschwindigkeit 2100 km/h, Reichweite 1700 km.
[297] Der Flugplatz Nörvenich war und ist die Heimatbasis des Jagdbombergeschwaders 31 „Boelcke" der Bundesluftwaffe.
[298] Vergl. – vergleiche.
[299] Ziff. – Ziffer.
[300] TV-Stäbe – Territorialverteidigungsstäbe.
[301] ggf. – gegebenenfalls.
[302] z.V. – zur Verfügung.
[303] San. – Sanitäts- und Gesundheitswesen.

b) Zur Zeit kaum Abgabemöglichkeiten von Verwundeten in Reservelazarette (interne Improvisations-Maßnahmen sind angelaufen)

c) Entscheidend für eine gewisse Erhöhung der Einsatzbereitschaft auf dem San.-Gebiet[304] ist die Möglichkeit der Anwendung des § 49.

Fü B:

a) Für die Mob-Gefechtsstände des BMVtdg in Meyen und Gerolstein bestehen nach Beendigung FALLEX 62 nun fernmeldetechnisch keine vorbereiteten Anlagen mehr.
Maßnahmen: Vorbereitung für die Schaltung von Postleitungen auf Abruf.
(Fü B VI[305])
KTV[306] veranlaßt, daß die Betriebskompanien der betroffenen Fernmeldebataillone zu Übungen in die Nähe der geplanten Gefechtsstände verlegt und sodann für eine kurzfristige Betriebsbereitschaft herangezogen werden.

b) Um zu ermöglichen, daß die Erfahrungen aus FALLEX 62 so schnell wie möglich in Maßnahmen umgesetzt werden können, wird ein 1. Entwurf des Erfahrungsberichtes aller Führungsstäbe sofort verteilt.

Abschließend betont der Generalinspekteur, daß es darauf ankommt, die Einsatzbereitschaft auf allen Gebieten soweit als möglich zu erhöhen, ohne dabei die Öffentlichkeit zu beunruhigen.

gez.[307] Foertsch[308]

Beglaubigt:
Poeppel[309]
(Poeppel)
Oberstlt. i.G.[310]

---

[304] San.-Gebiet – Sanitätsgebiet.
[305] Fü B VI – Führungsstab der Bundeswehr/Unterabteilung VI: Fernmeldewesen, Elektronik.
[306] KTV – Kommando Territoriale Verteidigung.
[307] gez. – gezeichnet.
[308] Foertsch, Friedrich (1900–1976). Vier-Sterne-General. 1932 Kriegsakademie, dann abwechselnd als Generalstabsoffizier und Truppenführer tätig. 1943–1945 Stabschef der 18. Armee. 1945–1955 sowjetische Kriegsgefangenschaft. 1956 für die Bundeswehr reaktiviert. 1959–1961 Stellv. Chef für Planung bei SHAPE. 1961–1963 Generalinspekteur der Bundeswehr, dann pensioniert.
[309] Poeppel, Hans (*1921). Generalleutnant. Im 2. Weltkrieg als Hauptmann Chef einer Batterie. 1955 Einstellung bei der Bundeswehr. 1961–1964 persönlicher Adjutant von Generalinspekteur Foertsch. 1969–1973 Kommandeur der Panzergrenadierbrigade 1, dann bis 1978 Chef der 6. Panzergrenadierdivision. 1979–1981 Inspekteur des Heeres, dann in den Ruhestand versetzt.
[310] Oberstlt. i.G. – Oberstleutnant im Generalstabsdienst.

Dokument 10[311]

AIG 3315
info an
DMV[312] Washington
NMR[313] Germany, SHAPE

BMVtdg – Fü B III[314] 1

24.10.62
offen

1. Die Entwicklung der weltpolitischen Lage ist im Augenblick noch unübersichtlich. Der Spannungsherd kann möglicherweise örtlich bleiben. Es ist keine Anlass zur Unruhe.

2. In dieser Situation kommt es darauf an, in allen Ebenen der Bundeswehr ein Höchstmaß an Wachsamkeit unter der Verantwortlichkeit der Kommandeure herzustellen. Jedoch sollen sich die bisher angelaufenen Maßnahmen nur auf den Bereich der Bundeswehr erstrecken und nicht in der Öffentlichkeit bekannt werden.

3. Der Führungsstab der Bundeswehr steht im ständigen Kontakt mit der NATO und über das Auswärtige Amt mit der Regierung der USA. Jede Möglichkeit der Entwicklung wird beobachtet und ausgewertet.

4. Der Führungsstab der Bundeswehr wird die Kommandeure in kurzer Form über die Entwicklung der Lage unterrichten. Sie müssen sich jedoch auch über Presse und Rundfunk laufend über die weltpolitische Lage ins Bild setzen.

OTL Kanther[315]   Fü B III 1

Dokument 11[316]

Der Generalinspekteur der BW[317]   Bonn, den 24. Oktober 1962

<u>Herrn Minister</u>

In der Anlage lege ich Ihnen *fünf*[318] *Sprechzettel für den Bundesverteidigungsrat vor.*

1) Vorschlag für Assignment von 2 weiteren deutschen Divisionen.

---

[311] BA-MA, BW 2/2044, Fernschreiben des Führungsstabes der Bundeswehr (Fü B III) an die Kommandeure des Bundeswehr, 24. 10. 1962.
[312] DMV – Deutscher Militärischer Vertreter.
[313] NMR – NATO Military Representative.
[314] Fü B III – Führungsstab der Bundeswehr/Unterabteilung III: Führung.
[315] Nicht ermittelt.
[316] BA-MA, BW 2/2612, Sprechzettel des Generalinspekteurs an den Verteidigungsminister für den Bundesverteidigungsrat, 24. 10. 1962.
[317] BW – Bundeswehr.
[318] Die Zahl „sechs" in der Vorlage wurde gestrichen und handschriftlich durch ‚fünf' ersetzt.

2) Antrag auf Lockerung des Haushalts-Sperrerlasses für Heeres-; bzw. Marinematerial, Waffen und Munition.

3) Ein Antrag auf Prioritäten für Bundeswehr-Material in der Instandsetzung.

4) Übertragung des „operational command" an die NATO-Befehlshaber bei einfachem Alarm.

5) Einberufung von Mob-beorderten Sanitätspersonal und Spezialisten nach § 49 Wehrpflichtgesetz.

Ausserdem füge ich einen Vorschlag für die Unterrichtung der Kommandeure über die Lage bei.

Die Lageunterrichtung soll bis zu den Bataillonen herab verteilt werden.

6 Anlagen[319]

Dokument 12[320]

Der Militärische Führungsrat
Tgb. Nr. Fü B (Z) 658/62 geh.

Geheim
Bonn, den 24. Oktober 1962

10 Ausfertigungen
8. Ausfertigung

Kurzprotokoll Nr. 84
der Sitzung des Milit. Führungsrates vom 24. 10. 62

1.) Der Generalinspekteur informiert über die Fortentwicklung der Lage.

2.) Bekanntgabe der Ergebnisse der Verteidigungsratssitzung vom 24. 10. 62:

   a) Je eine der beiden Divisionen soll am 10. 11. 62 bzw. am 1. 12. 62 assigned gestellt werden.

   b) Der Haushaltssperrerlaß wird gelockert, so, daß die Beschaffung der im Protokoll der MFR[321]-Sitzung vom 23. 10. 62, Ziff. 10, genannten Waffen und Geräte erfolgen kann.

   c) Der BMWi[322] hat sein Einverständnis erklärt, daß Instandsetzungs-Erfordernisse der Bundeswehr in den entsprechenden Werkstätten der freien Wirtschaft Priorität erhalten sollen.

---

[319] Hier nicht dokumentiert.
[320] BA-MA, BW 2/2044, Bl. 208–213, Kurzprotokoll Nr. 84 der Sitzung des Militärischen Führungsrates vom 24. 10. 1962.
[321] MFR – Militärischer Führungsrat.
[322] BMWi – Bundesminister für Wirtschaft.

d) Das Operational Command über die Assigned-Verbände soll SACEUR bereits ab einfachem Alarm übertragen werden.

e) § 49 Wehrpflicht-Gesetz wird ab einfacher Bereitschaft bzw. einfachem Alarm wirksam.

f) Notstandsgesetzgebung
Die Staatssekretäre der betroffenen Ressorts haben Auftrag, sich in kürzester Zeit hinsichtlich der Notstandsgesetze miteinander abzugleichen und die entsprechenden Entwürfe bei der nächsten Kabinettssitzung vorzulegen.

3.) Der Minister hat in der Frage der Leistungsbescheide für Kraftfahrzeuge zugestanden, daß diese erforderlichenfalls ab 1. 12. 62 zugestellt werden dürfen. Vorab soll jedoch geprüft werden, ob der Bedarf der Bundeswehr nicht aus der laufenden Produktion im Mob-Fall gedeckt werden kann.

4.) Material-Lage
Gemäß Ziff. 5 des Protokolls der MFR-Sitzung vom 23. 10. 62 melden Einsatzbereitschaft

Heer:	bei	Panzern	= mehr als 70%
		Bergepanzern	= um 65%
		Schützenpanzern kurz	= 60–65%
		Schützenpanzern lang	= 70%
		Geschütze	= 70–80%

Insgesamt ist damit die Einsatzbereitschaft des Großgeräts fast normal.

Es wird erwogen, die MAAG[323] zu veranlassen, die vorgesehenen Lieferungen insbesondere von Bergepanzern möglichst zu beschleunigen. (Durch Fü H)

Lage Schützenpanzer M 113:
    300 umgerüstet bei der Truppe
    675 nicht umgerüstet in Bremen
Vorschlag: ohne Umrüstung Auslieferung an die Truppe.
Generalinspekteur stimmt zu.

KTV veranlaßt die vordringliche Zulassung der ausgelieferten M 113 durch die Wehrbereiche.

Luftwaffe: Von 845 Maschinen sind 344 klar. Weitere 50 können innerhalb einer Woche instandgesetzt werden. Für die übrigen fehlen seit langem wesentliche Ersatzteile.
Alle NIKE-Verbände[324] einsatzbereit.
Vorschlag:
    Die 3 Luftraumbeobachtungs-Bataillone zum 1. 12. 62 assigned zu stellen.

---

[323] MAAG – Military Assistance Advisory Group.
[324] NIKE – Flugabwehrrakete der NATO und US-Streitkräfte. Die zweistufige Rakete hatte eine Reichweite von bis zu 160 km und konnte Luftziele in einer Höhe von bis zu 30 000 m bekämpfen.

Marine: 1. Zerstörergeschwader einsatzbereit.
3. Zerstörergeschwader bis Ende November Werft-Liegezeit.
„Köln" Geleitboot einsatzbereit.
„Augsburg" nach 1 Monat einsatzbereit.
3 Torpedofangboote als U-Jäger nach 1–2 Monaten einsatzbereit.
Einsatzbereitschaft der U-Boote gemäß gesonderter Meldung.
Schnellboote insgesamt einsatzbereit.
Minensuchboote: 24 binnen 2 Tagen
     2 nach 1 Monat einsatzbereit.
Schnellminensuchboote binnen 2 Tagen einsatzbereit.
Küstenwachboote: 15 voll einsatzbereit
     6 eingeschränkt einsatzbereit.

5.) Lehrgänge:
Die Teilstreitkräfte stimmen darin überein, z.Zt.[325] laufende Lehrgänge nicht zu unterbrechen, um den Ausbildungsgewinn insbesondere von Fachpersonal der Truppen nutzbar zu machen.
KTV wird den Lehrgang für Fm[326]-Kommandanten jedoch sofort beenden, da diese für vorbereitende Maßnahmen dringend benötigt werden.

6.) Objektschutz:
Die Untersuchung darüber, welche Objekte schon jetzt eines verstärkten Schutzes bedürfen, ist bei KTV noch nicht abgeschlossen.
Schwierigkeiten der Unterbringung und der Verpflegung dürfen nicht hindern, die erforderlichen Sicherungen ggf. durch Ausbildungseinheiten des Heeres und der Luftwaffe sobald wie möglich durchzuführen.
(GGF. Unternehmer-Verpflegung).
Fü B klärt, ob für diese Zwecke Feldküchen zur Verfügung gestellt werden können.

7.) Rückkehr von im Ausland übenden Verbänden:
Das in Castle Martin übende Panzerbataillon kann im Lufttransport binnen 26 Stunden zurückgerufen werden.
Pz.Gren.Brig.[327] 19 benötigt von Mourmelon nach Unna 2 Tage für die Räderteile und 3–5 Tage für die Kettenteile. (Bahntransport)
Entscheidung: Die Brigade bereitet für die Kettenteile den Rücktransport so vor, daß er ab 27. 10. 62 erfolgen kann.

8.) Mob-Sicherungs-Bataillone:
Chef Fü B prüft erneut die Frage, durch welche Maßnahme die Aufstellung der Mob-Sicherungs-Bataillone erforderlichenfalls vorgezogen werden kann.
Bei Fü H sind 42 000 nicht benötigte FN-Gewehre[328] verfügbar. Diese stehen

---

[325] z.Zt – zur Zeit.
[326] Fm – Fernmelde.
[327] Pz.Gren.Brig. – Panzergrenadierbrigade.
[328] Belgisches Sturmgewehr vom Kaliber 7,62 mm, das ab 1957 als sogenanntes G 1 bei der Bundeswehr eingeführt wurde.

für die Mob-Sicherungs-Btle[329] sowohl als auch für den Bedarf der Luftwaffe zur Verfügung.

9.) Einberufungsquote für Reserveübungen:
Inspekteur Marine meldet einen zusätzlichen Bedarf der Marine an 800 Reservisten.
Fü B veranlaßt, daß die Zuteilungsquote für Fü M entsprechend geändert wird.

10.) Bereitschaft der Bundeswehr während des Wochenendes:
Beschluß: Fü B wird Herrn Minister einen Befehlsentwurf zur Unterschrift vorlegen.
Inhalt: Die Lage erfordert die Anwesenheit aller Soldaten in der Nähe des Standortbereichs.

Die Inspekteure waren übereinstimmend der Ansicht, daß sowohl die Truppe als auch die Öffentlichkeit, die indirekt von einer solchen Maßnahme zwangsläufig Kenntnis erhält, sich deren Notwendigkeit durchaus bewußt ist.

gez. Foertsch

Beglaubigt:
Poeppel
(Poeppel)
Oberstlt. i.G.

Teilnehmer:
Vorsitzender des MFR	General Foertsch
Inspekteur Heer	Generalleutnant Zerbel[330]
Inspekteur Luftwaffe	Generalleutnant Panitzki[331]
Inspekteur Marine	Vizeadmiral Zenker[332]
Insp. San. - u. Ges. Wesen	Generalarzt Dr. Albrecht[333]

---

[329] Mob-Sicherungs-Btle – Mobilmachungs-Sicherungsbataillone.
[330] Zerbel, Alfred (1904–1987). Generalleutnant. 1937 Abschluß an der Kriegsakademie, dann bis 1945 Verwendung als Generalstabsoffizier. Nach dem Krieg zunächst Versicherungskaufmann, 1956 Eintritt in die Bundeswehr. 1958–1960 Kommandeur der 2. Panzerdivision, dann zum Führungsstab des Heeres versetzt. 1960–1964 Inspekteur des Heeres, dann Abschied aus dem aktiven Dienst.
[331] Panitzki, Werner (1911–2000). Generalleutnant. Ab 1930 Polizeioffizier, 1935 von der Luftwaffe übernommen. 1939–1945 Generalstabsoffizier bei der Luftwaffe. 1945–1947 englische Kriegsgefangenschaft, dann Kaufmann. Seit 1952 Mitarbeiter im Amt Blank. 1957–1960 Chef des Stabes des Führungsstabes der Streitkräfte, 1961 Kommandeur der Luftwaffengruppe Nord. 1962–1966 Inspekteur der Luftwaffe, im Rahmen der Starfighter-Affäre zurückgetreten.
[332] Zenker, Karl-Adolf (1907–1998). Vizeadmiral. 1939 Admiralsstabausbildung an der Marineakademie. 1941–1944 Zerstörerkommandant. 1944–1945 in der Operationsabteilung der Seekriegsleitung. 1945 englische Kriegsgefangenschaft, dann 1946–1951 Verwaltungsangestellter. Ab 1951 Marinereferent im Amt Blank, 1957–1960 Befehlshaber der NATO-Seestreitkräfte Nordsee. 1961–1967 Inspekteur der Marine, dann in den Ruhestand.
[333] Albrecht, Wilhelm (1905–1993). Generaloberstabsarzt. Seit 1932 Militärarzt, 1942 Divisionsarzt in Nordafrika, dort in englische Kriegsgefangenschaft. 1956 Eintritt in die Bundeswehr. 1959–1962 stellv. Inspekteur des Sanitäts- und Gesundheitswesens, 1962–67 Inspekteur des Sanitäts- und Gesundheitswesens, dann Abschied aus dem aktiven Dienst.

Dokument 13

Befehlshaber TV	Brigadegeneral Wilcke[334]
Chef Fü B	Generalmajor Kuntzen[335]
Fü B (Protokoll)	OTL i.G. Poeppel

Verteiler:
1. Ausf.   Minister
2.   "   Staatssekretär
3.   "   Führungsstab Heer
4.   "   "   Luftwaffe
5.   "   "   Marine
6.   "   Insp. San. – und Ges. Wesen[336]
7.   "   Kommando der Terr. Vert.[337]
8. u. 9. " Reserve *Fü B VII*[338] 8
10. "   MFR zugl. Entwurf

Dokument 13[339]

Geheim

Fü B III   Bonn, 25. Oktober 1962
Fü B III 1

ÜBERSICHT
der getroffenen militärischen Maßnahmen

A NATO
   I. SACEUR
      1. Empfehlung SACEUR's an assigned-Streitkräfte, folgende Maßnahmen durchzuführen:
         a) Verstärkung der Nachrichtenermittlung
         b) Besetzung der Führungszentren
         c) Erhöhte Sicherung gegen Sabotage an militärischen Objekten

---

[334] Wilcke, Henning (1907–2002). Brigadegeneral. Ab 1926 in Reichswehr, 1934 von der Luftwaffe übernommen. Im 2. Weltkrieg Staffelkapitän, zuletzt Lehrgangsleiter an der Luftwaffenakademie. Nach englischer Kriegsgefangenschaft Angestellter im öffentlichen Dienst. 1956 Eintritt in die Bundeswehr, dort Stabschef des Wehrbereichs II. 1960–1964 Stellvertreter des Befehlshabers und Chef des Stabes im Kommando Territoriale Verteidigung, danach Befehlshaber des Wehrbereichs II.
[335] Kuntzen, Gustav Adolf (1907–?). Generalleutnant. 1929 Eintritt in die Reichswehr, im 2. Weltkrieg Generalstabsoffizier. 1945–1950 Kriegsgefangenschaft, 1953–1955 im Amt Blank tätig. 1962–1964 Chef des Stabes des Führungsstabes der Streitkräfte. 1964–1967 stellv. Generalinspekteur der Bundeswehr, dann in den Ruhestand.
[336] Insp. San. – und Ges. Wesen – Inspektion des Sanitäts- und Gesundheitswesens.
[337] Kommando der Terr. Vert. – Kommando der Territorial Verteidigung.
[338] Fü B VII – Führungsstab der Bundeswehr/Unterabteilung VII: Ausbildung, Wehraufklärung.
[339] BA-MA, BW 2/2525, Bl. 166–168, Übersicht des Führungsstabes der Bundeswehr (Fü B III) über getroffene militärische Maßnahmen, 25. 10. 1962.

          d) Überprüfung in Logistik und Ausrüstung
          e) Überprüfung der Alarmmaßnahmen und EDP's[340]
       2. SHAPE
          a) Fliegender Gefechtsstand SACEUR's in der Luft, jedoch SACEUR noch nicht darin anwesend.
          b) Kurzfristige Erreichbarkeit der wichtigsten Offiziere bei SHAPE
          c) Urlaubsbeschränkung
   II. AFCENT[341]
       1. NORTHAG[342]
          Besprechung mit den Korps über logistische Maßnahmen.
       2. CENTAG[343]
          7. US-ARMY: a) Vorbereitungen auf dem Munitionssektor
                       b) Verstärkung der US-Spähtrupps an der Grenze
                       c) Zwischenzeitliche Vertretung des erkrankten Generals OAKS[344] durch General BONESTEEL[345]
   III. AFNORTH[346]
        Absage der Konferenz in Kolsas
   IV. AFSOUTH[347]
        Nach Zeitungsmeldungen Bereitschaftsstufen in Türkei und Griechenland (wahrscheinlich nationale Maßnahmen).
   V. US-Streitkräfte insgesamt
      1. Verlängerung der Dienstzeit von 150000 Soldaten der NAVY einschl. Marinekorps
      2. Readiness für alle der NATO nicht assignierten US-Streitkräfte
      3. 136. Task force als Quarantäne-Streitkräfte eingesetzt. (2 Flugzeugträger, 40 Zerstörer und Hilfsschiffe)

B Berlin
   1. Keine besonderen Ereignisse oder Zwischenfälle
   2. Auf die von General Norstad empfohlenen Sicherheitsmaßnahmen wurden

---

[340] EDP – Emergency Defense Plan.
[341] AFCENT – Allied Forces Central Europe.
[342] NORTHAG – Northern Army Group, Central Europe.
[343] CENTAG – Central Army Group, Central Europe.
[344] Richtig: Oakes, John Cogswell (1906–?). Generalleutnant. 1928 Abschluß an der Militärakademie. 1952–1953 Sekretär des Generalstabs der US-Streitkräfte. 1956–1957 Stabschef der in der Bundesrepublik stationierten 7. US Armee, dann bis 1959 stellv. Befehlshaber der 7. US Armee. 1957–1961 stellv. Generalstabschef für Operationen. Ab 1961 Befehlshaber der 7. US Armee.
[345] Bonesteel, Charles H. III (1909–1973). Vier-Sterne-General. 1931 Abschluß in West Point, im 2. Weltkrieg als Generalstabsoffizier eingesetzt. 1958–1960 Sekretär des Generalstabs der US-Streitkräfte. 1960–1965 zunächst Divisions- und dann Korpskommandeur der in der Bundesrepublik stationierten 7. US Armee. 1966–1969 Kommandierender der US-Streitkräfte in Südkorea.
[346] AFNORTH – Allied Forces Northern Europe.
[347] AFSOUTH – Allied Forces Southern Europe.

von den 3 Stadtkommandanten bzw. von einzelnen in Berlin folgende Maßnahmen getroffen:
- Verstärkte Aufklärung im sowjetischen Sektor Berlin
- Verstärkte Überwachung der Sektoren- und Zonengrenze
- Verstärkung der Sicherung der Hauptquartiere und Truppenunterkünfte.

3. Der US-Standortkommandant verschob eine seit längerem vorgesehene Übung der US-Brigade Berlin von 23. auf den 24. Oktober. Durch Presseveröffentlichungen wurde der vorgesehene Ablauf der Übung den Westberlinern und den SED-Funktionären bekannt.

4. Erhöhte Alarmbereitschaft der Westberliner Schutz- und Bereitschafts-Polizei.

C Bundeswehr
1. Vorzeitige Assignierung der
   7. PzGrenDiv[348]
   mit PzGrenBrig   18
   u. PzBrig   21   zum 10. 11. 1962
   10. PzGrenDiv
   mit PzGrenBrig   29
   und PzBrig   30   zum 1. 12. 1962

2. Übertragung des „Operational Command" über alle Deutschen assigned Streitkräfte an SACEUR bereits mit Auslösung des Counter Surprise Systems State Orange oder Scarlet und des Simple Alert.

3. vorgesehen
Beschränkung des Wochenendurlaubes auf einen Umkreis von 30 km vom Standort.

4. Im militärischen Bereich des BMVtdg Bereitschaftsdienst außerhalb der Dienststunden seit 24. 10. abends.

5. Unterrichtung der Truppe
AIG-FS[349] am 24.10. alle Bundeswehrdienststellen
Inhalt: Zur Unruhe kein Anlass, jedoch erhöhte Wachsamkeit der Kommandeure aller Ebenen.

E Zusammenfassung
Zur Zeit besteht ein labiler Zustand der Ruhe, der nach aussen zunächst nur regional im Grossraum Kuba sichtbar ist. Da die SU sich jedoch vermutlich weitergehende Ziele gesteckt hat und andererseits im Raum Kuba essentielle Interessen der USA berührt sind, ist die Möglichkeit des Krieges nicht ausgeschlossen.

Bertram[350]

---

348 PzGrenDiv – Panzergrenadierdivision.
349 FS – Fernschreiben.
350 Bertram, Helmut (1907–1999). Brigadegeneral. 1926 Eintritt in die Reichswehr. Im Zweiten Weltkrieg Luftwaffenoffizier. 1956 Eintritt in die Bundeswehr. 1961–1964 Leiter der Unterabteilung III im Führungsstab der Bundeswehr.

Dokument 14[351]

Vs[352]–Vertraulich

Fü B I
Fü B I 2 – Az[353] 07–11
Tgb.Nr. *1018*/62 VS–Vertr[355]

Bonn, den 27. Oktober 1962
App.[354] 2229

An
Fü B III
Betr.[356]: Erhöhung der Einsatzbereitschaft
Vorg.[357]: Fü B III – Tgb.Nr. 5092/62 geh vom 26. 10. 1962

1. Unter Berücksichtigung des Dokumentes SHOC 233/62 – zu ergreifende Maßnahmen sollen nach Möglichkeit in der Öffentlichkeit nicht bekannt werden und die derzeitige Situation nicht verschärfen – wird vorgeschlagen:

   a) Stop der Entlassung von Berufsoldaten
   b) Verstärkte Ausschöpfung der freigegebenen Quoten zur Einberufung zu Wehrübungen
   c) Erhöhung der Quoten für Wehrübungen

   Auswirkung zu b) und c) frühestens nach 2–3 Monaten.

2. Unter Außerachtlassung der Grundsätze des Vorgangsdokumentes zu 1. kommen in Frage:

   a) Verlängerung der Dienstzeit von Soldaten auf Zeit
   b) Einberufung zu Wehrübungen als Bereitschaftsdienst
   c) Bei länger anhaltender Spannung Zurückbehalten der zum 31. 12. 62 zur Entlassung heranstehenden Wehrpflichtigen (Wehrübung als Bereitschaftsdienst) Hierbei handelt es sich allerdings um Wehrpflichtige, die erstmalig 18 Monate dienten.

   Zu 2. a), b) und c) bedarf es einer <u>Anordnung</u> der Bundesregierung nach § 54[358] Soldatengesetz bzw. § 6[359] Wehrpflichtgesetz.

---

[351] BA-MA, BW 2/2612, Bl. 282f., Schreiben Fü B I an Fü B III betr. Erhöhung der Einsatzbereitschaft, 27. 10. 1962.
[352] Vs – Verschlußsache.
[353] Az – Aktenzeichen.
[354] App. – Apparat.
[355] VS-Vertr – Verschlußsache-Vertraulich.
[356] Betr. – Betreff.
[357] Vorg. – Vorgang.
[358] § 54 – Der § 54 Soldatengesetz regelt die Beendigung des Dienstverhältnisses eines Soldaten auf Zeit. Bei zwingenden Gründen der Verteidigung kann die Dienstzeit um bis zu drei Monate verlängert werden.
[359] § 6 – Der § 6 Wehrpflichtgesetz regelt die Dauer von Wehrübungen, deren Gesamtdauer für Soldaten auf neun, für Unteroffiziere auf fünfzehn und für Offiziere auf achtzehn Monate begrenzt ist. Wehrübungen, die als Bereitschaftsdienst von der Bundesregierung angeordnet worden sind, sind auf diese zeitliche Begrenzung nicht anzurechnen.

Dokument 15 211

Sollen bei 2. b) auch Mobbeorderte nach § 49 (z. B. Ärzte, Sanitätspersonal) einberufen werden, bedarf es der Feststellung der Bundesregierung nach § 49 Wehrpflichtgesetz.

Zustimmung des Verteidigungsrates zu § 6 und § 49 Wehrpflichtgesetz liegt im Grundsatz vor.

m.d.W.d.G.b.[360]
[Unterschrift unleserlich]

Dokument 15[361]

Geheim

Fü B Bonn, den 16. November 1962
Fü B III 1 – Az. 31–01–01App. 2358
Tgb.Nr. 5494/62 geh.
 2 Ausfertigungen
 2. Ausfertigung

An den
Herrn Staatssekretär

Betr.: Erste Auswertung der Erfahrungen aus der Kubakrise

In der Anlage lege ich einen Zwischenbericht über die bisherigen Erfahrungen aus der Kuba-Krise vor.

Förtsch

GenInsp	Chef Fü B	Ltr. III	Fü B III 1
z.U.[362]	*[Paraphe Kuntzen]* 15/11	*[Paraphe Bertram]* 14/11	*[Paraphe unleserlich]* 14/11

2. Anlage zu Fü B III 1 Tgb.Nr. 5494/62 geh., 2 Ausf.[363]

Geheim

Zwischenbericht
Über die Erfahrungen der Kuba-Krise

I. Allgemeines
Während der Kuba-Krise wurden weder von der NATO noch von nationaler Seite Bereitschafts-/Alarmstufen oder einzelne Maßnahmen/Alarmmaßnahmen des Militärischen und Formalen Alarmsystems ausgelöst. Die im nationalen Be-

---
360 m.d.W.d.G.b. – mit der Wahrnehmung der Geschäfte beauftragt.
361 BA-MA, BW 2/2612, Bl. 1–6, Zwischenbericht des Führungsstabes des Bundeswehr über die Erfahrungen der Kuba-Krise, 16. 11. 1962.
362 z.U. – zur Unterschrift.
363 Ausf. – Ausführung.

reich getroffenen bzw. eingeleiteten Vorbereitungen gründeten sich im wesentlichen auf Empfehlungen, die SACEUR den MOD[364]'s am 22. und 26. 10. übermittelt hatte. Diese beinhalten u.a.
- verstärkte Maßnahmen zur Sicherheit und gegen Sabotage
- Verstärkung von Personal und Ausrüstung in den bestehenden Kampfverbänden
- Vermehrung der Kampf- und technischen Verfügungstruppen und der Bevorratung
- Verbesserung der Einsatzbereitschaft der Reserven und Verstärkungen.

II. Eingeleitete oder durchgeführte Maßnahmen im Bereich der Bw.
Im Bereich der Bundeswehr wurden folgende Maßnahmen durchgeführt bzw. eingeleitet:
- Verbesserung der Führungsmöglichkeiten des BMVtdg und der Unterrichtung der Führung des Hauses durch Einrichtung eines ständigen Alarmzentrums, einer Stabsmeldezentrale und eines Lagezentrums bei Fü B.
- Anordnung von Wehrübungen als Bereitschaftsdienst gem. § 6 WPflG[365] und Feststellung nach § 49 Abs. 1 Satz 3 WPflG durch Bundesregierung.
- Feststellung nach § 1 (2)[366] und § 83[367] BLG[368] durch Bundesregierung.
- Verlängerung der Dienstzeit der zum 31. 10. 1962 heranstehenden Zeitsoldaten. Wurde vor Wirksamwerden rückgängig gemacht.
- Zeitweilige Anordnung eines Bereitschaftsdienstes für BMVtg und nachgeordneten Bereich
- Bereitstellung von Offz.[369] und Uffz.[370] aus den national verbleibenden Teilen der Teilstreitkräfte und ZMilDBw[371] zur Auffüllung der DBv[372] und für Führer-Res. I.[373]
- Übertragung des „operational command" an NATO-Befehlshaber bei Einfachem Alarm bzw. Erhöhter Bereitschaft.
- Vorzeitige Assignierung von 2 weiteren Divisionen und 3 LuftraumBeob.-Btl.[374]
- Vorzeitige Rückführung von Truppenteilen des Heeres, die im Ausland übten.

---

[364] MOD – Ministry of Defense.
[365] WPflG – Wehrpflichtgesetz.
[366] § 1 (2) – Der § 1 (2) Bundesleistungsgesetz besagt, daß Leistungen für Zwecke der Verteidigung angefordert werden können, im besonderen zur Abwendung einer Gefahr, durch die von außen der Bestand des Bundes entweder unmittelbar oder mittelbar im Rahmen seiner Einordnung in ein System gegenseitiger kollektiver Sicherheit bedroht wird.
[367] § 83 – Der § 83 Bundesleistungsgesetz hebt gesetzliche Einschränkungen für Manöver auf, wenn die Bundesregierung feststellt, daß die Herstellung der Einsatzfähigkeit oder die Sicherung der Operationsfreiheit der Truppen notwendig ist.
[368] BLG – Bundesleistungsgesetz.
[369] Offz. – Offiziere.
[370] Uffz. – Unteroffiziere.
[371] ZMilDBw – Zentrale Militärische Dienststellen der Bundeswehr.
[372] DBv – Deutscher Bevollmächtigter.
[373] Führer-Res. – Führer-Reserve.
[374] LuftraumBeob.Btl. – Luftraumbeobachtungs-Bataillone.

- Vorbereitung eines verstärkten Objektschutzes unter Verwendung von Ausb.Truppenteilen[375] der Teilstreitkräfte.
- Auflockerung von POL-Beständen.
- Rückverlagerung von wertvollem Großgerät.
- Auffüllen des takt.Mun.-Vorrates[376] des Heeres aus der Basis West.
- Beschleunigte Heranziehung in Beschaffung befindlichen wichtigen Materials besonders aus den USA.
- Vorzeitige Beschaffung von 50 000 ABC-Schutzplanen[377].
- Schaltung von P I – Stromkreisen.
- Herstellen der Betriebsbereitschaft der Fm-Betriebsstellen des Kriegs-HQ[378] (dazu Heranziehen von Fm-Verbänden des TV).
- Reduzierung der Stärke der Staffel A des BMVtdg.
- Einschränkung von Dienstreisen.

III. Erfahrungen grundsätzlicher Art
  1. Alarmplan der Bundeswehr
     a) Es muss klar unterschieden werden zwischen Maßnahmen/Alarmmaßnahmen gemäss Alarmplan der Bundeswehr und Vorbereitungen, die vor Auslösung von Maßnahmen/Alarmmaßnahmen in Zeiten erhöhter Spannungen durch besonderen Führungs-Befehl angeordnet werden. Es ist anzustreben, diese Vorbereitungen, soweit sie den gesamten Bereich der Bundeswehr betreffen, weitgehend im Alarmplan der Bundeswehr aufzunehmen.
     b) Verschiedene Alarmmaßnahmen, besonders auf dem Gebiet der personellen Ergänzung, des Aufbaues der Fm-Dienste und der Verstärkung des diensthabenden Personals bei allen kalenderführenden Dienststellen der Bundeswehr sind in ihren Erläuterungen zu allgemein gefasst. Sie müssen so unterteilt und gegliedert sein, dass sie der jeweiligen Lage entsprechend ausgelöst werden können.
     c) Vorbereitende Maßnahmen, die nicht im Alarmplan der Bundeswehr aufgenommen werden können, sind bei den Abteilungen des Hauses in einem Rahmen-Katalog niederzulegen und ständig zu überprüfen, damit im Bedarfsfall über ihre Durchführung sofort entschieden und befohlen werden kann.
  2. Personelle und materielle Mobilmachung
     a) Es ist besonders zu beachten, dass Reservisten zu Geräteeinheiten erst einberufen werden können, wenn die materielle Ausstattung sichergestellt ist. Die Beschaffung von Handwaffen und persönlicher ABC-Schutzausrüstung[379] und die Herausgabe der Bereitstellungs- und Voll-

---

[375] Ausb.Truppenteilen – Ausbildungs-Truppenteilen.
[376] takt.Mun.-Vorrat – taktischer Munitionsvorrat.
[377] ABC-Schutzplanen – Schutzplanen gegen den Einsatz atomarer, biologischer und chemischer Waffen.
[378] Kriegs-HQ – Kriegshauptquartier.
[379] ABC-Schutzausrüstung – Schutzausrüstung gegen den Einsatz atomarer, biologischer und chemischer Waffen.

zugsbescheide für Kfz aus dem zivilen Bereich sind zu beschleunigen. Für andere Güter aus dem zivilen Bereich müssen vordringliche Bestandsaufnahmen durchgeführt werden.

b) Die vom Kabinett getroffene Anordnung nach § 6 WPflG (Bereitschaftsdienst) sowie die Feststellung nach § 49 Abs. 1 Satz 3 WPflG (Spezialisten) müssen in Kraft bleiben, damit Wehrpflichtige zu Mob-Übungen schneller einberufen werden können. Vordringlich ist die frühzeitige Mob-Aufstellung von Sicherungs- und Grenadierbataillonen, Fm-Truppen und Feldjäger der TV sowie Logistiktruppen.

c) Die Mob-Einteilung des gesamten vorhandenen zivilen Personals ist vorzubereiten (Bestandsaufnahme, Festlegung der Dienstposten in den OSP[380], Bereitstellung der Bekleidung und Ausrüstung, Ausweise).

3. <u>Verwendung national verbleibender Teile der Bundeswehr</u>
Die Verwendung der national verbleibenden Teile der Bundeswehr im Verteidigungsfall ist unter Beachtung der personellen und materiellen Möglichkeiten zunächst für die Dauer von zwei Jahren neu festzulegen. Dabei ist zu berücksichtigen
- Erhaltung einer gewissen Ausbildungskapazität bei den Teilstreitkräften.
- Kriegsstationierung mit Teilen (besonders Spezialisten) im Ausland.
- Rechtzeitige Abgabe von Offizieren und Unteroffizieren der Teilstreitkräfte und ZMilDBw zur Verstärkung der DBv und TV-Stäbe sowie für Führerreserve I.
- Zeitweilige Übernahme von Aufgaben der TV (u.a. Schutz von EP[381]) durch Ausbildungsteile der Teilstreitkräfte.

4. <u>Alarm- und Mob-Übungen</u>
Neben den Wehrübungen einzelner Soldaten ist es dringend erforderlich, mit den Geräteeinheiten Alarm- und Mob-Übungen durchzuführen.

Eine langfristige Planung für Mob-Übungen ist notwendig, damit die einzuberufenden Leute frühzeitig die Termine ihrer Übungen erfahren. Die Jahresübungspläne sollten so gestaltet werden, dass zu jeder Zeit einige Geräteeinheiten üben und damit einsatzbereit sind.

5. PSK[382]-Einsätze (Rundfunk, Flugblatt u.a.) sind in Zeiten erhöhter Spannung von besonderer Wichtigkeit. Es ist daher erforderlich, dass die Aufstellung und Auffüllung der PSK-Einheiten und ihre materielle Ausrüstung beschleunigt verwirklicht werden.

6. <u>Ausgewogener logistischer Vorrat</u>
Verstärkte Anstrengungen sind notwendig, um einen <u>ausgewogenen</u> logistischen Vorrat bereitzustellen. Dies hat notfalls zu Lasten anderer Beschaffungsvorhaben zu erfolgen (betr. u.a. Mangelmunition und Schmierstoffbe-

---

[380] OSP – Organisationsstrukturplan.
[381] EP – Einberufungspunkt.
[382] PSK – Psychologische Kriegsführung.

vorratung). Ein besorgniserregender Faktor ist das Fehl an wesentlichen Reserven von Hauptmaterial.

7. Materialanforderungen
    In Zeiten erhöhter Spannung ist die schnelle Beschaffung von lebensnotwendigem Material besonders dringend. Dies kann durchgeführt werden durch
    – freien Ankauf (kurzfristige Produktionssteigerung möglich)
    – Beschleunigung der Auslieferung aus laufenden Verträgen
    – Beschleunigung der Transporte aus dem Ausland
    Alle Anforderungen haben sich auf das Material zu beschränken, das für die Einsatzbereitschaft unbedingt erforderlich ist. Fehllisten mit genauen Bedarfszahlen und Typenbezeichnungen müssen laufend geführt werden.

8. Zentrale Planung
    Mangels einer echten Beschaffungsplanung und eines zentralen Überblicks über die laufenden Planungen und den Stand ihrer Verwirklichung auf den Gebieten des militärischen und zivilen Personals, der Infrastruktur, der Materialbeschaffung und der Instandsetzung ist es nicht möglich, ad hoc festzustellen, von welchen Vorhaben und in welchem Umfange nach den Ansätzen des Haushaltsplans zugewiesene Haushaltsmittel zu Gunsten von Vorhaben, die einer unmittelbaren Verstärkung der Kampfkraft der Bundeswehr dienen, (Schwerpunktvorhaben) abgezogen werden können. Mangels dieses zentralen Überblicks gibt es keine Handhabe, auch nicht für die Haushaltsabteilung, unwirtschaftliche Maßnahmen, wie z. B. Doppelbeschaffungen, Zwei- und Mehrspurigkeiten bei der Instandsetzung usw. oder unausgewogene Bevorratungen und in einer Krise übereilte, unwirtschaftliche Beschaffungen abzuwenden.
    Die Bearbeitung zentraler Planungsunterlagen über Aufstellung und Ausrüstung (Bedarf) der Bundeswehr sowie über Entwicklung und Beschaffung, möglichst auf einen größeren Zeitraum bezogen, ist auch nach den Erfahrungen aus der Kuba-Krise unabweisbar.

9. Haushalt
    a) Das Hin und Her zwischen einer Forcierung und Streckung unserer Aufbaumaßnahmen je nach Zu- oder Abnahme der aussenpolitischen Gefahrenlage bringt den an die Jahreshaushaltsgesetze gebundenen Verteidigungshaushalt durcheinander. Eine geordnete Aufbauarbeit wird dadurch in Frage gestellt.
    b) Infolge der Enge im Verteidigungshaushalt verfügt das BMVtgd nicht über den Dispositionsspielraum, innerhalb dessen ohne Einschaltung des zeitraubenden Weges über BMF[383], Kabinett und evtl.[384] Parlament das BMVtdg Sofortmaßnahmen durchführen könnte. Das BMVtdg benötigt daher für den Fall einer drohenden Krise eine Reserve an Haushaltsmit-

---

[383] BMF – Bundesministerium der Finanzen.
[384] evtl. – eventuell.

teln, aus der Sofortmaßnahmen, die der unmittelbaren Verstärkung der Kampfkraft der Bundeswehr dienen, finanziert werden könne.

c) Der Erlass über die Einstellung der Vergabe von Aufträgen vom 20. 9. 1962 hat sich ohne Frage nachteilig auf die materielle Einsatzbereitschaft der Streitkräfte ausgewirkt, wenn auch gewisse Ausnahmen bei Ausbruch der Kuba-Krise beschlossen wurden.

10. BMVtdg

Die Mob-Vorbereitungen des BMVtdg sind unzureichend. Die Erfahrungen von FALLEX 62 müssen beschleunigt ausgewertet werden. Vordringlich sind

- Überprüfung des OSP, dabei einschneidende personelle Kürzung der Staffel B und C. Festlegung der Verwendung des freiwerdenden Personals,
- Überprüfung und Ergänzung des Dienstanweisungen,
- Festlegung der verschiedenen Stufen einer Arbeitsbereitschaft ausserhalb der Dienststunden im Alarmkalender BMVtdg, damit schnelle und einheitliche Regelung gewährleistet ist,
- Weisung für Überleitung von Friedens- auf Kriegsgliederung sowie über Arbeitsweise in und zwischen den Staffeln,
- Einrichtung einer Stabsmeldezentrale bereits im Frieden,
- Fm-technische Vorbereitungen eines zweiten Alarmierungszentrums in Mayen, damit Alarmierung nicht ausschliesslich von Bonn aus erfolgen muss. Hierzu sind die erforderlichen Stromkreise unter Umgehung von Bonn bereitzustellen.

Bewährt haben sich die Einrichtungen von Lagezentren bei Fü B II[385] *und Fü B III (Verstärkung durch Personal gemäss Mob-Stellenplan) und die täglichen Lagebesprechungen bei Chef Fü B unter Beteiligung der zivilen Abteilung.*[386]

IV. Spezielle Erfahrungen der Abteilungen des Hauses
Siehe Anlage (wird nachgereicht)[387]

V. Schlussbemerkung

1. Die Kubakrise hat im wesentlichen die Erfahrungen bestätigt, die auch während der Vorübung von FALLEX 62 gemacht wurden.

2. Sie hat erneut gezeigt, wie schnell sich heute Krisen bis zum militärischen Konflikt entwickeln können. Es bleibt bei diesen Krisen nur noch wenig Zeit, um die Truppen einsatzbereit zu machen. Alle in Zeiten erhöhter Spannung geforderten Maßnahmen zur Verbesserung der personellen und materiellen Einsatzbereitschaft haben nur dann einen Sinn, wenn sie lebensnot-

---

[385] Fü B II – Führungsstab der Bundeswehr/Unterabteilung II: Militärisches Nachrichtenwesen der Bundeswehr.
[386] Die kursiv gesetzte Passage ist in der Vorlage durch Randanstreichung hervorgehoben.
[387] Anlage hier nicht abgedruckt.

wendig sind, schnell wirksam werden und für die erste Kriegsphase entscheidend sind.

3. Es wird immer schwierig sein zu entscheiden, in welchem Umfang während einer Spannungszeit Maßnahmen zur Erhöhung der Verteidigungsbereitschaft im nationalen Bereich angeordnet werden müssen. Sie werden abhängig sein von den Empfehlungen, die von den NATO-Kommandobehörden gegeben werden, von der Lagebeurteilung und dem Stand der eigenen militärischen und zivilen Verteidigungs-Vorbereitung.

4. Von besonderer Bedeutung ist, dass die gesetzlichen und organisatorischen Voraussetzungen geschaffen sind und die notwendigen Feststellungen und Anordnungen der Bundesregierung so frühzeitig getroffen werden, dass die Maßnahmen des Alarmkalenders der Bundeswehr ohne Verzug durchgeführt werden können.

5. Abschliessend ist festzustellen, dass die militärischen und zivilen Verteidigungs-Vorbereitungen der BRD[388] noch nicht auf kurzfristige Entwicklungen wie die Kuba-Krise eingestellt sind.
Die Beurteilung der Einsatzfähigkeit der Bundeswehr unter den jetzigen realen und nicht durch Übungsannahmen gemilderten Bedingungen hat – besonders beeinflusst durch die logistischen Schwächen – das Urteil bestätigt, dass die Bundeswehr in einem nuklearen Krieg kaum länger als eine Woche kämpfen könnte.

6. Die hervorstechenden Schwächen der Logistik sind
   - eine unausgewogenen Kriegsbevorratung
   - keine Reserven an Großgeräten
   - völlig ungenügender Friedensstand der log.[389] Truppen und Einrichtungen
   - fehlende Voraussetzungen für eine Ausnutzung ziviler Hilfsquellen.

Es muss erneut gefordert werden, dass diese Schwächen, die die Kampfkraft der Streitkräfte nach kurzem Einsatz entscheidend herabsetzen, nunmehr unverzüglich beseitigt werden.

---

[388] BRD – Bundesrepublik Deutschland.
[389] log. – logistischen.

Dokumente

Die Nationale Volksarmee der DDR in der Kubakrise

Dokument 16[390]

DEUTSCHE DEMOKRATISCHE REPUBLIK

NATIONALER VERTEIDIGUNGSRAT
DER VORSITZENDE

Minister für Nationale Verteidigung
Genosse Armeegeneral Heinz H o f f m a n n

S t r a u s b e r g

Im Interesse der Wahrung der Sicherheit und Unantastbarkeit der Deutschen Demokratischen Republik und ihrer Staatsgrenze

B E F E H L E   I C H :

1. In den Truppenteilen und Verbänden aller Teile der Nationalen Volksarmee ist ab sofort die erhöhte Alarmbereitschaft herzustellen.

2. Bis auf weiteres sind keine Entlassungen von Armeeangehörigen durchzuführen.

3. Die volle Mob.-Bereitschaft ist herzustellen.

4. Der Minister für Nationale Verteidigung erstattet mir am 24.10.1962, um 8.00 Uhr, Bericht über die Durchführung dieser Maßnahmen.

Berlin, den 23.10.1962   Walter Ulbricht

---

[390] BA-MA, DVW-1/43702, Bl. 55, Schreiben von Ulbricht an Hoffmann, 23. 10. 1962.

Dokument 17[391]

+ *MfNV*[392] *243 23.10. 2335 sch. MfNV Chef d.* Hauptstabes

Sonderbericht Nummer 2 zur Lage in Westdeutschland und Westberlin.

A. Agenturmeldungen aus Westberlin:
Die US-Truppen in Westberlin haben seit dem 22.10. Alarmbereitschaft. Alle außerhalb der Objekte wohnenden Offiziere und andere Angehörigen der US-Truppen befinden sich bei ihren Einheiten, die gesamte US-Garnison hat Ausgangssperre. Die Masse der 2. und 3. KG[393]/6. IR[394], die zu der bereits gemeldeten 4-tägigen Truppenübung ausgerückt sind, sind im Grunewald in den Raum 1. Jagen[395] 84, 2. Gelände um den Trümmerberg an der Teufelssee-Chaussee, 3. im Raum der Havel-Chaussee konzentriert. Die Truppen sind feldmarschmäßig ausgerüstet und voll aufmunitioniert. Sie haben alle schweren strukturmäßigen Waffen mitgeführt.
Beobachtungen in der Andrews- und Turner-Kaserne in den Vormittagsstunden des 23.10. ergaben, daß in beiden Objekten intensiv an der Beladung, Aufmunitionierung und Auftankung der Fahrzeuge gearbeitet wurde.
Beobachtungen der Mc-Nair-, Andrews-Kaserne ergaben, daß in den Abendstunden (ca. 19.00 Uhr) in beiden Objekten eine den Umständen entsprechende (nach Ausrücken der Masse der Truppen) Betriebsamkeit herrschte. Es wurden keine Feststellungen gemacht, die auf die Anwesenheit größerer Truppeneinheiten und schwerer Waffen hindeuten. Aus der Andrews-Kaserne wurde die Ausfahrt einer Anzahl von kleinen Lkw's mit weißen Fahnen am Kühler (offenbar Leitungs- oder Schiedsrichterpersonal für die Übung) beobachtet.

Die Westberliner Bereitschaftspolizei und die Einsatzkommandos der Schutzpolizei befinden sich seit 23. 10. in Alarmbereitschaft. Außerhalb der Kaserne wohnende Bereitschaftspolizisten haben sich in den Objekten aufzuhalten. Es herrscht Ausgangssperre. Innerhalb der Objekte der Bereitschaftspolizei wurde große Aktivität beobachtet. Es werden Vorbereitungen für einen Ausmarsch getroffen (Beobachtungen aus den Mittagsstunden: Beladen von Fahrzeugen).
Jüngere Angehörige der Schutzpolizei wurden zur Verstärkung der Bereitschaftspolizei in die Objekte der Bereitschaftspolizei verlegt.
In den Straßen der Stadt wurde keine verstärkte Streifentätigkeit der Polizei sowie auch der Besatzungstruppen beobachtet. Auch die Kontrollen auf der S-Bahn sind normal.

B. Funkaufklärungsergebnisse aus Westdeutschland.
Die durch die Funkaufklärung kontrollierten und beobachteten Funknetze der

---

[391] BA-MA, DVW-1/8779, Bl. 2–3, Sonderbericht Nr. 2 der 12.Verwaltung (militärischer Nachrichtendienst) zur Lage in Westdeutschland und West-Berlin, 23. 10. 1962.
[392] MfNV – Ministerium für Nationale Verteidigung der DDR.
[393] KG – Kampfgruppe. Amerikanische Truppenverbände jeweils in Bataillonstärke, die in der McNair-Kaserne in Berlin-Lichterfelde stationiert waren.
[394] 6. IR – 6th US Infantry Regiment.
[395] Jagen – forstliche Wirtschaftsfläche.

NATO-Truppen erbrachten nach wie vor keine Angaben über eine Verlegung der operativen Stäbe aus ihren Friedensgarnisonen in das Gelände.

Weitere Meldungen werden nach Eingang neuer Informationen übermittelt.

Dokument 18[396]

786/62
2. Ausf. 3 VS

Telegramm

AN DEN OBERKOMMANDIERENDEN
DER VEREINIGTEN STREITKRÄFTE
DER TEILNEHMERSTAATEN DES WARSCHAUER VERTRAGES
MARSCHALL DER SOWJETUNION Gen. GRETSCHKO[397]

MOSKAU

Werter Gen. Marschall der Sowjetunion!

Mit Einverständnis des Vorsitzenden des Nationalen Verteidigungsrates der Deutschen Demokratischen Republik, Genossen Walter Ulbricht, habe ich befohlen, in der Nationalen Volksarmee der DDR[398] folgende Maßnahmen durchzuführen:

1/ Alle Teilstreitkräfte der Nationalen Volksarmee unverzüglich entsprechend meiner Direktive Nr. 5/61, Punkt 22 in erhöhte Gefechtsbereitschaft zu versetzen.

2. Die Truppen haben sich in ihren Garnisonen aufzuhalten und folgende Maßnahmen durchzuführen:

1/ Die Stäbe ab Verband[399] und höher haben solche Maßnahmen zu treffen, die die Herstellung ihrer Arbeitsbereitschaft innerhalb einer Stunde sicherstellen.

2/ In jedem Truppenteil[400] und höher hat ein ständiger diensthabender Vertreter der Leitung anwesend zu sein.

---

[396] BA-MA, DVW-1/8782, Bl. 13–15, Telegramm (russ.) des Ministers für Nationale Verteidigung, Heinz Hoffmann, an den Oberkommandierenden der Vereinten Streitkräfte, Andrej A. Grečko, 24. 10. 1962.
[397] Grečko, Andrej Antonovič (1903–1976). Marschall der Sowjetunion (1955) – Oberkommandierender der Vereinigten Streitkräfte. In der Roten Armee seit 1919. 1936 Abschluß an der Frunse-Militärakademie, 1941 Absolvent der Militärakademie des Generalstabes, danach Einsatz als höherer Kavallerieoffizier. 1943–1945 Kommandeur der 1. Gardearmee. Oberkommandierender des Kiewer Militärbezirkes von 1945–1953, danach bis 1957 Befehlshaber der Gruppe der sowjetischen Streitkräfte in Deutschland. 1957–1960 1. Stellv. Verteidigungsminister der UdSSR, Chef der Landstreitkräfte. 1960–1967 Oberkommandierender der Vereinten Streitkräfte des Warschauer Vertrages. 1967–1976 Verteidigungsminister der Sowjetunion.
[398] DDR – Deutsche Demokratische Republik.
[399] In der Militärsprache der DDR Bezeichnung für eine Division.
[400] In der Militärsprache der DDR Bezeichnung für ein Regiment/Geschwader.

Die Führungspunkte aller Kommandoebenen der Truppen der LSK/LV[401], der Truppenluftabwehr und der Volksmarine haben die Arbeitsbereitschaft herzustellen.

3/ Jedem Truppenteil der Landstreitkräfte ist zu befehlen, über ein diensthabendes Bataillon (Abteilung) mit entsprechenden Verstärkungsmitteln zu verfügen. Die Transportmittel für die diensthabende Einheit sind in der Nähe des Standortes aufzustellen.

4/ Im Kommando der Volksmarine sind die diensthabenden Einheiten in die Bereitschaftsstufe Nr. 2 zu versetzen. Der Küstensicherungsdienst ist verstärkt durchzuführen.

5/ Ein Drittel der Flugzeuge jedes Regiments ist aufzumunitionieren und nicht für Ausbildungsflüge heranzuziehen.
In Übereinstimmung mit dem Diensthabenden System der LSK/LV ist auf Grundlage der Direktive Nr. 5/61 des Ministers für Nationale Verteidigung die entsprechende Bereitschaftsstufe herzustellen.

6/ Im verstärkten Ausmaß sind die funktechnische Aufklärung und die Beobachtung des Luft- und Seeraumes durchzuführen.
In den Militärbezirken sind die funktechnischen Posten und die Rundblickstationen der Flugabwehrregimenter und -abteilungen zu entfalten.

7/ Alle beweglichen Reserven in den Verbänden und Truppenteilen sind zu verladen.

8/ Die Ausbildungsmaßnahmen sind unter Beachtung der Maßnahmen der erhöhten Gefechtsbereitschaft durchzuführen.
Den Befehlshabern der Teilstreitkräfte und der Truppen der Militärbezirke ist in eigener Kompetenz zu gestatten, unter Berücksichtigung des Befehles über die erhöhte Gefechtsbereitschaft, alle Vorkehrungen für die Vorbereitung des neuen Ausbildungsjahres zu treffen.

9/ Einheiten die in der Volkswirtschaft arbeiten, einschließlich der, die sonntägliche unentgeltliche Arbeitseinsätze außerhalb der Garnison verrichten, sind abzuziehen, ebenso werden die Pionierarbeiten, die entsprechend meinen Befehlen Nr. 10/62 und 103/62 ausgeführt werden, eingestellt. Die für die Arbeiten abgestellten Kräfte und Mittel kehren zu ihren Einheiten zurück.

10/ Urlaub und Ausgang werden verboten, Personen, die sich auf Kommandierungen oder im Urlaub befinden, haben in die Einheiten zurückzukehren.

11/ Die Verbindung zu den Stäben der benachbarten sowjetischen Einheiten ist zu gewährleisten.

12/ Der bereitgestellte Eisenbahntransportraum ist im Zustand ständiger Einsatzbereitschaft zu halten.

---

[401] LSK/LV – Luftstreitkräfte/Luftverteidigung.

13/ Bis auf weiteres sind keine Entlassungen des Mannschafts-, Unteroffiziers- und Offiziersbestandes durchzuführen.

14/ Die Grenztruppen der Nationalen Volksarmee, einschließlich der Grenztruppen der Stadt Berlin, führen den Grenzdienst unter den Bedingungen der erhöhten Wachsamkeit durch, entsprechende Einsatzreserven sind zu schaffen und im Zustand der Gefechtsbereitschaft zu halten.

15/ Die vorgesehene Korpsübung mit dem Militärbezirk V wird verschoben.

16/ Die Kommandierenden der Teilstreitkräfte, der Militärbezirke, der Grenztruppen, der Kommandant der Hauptstadt der DDR, die Chefs der Waffengattungen, der Verwaltungen und Dienste des Ministeriums für Nationale Verteidigung, denen Einheiten, Truppenteile und Einrichtungen der NVA[402] unterstellt sind, haben in Durchführung meines Befehls die Ergreifung konkreter und detaillierter Maßnahmen anzuweisen.

17/ Den Kommandeuren der Ausbildungseinrichtungen der NVA wird die Durchführung entsprechender Maßnahmen zur Gewährleistung der erhöhten Gefechtsbereitschaft befohlen.

18/ Mein Stellvertreter und Chef der Politischen Hauptverwaltung hat eine Direktive zur politischen Sicherstellung der befohlenen Maßnahmen herauszugeben.

19/ Mit der Kontrolle der Erfüllung des vorliegenden Befehls ist mein Stellvertreter und Chef des Hauptstabes beauftragt.

20/ Bis zum 24. 10. 1962, 04.00 Uhr, ist mir über die Durchführung der Maßnahmen zur Gewährleistung der erhöhten Gefechtsbereitschaft zu berichten.

DER MINISTER FÜR NATIONALE VERTEIDIGUNG
DER DDR *Hoffmann*[403]
ARMEEGENERAL HOFFMANN

---

[402] NVA – Nationale Volksarmee der DDR.
[403] Hoffmann, Heinz (1910–1985). Armeegeneral (1961) – Minister für Nationale Verteidigung. Ausbildung als Maschinenschlosser, 1930 Eintritt in die KPD. 1935 Emigration in die UdSSR, von 1937–1939 Einsatz im Spanischen Bürgerkrieg, Offizier und Kriegskommissar der XI. Interbrigade. Rückkehr in die UdSSR, ab 1941 an Schule der Kommunistischen Internationale. 1946 Rückkehr in die SBZ und Mitarbeiter des ZK der KPD/SED. 1949–1950 Vizepräsident der Deutschen Verwaltung des Innern. 1950 Ernennung zum Chef der Hauptverwaltung für Ausbildung, ab 1952 Chef der Kasernierten Volkspolizei. 1957–1960 1. Stellv. des Ministers für Nationale Verteidigung der DDR und Chef des Hauptstabes der NVA. 1960–1985 Verteidigungsminister der DDR. Seit 1973 Mitglied des Politbüros der SED.

Dokument 19[404]

+ *MfNV 253 24.10 1625 sch. MfNV Chef des Hauptstabes*

Sonderbericht Nr. 7 zur Lage in Westdeutschland und Westberlin (Stand: 24. 10. 1962 – 14.00 Uhr)

1. Zur Lage in Westdeutschland.

Vorliegende Agenturmeldungen bestätigen die Funkaufklärungsmeldung vom 23. 10. 1962 23.25 Uhr, Sonderbericht Nr. 2, wonach noch keine Angaben über eine Verlegung operativer Stäbe der NATO-Truppen in Westdeutschland aus ihren Friedensgarnisonen ins Gelände (Ausnahme bilden die bereits genannten Übungen) beobachtet wurden. So besteht bei den in Frankfurt/M. und Wiesbaden dislozierten amerikanischen Truppeneinheiten, zum größten Teil Bedienungseinheiten von Stäben, ein erhöhter Bereitschaftsgrad, wobei die Einheiten Waffen und Ausrüstungen sowie Munition auf in den Objekten bereitstehenden Lkw's verlastet haben. Funkaufklärungsergebnisse aus einer Bundeswehrbeziehung ermittelten am 24. 10 1962 07.40 Uhr eine Meldung, die aus dem Stichwort „Stiller Ozean" mit Wirkung 06.00 Uhr bestand. Nachfolgende Überprüfungen ergaben, daß in den gesamten Vormittagsstunden auf allen Funkbeziehungen der Bundeswehr, die bisher beobachtet wurden, kein Funkverkehr abgewickelt wurde.

Nur eine weitere neue nicht identifizierte, wahrscheinlich jedoch Luftwaffenfunkbeziehung der Bundeswehr, sendete in den Vormittagsstunden verschlüsselte Zweier-Gruppen.

Am 24. 10. 1962 13.50 Uhr wurde auf einer wiederum neuen Bundeswehrfunkbeziehung ein Betriebsspruch, der aus dem Stichwort „sofort Sonnenblume" bestand, aufgefangen. Der Sinn der Stichworte „Stiller Ozean" und „sofort Sonneblume" ist nicht bekannt. Es kann sich jedoch entsprechend der Beobachtung des Funkverkehrs im Allgemeinen um Signale handeln, die mit der Einführung des sogenannten Minimize-Systems im Nachrichtenwesen (minimize – auf ein Mindestmaß herabsetzten) handeln, dessen Anwendung in der Periode der verstärkten militärischen Wachsamkeit vorbereitet wird, um es während des Zustandes „Orange", der nächst höheren Alarmstufe aus dem System der NATO, zum Schutz gegen einen Überraschungsangriff, in Kraft zu setzen.

Diese Einschätzung ist jedoch noch nicht bestätigt, da aus dem Funkverkehr anderer NATO-Streitkräfte in Westdeutschland keine Anhaltspunkte vorliegen.

Auf einer neu festgestellten noch nicht identifizierten US-Funkbeziehung wurden Sprüche mit dem Übungsnamen „CPX Harvest Frost" gesendet. Vermutlich handelt es sich um eine Kommandostabsübung der Sanitätstruppen. Räume der Handlungen wurden nicht festgestellt.

---

[404] BA-MA, DVW-1/8779, Bl. 7–8, Sonderbericht Nr. 7 der 12. Verwaltung (militärischer Nachrichtendienst) zur Lage in Westdeutschland und West-Berlin, 24. 10. 1962.

2. Zur Lage in Westberlin

Beobachtungen der militärischen Objekte der amerikanischen Truppen in Westberlin im Laufe des Vormittags des 24. 10. 1962 ergaben

– in der McNair-Kaserne, Görzallee
2. und 3. KG/6. IR,
– in der Andrews-Kaserne, Finkensteinallee
2. KG/12. IR/1. ID[405],
– in der Turner-Kaserne, Hüttenweg
f Panzerkompanie/40PR[406]

Bestätigungen für bereits früher übermittelte Meldungen wonach die Objekte von den in ihnen untergebrachten Kampftruppen geräumt sind und die Truppen in Konzentrierungsräume in den Grunewald verlegt worden sind.
Eine Ausnahme bilden lediglich zwei Züge (4 105-mm-Haubitzen) Batterie „A"/1. Haubitzabteilung/7. AR[407] mit 8 offenbar dazugehörigen Munitionswagen, die in der McNair-Kaserne, Görzallee am Morgen des 24. 10. 1962 (ca. 09.45 Uhr) festgestellt wurden. Als neue Konzentrierungsräume im Grunewald wurden die Räume Jagen 102, 72 und 74 in der Nähe Kronprinzessinnenweg ermittelt. Die in diesem sowie den im Sonderbericht Nr. 2 vom 23. 10. 1962 23.35 Uhr gemeldeten Konzentrierungsräumen Jagen 84, Gelände um den Trümmerberg an der Teufelsee-Chaussee und im Raum Havel-Chaussee gemeldeten Truppen halten sie seit Beziehen besetzt und haben trotz angeblichem Ausrückens zur Übung bisher keine besonderen auf eine Übung hindeutenden Handlungen durchgeführt.
Allerdings ist der gesamte Grunewald von Einheiten der Bereitschafts- und Schutzpolizei abgesperrt, die Zivilpersonen den Zutritt verwehren.

Auf der Autobahn – Helmstedt (Westberlin – Helmstedt) wurde am 24. 10. gegen 09.00 Uhr zwischen Potsdam Babelsberg und Berliner – Ring eine englische Fahrzeugkolonne in Richtung Helmstedt beobachtet, die aus einem Führungsfahrzeug (mit 4 [Mann] besetzter Jeep mit Funk) und 12 mit je 2 [Mann] besetzten Lkw bestand. Da die Kfz-Nummern dieser Kolonne in ihrer Masse als regelmäßig zwischen Westberlin und Westdeutschland verkehrende Transportfahrzeuge bekannt sind, handelt es sich offenbar um eine relativ normale Transportbewegung.
Über die Last und Ladung der Kolonne ist nichts bekannt. Darüber hinaus wird gemeldet, daß die üblichen amerikanischen Kontrollposten an der Kontrollstelle Friedrichstraße und Kochstraße am 23. 10. 20.30 Uhr durch englische Kontrollposten abgelöst worden waren, die offenbar die in den Grunewald verlegten amerikanischen Posten betreffen.
Die Beobachtung der Flugplätze Tegel und Tempelhof in den Vormittagsstunden des 24. 10. ergaben keine Feststellungen, die auf Sicherungsmaßnahmen, die über

---

[405] 2. KG/12. IR/1. ID – 2. Kampfgruppe/12th US Infantry Regiment/1th US Infantry Division.
[406] Die in West-Berlin befindliche „f" Panzerkompanie des 40. US-Panzerregiments war in der Turner-Kaserne in Berlin-Dahlem untergebracht.
[407] Die „Alpha"-Batterie des 7th US Field Artillery Regiments war von 1961–1962 in West-Berlin stationiert.

das übliche Maß hinaus gehen, hindeuten, die übermäßigen ankommenden und abgehenden Flugverkehr sowie Militärtransporte betreffen.
Die Beobachtung der Napoleon-Kaserne in Reinickendorf ergab ebenfalls keine neuen grundsätzlich veränderten Festellungen. Für den Abend des 24. 10. sind in den Stadtbezirken Neukölln, Tiergarten und Charlottenburg kurzfristig Bezirksverordnetenversammlungen einberufen. Die Westberliner CDU hat für 20.00 Uhr im „Prälaten" in Schöneberg ein politisches Forum über die gegenwärtige politische Situation einberufen.

Die Stimmung unter der Westberliner Bevölkerung ist, wie bereits gemeldet, gedrückt und es wurden Angstkäufe sowie eine verstärkte Absetzbewegung nach Westdeutschland beobachtet.
Die angekündigte Grenzverstärkung der Westberliner Polizei soll besonders an der Grenze zur DDR wirksam werden. So wurden zum Beispiel am 24. 10. vormittags 8 Lkw, besetzt mit je ca. 30 Polizisten in voller Ausrüstung auf dem Marsch in Richtung Spandau beobachtet.
Insgesamt gesehen kann festgestellt werden, daß sich die Lage bis zum 24. 10. 15.00 Uhr nach den vorliegenden Aufklärungsergebnissen nicht grundlegend verändert oder verschärft hat.
Neue Angaben über die Lage werden nach Eingang sofort gemeldet.

MfNV Vertreter des Stabes der Vereinten Streitkräfte

Dokument 20[408]

+*MfNV 25.10. 0755 sch. MfNV Chef des Hauptstabes*

Sonderbericht 11
Zur Lage in Westdeutschland   Stand   25. 10. 62   07.00 Uhr

Durch die Funkaufklärung wurde am 25.10.62 03.26 Uhr ermittelt, daß für alle nachstehenden aufgeführten Depots und Unterstützungseinheiten des 4. USA-Versorgungskommandos (Stabssitz Verdun) der Verbindungszone durch den Stab der USA-Streitkräfte Europa – EUCOM[409] – (Stabssitz Camp des Loges bei St. Germain, westlich Paris) ab 25. 10. 1962 01.45 Uhr das Minimize-System im Nachrichtenverkehr in Kraft gesetzt wurde.

Folgende Depots und Einheiten werden davon betroffen:

USA-Garnison V e r d u n

Gemischte Depots   Braconne, Chinon, Ingrandes,
                                Kaiserslautern, Nahbollenbach,
                                Nancy, Pirmasens, Saumur, Metz

---

[408] BA-MA, DVW-1/8779, Bl. 11–12, Sonderbericht Nr. 11 der 12. Verwaltung (militärischer Nachrichtendienst) zur Lage in Westdeutschland und West-Berlin, 25. 10. 1962.
[409] EUCOM – United States European Command.

Muni-Depots[410]	Captieux, Miesau, Trois Fontaenes (Fontains)
Sanitäts-Depots	Einsiedlerhof, Vitry le Francois
Feldzeugmeister-Depots	Germersheim
Transport-Depots	Sandhofen
Quartiermeister-Depot	Gießen
Luftunterstützungszentrum	St. Andre'
Verschobenes Waffenunterstützungskdo.[411]	Pirmasens
32. Pioniergruppe	Verdun
70. mittl. Lkw-Transportkp.[412]	
(37. Transportkdo.[413])	Virty le Francios
77. mittl. Lkw-Transportkp.	
(37. Transportkdo.)	Croix Chapeau

Bestätigungen und Angaben über die Anwendung des Minimize-Systems in anderen Kommandobereichen der amerikanischen Truppen in Westdeutschland liegen bisher noch nicht vor.

Das Minimize-System (auf ein Mindestmaß herabsetzen) ist eine Maßnahme im Nachrichtenverkehr, deren Durchführung nach Dokumenten über das NATO-Alarmsystem im Rahmen der Maßnahmen der Periode der verstärkten militärischen Wachsamkeit vorbereitet wird und deren Auslösung ein Charakteristikum für den Zustand „Orange" (erste Stufe des Systems zum Schutze gegen einen Überraschungsangriff) ist.

Der Zustand „Orange" wird ausgelöst, wenn Aufklärungsangaben zeigen, daß der Gegner in einer Zeitspanne zwischen einer und 36 Stunden einen Angriff beginnen kann.

Da der auslösende Stab für die Anwendung des Minimize-Systems der Stab der USA-Streitkräfte in Europa (EUCOM) ist, und bisher nur auf der Funkbeziehung des 4. Versorgungskommandos (USA) der Verbindungszone ermittelt wurde (auf anderen überwachten Funkbeziehungen bei den operativen Stäben wurde den Bedingungen entsprechend ein normaler Verkehrsbetrieb festgestellt) kann geschlußfolgert werden, daß

- die Auslösung des Minimize-Systems eine Maßnahme auf nationaler Ebene im Bereich der USA-Streitkräfte in Europa und noch keine allgemeine NATO-Maßnahme (nicht von einem NATO-Stab, sondern dem obersten nationalen Führungsstab der USA-Streitkräfte in Europa ausgelöst) ist.
- das Minimize-System bisher nur für die Einrichtungen und Einheiten des 4. Versorgungskommandos wirksam ist. Vermutlich soll durch die Beschränkung die Geheimhaltung über die Bewegung und Bereitstellung materiell technischer Mittel für die USA-Truppen im Bereich der Verbindungszone erhöht werden.

MfNV Vertreter des Stabes des Vereinten Oberkommandos

---

[410] Muni-Depots – Munitionsdepots.
[411] Waffenunterstützungskdo. – Waffenunterstützungskommando.
[412] mittl. Lkw-Transportkp. – mittlere Lastkraftwagentransportkompanie.
[413] Transportkdo. – Transportkommando.

Dokument 21[414]

Eingang
Fernschreiben Nr. 69   2448
– verschlüsselt –

Nach 6 Tagen vom Zeitpunkt des   Ausfertigung Nr. 1. = 1 Blatt
Empfanges an die Chi.-Stelle[415] zurück   Anfertigung einer Abschrift verboten
                                                              Ausnahme

Empfänger: *Stellv. d. Min. und Chef d. Hptst.*[416]

Absender: *12. Verwaltung*

Aufgegeben am *27. 10. 62, 08.10* Uhr   Eingegangen am *27. 10. 62, 11.00* Uhr
                                                    Geheime Verschlußsache!

Sonderbericht Nr. 17 zur Lage in Westdeutschland und Westberlin (Stand 27. 10. 62, 07.00 Uhr)
Bis 27. 10. 62, 07.00 Uhr führten alle durch die Funkaufklärung überwachten Funkfernschreib- und Funkstationen der NATO-Streitkräfte in WD[417] normalen Verständigungsverkehr durch. Es wurden keine neuen Funkbeziehungen ermittelt, die mit den Feldstationen arbeiteten. Auch Agenturmeldungen, die eine Veränderung bzw. Verschärfung der Lage charakterisieren würden, liegen nicht vor. Das bestätigt eine Funkaufklärungsmeldung, daß das seit 25. 10. 62, 01.40 Uhr im Bereich der amerikanischen Landstreitkräfte in Europa (siehe Sonderbericht Nr. 11 und 14) angeordnete MINIMIZE-System im Nachrichtenverkehr auf Anweisung der Operationsabteilung des Stabes der amerikanischen Landstreitkräfte in Europa ab 26. 10. 62 15.14 Uhr aufgehoben ist. Diese Anweisung erging an die Operationsabteilung des Stabes der Verbindungszone [und wurde] an die Depots und Unterstützungseinheiten des 4. amerikanischen Versorgungskommandos weitergegeben und aufgefangen.
Mit der Aufhebung der durch die Anwendung des MINIMIZE-Systems im Nachrichtenverkehr eingetretenen Einschränkung des Funkverkehrs im Bereich des 4. amerikanischen Versorgungskommandos wurden vermutlich auch die Funkbeschränkungen im gesamten Bereich der USA-Landstreitkräfte in Europa aufgehoben. Damit sind vermutlich die am 26. 10. 62 in Westberlin beobachteten Lockerungen der Bestimmungen zur Erhöhung der Einsatzbereitschaft der Besatzungstruppen (zusätzlich zu den im Sonderbericht Nr. 16 gemeldeten Einzelheiten erbrachte die Beobachtung des Stabes der amerikanischen Truppen in Westberlin, Clayallee, in den späten Abendstunden des 26. 10. 62 keine Anzeichen für einen zusätzlichen Bereitschaftsdienst (teilweise auch bei den in Westdeutschland dislozierten amerikanischen sowie anderen NATO-Truppen in Kraft getreten, so daß Elemente höhe-

---

[414] BA-MA, DVW-1/8779, Bl. 18, Sonderbericht Nr. 17 der 12. Verwaltung (militärischer Nachrichtendienst) zur Lage in Westdeutschland und West-Berlin, 27. 10. 1962.
[415] Chi.-Stelle – Chiffrierstelle.
[416] Stellv. d. Min. und Chef d. Hptst. – Stellvertreter des Ministers und Chef des Hauptstabes.
[417] WD – Westdeutschland.

rer Alarmstufen aufgehoben und nur noch der Zustand der erhöhten militärischen Wachsamkeit vermutlich in Kraft ist).
An der Präzisierung dieser Angaben wird gearbeitet.

gez.: 12. Verwaltung

Dokument 22[418]

Eingang
Fernschreiben Nr. 76   2502
– verschlüsselt –

Nach 6 Tagen vom Zeitpunkt des   Ausfertigung Nr. 1. = 1 Blatt
Empfanges an die Chi.-Stelle zurück   Anfertigung einer Abschrift verboten
                                                                    Ausnahme

Empfänger: *Stellv. d. Ministers und Chef d. Hptst.*

Absender: *12. Verwaltung*

Aufgegeben am 29. 10. 62, 08.30 Uhr   Eingegangen am 29. 10. 62, 08.45 Uhr

Geheime Verschlußsache!

Sonderbericht Nr. 21 zur Lage in Westdeutschland und Westberlin. Stand 29. 10. 62, 07.30 Uhr.
Nach vorliegenden Agentur- und Funkaufklärungsmeldungen haben sich keine prinzipiellen Veränderungen der Lage in WD und Westberlin ergeben.
Für die amerikanischen und andere NATO-Streitkräfte in WD (bestätigt für alle bereits der NATO unterstellten Teile der Bundeswehr sowie britische Verbände und Luftwaffenteile) besteht demzufolge nach wie vor der – Zustand der erhöhten militärischen Wachsamkeit –.
Die Drittel – Bereitschaft für die NATO – Luftstreitkräfte in WD (Vgl. Sonderbericht Nr. 20) wird von zuverlässiger Seite auch für eine Staffel (19) amerikanische Düsenjäger, wahrscheinlich des Typs F-105 bestätigt, die aus Schottland oder Island kommend am 24. 10. – 25. 10. 62 auf dem Frankfurter Rhein – Main – Flughafen stationiert wurde. 6 Maschinen befinden sich ständig in der Luft.
Die erhöhte Bereitschaft für die Bundeswehr wird von zuverlässiger Seite dahingehend präzisiert, daß der Luftwarn- und Vorwarndienst kriegsmäßigen Bereitschaftsdienst unterhält, für die Luftverteidigungskräfte (Artillerie, Fla-Raketen, Jagdgeschwader) – einfacher Alarm – und für voll einsatzfähige operativ-taktische Raketeneinheiten der Land- und Luftstreitkräfte der Bundeswehr (Honest John[419]

---

[418] BA-MA, DVW-1/8779, Bl. 22, Sonderbericht Nr. 21 der 12. Verwaltung (militärischer Nachrichtendienst) zur Lage in Westdeutschland und West-Berlin, 29. 10. 1962.
[419] Honest John – 1958 bei der Bundeswehr eingeführtes taktisches Kernwaffeneinsatzmittel. Die einstufige ungelenkte Feststoffrakete konnte einen nuklearen Gefechtskopf mit einer Sprengkraft von 2–40 kt über eine Reichweite von bis zu 40 km befördern. Bei der Bundeswehr befanden sich jedoch die nuklearen Gefechtsköpfe unter der Verfügungsgewalt der US-Streitkräfte.

und Matador[420]-Einheiten) erhöhte Alarm- und Gefechtsbereitschaft angeordnet wurde.
Die bereits gemeldeten gewissen Lockerungen des Bereitschaftszustandes der Besatzungstruppen in Westberlin und der Westberliner Polizei wurden auch am 28. 10. 62 bestätigt.
Aus amerikanischer Quelle verlautete, daß – SPECIAL SERVICE in Attention – (Sonderdienst mit erhöhter Bereitschaft) befohlen sei. Damit sei der Alarmzustand, der praktisch bis 27. 10. 62 geherrscht habe, aufgehoben worden.
Ausgang werde bis 24.00 Uhr für einen gewissen Prozentsatz der Truppe (ca. 15 bis 20%) gewährt. Offz. und verheiratete Uffz. durften unter Gewährleistung ihrer Erreichbarkeit die Objekte verlassen. Ähnlich ist der Zustand bei den franz. Truppen in Westberlin (vergleiche Sonderbericht Nr. 20) und vermutlich auch bei den britischen Truppen.
Die Beobachtung der Objekte der Westberliner Bereitschaftspolizei erbrachte die Feststellung, daß Angehörigen der Abteilung in Schulzendorf Ausgang gewährt wurde, während dies bei Angehörigen der [in] Berlin-Tiergarten (Kruppstr.) stationierten Abteilung nicht beobachtet wurde.
Möglicher Weise war diese Abteilung am Abend des 28. 10. 62 als diensthabende Abteilung eingeteilt.

gez.: 12. Verwaltung

Dokument 23[421]

Eingang
Fernschreiben Nr. *18*
– verschlüsselt –

2732

Nach *6* Tagen vom Zeitpunkt des
Empfanges an die Chi.-Stelle zurück

Ausfertigung Nr. *1.* = *1* Blatt
Anfertigung einer Abschrift verboten
Ausnahme

Empfänger: Stellv. d. Ministers und Chef des Hauptstabes

Absender: 12. Verwaltung

Aufgegeben am 06.11.62, 18.15 Uhr   Eingegangen am 06.11.62, 18.35 Uhr

Geheime Verschlußsache!

---

[420] Matador – ab 1958 in den USA entwickeltes Flügelgeschoß für den Einsatz von operativ-taktischen Nuklearwaffen mit einer Reichweite von bis zu 1000 km. Das 1960 bei der Bundeswehr in zwei Versuchsexemplaren eingeführte Waffensystem wurde jedoch nie für die Einsatzverbände beschafft, sondern durch das Raketensystem Pershing I ersetzt.
[421] BA-MA, DVW-1/8779, Bl. 40, Sonderbericht Nr. 38 der 12. Verwaltung (militärischer Nachrichtendienst) zur Lage in Westdeutschland und West-Berlin, 6. 11. 1962.

Betr.: Sonderbericht Nr. 38 zur Lage in WD und WB[422] (Stand: 06. 11., 17.00 Uhr)
Am 06. 11. 62 wurde durch die Agentur- und Funkaufklärung keine Veränderung der Lage in WD und WB festgestellt.
Die in Zusammenarbeit mit Übungsflügen amerikanischer Piloten nach WB durchgeführte Auffüllung der Munitions- und Lebensmittelbestände der amerikanischen Truppen in WB (wurden bereits in den Sonderberichten Nr. 28 und 30 gemeldet) wurde noch immer festgestellt.
Auch die Einlagerung zusätzlicher Versorgungsgüter durch zivilstaatliche Stellen (sogenannte Senatsreserven) wurde weiter beobachtet.
Beobachtungen in WB ergaben, daß die Mitglieder des technischen Hilfswerkes auf einen evtl. Einsatz für den Fall einer Bedrohung Westberlins, psychologisch vorbereitet werden.
Weiter verlautet von bisher glaubwürdiger Seite, daß in Belgien im Zusammenhang mit der amerikanischen Aktion gegen Kuba keine Maßnahmen zur Erhöhung der militärischen Bereitschaft eingeleitet worden seien.
Zur Charakterisierung der Lage bei den USA-Truppen in WB zur Zeit des Höhepunktes der Kuba-Krise werden folgende inzwischen ermittelte Tatsachen gemeldet:

1. Nach Beginn der Kuba – Aktion wurde für die amerikanischen Truppen in WB durch den Stab der USA-Streitkräfte Europa (EUCOM) die 1. Bereitschaftsstufe (Periode der erhöhten militärischen Wachsamkeit) befohlen.
   Im Zusammenhang mit der Durchführung der Maßnahmen für den Alarmzustand – erhöhte militärische Wachsamkeit – wurde selbst ein Teil der bei den USA-Truppen beschäftigten Zivilangest.[423] in den Objekten zurückgehalten, mußten aber – wie die Soldaten – jederzeit zu erreichen sein.
   Besondere Alarm- und Bereitschaftsmaßnahmen bzw. -Übungen wurden nicht angeordnet.
   Eine über die Periode – erhöhte militärische Wachsamkeit – hinausgehende Erhöhung der Einsatzbereitschaft wurde in der Folgezeit nicht befohlen.
2. Verstärkungen der Truppen wurden nicht durchgeführt.
   Der Austausch einzelner Einheiten wurde wie in den zurückliegenden Monaten ohne besondere Einschränkungen in der bisher üblichen Form durchgeführt.
3. Mit Erreichen des Höhepunktes in der Kuba – Krise wurde bei den amerikanischen Truppen in WB allgemein mit einer weiteren Zuspitzung der Lage gerechnet.
   Allgemein vorherrschend sei eine Antipathie bis zur offenen Furcht vor einem Weltkrieg gewesen.
   Kampfstimmung oder Überlegenheitsgefühl habe es fast nirgends gegeben.
4. Für die in WB dislozierten USA-Truppen sei die Umrüstung auf Panzer des Typs M-60[424] vorgesehen.

---

[422] WB – West-Berlin.
[423] Zivilangest. – Zivilangestellte.
[424] M-60 Patton. Mittlerer Kampfpanzer der US-Streitkräfte. Der mit einer 105-mm Kanone ausgerüstete Panzer wurde ab 1961 bei der US Army eingeführt.

Damit soll eine Verstärkung der Panzerkräfte um ca. 40% (ein Teil der M-48[425] Panzer solle nach der Umrüstung in WB verbleiben) erreicht werden.
Als vermutlicher Termin für den Abschluß der Umrüstung wurde der Monat Februar 1963 bekannt.

gez. Chef 12. Verwaltung

Dokument 24[426]

Eingang
Fernschreiben Nr. *26*   *2781*
   – verschlüsselt –

Nach *6* Tagen vom Zeitpunkt des   Ausfertigung Nr. *1.* = *1* Blatt
Empfanges an die Chi.-Stelle zurück   Anfertigung einer Abschrift verboten
                                                                        Ausnahme

Empfänger: *Stellv. d. Ministers u. Chef d. Hauptstabes*

Absender: *Rhodos 97*

Aufgegeben am *08.11.62, 17.20* Uhr   Eingegangen am *08.11.62, 17.25* Uhr

Geheime Verschlußsache!

Sonderbericht 42 zur Lage in WD und WB
Stand: 08. 11. 62, 17.00 Uhr

Durch die Agentur- und Aufklärung konnten am 08. 11. 62 bis 17.00 Uhr keine Maßnahmen festgestellt werden, die eine Verschärfung der Lage in WD und WB erkennen lassen.

Im Gegensatz dazu geht aus einer Agenturmeldung hervor, daß die auf Grund der Kuba-Blockade für den Stab des VII. USA-Korps angeordnete Urlaubs- und Ausgangssperre seit dem 31. 10. 62 wieder aufgehoben sei.
Ein nach dem bisher üblichen Turnus fälliger Probealarm des Stabes der 7. US-Armee sei auf Grund der bestehenden Situation auf einen späteren Termin verlegt worden.
Am 08. 11. 62 haben die amerikanischen Besatzungstruppen in WB erstmals wieder Touristenfahrten (ca. 100 Mann) nach dem Treptower Park durchgeführt, was die Schlußfolgerung zuläßt, daß für die USA-Truppen in WB eine weitere gewisse Lockerung des Regimes eingetreten ist.

gez.: Chef 12. Verwaltung

---

[425] M-48 Patton. Mittlerer Kampfpanzer der US-Streitkräfte. Der mit einer 90-mm Kanone ausgerüstete Panzer wurde ab 1952 bei der US Army eingeführt.
[426] BA-MA, DVW-1/8779, Bl. 44, Sonderbericht Nr. 42 der 12. Verwaltung (militärischer Nachrichtendienst) zur Lage in Westdeutschland und West-Berlin, 8. 11. 1962.

Dokument 25[427]

Bericht
über die politisch-ideologische Arbeit in der
Armee zur Zeit der Ereignisse in Kuba

Für die Nationale Volksarmee ist die amerikanische Blockade gegen Kuba Anlaß zu erhöhter Gefechtsbereitschaft, entsprechend den gegebenen Weisungen und Befehlen. Die Gefechtsbereitschaft der Einheit wurde hergestellt.
Im Militärbezirk V begünstigten die Vorbereitungen auf die Korpsübung die befohlenen Maßnahmen. Bestandteil der Gefechtsbereitschaft ist die politische Standfestigkeit der Truppe. In der augenblicklichen Situation kommt es darauf an, allen Armeeangehörigen die politischen Ereignisse um Kuba zu erläutern und damit die Notwendigkeit der erhöhten Gefechtsbereitschaft zu beweisen.
Die Überprüfungen des Sektors Nationale Verteidigung erstreckten sich auf die 1. MSD[428], die 2. Grenzbrigade und die Führungstätigkeit durch die Politische Hauptverwaltung des Ministeriums für Nationale Verteidigung.

Politische Stimmungen

In den ersten Tagen nach Bekanntwerden der amerikanischen Aggressionsmaßnahmen gegen Kuba gab es eine Welle der Sympathie und des Protestes innerhalb der Armee. Die durch den Minister für Nationale Verteidigung angeordneten Maßnahmen zur Herstellung einer erhöhten Gefechtsbereitschaft fanden in diesen Tagen bereits Verständnis bei den Soldaten und Offizieren. Das wurde u. a. sichtbar im disziplinierten Verhalten aller Armeeangehörigen bei Protestversammlungen in Einheiten, Truppenteilen und Stäben. Vorherrschend war in diesen Tagen die Meinung, daß mit einer militärischen Kraftprobe gerechnet werden muß. Unverständnis für die in dieser Situation getroffenen Maßnahmen innerhalb der Armee kam nur in Einzelfällen zum Ausdruck.

Nach der Veröffentlichung der 3. und 4. Note[429] der Sowjetunion kam es im breiteren Maße zu Diskussionen und Unklarheiten über die in der sowjetischen Note dargelegten Vorschläge. Die Verhandlungsbereitschaft der Sowjetunion wurde als Zurückweichen und als militärische Schwäche ausgelegt. Im stärkeren Maße kam die Meinung auf, daß mit diesen letzten Erklärungen sich die Lage bereits so entspannt habe, daß die weitere Aufrechterhaltung der erhöhten Gefechtsbereitschaft nicht mehr notwendig sei. Hinzu kam, daß teilweise über das Wochenende der Dienst schlecht organisiert wurde und die Möglichkeiten für eine sinnvolle Freizeitbeschäftigung ungenügend genutzt wurden. Viele der zur Entlassung Stehenden sahen nicht mehr die Notwendigkeit einer Dienstzeitverlängerung, andere, darunter auch Offiziere, nicht mehr die Notwendigkeit, im Objekt bzw. im Standort zu ver-

---

[427] SAPMO-BA, DY 30/IV 2/12/16, Bl. 207–212, Bericht über die politisch-ideologische Arbeit in der Armee zur Zeit der Ereignisse in Kuba, o. Datum.
[428] 1. MSD – 1. Motorisierte Schützendivision.
[429] Hiermit sind die, auch von der DDR-Presse veröffentlichten, Briefe von Chruščev an Kennedy vom 27. 10. 1962 und vom 28. 10. 1962 gemeint. Abgedruckt in: DzD, IV/8, S. 1372–1375 bzw. DzD, IV/8, S. 1377–1380.

bleiben. Teilweise – so zum Beispiel im Bereich des Panzer-Regimentes 1 – wurden diese Stimmungen genährt durch das Abhören von für die Bundeswehr bestimmte Sendungen des Freiheitssenders 904 und des Deutschen Soldatensenders[430]. Diese Sender berichteten in der Absicht, in der Bundeswehr Unruhe und Verwirrung zu stiften, über die Aufhebung der Urlaubs- und Ausgangssperre in der Bundeswehr, bereits am Sonntag, dem 28. und Montag, dem 29. Oktober 1962.

In der Stimmung der Armeeangehörigen gibt es zwischen der 1. mot.-Schützen-Division[431] und der 2. Grenzbrigade Unterschiede. Die Haltung der Genossen in der Grenzbrigade ist bis hinunter zum Soldaten mehr von der Erkenntnis der politischen Notwendigkeit und der Erkenntnis der politischen Zusammenhänge getragen, als in der 1. mot.-Schützen-Division. Hier zeigte sich, daß die Genossen der Grenzbrigade durch die ständige Konfrontation mit dem Gegner bereits größere politische Erfahrungen gesammelt haben.

Trotz der positiven Grundstimmung, die allgemein in der Befriedigung darüber zum Ausdruck kommt, daß die Sowjetunion den Frieden gewahrt hat, läßt sich nicht verkennen, daß die Diskussionen über die Notwendigkeit der erhöhten Gefechtsbereitschaft und über die Haltung der Sowjetunion zunehmen.

Bezeichnend ist, daß ein Teil der zur Entlassung stehenden Soldaten und Unteroffiziere in ihren Diskussionen erkennen lassen, daß sie die Ursachen für die Verschiebung ihrer Entlassungen nicht bei den Imperialisten und den aggressiven Maßnahmen der USA suchen, sondern bei unserer Armee- und Staatsführung, worin eindeutig die noch vorhandenen Schwächen in der klassenmäßigen Erziehung zum Ausdruck kommen.

Die durch die Politische Hauptverwaltung gegebenen Sonderinformationen bringen ungenügend ein reales Bild der Stimmung unter den Armeeangehörigen zum Ausdruck. Es befinden sich darin lediglich Verallgemeinerungen der positiven Stimmungen und die Wiedergabe von einzelnen negativen Argumenten durch Einzelpersonen. Dadurch wird der Umfang der in der Armee vorhandenen Meinungen und des Nichtverstehens der letzten Ereignisse und das richtige oder falsche Reagieren der Kommandeure und Politorgane nicht klar genug analysiert.

Die Führung der ideologischen Arbeit

In den ersten Tagen der Ereignisse um Kuba reagierten die Genossen des Politapparates auf allen Ebenen auf die Ereignisse mit schriftlichen Argumentationen, Versammlungen, Politinformationen usw. Die gegebene Orientierung war im allgemeinen richtig und abgesehen von den Grenzen, die den Genossen durch ihr allgemeines politische Niveau gezogen sind, auch gut. Die Argumentation entsprach im we-

---

[430] Der ab 1956 vom DDR-Rundfunk betriebene „Deutsche Freiheitssender 904" und der „Deutsche Soldatensender 935" befanden sich im grenznahen Raum der DDR, suggerierten aber ihren Hörern, als eine Art Piratensender vom Territorium der Bundesrepublik aus zu senden. Aufgabe beider Rundfunkprogramme war es, Bürger der Bundesrepublik und vor allem Soldaten der Bundeswehr im Sinne der DDR-Ideologie zu beeinflussen.
[431] 1. mot.-Schützen-Division – 1. Motorisierte Schützendivision.

sentlichen der zentralen Argumentation, obwohl das Material des Politbüros nicht über die Politische Hauptverwaltung hinaus an die Genossen gelangte.

Besonders hervorzuheben ist die Arbeit des Stabes der 2. Grenzbrigade, wo täglich für die Genossen des Stabes eine politische Argumentation gegeben wurde, die von diesen Genossen in den Einheiten im Zusammenhang mit der Erfüllung ihrer militärischen Aufgaben durchgesetzt wurde. Das war in dieser Form bei den Einheiten der 1. mot.-Schützen-Division nicht der Fall. Die Politabteilung der 1. mot.-Schützen-Div. gab wohl schriftliche Argumentationen heraus, verstand es jedoch nicht, mit anderen geeigneten Maßnahmen diese Argumentationen bis zum letzten Soldaten wirksam werden zu lassen. Ein besonderer Mangel war, daß in der 1. mot.-Schützen-Division nicht durchgesetzt wurde, daß zuerst in allen Stäben von der militärischen Führung aus eine klare Orientierung gegeben wurde. Der Zusammenhang von erhöhter Gefechtsbereitschaft und der Erläuterung der politischen Notwendigkeit der Maßnahmen wurde nur in den seltensten Fällen durch die militärische Führung in der Praxis verwirklicht.

Für die ersten Tage der erhöhten Gefechtsbereitschaft war im allgemeinen die politische Arbeit und die Führung der politisch-ideologischen Arbeit zufriedenstellend. Als die Situation jedoch Wendigkeit und Schnelligkeit in der Führung verlangte, reagierten – angefangen vom zentralen Führungsorgan, dem Ministerium und der Politischen Hauptverwaltung, bis zu den Stäben der Regimenter und Bataillone – die Genossen zu langsam. Erst am Montag dem 29. Oktober 1962 wurde nachmittags eine Argumentation per Fernschreiben durch die Politische Hauptverwaltung abgesetzt. Der Mangel dieser Argumentation war jedoch, daß sie nicht vom Kollektiv der Leitung des Ministeriums bzw. der Politischen Hauptverwaltung beraten war und nicht in ausreichendem Maße eine Orientierung auf die wichtigsten politischen Schwerpunkte und die in der Truppe neu aufgetauchten Fragen gab.

Zu dem Zeitpunkt, als für die Genossen in den Einheiten eine selbständige Argumentation schwierig wurde, gab es keine schnelle zentrale Argumentation. In der Regel erreichte die Argumentation der Politischen Hauptverwaltung die Truppenteile erst im Verlaufe des 30. Oktober. Dort, wo die höheren Stäbe (Militärbezirk, Division) die Führung der politisch-ideologischen Arbeit in der Hand hatten und selbständig reagierten, wie zum Beispiel bei der Kommandantur in Berlin und dem Kommando der Luftstreitkräfte/Luftverteidigung, war eine schnelle Orientierung bis in die Einheiten gewährleistet. Das war jedoch im Bereich der 1. mot.-Schützen-Division nur ungenügend der Fall.

Völlig unzureichend für diese Situation war die Überzeugungsarbeit mit dem Wort, das persönliche Auftreten verantwortlicher Offiziere. Die schwierigste Arbeit, die individuelle Überzeugung des Soldaten, wurde ausschließlich den Funktionären auf der untersten Ebene überlassen. Kein leitender Genosse und auch die wenigsten Offiziere der durch das Ministerium entsandten Kontrollgruppen verbanden ihren Auftrag zur Kontrolle des Befehls 104 mit einem Auftreten als politischer Agitator zu den Ereignissen in Kuba. Tatsache ist, daß eine Vielzahl von hohen Offizieren aus dem Ministerium und den übergeordneten Stäben mit den verschiedensten Aufträgen in den Truppenteilen und Einheiten weilten.

Wenn auch durch viele Versammlungen, Verpflichtungen, Bewerbungen zum Eintritt in die Partei und FDJ eine größere politische Aktivität erreicht wurde, so muß doch insgesamt festgestellt werden, daß die Kraft der Parteiorganisationen und die Kraft des Jugendverbandes nicht im genügenden Maße ausgenutzt wurde, um dem letzten Soldaten die politische Notwendigkeit seiner erhöhten Gefechtsbereitschaft zu erläutern und ihn für höhere Leistungen zu mobilisieren.

Die Situation wurde ungenügend genutzt, um gleichzeitig in Vorbereitung des VI. Parteitages die Kampfkraft der Partei, die Rolle der Grundorganisation und der einzelnen Mitglieder und damit die engere Verbindung zu den Massen, stärker in Erscheinung treten zu lassen.

Dokument 26[432]

DER OBERKOMMANDIERENDE
DER VEREINIGTEN
STREITKRÄFTE
DER MITGLIEDSSTAATEN
DES WARSCHAUER VERTRAGES
21. November 1962
Nr. *173820*

streng geheim
Ex. Nr.

AN DEN MINISTER FÜR NATIONALE VERTEIDIGUNG
DER DEUTSCHEN DEMOKRATISCHEN REPUBLIK

ARMEEGENERAL
Genossen H. HOFFMANN

Im Zusammenhang mit dem Abschwächen der Spannungen im Raum des Karibischen Meeres und der damit verbundenen Entspannung der Situation in Europa, empfehle ich den Truppen der Deutschen Demokratischen Republik, die unter der Verfügung der Vereinigten Streitkräften stehen, zur normalen Tätigkeit und Gefechtsausbildung überzugehen.

A. Gretschko
A. Gretschko
Marschall der Sowjetunion

---

[432] BA-MA, AZN 28037, Bl. 17, Schreiben des Oberkommandierenden der Vereinigten Streitkräfte, Andrej A. Grečko, an den Minister für Nationale Verteidigung, Heinz Hoffmann, 21. 11. 1962.

Dokument 27[433]

Vortrag am 23.11.62 – H.   GVS-Tgb.-Nr.[434]: IA / 1867 / 62
　　　　　　　　　　　　　　Geheime Verschlußsache!
　　　　　　　　　　　　1.　Ausfertigung = 10 Blatt

Bericht

des Ministers für Nationale Verteidigung über die Durchführung des Befehls des Vorsitzenden des Nationalen Verteidigungsrates vom 23. 10. 1962 zur Herstellung der erhöhten Gefechtsbereitschaft in der Nationalen Volksarmee

Genosse Vorsitzender!
Genossen Mitglieder des Nationalen Verteidigungsrates!

In Durchführung Ihres Befehls vom 23. Oktober 1962 zur Herstellung der erhöhten Gefechtsbereitschaft in der Nationalen Volksarmee habe ich den Befehl Nr. 104/62 erlassen, auf dessen Grundlage alle Stäbe und Truppen der NVA, die sich zu Ausbildungsmaßnahmen oder Arbeitseinsätzen in der Volkswirtschaft außerhalb der Objekte befanden, sofort in ihre Objekte zurückgeführt und in allen Teilen der Nationalen Volksarmee folgende Maßnahmen der erhöhten Gefechtsbereitschaft durchgeführt wurden.

Alle Stäbe und Truppen verblieben in den Objekten und führten die Ausbildung unter Beachtung der erhöhten Gefechtsbereitschaft nur in den Objekten oder deren unmittelbarer Nähe durch.

Für die gesamte Nationale Volksarmee wurde Urlaubs- und Ausgangssperre angeordnet. Alle Kommandierten und Urlauber wurden innerhalb von zwei Tagen zu ihren Einheiten zurückgerufen.

Die Stäbe der Truppenteile und Einheiten[435] hatten die volle Arbeitsbereitschaft herzustellen und ständig zu gewährleisten. Die Stäbe ab Verband aufwärts hatten solche Maßnahmen zu treffen, die die Herstellung ihrer vollen Arbeitsbereitschaft innerhalb einer Stunde gewährleisteten.

Im Ministerium für Nationale Verteidigung wurde zur Verwirklichung von kurzfristig durch den Nationalen Verteidigungsrat gestellten Aufgaben zum Schutze der Deutschen Demokratischen Republik ein diensthabendes System organisiert. In dieses System wurden die Leitungen sowie alle Dienstbereiche, Waffengattungen, Verwaltungen und selbständigen Abteilungen einbezogen.
Weiterhin wurde *der* ~~mein Stellvertreter und~~ Chef des Hauptstabes ~~von mir~~ angewiesen, vorbereitende Maßnahmen zur Sicherstellung der Führung der Nationalen Volksarmee im Verteidigungsfall zu organisieren und zu gewährleisten. *(Unterirdischer Gefechtsstand)*

---

[433] BA-MA, DVW-1/8754, Bl. 16–25, Rede von Verteidigungsminister Heinz Hoffmann vor dem Nationalen Verteidigungsrat der DDR, 23. 11. 1962.
[434] GVS-Tgb.-Nr. – Geheime Verschlußsachen-Tagebuch-Nummer.
[435] In der Militärsprache der DDR Bezeichnung für ein Bataillon/Abteilung/Staffel.

Neben diesen Maßnahmen wurde zur Abwehr eines plötzlichen Überfalls bzw. zur schnellen Zerschlagung von Provokationen des Gegners in allen Teilen das bestehende diensthabende System verstärkt.
Dazu wurden in den Luftstreitkräften/Luftverteidigung die Hälfte der Feuerabteilungen der Fla-Raketen-Regimenter[436] in Bereitschaftsstufe II versetzt, was die Herstellung der vollen Feuerbereitschaft in 6–11 Minuten gewährleistete. Die übrigen Feuerabteilungen waren bereit, innerhalb 1 Stunde die Bereitschaftsstufe II herzustellen. Von den Fliegerkräften wurden am Tage 13 Ketten und nachts 5 Ketten in die Bereitschaftsstufe II versetzt, d. h. der Start konnte in Abhängigkeit vom Flugzeugtyp am Tage nach 6–10 Minuten und nachts nach 8–12 Minuten erfolgen.
In der Volksmarine wurde das diensthabende System im vollen Umfang durchgeführt. Der Vorpostendienst in den Richtungen FEHMARN BELT; GRONSUND und SCHWEDISCHER SUND wurde verstärkt. Die Stoßkräfte der Volksmarine wurden zeitweilig in günstigere Ausgangsräume verlegt und ein Drittel dieser Kräfte in Sofortbereitschaft gehalten. Die materiell-technische Sicherstellung der TS-Bootsbrigade[437] wurde durch Verlegung von schwimmenden Stützpunkten verbessert.
Auf Empfehlung des Chefs des Stabes der Baltischen Rotbannerflotte wurde zwischen der Baltischen Rotbannerflotte, der Polnischen Seekriegsflotte und der Volksmarine ein gemeinsamer U-Abwehrdienst[438] organisiert.
Das diensthabende System der Luftstreitkräfte/Luftverteidigung und der Volksmarine wurde von den entsprechenden Gefechtsständen, welche in den Objekten die volle Arbeitsbereitschaft herstellten, geführt.
Bei den Landstreitkräften wurde in jedem Truppenteil ein diensthabendes Bataillon (Abteilung) mit entsprechenden Verstärkungsmitteln befohlen, das in der Lage war, in kürzester Frist das Objekt zur Erfüllung von Gefechtsaufgaben zu verlassen. (*Pz. Battl.*[439] *12 Min*[440].)
Die Funktechnischen Mittel aller Teile der Nationalen Volksarmee wurden verstärkt zur Aufklärung und Beobachtung des Luft- und Seeraumes eingesetzt.

Die Grenztruppen der Nationalen Volksarmee, einschließlich der Grenztruppen Berlin, führten normalen Grenzdienst bei maximaler Ausnutzung der Kräfte und Mittel durch. Die bestehenden Reserveeinheiten der Grenz-Brigaden, -Regimenter, -Bataillone stellten die erhöhte Gefechtsbereitschaft her.
In allen Truppenteilen wurden die beweglichen Vorräte verladen.
Die gesamten Maßnahmen zur Herstellung der erhöhten Gefechtsbereitschaft in den Stäben und Truppen wurden im wesentlichen bis 24. Oktober, 04.00 Uhr, abgeschlossen. *D. h. 3–4 St.*[441] *nach Befehl.*
Diese kurzfristige Herstellung der erhöhten Gefechtsbereitschaft war möglich, weil in den Stäben und Truppen ständig eine hohe Stufe der Gefechtsbereitschaft gehalten wird.

---

[436] Fla-Raketen-Regimenter – Flugabwehrraketenregimenter.
[437] TS-Bootsbrigade – Torpedoschnellbootsbrigade.
[438] U-Abwehrdienst – Unterseeboot-Abwehrdienst.
[439] Pz. Battl. – Panzerbataillon.
[440] Min. – Minuten.
[441] St. – Stunden.

Infolge der Herstellung der erhöhten Gefechtsbereitschaft in der Nationalen Volksarmee mußten einige geplante Maßnahmen abgesetzt bzw. eingestellt werden.
Die in der Zeit vom 27. bis 31. Oktober geplante Korpsübung mit dem Militärbezirk V[442] unter Teilnahme von Truppenteilen der LSK/LV und der Gruppe der zeitweilig in Deutschland stationierten sowjetischen Streitkräfte wurde abgesetzt.
Die festgelegten Maßnahmen zur weiteren Verstärkung der *pioniermäßigen* Grenzsicherung an der Staatsgrenze der DDR zu Westberlin wurden am 23. Oktober 1962 unterbrochen. Die Fortsetzung dieser Arbeiten wurde präzisiert und am 14. November 1962 begonnen.
Die ~~von mir~~ befohlenen Maßnahmen zur weiteren Verstärkung der Grenzsicherung und Kennzeichnung der Staatsgrenze der DDR zu Westdeutschland wurden am 23. Oktober 1962 eingestellt. Zum Zeitpunkt der Einstellung der Arbeiten wurden von den geplanten 325 km Draht- bzw. kombinierter Sperren der 3. Etappe 289 km, d. h. 89% fertiggestellt.

Die Entlassungen aus dem Wehrdienst wurden mit Herstellung der erhöhten Gefechtsbereitschaft bis auf weiteres ausgesetzt. Mit Genehmigung ~~des Oberkommandierenden der Vereinigten Streitkräfte~~ wurden am 09. und 10. November 1962 in den Grenztruppen 6400 Armeeangehörige und in der Volksmarine ca. 50% (960 Mann) der zur Entlassung stehenden Armeeangehörigen verabschiedet. In den Luftstreitkräften/Luftverteidigung und den Landstreitkräften wurde die Aussetzung der Entlassungen bis auf weiteres aufrechterhalten.
  Die Einberufung der Wehrpflichtigen (29 700 Mann) für alle Teile der Nationalen Volksarmee wurde am 12. und 13. November 1962 im vollen Umfang durchgeführt. Infolge der nur teilweise durchgeführten Entlassungen einerseits und der im vollen Umfang durchgeführten Einberufungen andererseits entstanden zeitweilig Schwierigkeiten in der Unterbringung der Wehrpflichtigen.
Zur politischen Sicherstellung der Maßnahmen der erhöhten Gefechtsbereitschaft erließ mein Stellvertreter und Chef der Politischen Hauptverwaltung die Direktive Nr. 2/62 auf deren Grundlage eine zielgerichtete politische Arbeit zur Gewährleistung der ~~von mir~~ befohlenen Maßnahmen durchgeführt wurde.
Zur Überprüfung der im Befehl Nr. 104/62 und in der Direktive 2/62 festgelegten Maßnahmen wurden durch das Ministerium für Nationale Verteidigung und die Kommandos der Teile in den Stäben und Verbänden und einer Reihe von Truppenteilen umfangreiche Kontrollen durchgeführt. Sie wurden mit einer wirksamen Hilfe und Anleitung bei der Herstellung der erhöhten Gefechtsbereitschaft in den Verbänden und Truppenteilen verbunden. Im Ergebnis dieser Kontrollen können wir feststellen, daß die Maßnahmen der erhöhten Gefechtsbereitschaft durch die Kommandeure und Stäbe mit hohem Verantwortungsbewußtsein durchgeführt wurden.

---

[442] Im Norden der DDR gelegene höhere militäradministrative territoriale Vereinigung von Verbänden, Truppenteilen und Einheiten. Zum Militärbezirk V (Neubrandenburg) gehörten die 1. (Potsdam) und 8. Motorisierte Schützendivision (Schwerin) sowie die 9. Panzerdivision (Eggesin). Ferner verfügte ein Militärbezirk über ihnen unmittelbar unterstellte Truppenteile wie Artillerie- und Flugabwehrregimenter. Neben dem Militärbezirk V existierte noch der im Südteil der DDR befindliche Militärbezirk III.

Die Stäbe und Truppen waren bereit, in kürzester Zeit die Objekte zu verlassen und Aufgaben zum militärischen Schutz unserer Deutschen Demokratischen Republik erfolgreich zu erfüllen.
Das gesamte System der Führung und Verbindung sowie die Alarmunterlagen wurden überprüft und wo es notwendig war überarbeitet.
In den Werkstätten wurde die ausgefallene Bewaffnung und Technik im Schichtbetrieb beschleunigt instandgesetzt.
In vielen Truppenteilen und Einheiten verstanden es die Kommandeure, Stäbe, Polit- und Parteiorgane die Maßnahmen der erhöhten Gefechtsbereitschaft und die Erläuterung der militärpolitischen Lage mit der Vorbereitung des VI. Parteitages der Sozialistischen Einheitspartei Deutschlands zu verbinden.
In den Tagen, wo die militärpolitische Lage besonders angespannt war, arbeiteten sie initiativreich, reagierten schnell auf neue Ergebnisse und entwickelten in den Truppenteilen eine Atmosphäre hoher politischer Aktivität.
Die Erläuterung der militärpolitischen Lage erfolgte unter Anwendung vielfältiger Formen und Methoden der politischen Massenarbeit. Hervorzuheben ist auch die umfangreiche Arbeit mit den Armeeangehörigen, deren Entlassung vorläufig ausgesetzt wurde.
Diese Arbeit führte dazu, daß der größte Teil dieser Armeeangehörigen die befohlene Aussetzung der Entlassungen richtig verstand und die gestellten Aufgaben vorbildlich erfüllte. Die Masse der Armeeangehörigen verfolgte die militärpolitische Lage sehr aufmerksam. In zahlreichen Erklärungen, Verpflichtungen und ausgezeichneten Leistungen bei der Erhöhung der Gefechtsbereitschaft brachten unsere Genossen ihre Solidarität mit dem kubanischen Volk und ihre Bereitschaft, alle Befehle mit hohem persönlichen Einsatz zu erfüllen, zum Ausdruck.
Natürlich gab es auch Unklarheiten. Eine Reihe von Armeeangehörigen hat anfangs die Blockade der USA gegenüber der Republik Kuba als eine lokale Angelegenheit der USA und Kubas betrachtet. Sie unterschätzte die Gefahr der Ausweitung des Konfliktes zu einem atomaren Weltkrieg. Daraus resultierte, daß einzelne Armeeangehörige die Maßnahmen der erhöhten Gefechtsbereitschaft und die warnenden Worte der Sowjetregierung als überspitzt betrachteten. Nach dem Beschluß der Sowjetregierung über den Abzug der ~~Verteidigungs~~Raketenwaffen vom kubanischen Territorium nahmen die Meinungen zu, daß die Maßnahmen der erhöhten Gefechtsbereitschaft nicht mehr nötig seien. *Auch, daß dies ein Rückzug sei.*
Die Hauptursache dafür ist die Unterschätzung der vom Imperialismus ausgehenden Kriegsgefahr. Noch nicht alle Genossen verstehen, daß die aggressiven Kreise des Westens trotz der militärischen Überlegenheit des sozialistischen Lagers nach wie vor auf den Krieg setzen, was uns zwingt, nicht nur in Zeiten verschärfter Spannungen, sondern ständig eine höhere Gefechtsbereitschaft zu sichern. Daraus erklärt sich auch, warum ein Teil unserer Genossen nicht sofort erkannte, daß es in diesen Wochen nicht nur um den Frieden im Karibischen Raum, sondern um Frieden und Atomkrieg in der Welt ging.
Bei der Durchführung der erhöhten Gefechtsbereitschaft im Verlaufe von ca. vier Wochen traten eine Reihe von Mängeln auf.
Die Übermittlung des Inhaltes meines Befehls Nr. 104/62 und der Direktive ~~meines~~

~~Stellvertreters und~~ des Chefs der Politischen Hauptverwaltung Nr. 2/62 nahm teilweise einen zu großen Zeitraum bis zum Eintreffen in den Truppenteilen ein. Dadurch stand den unterstellten Kommandeuren zu wenig Zeit zur Durchsetzung der Maßnahmen ~~meines~~ des Befehls zur Verfügung.

So zum Beispiel:
erhielt das Kommando der Grenztruppen am 23. 10. 62, 21.20 Uhr, meinen Befehl. Jedoch dem Stab der 7. Grenzbrigade wurde dieser erst am 24. 10. 62, 06.00 Uhr zugestellt.

Hinzu kommt noch eine Stunde zur Dechiffrierung, so daß der Kommandeur der 7. Grenzbrigade erst um 07.30 Uhr mit der Verwirklichung der festgelegten Maßnahmen zur Herstellung der erhöhten Gefechtsbereitschaft beginnen konnte.

Die Ursachen liegen in erster Linie darin begründet, daß das Chiffrieren bzw. Dechiffrieren eine zu große Zeit in Anspruch nahm. Weiterhin möchte ich bemerken, daß der Inhalt beider Dokumente zu umfangreich war und einige Kommandeure unzweckmäßige Methoden der Übermittlung wählten. In der 1. MSD wurde der Text mittels der Op-4 getarnt. Der Tarntext ergab 785 Gruppen, was eine Zeit von 4–5 Stunden zur Enttarnung erforderte.

Ein Teil der Kommandeure und Stäbe traf nicht sofort alle Maßnahmen, um durch den Einsatz zusätzlicher Kräfte sowie durch Zuführung und Beschaffung von Ersatzteilen eine schnelle Einsatzbereitschaft der Technik zu gewährleisten. So zum Beispiel waren im Pionier-Bataillon-4 nur 11 Schwimmwagen bedingt einsatzbereit.

Als unzweckmäßig hat sich das Zurückrufen der Urlauber nur mit Hilfe vorbereiteter Telegramme erwiesen, da es sich über 2 Tage erstreckte. Zur schnelleren Zurückholung der sich im Urlaub befindlichen Armeeangehörigen wird es notwendig sein, Organe des Ministeriums des Innern mit einzubeziehen.

Im Bereich der Volksmarine (2. TS-Bootsabteilung[443] und schwimmender Stützpunkt H-12) wurde in der Organisation und Durchführung der materiell-technischen und medizinischen Sicherstellung, in der Bevorratung der Verpflegung und Munition, im Zustand der Ausrüstung sowie in der Betreuung der Besatzungsangehörigen in grober Weise gegen bestehende Befehle, Anordnungen und Dienstvorschriften verstoßen. Unter anderem fehlte auf dem schwimmenden Stützpunkt H-12 ein Kampfsatz Artilleriemunition und Torpedos, sowie die Alarmverpflegung für die TS-Bootsbesatzungen[444].

Durch die oberflächliche Arbeit eines Offiziers wurde das Planschett [sic!] einer Rundblickstation im FR-16[445], die im diensthabenden System eingesetzt ist, falsch kodiert und dadurch dem Gefechtsstand des Kommandos LSK/LV und dem Gefechtsstand der 1. LVD[446] am 28. Oktober 1962 falsche Werte über Bewegungen im Luftraum der DDR gegeben. Dieses hätte dazu führen können, daß die Vernichtung gegnerischer Luftziele in Frage gestellt wäre.

---

[443] 2. TS-Bootsabteilung – 2. Torpedoschnellbootsabteilung.
[444] TS-Bootsbesatzungen – Torpedoschnellbootsbesatzungen.
[445] FR-16 – Flugabwehrraketenregiment 16.
[446] 1. LVD – 1. Luftverteidigungsdivision.

Große Schwierigkeiten gab es bei der Verladung der beweglichen Vorräte, was auf fehlenden Transportraum, Nichteinhaltung der Beladenormen und ungenaue Berechnungen zurückzuführen ist.
Zum Beispiel fehlten in der 7. Panzerdivision 600 t Transportraum, in der 11. mot.[447] Schützendivision konnten 270 t materielle Mittel und in der 3. Luftverteidigungs-Division 55 t Munition nicht verladen werden.

Zur ständigen Analysierung des Standes der erhöhten Gefechtsbereitschaft wurde innerhalb der Nationalen Volksarmee ein Meldesystem organisiert, welches ermöglichte, Schwierigkeiten in der erhöhten Gefechtsbereitschaft schnell zu erkennen und durch Sofortmaßnahmen zu beseitigen.
Täglich wurde eine zusammengefaßte Meldung über den Stand der erhöhten Gefechtsbereitschaft der Nationalen Volksarmee und der militärischen Lage in Westdeutschland und Westberlin dem Chef des Stabes der Vereinigten Streitkräfte fernschriftlich übersandt. Zur Überwachung der Maßnahmen der NATO-Streitkräfte in Westdeutschland und Westberlin wurde das System der Agentur- und Funkaufklärung verstärkt ausgenutzt. Die erhaltenen Angaben gestatten es, die Lage zu Beginn der erhöhten Gefechtsbereitschaft, die erfolgten Veränderungen und den gegenwärtigen Stand wie folgt einzuschätzen.
Am 23. Oktober 1962 wurde für alle amerikanischen Land- und Luftstreitkräfte in Zentraleuropa und für Teile anderer NATO-Streitkräfte, besonders operative Stäbe und Teile der Luftstreitkräfte in Westdeutschland, die Gefechtsbereitschaft „verstärkte militärische Wachsamkeit" ausgelöst, d. h. der normale Ablauf der Ausbildung der Truppenteile und Einheiten der NATO-Streitkräfte wurde unterbrochen sowie Ausgangs- und Urlaubssperre befohlen.
In den Bedienungseinheiten der Stäbe wurde mit der Beladung der Gefechtstechnik begonnen, die Einsatzbereitschaft der gesamten Nachrichtentechnik hergestellt und neue Nachrichtennetze geschaffen.
In Westberlin wurde für alle ausländischen Truppen sowie für die Schutz- und Bereitschaftspolizei erhöhte Gefechtsbereitschaft und verstärkte Sicherungsmaßnahmen in allen militärischen Objekten angewiesen.
Am 24. Oktober 1962 wurde in den Westdeutschen Raketeneinheiten der Land- und Luftstreitkräfte, den zivilen Luftwarn- und Vorwarndienst sowie allen Truppenteilen und Einheiten der Luftverteidigung erhöhte Gefechtsbereitschaft und teilweise einfacher Alarm ausgelöst. Besonderer Augenmerk wurde auf die Schaffung und Gewährleistung einer ununterbrochenen Funkverbindung gelegt. Neben der verstärkten Aufrechterhaltung der bestehenden Funkbeziehungen wurden zusätzliche Nachrichtennetze geschaffen. Am 25. Oktober 1962 wurden für die amerikanischen Streitkräfte einzelne Elemente der nächsthöheren Bereitschaftsstufe „Orange" befohlen. Eine Verlegung von Truppenteilen, Einheiten oder Stäben der NATO-Streitkräfte (außer zur Durchführung geplanter Übungen) fand nicht statt[448].

---

[447] mot. – motorisierten.
[448] Dieser und der folgende Absatz sind im Original gestrichen, was darauf schließen läßt, das Verteidigungsminister Hoffmann die entsprechende Passage auf der Sitzung des NVR nicht vorgetragen hat.

Zur Einschränkung der Verbreitung militärischer Nachrichten im Bereich der amerikanischen Streitkräfte in Europa wurden am 31. Oktober 1962 die von der US-Regierung herausgegebenen Richtlinien in Kraft gesetzt.
Seit dem 30. Oktober konnten keine weiteren Maßnahmen, aus denen eine Erhöhung der Bereitschaftsstufe der NATO-Streitkräfte in Westdeutschland ersichtlich ist, festgestellt werden. Am 02. November 1962 wurde bekannt, daß die NATO-Streitkräfte in Westdeutschland dazu übergehen, die normale Ausbildung fortzusetzen. Das wird bewiesen durch die Durchführung geplanter Übungen wie „SILVER SHIELD" der 4. amerikanischen Panzerdivision (vom 02.–09. 11.), „MARATHON" der 1. westdeutschen Panzergrenadierdivision (vom 11.–12. 11.) und das Gefechtsschießen französischer Raketeneinheiten „Honest John" auf dem Truppenübungsplatz GRAFENWÖHR.
Am 06. November 1962 wurden einige Lockerungen des Bereitschaftszustandes festgestellt, z.B. zeitlich begrenzter Stadtausgang, Aufhebung zusätzlicher Sicherungsmaßnahmen und Übergang zum normalen Funkverkehr. Diese Maßnahmen haben jedoch auf die Herstellung einer schnellen Gefechtsbereitschaft keinen wesentlichen Einfluß.
Die vorliegenden Angaben lassen erkennen, daß in den NATO-Landstreitkräften zur Zeit ein normaler Dienst durchgeführt wird. Im Falle einer Alarmierung der amerikanischen Streitkräfte in Westdeutschland sind diese in der Lage, in ca. 7 Stunden die volle Einsatzbereitschaft herzustellen. Diese Zeit entspricht den normalen Bedingungen.
Für die Luftstreitkräfte und Kräfte der Luftverteidigung besteht weiterhin ein Zustand der erhöhten Gefechtsbereitschaft. In Westberlin führen die ausländischen Truppen sowie die Schutz- und Bereitschaftspolizei normalen Dienst durch.
Trotz der befohlenen Maßnahmen der erhöhten Gefechtsbereitschaft haben wir planmäßig, wenn auch unter Schwierigkeiten das neue Ausbildungsjahr vorbereitet, so daß dessen termingemäßer Beginn am 03. Dezember 1962 gewährleistet ist.
Zusammenfassend möchte ich feststellen:
Die Angehörigen der Nationalen Volksarmee haben in der angespannten militärpolitischen Situation alle ihnen vom Nationalen Verteidigungsrat gestellten Aufgaben mit hoher politischer Reife, Disziplin und Einsatzbereitschaft erfüllt. Dank der intensiven politischen Arbeit der Kommandeure, Politorgane und Parteiorganisationen haben die Soldaten, Unteroffiziere und Offiziere verstanden, warum der Vors.[449] des Nationalen Verteidigungsrates erhöhte Gefechtsbereitschaft befohlen hatte und sie haben trotz vieler Härten keine Anstrengungen gescheut, diesen Befehl bis zum letzten Tag konsequent durchzusetzen.

Ich kann Ihnen, Genosse Vorsitzender des Nationalen Verteidigungsrates, versichern, daß die Angehörigen der Nationalen Volksarmee bereit sind, jederzeit die von Partei und Regierung gestellten Aufgaben bedingungslos zu erfüllen.

---

[449] Vors. – Vorsitzende.

Anhang

Abkürzungsverzeichnis

ABC	atomar, biologisch, chemisch
Abn Corps	Airborne Corps
Abs.	Absatz
Abt. P	Abteilung Planung
Adm.	Admiral
AFB	Air Force Base
AFCENT	Allied Forces Central Europe
AFNORTH	Allied Forces Northern Europe
AFSOUTH	Allied Forces Southern Europe
aig	address indicator group
Amb.	Ambassador
APD	fast destroyer transport
App.	Apparat
AsstSecDef	Assistant Secretary of Defense
ASW	antisubmarine warfare
Ausb.Truppenteilen	Ausbildungs-Truppenteilen
Ausf.	Ausführung
Az	Aktenzeichen
BAOR	British Army on the Rhine
Betr.	Betreff
BG	Brigadier General
BLG	Bundesleistungsgesetz
BMF	Bundesministerium der Finanzen
BMV(td)g	Bundesministerium für Verteidigung
BMWi	Bundesminister für Wirtschaft
BND	Bundesnachrichtendienst
BRD	Bundesrepublik Deutschland
BT	Bathythermograph (Sonar)
bt	break
BW	Bundeswehr
CAPT	Captain
CDR	Commander
CENTAG	Central Army Group, Central Europe
CG	Commanding General
Chi.-Stell	Chiffrierstelle
CM	Chairman's memorandum
CIA	Central Intelligence Agency
CINCLANT	Commander in Chief, US Atlantic Fleet

CINCLANTFLT	Commander in Chief, Atlantic Fleet
CINCNORTH	Commander in Chief, Allied Forces, Northern Europe
CINCSAC	Commander in Chief Strategic Air Command
CJCS	Chairman, Joint Chiefs of Staff
CO	Commanding Officer
Col.	Colonel
COMASWFORLANT	Commander, Anti-Submarine Warfare Forces, Atlantic
COMDESRON	Commander, Destroyer Squadron
CONAD	Continental Air Defense Command
CMC	Commandant, Marine Corps
CNO	Chief of Naval Operations
CSA	Chief of Staff, Army
CSAF	Chief of Staff, Air Force
ČSSR	Tschechoslowakische Sozialistische Republik
CSU	Christlich-Soziale Union
CTF	Central Task Force
CTG	Commander Task Group
CTO	Chief Technology Officer
CTU	Commander Task Unit
CVS	ASW aircraft carrier
DBv	Deutscher Bevollmächtigter
DD	destroyer
DDR	Deutsche Demokratische Republik
DefCon2	Defense Readiness Condition 2
Dep	Deputy
DepSecDef	Deputy Secretary of Defense
d. h.	das heißt
DIA	Defense Intelligence Agency
DJS	Director, Joint Staff
DM	Deutsche Mark
DMV	Deutscher Militärischer Vertreter
DOD	Department of Defense (USA)
ECM	Electronic Countermeasures
EDP	Emergency Defense Plan
EP	Einberufungspunkt
EUCOM	United States European Command
evtl.	eventuell
ExComm	Executive Committee
FDJ	Freie Deutsche Jugend
FDP	Freie Demokratische Partei
FKR-1	frontovaja krylataja rakete 1 – taktisches Flügelgeschoß 1
Fla-Raketen-Regimenter	Flugabwehrraketenregimenter

Abkürzungsverzeichnis

FM/fm	from
Fm	Fernmelde
FR	Flugabwehrraketenregiment
franz.	französisch
FRG	Federativnaja Respublika Germanija – BRD
FS	Fernschreiben
Fü B	Führungsstab der Bundeswehr
Fü H	Führungsstab des Heeres
Fü L	Führungsstab der Luftwaffe
Fü M	Führungsstab der Marine
Führer-Res.	Führer-Reserve
ggf.	gegebenenfalls
Geh/geh.	Geheim
gem.	gemäß
Gen.	General
Gen.	Genosse
GenInspBw	Generalinspekteur der Bundeswehr
gez.	gezeichnet
Gkdos.-Tgb.-Nr.	Geheime Kommandosachen-Tagebuch-Nummer
GRU	Glavnoe razvedyvatel'noe upravlenie – Hauptverwaltung Aufklärung (militärischer Nachrichtendienst der UdSSR)
GSWK	Gruppa sovetskikch vojsk na Kube – Gruppe der sowjetischen Streitkräfte auf Kuba
GSSD	Gruppe der sowjetischen Streitkräfte in Deutschland
GTMO	Guantanamo naval base
GVS	geheime Verschlußsache
GVS-Tgb.-Nr.	Geheime Verschlußsachen-Tagebuch-Nummer
ha	Hektar
ICBM	Intercontinental Ballistic Missile
ID	US-Infantry Division
Insp. San. – und Ges. Wesen	Inspektion des Sanitäts- und Gesundheitswesens
IR	US Infantry Regiment
IRBM	Intermediate Range Ballistic Missile
JCS	Joint Chiefs of Staff
JCSM	Joint Chiefs of Staff memorandum
Kfz	Kraftfahrzeug
KG	Kampfgruppe
KGB	Komitet Gosudarstvennoj Bezopasnosti – Staatssicherheitskomitee der Sowjetunion

km	Kilometer
Kommando der Terr. Vert.	Kommando der Territorial Verteidigung
KPD	Kommunistische Partei Deutschlands
KPdSU	Kommunistische Partei der Sowjetunion
Kriegs-HQ	Kriegshauptquartier
kt	Kilotonne
kts	Knots
KTV	Kommando Territoriale Verteidigung
LANDCENT	Land Forces Central Europe
LANT	Atlantic
LCDR	Lieutenant Commander
LGEN	Lieutenant General
LOFAR	low frequency analyzing and recording
log.	logistisch
LSK/LV	Luftstreitkräfte/Luftverteidigung
LT	Lieutenant
LTG	Lieutenant General
LTJG	Lieutenant Junior Grade
LuftraumBeob.Btl.	Luftraumbeobachtungs-Bataillone
LVD	Luftverteidigungsdivision
MAAG	Military Assistance Advisory Group
MAD	Magnetic Anomaly Detector
MAD	Mutual Assured Destruction
m.d.W.d.G.b.	mit der Wahrnehmung der Geschäfte beauftragt
MfNV	Ministerium für Nationale Verteidigung der DDR
MFR	Memorandum For Record
MFR	Militärischer Führungsrat
MI6	Directorate of Military Intelligence, section 6 (GB)
Milit.	Militärisch
Min.	Minuten
mittl. Lkw-Transportkp.	mittlere Lastkraftwagentransportkompanie
Mob	Mobilmachung
Mob-Sicherungs-Btle	Mobilmachungs-Sicherungsbataillone
MOD	Ministry of Defense
mot.	motorisiert
mot.-Schützen-Division	Motorisierte Schützendivision
MRBM	Medium-range ballistic missile
MSD	Motorisierte Schützendivision
Msg	message
MTB	Militärisches Tagebuch
Muni-Depots	Munitionsdepots
N	North
NATO	North Atlantic Treaty Organization

n.m.	nautical mile
NMR	NATO Military Representative
NORAD	North American Aerospace Defense Command
NORTHAG	Northern Army Group, Central Europe
NSC	National Security Council
NVA	Nationale Volksarmee der DDR
NVR	Nationaler Verteidigungsrat der DDR
NY	New York
O	October
OAS	Organization of American States
Oberstlt. i.G.	Oberstleutnant im Generalstabsdienst
OCI	Office of Current Intelligence des CIA
Oct	October
Offz.	Offiziere
OKT.	Oktober
OPD	otdelenie podgotovki dannych – Abteilung für Informationssammlung und Datenvorbereitung
OPLAN	operational plan
OP ORD	operations order
OSP	Organisationsstrukturplan
OTL	Oberstleutnant
OTC	Officer in Tactical Command
OvL	Offizier vom Lagedienst
PHV	Politische Hauptverwaltung der NVA
PKW	Personenkraftwagen
POL	petroleum, oils, and lubricants
Polaris subs	Polaris submarines
PPR	polevoj pozicionnych rajon – Feldstationierungsraum
PSK	Psychologische Kriegsführung
PT boat	torpedo boat
PVO	protivovozdušnaja oborona – Heimatluftverteidigung
Pz.Brig.	Panzerbrigade
Pz.Btl.	Panzerbataillon
Pz. Battl.	Panzerbataillon
PzDiv	Panzerdivision
Pz.Gren.Brig.	Panzergrenadierbrigade
PzGrenDiv	Panzergrenadierdivision
RCT	Regimental Combat Team
RD	raketnaja divizija – Raketendivision
RLT	Regimental Landing Team
RP	raketnyj polk – Raketenregiment

RSDRP(b)	Rossijskaja social-demokratičeskaja rabočaja partija (bol'ševikov) – Russische Sozialdemokratische Arbeiterpartei der Bolschewiki
RTB	raketno-techničeskaja baza – Raketentechnische Basis
RVSN	raketnye vojska strategičeskogo naznačenija – Strategische Raketentruppen
SA	Sovetskaja Armija – Sowjetarmee
SAC	Strategic Air Command
SACEUR	Supreme Allied Commander, Europe
SACLANT	Supreme Allied Commander Atlantic
SAM	Surface-to-Air Missile
San.	Sanitäts- und Gesundheitswesen
San.-Gebiet	Sanitätsgebiet
San.-Offizieren	Sanitätsoffizieren
SAU	search attack unit
SBZ	sowjetische Besatzungszone
SecDef	Secretary of Defense
SecState	Secretary of State
SecTreasury	Secretary of Treasury
SED	Sozialistische Einheitspartei Deutschlands
SHAPE	Supreme Headquaters Allied Powers, Europe (NATO)
SHOC	Supreme Headquarters Operation Center (NATO)
sm	Seemeile
SNIE	Special National Intelligence Estimate
SOSUS	sound surveillance system
SSSR	Sojuz Sovetskich Socialističeskich Respublik – Union der Sozialistischen Sowjetrepubliken
SSW	south-south-west
St.	Stunden
State Dept.	State Department
STB	Schiffstagebuch
Stellv. d. Min. und Chef d. Hptst.	Stellvertreter des Ministers und Chef des Hauptstabes
TAC	Tactical Air Command
takt.Mun.-Vorrat	taktischer Munitionsvorrat
TASS	Telegrafnoe agenstvo Sovetskogo Sojuza – Presseagentur der UdSSR
tdtg	true date – time group
TG	task group
Tgb.Nr.	Tagebuchnummer
Transportkdo.	Transportkommando
TS-Bootsabteilung	Torpedoschnellbootsabteilung
TS-Bootsbesatzungen	Torpedoschnellbootsbesatzungen
TS-Bootsbrigade	Torpedoschnellbootsbrigade

TV	Territorialverteidigung
TV-Stäbe	Territorialverteidigungsstäbe
u. a.	unter anderem
U-Abwehrdienst	Unterseeboot-Abwehrdienst
UdSSR	Union der Sozialistischen Sowjetrepubliken
Uffz.	Unteroffiziere
UN	United Nations Organization
US/U.S.	United States
USA	United States of America
USAF	United States Air Force
USCINCEUR	United States Commander in Chief, European Command
U.S.N.	United States Navy
USNS	United States Naval Ship
U.S.S./USS	United States Ship
USSR	Union of Soviet Socialist Republics
USUN	United States Mission to the United Nations
VADM	Vice Admiral
VCNO	Vice Chief of Naval Operations
VCSAF	Vice Chief of Staff of the United States Air Force
Vergl.	vergleiche
VLKSM	Vsesojuznyj Leninskij kommunestičeskij sojuz molodeži – Leninscher kommunistischer Jugendverband der UdSSR
VMF	voenno-morskoj flot – Seestreitkräfte
Vorg.	Vorgang
Vors.	Vorsitzender
VP	Navy patrol squadron
VS	patrol plane
Vs	Verschlußsache
VS-Vertr	Verschlußsache-Vertraulich
Waffenunterstützungskdo.	Waffenunterstützungskommando
W	West
WB	West-Berlin
WD	Westdeutschland
WESTLANT	Western Atlantic Area
WPflG	Wehrpflichtgesetz
YDS/yds.	yards
Z	Zulu Time = Coordinated Universal Time/Greenwich Mean Time
z. B.	zum Beispiel

ZEN	delivered by other means
Ziff.	Ziffer
Zivilangest.	Zivilangestellte
ZK	Zentralkomitee
ZMilDBw	Zentrale Militärische Dienststellen der Bundeswehr
z.U.	zur Unterschrift
zugl.	zugleich
z.V.	zur Verfügung
z.Zt	zur Zeit

Quellen- und Literaturverzeichnis

Ungedruckte Quellen

Archiv Raketnych vojsk strategičeskogo naznačenija – Archiv der Strategischen Raketenstreitkräfte, Moskau (Archiv RVSN)
fond 10
fond 94

Archiv vnešnej politiki Rossijskoj Federacii – Archiv der Außenpolitik der Russischen Föderation, Moskau (AVPRF)
fond 0742   Bestand Deutsche Demokratische Republik
fond 0757   Bestand Bundesrepublik Deutschland

Bundesarchiv, Koblenz (BA Koblenz)
B 206   Bundesnachrichtendienst

Bundesarchiv-Militärarchiv, Freiburg (BA-MA)
AZN 28037   Schriftverkehr des Ministeriums für Nationale Verteidigung der DDR mit dem Vereinten Oberkommando der Streitkräfte des Warschauer Vertrages
BW 2   Bundesministerium der Verteidigung / Führungsstab der Streitkräfte
BW 4   Bundesministerium der Verteidigung / Militärattachéstäbe
BM 1   Bundesministerium der Verteidigung / Führungsstab der Marine
BM 7   Bundesministerium der Verteidigung / Schnellbootflottille
BM 21   Einzelschiffe und Boote / Schiffstagebücher
DVW-1   Ministerium für Nationale Verteidigung der DDR
DVW-5   dem Ministerium für Nationale Verteidigung der DDR direkt unterstellte Truppenteile und Einheiten

Central'nyj archiv Ministerstva oborony Rossijskoj Federacii – Zentralarchiv des Verteidigungsministeriums der Russischen Föderation, Podolsk (CAMO)
fond 16, opis' 3753   freigegebene Dokumente der Operation „Anadyr"
Sonderkollektion

John F. Kennedy Library, Boston
Adam Yarmolinsky Papers
National Security Files, Cuba

Landes-Archiv Berlin (LArchB)
B Rep 002   Der Regierende Bürgermeister von Berlin/Senatskanzlei

National Security Archives, Washington, D.C.
Bestand Cuban Missile Crisis

Public Record Office, London (PRO)
DEFE 4   Ministry of Defence: Chiefs of Staff Committee: Minutes
DEFE 5   Ministry of Defence: Chiefs of Staff Committee: Memoranda

DEFE 32 Ministry of Defence: Chiefs of Staff Committee: Secretary's Standard Files

Rossijskij gosudarstvennyi archiv ėkonomiki – Russisches Staatsarchiv für Wirtschaft, Moskau (RGAĖ)
fond 4372 Staatliche Plankommission (GOSPLAN)

Rossijskij gosudarstvennyj archiv novejšej istorii – Russisches Staatsarchiv für Zeitgeschichte, Moskau (RGANI)
fond 5, opis' 30 Allgemeine Abteilung beim ZK der KPdSU (1954–1966)

Rossijskij gosudarstvennyj archiv social'no-političeskoj istorii – Russisches Staatsarchiv für soziale und politische Geschichte, Moskau (RGASPI)
fond 17, opis' 164 Rüstungspolitische Kommission beim ZK der VKP(b)/KPdSU

Stiftung Archiv der Parteien und Massenorganisationen der DDR im Bundesarchiv, Berlin (SAPMO-BA)
DY 30 Büro Walter Ulbricht
DY 30/IV 2/12 Abteilung für Sicherheitsfragen des ZK der SED

Gedruckte Quellen

Alleged Assassination Plots Involving Foreign Leaders. An Interim Report of the Select Committee to Study Governmental Operations, 94th Congress, 1st Session, Washington, D.C. 1975.
Brežnev, Leonid I., Rechenschaftsbericht des Zentralkomitees der KPdSU vom 30. 3. 1971, in: Neues Deutschland, Nr. 90, 31. 3. 1971.
Chang, Laurence/Kornbluh, Peter (eds.), The Cuban Missile Crisis, 1962. A National Security Archive Documents Reader, revised edited, New York 1998.
Chruščev, Nikita S., Rede über „Die gegenwärtige internationale Lage und die Außenpolitik der Sowjetunion", in: Neues Deutschland, Nr. 342, 13. 12. 1962.
Ders., Rede über „Die Abrüstung – Der Weg des Friedens zur Sicherung der Freundschaft zwischen den Völkern" vom 14. 1. 1960, in: Pravda, 15. 1. 1960.
Freedom of Communications, Report of a Subcommittee of the Committee on the Interstate and Foreign Commerce, Senate, 87th Congress, 1st Session, Part I: The Speeches, Remarks, Press Conferences, and Statements of Senator John F. Kennedy August 1 through November 7, 1960, Washington, D.C. 1961.
Garthoff, Raymond, New Evidence on the Cuban Missile Crisis: Khrushchev, Nuclear Weapons, and the Cuban Missile Crisis, in: Cold War International History Project Bulletin No. 11, Washington, D.C. 1998, S. 251–262.
Greiner, Bernd, Kuba-Krise. 13 Tage im Oktober: Analysen, Dokumente, Zeitzeugen, Hamburg 1988.
Kak snimali N. S. Chruščeva. Materialy plenuma ZK KPSS. Oktjabr' 1964 g., in: Istoričeskij Archiv Nr. 1, 1993, S. 3–19.
Kennedy, John F., Presseverlautbarung des Präsidenten über sowjetische militärische Lieferungen an Kuba vom 04. September 1962, in: New York Times, 5. 9. 1962.
May, Ernest R./Zelikov, Philip D. (editors), The Kennedy Tapes – Inside The White House During The Cuban Missile Crisis, New York 2001/2002.
Dies., The Kennedy Tapes. Inside the White House during the Cuban Missile Crisis, Cambridge, London 1997.
McAuliffe, Mary S. (edited), CIA Documents on the Cuban Missile Crisis, 1962, Washington, D.C. 1992.
Naftali, Timothy (edited), The Presidential Recordings. John F. Kennedy. The Great Crisis, Volume One: July 30 – August 1962, New York u. a. 2001.

Ders./Zelikow, Philip (eds.), The Presidential Recordings. John F. Kennedy. The Great Crisis, Volume Two: September – October 21, 1962, New York u. a. 2001.
New Evidence on the Cuban Missile Crisis, in: Cold War International History Project Bulletin No. 5 (1995), S. 58–109.
Operation Zapata: The „Ultrasensitive" Report and Testimony of the Board of Inquiry on the Bay of Pigs, Frederick 1981.
Pedlow, Gregory W. (edited), NATO Strategy Documents, 1949–1969, Brussels 1996.
Public Papers of the Presidents of the United States. John F. Kennedy. Containing the Public Messages, Speeches, and Statements of the President, 1961, Washington, D.C. 1962.
Public Papers of the Presidents of the United States, John F. Kennedy. Containing the Public Messages, Speeches, and Statements of the President, 1962, Washington, D.C. 1963.
Trachtenberg, Marc (edited), The Development of American Strategic Thought: Basic Documents from the Eisenhower and Kennedy Periods. Including the Basic National Security Policy Papers from 1953 to 1959, New York u. a. 1988.
United States. Department of State. Foreign Relations of the United States (FRUS) 1958–60: Vol. 8: The Berlin Crisis 1958–59; Foreign Ministers Meeting 1959, Washington, D.C. 1993
United States. Department of State. Foreign Relations of the United States (FRUS) 1961–63: Vol. 5: Soviet Union, Washington, D.C. 1998.
Vol. 6: Kennedy-Khrushchev Exchanges, Washington, D.C. 1996
Vol. 10: Cuba 1961–1962, Washington, D.C. 1997.
Vol. 11: Cuban Missile Crises and Aftermath, Washington, D.C. 1996.
Vol. 15: Berlin Crisis, 1961–1963, Washington, D.C. 1994.
White, Mark J. (edited), The Kennedys and Cuba. The Declassified Documentary History, Chicago 1999.
Zelikow, Philip/May, Ernest (eds.), The Presidential Recordings. John F. Kennedy. The Great Crisis, Volume Three: October 22 – 28, 1962, New York u. a. 2001.

Erinnerungsliteratur

Adenauer, Konrad, Erinnerungen 1955–1959, Stuttgart 1967.
Chruschtschow erinnert sich, hrsg. von Strobe Talbott, Reinbek 1971.
Chruščev, Nikita S., Vospominanija: Vremja. Ljudi. Vlast', tom 2, Moskva 1999.
Kennedy, Robert F., Thirteen Days. A Memoir of the Cuban Missile Crisis, New York 1969.
Strauß, Franz Josef, Die Erinnerungen, Berlin 1989.

Sekundärliteratur

50 let Vooružennych Sil SSSR, Moskva 1968.
Acheson, Dean, Dean Achesons's Version of Robert Kennedy's Version of the Cuban Missile Affaire (1969), in: The Cuban Missile Crisis, edited by Robert A. Divine, 2nd edited, New York 1988, S. 186–197.
Agafonov, Vitalij N., Učastie podvodnych lodok v operacii „Anadyr'", in: Strategičeskaja operacija „Anadyr'". Kak eto bylo. Memuarno-spravočnoe izdanie, pod. redakciej V. I. Esina, Moskva 1999, S. 94–99.
Allison, Graham/Zelikow, Philip, Essence of Decision. Explaining the Cuban Missile Crisis, 2nd edited, New York et al. 1999.
Alphand, Hervé, L'étonnement d'être. Journal (1939–1973), Paris 1977.
Allyn, Bruce J./Blight, James G./Welch, David A. (eds.), Back to the Brink. Proceedings of the Moscow Conference on the Cuban Missile Crisis, January 27-28 1989, Lanham 1992.
Ambrose, Stephen E., Rise to Globalism. American Foreign Policy since 1938, London 1971.
Andrew, Christopher, For the President's Eyes Only, London 1995.
Anfänge westdeutscher Sicherheitspolitik 1945–1956, hrsg. vom Militärgeschichtlichen For-

schungsamt, Bd. 3: Die NATO-Option, von Hans Ehlert, Christian Greiner, Georg Meyer und Bruno Thoß, München 1993.
Arlt, Kurt, Sowjetische (russische) Truppen in Deutschland (1945–1994), in: Im Dienste der Partei: Handbuch der bewaffneten Organe der DDR, hrsg. von Torsten Diedrich, Hans Ehlert und Rüdiger Wenzke, Berlin ²1998, S. 593–632.
Armee für Frieden und Sozialismus: Geschichte der Nationalen Volksarmee der DDR, Berlin ²1987.
Auf Gefechtsposten. Ein Buch über die Gruppe der sowjetischen Streitkräfte in Deutschland, Berlin 1977.
Babkov, A. A., Vooružennye sily SSSR posle vojny (1945–1986 gg.): Istorija stroitel'stva, Moskva 1987.
Bakaev, Viktor G., Kogda na suše nespokojno, in: Strategičeskaja operacija „Anadyr'". Kak eto bylo. Memuarno-spravočnoe izdanie, pod redakciej V.I. Esina, Moskva 1999, S. 76–79.
Ball, Desmond, Politics and Force Levels. The Strategic Missile Program of the Kennedy Administration, Berkeley u. a. 1980.
Beck, Kent M., Necessary Lies, Hidden Truths: Cuba in the 1960 Campaign, in: Diplomatic History 8 (1984), S. 37–59.
Bedingt abwehrbereit?, in: Der Spiegel, Nr. 41, 10. 10. 1962, S. 32–53.
Beloborodov, Nikolaj K., Jaderno-techničeskie obespečenie strategičeskoj operacii „Anadyr'", in: Informačionnych sbornik Raketnych vojsk strategičeskogo naznačenija. Special'nyj vypusk, 1998, S. 47–49.
Beschloss, Michael R., The Crisis Years. Kennedy and Khrushchev 1960 – 1963, New York 1991.
Betts, Richard K., Nuclear Blackmail and Nuclear Balance, Washington, D.C. 1987.
Biermann, Harald, John F. Kennedy und der Kalte Krieg. Die Außenpolitik der USA und die Grenzen der Glaubwürdigkeit, Paderborn u. a. 1997.
Biermann, Harald, Die Kuba-Krise. Höhepunkt oder Pause im Kalten Krieg?, in: Historische Zeitung 273 (2001), S. 637–673.
Binder, L. James, Lemnitzer. A Soldier for His Time, Washington, D.C. u. a. 1997.
Bird, Kai, The Color of Truth. McGeorge Bundy and William Bundy: Brothers in Arms, New York u. a. 1998.
Blight, James G./Welch, David A., On the Brink. Americans and Soviets Reexamine the Cuban Missile Crisis, New York 1989.
Blight, James G./Allyn, Bruce J./Welch, David A., Cuba on the Brink. Castro, the Missile Crisis and the Soviet Collapse, New York 1993.
Borinski, Philipp, Mitigating West Germany's Strategic Dilemmas, in: Armed Forces and Society 15 (1989), S. 531–549.
Boutwell, Jeffrey, The German Nuclear Dilemma, Ithaca u. a. 1990.
Brenner, Philip, Thirteen Months: Cuba's Perspective on the Missile Crisis, in: The Cuban Missile Crisis Revisited, edited by James A. Nathan, New York 1992, S. 187–217.
Buchholz, Frank, Strategische und militärpolitische Diskussionen in der Gründungsphase der Bundeswehr 1949–1960, Frankfurt a.M. u. a. 1991.
Buckij, Aleksej S., Rabota glavnogo štaba RVSN v period podgotovki i provedenija operacii „Anadyr'", in: Informačionnych sbornik Raketnych vojsk strategičeskogo naznačenija. Special'nyj vypusk, 1998, S. 13–19.
Bundy, McGeorge, Danger and Survival. Choices About the Bomb in the First Fifty Years, New York 1988.
Burlov, Anatolij M., Raketnye vojska strategičeskogo naznačenija v operacii „Anadyr'", in: Sozdateli raketno-jadernogo oružija i veterany-raketčiki rasskazyvajut, Moskva 1996, S. 73–83.
Ders., Rekognoscirovka mestnosti po vyboru boevych pozicij, drugich objektov dlja častej RVSN. Privedenie v boevuju gotovnost' častej s raketami srednej dal'nosti R-12, in: Informačionnych sbornik Raketnych vojsk strategičeskogo naznačenija. Special'nyj vypusk, 1998, S. 25–29.
Bystrova, I. V., Voenno-promyšlennyj kompleks SSSR v gody cholodnoj vojny. (Vtoraja polovina 40-ch – načalo 60-ch godov), Moskva 2000.

Quellen- und Literaturverzeichnis

Cable, Larry E., Conflict of Myths. The Development of American Counterinsurgency Doctrine and the Vietnam War, New York u. a. 1986.
Campbell, John Franklin, The Foreign Affairs Fudge Factory, New York, London 1971.
Chronika osnovnych sobytij istorii Raketnych Vojsk Strategičeskogo naznačenija, Moskva 1996.
Chruščev, Sergej, V Kubinskij raketnyj krizis Kreml' i Belyj dom edva li vypustili sobytija iz-pod kontrolja, in: Meždunarodnaja žizn', H. 5, 2002, S. 57–79.
Ders. im Gespräch mit Spiegel-Redakteur Klaus Wiegrefe, in: Der Spiegel, Nr. 33, 12. 8. 2002, S. 115f.
Ders., Roždenie sverchderžavy. Kniga ob otce, Moskva 2000.
Ders., Krizisy i rakety, Bd. 2, Moskva 1994.
Cohn, Elizabeth, President Kennedy's Decision to Impose a Blockade in the Cuban Missile Crisis: Building Consensus in the ExComm After the Decision, in: The Cuban Missile Crisis Revisited, edited by James A. Nathan, New York 1992, S. 219–237.
Currey, Cecil B., Edward Lansdale. The Unquiet American, Boston 1988.
Čertok, Boris E., Rakety i ljudi. Gorjačie dni cholodnoj vojny, Moskva 2002.
Deutsche Zeitung mit Wirtschaftszeitung, Nr. 227, 29./30. 9. 1962.
Detzer, David, The Brink. Cuban Missile Crisis, 1962, New York 1979.
Die Kubakrise 1962: Zwischen Mäusen und Moskitos, Katastrophen und Tricks, Mongoose und Anadyr, hrsg. von Heiner Timmermann, Hamburg/London 2003.
Dobrynin, Anatoly, In Confidence. Moscow's Ambassador to Six Cold War Presidents, New York 1995.
Dockrill, Saki, Eisenhower's New Look National Security Policy, 1953–61, London 1996.
Dorril, Stephen, MI 6. Inside the Covert World of Her Majesty's Secret Intelligence Service, New York 2000.
Dummheit des Staates, in: Der Spiegel, Nr. 43, 21. 10. 2002, S. 62–86.
Enthoven, Alain C./Smith, K. Wayne, How Much Is Enough? Shaping the Defense Program, 1961–1969, Evanston u. a. 1971.
Esin, Viktor I., Učastie Raketnych vojsk strategičeskogo naznačesnija v operacii „Anadyr'", in: Strategičeskaja operacija „Anadyr'". Kak eto bylo. Memuarno-spravočnoe izdanie, pod redakciej V. I. Esina, Moskva 1999, S. 55–64.
Evteev, M. D., Iz istorii sozdanija zenitno-raketnogo ščita Rossii, Moskva 2000.
Fairlie, Henry, The Kennedy Promise. The Politics of Expectation, Garden City 1973.
Felken, Detlef, Dulles und Deutschland. Die amerikanische Deutschlandpolitik 1953–1959, Bonn 1993.
Forster, Thomas M., NVA – Die Armee der Sowjetzone, Köln 1967.
Freedman, Lawrence, Kennedy's Wars. Berlin, Cuba, Laos, and Vietnam, New York u. a. 2000.
Fursenko, Aleksander/Naftali, Timothy, „One Hell of a Gamble". Khrushchev, Castro, and Kennedy, 1958–1964, New York u. a. 1997.
Ders./Naftali, Timothy, The Pitsunda Decision. Khrushchev and Nuclear Weapons, in: Cold War International History Project Bulletin No. 10, Washington, D.C. 1998.
Ders./Naftali, Tinothy, Der Umgang mit KGB-Dokumenten: Der Scali-Feklisov-Kanal in der Kuba-Krise, in: Die Kubakrise 1962: Zwischen Mäusen und Moskitos, Katastrophen und Tricks, Mongoose und Anadyr, hrsg. von Heiner Timmermann, Hamburg/London 2003, S. 76–85.
Ders./Naftali, Timoti, Adskaja igra, Moskva 1999.
Ders., Kak byla postroena berlinskaja stena, in: Istoriceskie zapiski, H. 4, 2001, S. 73–90.
Ders., Karibskij krizis 1962 g., in: Istočnik, H. 5, 2002, S. 60–111.
Gaddis, John Lewis, Strategies of Containment. A Critical Appraisal of Postwar American National Security Policy, Oxford u. a. 1982.
Ders., We Now Know. Rethinking Cold War History, Oxford, New York 1997.
Garbuz, Leonid S., Zamestitel' komandujuščego Gruppy sovetskich vojsk na Kube vspominaet, in: Strategičeskaja operacija „Anadyr'". Kak eto bylo. Memuarno-spravočnoe izdanie, pod redakciej V. I. Esina, Moskva 1999, S. 80–89.
Garthoff, Raymond, Intelligence Assessment and Policymaking. A Decision Point in the Kennedy Administration, Washington, D.C. 1984.
Ders., Reflections on the Cuban Missile Crisis, revised edited, Washington, D.C. 1989.

Ders., Soviet Strategy in the Nuclear Age, New York 1958.
Gavin, Francis J., The Myth of Flexible Response. United States Strategy in Europe during the 1960s, in: International History Review 23 (2001), S. 847–875.
Gossel, Daniel, Briten, Deutsche und Europa. Die Deutsche Frage in der britischen Außenpolitik 1945–1962, Stuttgart 1999.
Gretschko, Andrej Antonowitsch, Die Streitkräfte des Sowjetstaates, Berlin 1975.
Gribkow, Anatoli I. [*Gribkov, A.*], Der Warschauer Pakt. Geschichte und Hintergründe des östlichen Militärbündnisses, München 1995.
Ders., Im Dienste der Sowjetunion. Erinnerungen eines Armeegenerals, Berlin 1992.
Ders., Ispoved' lejtenanta. Vstreči s polkovodcami: K. K. Rokossovskij, G. K. Žukov, A. M. Vasilevskij, I. Ch. Bagramjan, M. V. Zacharov, R. Ja. Malinovskij, A. A. Grečko, S. S. Birjuzov, N. I. Krylov, V. I. Čuikov; Operacija „Anadyr'", Moskva 1999.
Ders., Karibskij krizis, in: Voenno-istoričeskij žurnal, Nr. 10, 1992 – Nr. 1, 1993.
Ders., Razrabotka zamysla i osušestvlenie operacii „Anadyr'", in: Strategičeskaja operacija „Anadyr'". Kak eto bylo. Memuarno-spravočnoe izdanie, pod redakciej V. I. Esina, Moskva 1999, S. 26–54.
Ders./Smith, William Y., Operation Anadyr. U.S. and Soviet generals recount the Cuban missile crisis, Chicago u. a. 1994.
Grinevskij, Oleg, Tysjaca i odin den' Nikity Sergeevica, Moskva 1998.
Groškov, Sergej G., Morskaja mošč' gosudarstva, Moskva 1976.
Haftendorn, Helga, Kernwaffen und die Glaubwürdigkeit der Allianz. Die NATO-Krise von 1966/67, Baden-Baden 1994.
Henke, Klaus-Dietmar, Die amerikanische Besetzung Deutschlands, München 1995.
Hershberg, James G., Before „The Missiles of October", Did Kennedy Plan a Military Strike Against Cuba, in: The Cuban Missile Crisis Revisited, edited by James A. Nathan, New York 1992, S. 237–280.
Ders., New Evidence on the Cuban Missile Crisis: More Documents from the Russian Archives, in: Cold War International History Project Bulletin No. 8–9, Washington, D.C. 1996–1997, S. 270–277.
Higgins, Trumbull, The Perfect Failure. Kennedy, Eisenhower, and the CIA at the Bay of Pigs, New York u. a. 1987.
Hilsman, Roger, The Cuban Missile Crisis. The Struggle over Policy, Westport u. a. 1996.
Hitch, Charles J., Decision-Making for Defense, 3rd edited, Berkeley, Los Angeles u. a. 1967.
Hoppe, Christoph, Zwischen Teilhabe und Mitsprache. Die Nuklearfrage in der Allianzpolitik Deutschlands 1959–1966, Baden–Baden 1993.
Horne, Alistair, Macmillan. 1957 – 1986, London 1989.
Huth, Paul K., Extended Deterrence and the Prevention of War, New Haven u. a. 1988.
Istorija voennoj strategii Rossii, pod. redakciej V. A. Zolotareva, Moskva 2000.
Ivkin, Vladimir/Dolonin, Aleksandr, Operacija „Anadyr'": kak ëto bylo, in: Krasnaja Zvezda, 11. 10. 1997.
Jakovlev, Vladimir N., Raketnye vojska strategičeskogo naznačenija v operacii „Anadyr'", in: Informačionnych sbornik Raketnych vojsk strategičeskogo naznačenija. Special'nyj vypusk, 1998, S. 4–12.
Johnson, U. Alexis/McAllister, Jef Olivarius, The Right Hand of Power, Englewood Cliffs 1984.
Jordan, Robert S., Norstad: Cold War NATO Supreme Commander. Airman, Strategist, Diplomat, New York 2000.
Juchler, Ingo, Revolutionäre Hybris und Kriegsgefahr: Die Kuba-Krise von 1962, in: VfZ 41 (1993), S. 79–100.
Kabus, Andreas, Auftrag Windrose: Der militärische Geheimdienst der DDR, Berlin 1993.
Kagan, Donald, On the Origins of War and the Preservation of Peace, New York et al. 1995.
Kalb, Marvin/Abel, Elie, Roots of Involvement. The U.S. in Asia, 1784–1971, New York 1971.
Kaplan, Fred, The Wizards of Armageddon, New York 1983.
Karlov, S. N., Rabota operativnoj gruppy v Nikolaevskom portu po otpravke častej RVSN na Kubu, in: Informačionnych sbornik Raketnych vojsk strategičeskogo naznačenija. Special'nyj vypusk, 1998, S. 54–57.

Karpenko, A. V./Utkin, A. F./Popov A. D., Otečestvennye strategičeskie raketnye kompleksy, St. Peterburg 1999.
Köhler, Henning, Adenauer. Eine politische Biographie, Frankfurt a.M. u. a. 1994.
Kokošin, A. A., Armija i politika. Sovetskaja voenno-političeskaja i voenno-strategičeskaja mysl', 1918–1991 gody, Moskva 1995.
Kopylov, I. A., Boevoj sostav strategičeskich jadernych sil SSR i SŠA v 1962 godu, in: Informacionnych sbornik Raketnych vojsk strategičeskogo naznačenija. Special'nyj vypusk, 1998, S. 22–25.
Kowalczuk, Ilko-Sascha/Wolle, Stefan, Roter Stern über Deutschland. Sowjetische Truppen in der DDR, Berlin 2001.
Kozlov, S. N./Smirnov, M. V./Baz, I. S./Sidorov, P. A., O sovetskoj voennoj nauke, Moskva 1964.
Kramer, Mark, Erkenntnisse aus der Kubakrise für die Nuklearoperationen des Warschauer Paktes, in: Die Kubakrise 1962: Zwischen Mäusen uns Moskitos, Katastrophen und Tricks, Mongoose und Anadyr, hrsg. von Heiner Timmermann, Hamburg. London 2003, S. 157–172.
Krepinevich, Jr., Andrew F., The Army and Vietnam, Baltimore, London 1986.
Krikunov, V. P., Neizvestnoe o razvjazke Karibskogo krizisa, in: Voenno-istoričeskij žurnal, Nr. 10, 1997, S. 33–38.
Kunze, Martin, Das nukleare Trägerpotential der Nationalen Volksarmee, in: Im Gleichschritt?: Zur Geschichte der NVA, hrsg. von Walter Jablonsky und Wolfgang Wünsche, Berlin 2001, S. 198–240.
Kuzivanov, Michail G., Kompleks „Sopka" v operacii „Anadyr'", in: Strategičeskaja operacija „Anadyr'". Kak eto bylo. Memuarno-spravočnoe izdanie, pod redakciej V. I. Esina, Moskva 1999, S. 109–115.
Lebow, Richard Ned/Stein, Janice Gross, We all lost the Cold War, Princeton 1994.
Ders., The Traditional and Revisionist interpretations Reevaluated: Why was Cuba a Crisis?, in: The Cuban Missile Crisis Revisited, edited by James A. Nathan, New York 1992, S. 178 ff.
Löffler, Hans-Georg, Gefechtsbereitschaft – das Ziel der Ausbildung, in: NVA. Ein Rückblick für die Zukunft. Zeitzeugen berichten über ein Stück deutscher Militärgeschichte, hrsg. von Manfred Backerra, Köln 1992, S. 91–112.
Maier, Klaus A., The Federal Republic as a „Battlefield" in American Nuclear Strategy, 1953–1955, in: American Policy and the Reconstruction of West Germany, 1945–1955, edited by Jeffry M. Diefendorf, Axel Frohn, Hermann-Josef Rupieper, Washington, D.C. 1993, S. 395–409.
Maloney, Sean M., Notfallplanung für Berlin. Vorläufer der Flexible Response 1958–1963, in: Militärgeschichte 7 (1997) Heft 1, S. 3–15.
McArdle Kelleher, Catherine, Germany & the Politics of Nuclear Weapons, New York u. a. 1975.
Merkel, Manfred/Schlenker, Eckart, Zur Geschichte der funktechnischen Truppen der Luftverteidigung der NVA, in: Im Gleichschritt?: Zur Geschichte der NVA, hrsg. von Walter Jablonsky und Wolfgang Wünsche, Berlin 2001, S. 241–270.
Merseburger, Peter, Willy Brandt 1913–1992. Visionär und Realist, Stuttgart u. a. 2002.
Meyer, Karl E./Szulc, Tad, The Cuban Invasion. The Chronicle of a Disaster, New York 1962.
Militärlexikon, Berlin [2]1973.
Morsey, Rudolf/Schwarz, Hans-Peter (Hrsg.), Konrad Adenauer, Rhöndorfer Ausgabe. Teegespräche 1961–1963, bearb. von Hans Peter Mensing, Berlin 1992.
Nash, Philip, The other Missiles of October. Eisenhower, Kennedy, and the Jupiters 1957–1963, Chapel Hill u. a. 1997.
Ders., Bear Any Burden? John F. Kennedy and Nuclear Weapons, in: Cold War Statesmen Confront the Bomb. Nuclear Diplomacy since 1945, edited by John Lewis Gaddis/Philip H. Gordon/Ernest R. May/Jonathan Rosenberg, Oxford u. a.1999, S. 120–140.
Nathan, James A. (ed.), The Cuban Missile Crisis Revisited, New York 1992.
Neufeld, Jacob, The development of ballistic missiles in the United States Air Force 1945–1960, Washington, D.C. 1989.

Nieslen, Harald, Die DDR und die Kernwaffen: Die nukleare Rolle der Nationalen Volksarmee im Warschauer Pakt, Baden-Baden 1998.
Oblizin, Nikolaj A., Ballističeskoe i geodezičeskoe obespečenie polkov 51 raketnoj divizii, in: Strategičeskaja operacija „Anadyr'". Kak eto bylo. Memuarno-spravočnoe izdanie, pod redakciej V. I. Esina, Moskva 1999, S. 122–124.
Operacij „Anadyr'": Fakty. Vospominanija. Dokumenty, Moskva 1997.
Oppelland, Torsten/Gerhard Schröder (1910–1989). Politik zwischen Staat, Partei und Konfession, Düsseldorf 2002.
Osterheld, Horst, „Ich gehe nicht leichten Herzens...". Adenauers letzte Kanzlerjahre – ein dokumentarischer Bericht, Mainz 1986.
Paterson, Thomas G., Fixation with Castro: The Bay of Pigs, Missile Crisis, and Covert War against Castro, in: Kennedy's Quest for Victory. American Foreign Policy, 1961–1963, edited by ders., Oxford u. a. 1989.
Pavlovskij, Ivan G., Suchoputnye vojska SSSR. Zaroždenie, razvitie, sovremennost', Moskva 1985.
Pedlow, Gregory W., Allied Crisis Management for Berlin. The „Live Oak" Organization, 1959–1963, in: International Cold War Military Records and History. Proceedings of the International Conference on Cold War Military Records and History Held in Washington, D.C., 21–26 March 1994, edited by William W. Epley, Washington, D.C. 1996, S. 87–116.
Pichoja, Rudol'f, Počemu Chruščev poterjal vlast', in: Meždunarodnoj istoričeskij žurnal, Nr. 8, 2000, veröffentlicht auf: http://history.machaon.ru/number_08.
Pokoncit' s politikoj provokacii. Zajavlenie TASS, in: Pravda, Nr. 155, 12. 9. 1962.
Pervoe raketnoe soedinenie vooruženych sil strany. Voenno-istoričeskij očerk, Moskva 1996.
Pervov, Michail, A., Raketnoe oružie Raketnych vojsk strategičeskogo naznačenija, Moskva 1999.
Ders., Zenitnoe raketnoe protivovozdušnoj oborony strany, Moskva 2001.
Počtarev, Andrej N./Jaremenko, Valerij A., Operacija „Anadyr'", in: Nezavisimoe voennoje obozrenie, 3. 10. 1997.
Polkovnikov, Valentin P., Startovyj divizon raketnogo polka na Kube, in: Strategičeskaja operacija „Anadyr'". Kak eto bylo. Memuarno-spravočnoe izdanie, pod redakciej V. I. Esina, Moskva 1999, S. 148–160.
Pope, Ronald R. (ed.), Soviet Views on the Cuban Missile Crisis. Myth and Reality in Foreign Policy Analysis, Washington, D.C. 1982.
Power, Thomas S., Design for Survival, New York 1964.
Raketnye Vojska Strategičeskogo Naznačenija. Voenno-istoričeskij trud, Moskva 1994.
Raketnye Vojska Strategičeskogo Naznačenija. Voenno-istoričeskij očerk, Moskva 1998.
Raketnyj ščit otečestva, Moskva 1999.
Reeves, Richard, President Kennedy. Profile of Power, New York et al. 1993.
Reuters – Nachrichtenmeldung zur Kubakrise, 29. 11. 2002.
Richter, Walter, Der militärische Nachrichtendienst der Nationalen Volksarmee der DDR und seine Kontrolle durch das Ministerium für Staatssicherheit: die Geschichte eines deutschen Geheimdienstes, Berlin u. a. 2002.
Rossija i SSSR v vojnach XX veka: Statističeskoe issledovanie, Moskva 2001.
Rossija (SSSR) v lokal'nych vojnach i vooruženych konfliktach vtoroj polovinyj XXveka, pod. redakciej V. A. Zolotareva, Moskva 2000.
Rostow, Walt W., The Diffusion of Power. An Essay in Recent History, New York 1972.
Ders., The View from the Seventh Floor, New York 1964.
Rubin, Barry, Secrets of State. The State Department and the Struggle Over U.S. Foreign Policy, New York u. a. 1985.
Sagan, Scott D., Nuclear Alerts and Crisis Management, in: International Security 9 (1985), S. 99–139.
Ders., The Limits of Safety. Organizations, Accidents, and Nuclear Weapons, Princeton 1993.
Sakharov, Andrej, Facets of a Life, Hong Kong 1991.
Savkin, V. E., Osnovnye principy operativnogo istkustva i taktiki, Moskva 1972.
Schecter, Jerold L./ Deriabin, Peter S., Die Penkowskij-Akte. Der Spion, der den Frieden rettete, Frankfurt a.M. u. a. 1993.

Schlesinger, Jr., Arthur M., A Thousand Days. John F. Kennedy in the White House, Boston u. a. 1965.
Ders., Robert Kennedy and His Times, New York 1978/1979.
Schmitt, Burkhard, Frankreich und die Nukleardebatte der Atlantischen Allianz 1956-1966, München 1998 (= Militärgeschichtliche Studien, Bd. 36).
Schunke, Joachim, Feindbild und Beurteilung des Gegners in der NVA, in: Im Gleichschritt?: Zur Geschichte der NVA, hrsg. von Walter Jablonsky und Wolfgang Wünsche, Berlin 2001, S. 152-196.
Schwarz, Hans-Peter, Adenauer – Der Staatsmann 1952-1967, Stuttgart 1991.
Scott, Len/Smith, Steve, Lessons of October.Historians, Political Scientists, Policy-makers, and the Cuban Missile Crisis, in: International International Affairs 70 (1994), S. 659-684.
Shapley, Deborah, Promise and Power. The Life and Times of Robert McNamara, Boston u. a. 1993.
Sidorenko, A. A., Nastuplenie, Moskva 1970.
Sidorov, Ivan S., Vypolnjaja internacional'nyj dolg, in: Strategičeskaja operacija „Anadyr'". Kak eto bylo. Memuarno-spravočnoe izdanie, pod redakciej V. I. Esina, Moskva 1999, S. 125-131.
Simonov, N. S., Voenno-promyžlennyj kompleks SSSR v 1920-1950-e gody: tempy ėkonomičeskogo rosta, struktura, organizacija proizvodstva i upravlenie, Moskva 1996.
Smith, William Y., The View from Washington, in: Operation Anadyr. U.S. and Soviet Generals Recount the Cuban Missile Crisis, edited by Anatoli I. Gribkov/ders., Chicago u. a. 1994, S. 77-159.
Sokolovskij, Vasilij D., Voennaja strategija, Moskva 1963.
Sorensen, Theodore C., Kennedy, München 1965.
Sovetskaja voennaja mošč' ot Stalina do Gorbačeva, Moskva 1999.
Sovetskie vooružennye sily: istorija stroitel'stva, Moskva 1978.
Strategičeskaja operacija „Anadyr'". Kak eto bylo. Memuarno-spravočnoe izdanie, pod redakciej V. I. Esina, Moskva 1999.
Strategičeskoe jadernoe vooruženie Rossii, Moskva 1998.
Stromseth, Jane E., The Origins of Flexible Response: NATO's Debate over Strategy in the 1960s, Oxford 1988.
Süddeutsche Zeitung, 27. 10. 1962
Subok, Wladislaw/Pleschakow, Konstantin, Der Kreml im Kalten Krieg. Von 1945 bis zur Kubakrise, Hildesheim 1997.
Surikov, B. T., Boevoe primenenie raket, Moskva 1965.
Šiščenko, Ivan V., Raketnyj podchod na Kubu, in: Strategičeskaja operacija „Anadyr'". Kak eto bylo. Memuarno-spravočnoe izdanie, pod redakciej V. I. Esina, Moskva 1999, S. 134-141.
Taylor, John M., General Maxwell Taylor. The Sword and the Pen, New York et al. 1989.
Taylor, Maxwell D., Swords And Plowshares, New York 1972.
Thoß, Bruno, Deterrence and Defense. The Stationing of U.S. Troops in Germany and the Implementation of Forward Strategy in Europe 1950-1967, in: GIs in Germany, edited by Detlef Junker et al., erscheint Washington, D.C. u. a. 2004.
Ders., NATO-Strategie und nationale Verteidigungsplanung. Der Aufbau der Bundeswehr im Spannungsbogen von nuklearer Bündnisstrategie und konventioneller Streitkräftestruktur (1955-1968), erscheint München 2004.
Timmermann, Heiner, Die Krise im Überblick, in: Die Kubakrise 1962: Zwischen Mäusen und Moskitos, Katastrophen und Tricks, Mongoose und Anadyr, hrsg. von Heiner Timmermann, Hamburg/London 2003, S. 8-18.
Trachtenberg, Marc, History & Strategy, Princeton 1991.
Trojanovskij, Oleg, Karibskij krizis – vzgljad iz Kremlja, in: Me~dunarodnaja ~izn', H. 3-4, 1992, S. 25-56.
U kraja jadernoj bezdny (Iz istorii Karibskogo krizisa 1962 g. Fakty. Svidetel'stva. Ocenki &). Memuarno-monografičeskij ocerk, pod redakciej A. I. Gribkova, Moskva 1998.
Uhl, Matthias/Ivkin, Vladimir I., Operation „Atom", in: Cold War International History Project Bulletin No. 12/13, Washington, D.C. 2001.
Vaïsse, Maurice, La grandeur. Politique étrangère du général de Gaulle 1958-1969, Paris 1998.
Voenačal'niki Raketnych Vojsk Strategičeskogo Naznačenija. Sbornik očerkov, Moskva 1997.

Voenno-techničeskij progress i Vooružennye Sily SSSR (Analuz razvitija vooruženija, organizacii i sposobov dejstvij), pod redakciej M. M. Kir'jana, Moskva 1982.
Voennyj ënciklopedičeskij slovar' Raketnych vojsk strategičeskogo naznačenija, Moskva 2000.
Volokitina, T.V., Stalin i smena strategičeskogo kursa Kremlja v konce 40-ch gogov: ot kompromissov k konfrontacii, in: Stalinskoe desjatiletie cholodnoj vojny: fakty in gipotezy, Moskva 1999, S. 10–22.
Vooružennye sily i voennoe iskusstvo posle Vtoroj mirovoj vojny, Moskva 1991.
Wagner, Armin, Karl Linke (1900–1961). NVA-Geheimdienstchef im Visier des Gegners, in: Konspiration als Beruf: Deutsche Geheimdienstchefs im Kalten Krieg, hrsg. von Dieter Krüger und Armin Wagner, Berlin 2003, S. 132–159.
Ders., Walter Ulbricht und die geheime Sicherheitspolitik der SED. Der Nationale Verteidigungsrat der DDR und seine Vorgeschichte (1953–1971), Berlin 2002.
Wenzke, Rüdiger, Die Nationale Volksarmee (1956–1990), in: Im Dienste der Partei: Handbuch der bewaffneten Organe der DDR, hrsg. von Torsten Diedrich, Hans Ehlert und Rüdiger Wenzke, Berlin ²1998, S. 421–535.
Ders., Die NVA und der Prager Frühling 1968: Die Rolle Ulbrichts und der DDR-Streitkräfte bei der Niederschlagung der tschechoslowakischen Reformbewegung, Berlin 1995.
While, Mark J, The Cuban Missile Crisis. London 1996.
Wofford, Harris, Of Kennedys And Kings. Making Sense of the Sixties, New York 1980.
Wyden, Peter, Bay of Pigs. The Untold Story, London 1979.
Wenger, Andreas, Living with Peril. Eisenhower, Kennedy, and Nuclear Weapons, Lanham u. a. 1997.
Zakirov, Rafaël', Strategičeskaja operacija pod vidom učenii, in: Nezavismoe voennoje obozrenie, 29. 11. 2002.
Zaloga, Steven J., The Kremlin's nuclear sword. The rise and fall of Russia's strategic nuclear forces 1945–2000, Washington, D.C. u. a. 2002.
Zeittafel zur Militärgeschichte der Deutschen Demokratischen Republik 1949–1988, Berlin 1989.
Zolotarev, V. A./Saksonov, O. V./Tjuškevič, S. A., Voennaja istorii Rossii, Moskva 2000.
Zubok, Vladyslav M., Khrushchev and the Berlin Crisis (1958–1962), in: Cold War International History Projekt Working Paper No. 6., Washington, D.C. 1993.
Ders./Vodop'janova, Z., Sovetskaja diplomatija i berlinskij krizis (1958–1962gg.) in: Cholodnaja vojna. Novye podchody, novye dokumenty, Moskva 1995, S. 258–274.
Ders./Pleshakov, Constantine, Inside the Kremlin's Cold War. From Stalin to Khrushchev, Cambridge u. a. 1996.
Ders./Harrison, Hope M., The Nuclear Education of Nikita Khrushchev, in: Cold War Statesmen Confront the Bomb. Nuclear Diplomacy since 1945, edited by John Lewis Gaddis/Philip H. Gordon/Ernest R. May/Jonathan Rosenberg, Oxford u. a. 1999, S. 141–168.

Personenregister

Abaschwili, Georgi S. 46f., 49
Acheson, Dean G. 18, 65, 142
Adenauer, Konrad 65–67, 69, 78, 80f., 88, 92f., 96, 141
Agafonow, Vitalij N. 47
Ahlers, Conrad 96
Ajupow, W. S. 191
Akindinow, Pawel W. 47, 49
Albrecht, Wilhelm 206
Alexsejew, Alexander I. 172
Alphand, Hervé 73
Anderson, George W., Jr. 11, 21, 135–137, 141–147, 150, 154,
Anderson, Rudolph 170
Andropow, Jurij W. 6
Archipow, Walerij I. 188
Arefew, W. Ja. 190f.
Arepew, A. F. 192
Artemenko, Ilja P. 193
Asaturow, Ewgeni S. 49
Atemasow, A. F. 191
Augstein, Rudolf 96

Bales, E. W. 158, 159
Ball, George 139
Bandilowskij, Nikolaj F. 47, 161–163, 166, 168–170, 172, 174, 182
Batow, Pawel I. 107
Beloborodow, Nikolaj K. 47, 56
Bertram, Helmut 209, 211
Birjusow, Sergej S. 52, 55–58, 61f., 185, 189
Blanchard, William H. 147
Bohlen, Charles 4
Bonesteel, Charles H. 208
Borjuschkin, Gennadij T. 174
Bradley, Omar 124
Brandt, Willy 6, 96
Breschnew, Leonid I. 128–130
Bulganin, Nikolaj A. 85
Bundy, McGeorge 4, 12f., 16, 21, 65, 126, 142
Burchinal, David 146
Burkackaja, Galina E. 188
Burke, Arleigh A. 13

Carroll, Joseph F. 144, 148
Carter, Jimmy 130

Castro Ruz, Fidel VIII, 2f., 5, 8, 12, 16f., 23, 25, 96, 137, 147, 150, 164, 169, 193
Castro Ruz, Raúl 164, 193
Chrunitschew, Michajl W. 30
Chruschtschow, Nikita S. VII–IX, 1–9, 14, 17f., 20, 22–25, 30, 32, 46, 49, 61, 63, 65, 69, 71, 74, 76, 80, 85f., 89, 91–93, 95f., 100, 121–129, 138–140, 149f., 152f., 183, 193f., 232
Clarke, W. E. 160
Clay, Lucius D., Jr. 143

Dankjewitsch, Pawel B. 45–47, 49, 61, 171
Dawidkow, Viktor I. 46f.
De Gaulle, Charles 65, 88, 92
Dementjew, Alexej A. 46, 49, 161
Dennison, Robert Lee 16, 87, 137, 147, 154
Diefenbaker, John 92
Dillon, Douglas C. 18, 142, 148
Dobrynin, Anatolij F. 4, 22, 24, 92, 123
Dowling, Walter C. 65f., 93
Dschukowskaja, G. K. 188
Dudin, Jurij I. 188
Dulles, John F. 69, 82, 131

Eberl 101
Eisenhower, Dwight D. 19, 68, 82, 125
Ermakow, Dorofej S. 47

Fefelow, W. F. 187
Foertsch, Friedrich 70, 74–77, 80, 81, 196, 200–203, 206, 211
Fokin, Vitalij A. 45

Garbus, Leonid St. 46, 49, 162
Gawrikow, Sergej F. 192
Gilpatric, Roswell L. 3, 5, 15, 21, 136, 142, 144–146, 150
Gorbatschow, Michail S. 131
Gorschkow, Sergej G. 30
Gratschew, W. W. 188
Gretschko, Andrej A. 101–104, 106–108, 110, 118, 134, 220, 235
Gretschko, Stepan N. 46f.
Gribkow, Anatolij I. 5, 40, 49,
Griffin, Charles D. 142

Grisenko, N. W. 187
Gromyko, Andrej A. 6–8, 71, 124
Guevara, Ernesto „Che" 3
Gurewitsch, Michail J. 138
Gusejnow, Jurij S. 47
Gutschkow, Jurij A. 47

Heusinger, Adolf 70
Höcherl, Hermann 67
Hoffmann, Heinz XII, 100, 103–108, 110, 113–116, 118, 134, 218, 220, 222, 235, 236, 241
Honecker, Erich 112
Howze, Hamilton H. 137
Hughes, John 148 f.

Ilitschew, Iwan I. 7
Iwanow, Nikolaj A. 184
Iwanow, Semjon P. 42
Iwatschutin, Pjotr I. 32, 36 f.

Jakowlew 49
Jakubowskij, Iwan I. 102
Jasow, Dimitrij T. 47
Jastrebow, A. I. 191
Johnson, Lyndon B. 128

Kanther 202
Keeley, J. 159
Kennedy, John F. VII–IX, 2 f., 5, 7, 8, 11–25, 39, 61, 63, 65, 67, 71, 85, 89–93, 96, 102, 121–128, 136, 138–146, 149–153, 191, 193 f., 232
Kennedy, Robert F. 15–17, 23 f., 92 f., 139, 141 f.
Kilduff, Malcom 21
Kissinger, Henry A. 128, 130
Klimowitsch, Wladimir W. 47
Knappstein, Karl Heinrich 68
Kohler, Foy D. 7
Konew, Iwan St. 99
Korinez, Roman F. 167, 191
Kowalenko, Alexander A. 47, 163, 164, 168, 170, 174, 189, 191
Kowalenko, Grigorij I. 47
Kowpak, Sidor A. 188
Kreisky, Bruno 6
Kriwzow, Peter F. 167, 175
Krone, Heinrich 66
Kuntzen, Gustav Adolf 78, 80, 199, 200, 205, 207, 211, 216
Künzel, „Charly" 94, 95
Kusnezow, Nikolaj G. 30

Landsdale, Edward 16
Lawrenow, Iwan A. 190
Leahy, William D. 124

LeMay, Curtis E. 11, 19, 20, 135, 136, 140, 143, 146, 148–150, 152
Ljalinskij, Wladimir G. 47
Loomis, R. J. 157, 160
Luis, Pedro 164, 193
Lyzenko, Ju. A. 189

MacMillan, Maurice H. 14, 92, 141
Malinowski, Rodion Ja. 30, 42, 44, 46, 61 f., 101 f., 114, 172
Malzew 47
Mao Tse Tung 127
Marshall, George 124
McCloy, John 92, 153
McCone, John A. 90, 142
McKee, Seth J. 137, 140, 145
McLaughlin 136, 140
McNamara, Robert S. 13–15, 17 f., 21 f., 60, 83, 136, 138 f., 142–153
McNaughton, John T. 142
Melichow, Stanislaw I. 47
Melnikow, W. M. 192
Mikojan, Anastas I. 9, 133, 183–86
Mikojan, Artem I. 138
Misotschenko, Pawel B. 47
Moskalzow, W. I. 192

Naumenko, Andrej M. 188
Nekrasow, Wladimir P. 47
Nitze, Paul 18, 139, 148, 150, 152
Nixon, Richard 128, 130
Norstad, Lauris 68, 70–78, 80, 82, 86 f., 133, 144 f., 195, 199, 204, 207–209, 212

Oakes, John Cogswell 208
Orel, Dimitrij E. 47
Osadtschi, I. S. 53
Osipow, Walentin M. 194

Panitzki, Werner 206
Penkowskij, Oleg W. 90
Peterson, J. W. 158–160,
Petrenko, Pawel M. 49, 187
Petrow, W. P. 189
Pfefferkorn 101
Pilipenko, Nikolaj P. 47, 49
Pjantkowskij, W. M. 192
Pliew, Issa A. 47, 49, 60 f., 89, 172, 179, 184
Plisko, Anatolij F. 174
Poeppel, Hans 201, 207
Power, Thomas S. 22, 137, 145,
Pschenitschnyj, Ivan V. 133, 186 f., 194
Pstygo, Iwan I. 101

Quinn, William W. 142

Radford, Arthur W. 68

Reagan, Ronald W. 131
Ricketts, Claude Vernon 149
Riedel, Sigfried 105, 107, 219, 223, 225, 227–229, 231, 236
Riley, Herbert D. 135, 139
Romanow, Sergej K. 47, 52, 167, 175
Rostow, Walt W. 15, 126
Rshewskij, Gawriil M. 47
Rusk, Dean 4, 7, 8, 15, 22, 67, 92, 138–140, 143, 147f., 151–153,
Russell, Bertrand 76

Schabanow, Genrich W. 192
Sacharow, Matwej W. 32, 36f., 42, 44f., 56, 62, 100, 101
Sajez, B. I. 191
Santa Maria 184
Schelling, Thomas 126
Schibanow, Nikolaj W. 47
Schikow, Anatolij G. 47
Schirschow, Wladimir S. 51
Schischtschenko, Iwan W. 167, 192
Schkulow, Ewgenij G. 47
Schröder, Gerhard 67
Semin, S. I. 118
Sharp, Ulysses S. Grant 145
Shoup, David M. 20, 135, 137, 142, 148f.
Shulmann, Marshal 130
Sidorow, Iwan S. 47, 61, 161–163, 165f., 168–172, 174, 176, 192
Simin, Georgij W. 102
Skobelzyn, Dmitrij W. 188
Slisnew, Viktor A. 49
Smirnow, Andrej A. 7
Smirnow, Jurij N. 5
Smirnow, W. M 192
Smith, Jack R. 93
Snimschtschikow, Georgij P. 193
Sokolowskij, Wasilij D. 32, 34f.
Solowjow, Jurij A. 47, 163, 166–172, 174, 192
Sorensen, Theodore 67
Stazenko, Igor D. 46f., 51f., 55–58, 60–62, 133, 160, 177, 183–186, 190, 194

Stalin, Josef Wissarionowitsch 32
Steakley, Ralph D. 149
Stevenson, Adlai E. 143, 148, 151, 153
Stoph, Willi 99
Strauß, Franz-Josef 66, 72, 74–76, 78, 84, 96, 198, 200, 202, 207
Stroj, Nikolaj J. 192
Schurow, E. P. 192
Sweeney, Walter C., Jr. 137, 143

Taylor, Maxwell D. 15, 18f., 59, 135–153
Temirsultanow, N. Ch. 192f.
Thompson, Llewellyn E. 4, 139, 152
Tichonow, Wasilij G. 187
Tokmatschew, Alexej S. 47
Tolubko, Wladimir F. 42, 190
Trifonow 47
Trojanowskij, Oleg 6
Truman, Harry 68, 124f.
Tschamorzew, Sergej S. 192
Tscherkesow, Nikolaj A. 47, 161–163, 167–169, 180, 191

U Thant, Sithu 151, 172, 194
Ulbricht, Walter XIII, 8, 100, 103, 106, 107, 134, 218, 236, 242

Wachtin, Alexej K. 49
Warenik, Alexej W. 192
Wasilewskij, Alexander M. 32
Wasjukow 47
Wheeler, Earle G. 135–137, 141, 143, 149–152
Wilcke, Henning 207
Wilhide 13
Winkler 102
Woronkow, Georgij A. 47
Wowgaj, N. 118

Yarmolinsky, Adam 142

Zenker, Karl-Adolf 206
Zerbel, Alfred 206
Zybenko, Konstantin E. 188

Personen, die nur in ihren Funktionen benannt werden:

Britischer Stadtkommandant Berlin (Yates, David P.) 71 f.
Britischer Verteidigungsminister (Watkinson, Harold A.) 70
Bundesminister für Wirtschaft (Erhard, Ludwig) 203
Chef der 12. Verwaltung des MfNV (Franke, Arthur) 231
Chef der OPD der 51. Raketendivision [otdelenie podgotovki dannych – Abteilung für Informationssammlung und Datenvorbereitung] (Schabanow, Genrich W.) 161
Chef des Bundeskanzleramtes (Westrick, Ludger) 78
Chefs des Stabes der Baltischen Rotbannerflotte (Bondarenko, Grigorij A.) 105, 237
CINCNORTH (Pyman, Harold E.) 75
CTG 135 – Commander Task Group 135 (Stroh, Robert J.) 156, 158
COMASWFORLANT (Taylor, Edmund B.) 158
Französischer Stadtkommandant Berlin (Toulouse, Edouard K.) 71 f.
Kommandeur der 7. Grenzbrigade der NVA (Thieme, Heinz-Ottomar) 240
Oberbefehlshaber der BAOR (Cassels, Archibald J. H.) 69 f.
Staatssekretär im Bundesministerium für Verteidigung (Hopf, Volkmar) 207, 211
Stellv. Chef des Hauptstabes der Raketentruppen (Afanasjew, Anatolij G.) 61, 171
US-Stadtkommandant Berlin (Watson, Albert II) 71 f., 209
Vertreter des Stabes der Vereinten Streitkräfte beim MfNV (Belawskij, Vitalij A.) 225 f.

Die Autoren

PD Dr. Harald Biermann, Historiker, Bonn

Kapitän zur See Dr. Dimitrij N. Filippovych, Professor für russische Geschichte an der Militäruniversität des Verteidigungsministeriums der Russischen Föderation, Moskau – korrespondierendes Mitglied der Russischen Akademie für Raketen- und Artilleriewissenschaften

Konteradmiral a.D. Dr. Sigurd Hess, Präsident des Deutschen Marine Instituts und Vorsitzender der Gesellschaft für Schiffahrt- und Marinegeschichte sowie Executive Director der International Intelligence History Association, Rheinbach

Oberst Dr. Wladimir I. Ivkin, Mitglied des Militärwissenschaftlichen Rates der Strategischen Raketentruppen der Russischen Föderation, Moskau – korrespondierendes Mitglied der Russischen Akademie für Raketen- und Artilleriewissenschaften

Oberst Dr. Michail G. Ljoschin, Stellvertretender Leiter der Abteilung für Geschichte der ausländischen Streitkräfte am Institut für Militärgeschichte des Verteidigungsministeriums der Russischen Föderation, Moskau

Dr. Hermann-Josef Rupieper (†), bis 2004 Professor für Zeitgeschichte der Martin-Luther-Universität Halle/Wittenberg, Halle

Dr. Bruno Thoß, Leiter der Forschungsabteilung „Militärgeschichte der Bundesrepublik Deutschland im Bündnis" im Militärgeschichtlichen Forschungsamt, Potsdam

Dr. Matthias Uhl, wissenschaftlicher Mitarbeiter am Institut für Zeitgeschichte, Abteilung Berlin

Dr. Gerhard Wettig, Historiker, Kommen

www.ingramcontent.com/pod-product-compliance
Lightning Source LLC
Chambersburg PA
CBHW072110010526
44111CB00038B/2476